普通高等教育"十一五"国家级规划教材
普通高等教育"十二五"规划教材
国际经济与贸易精品系列

国际服务贸易

（第二版）

陈 宪 程大中 / 编著

立信会计 出版社
LIXIN ACCOUNTING PUBLISHING HOUSE

图书在版编目(CIP)数据

国际服务贸易 / 陈宪，程大中编著. -- 2版. --上海：立信会计出版社，2011.7
普通高等教育"十二五"规划教材.国际经济与贸易精品系列
ISBN 978-7-5429-1964-9
Ⅰ．①国… Ⅱ．①陈… ②程… Ⅲ．①国际贸易：服务贸易-高等学校-教材 Ⅳ．①F746.18

中国版本图书馆CIP数据核字(2011)第146935号

责任编辑　张巧玲
封面设计　周崇文

国际服务贸易（第二版）

出版发行	立信会计出版社		
地　　址	上海市中山西路2230号	邮政编码	200235
电　　话	(021)64411389	传　　真	(021)64411325
网　　址	www.lixinaph.com	电子邮箱	lxaph@sh163.net
网上书店	www.shlx.net	电　　话	(021)64411071
经　　销	各地新华书店		

印　　刷	浙江省临安市曙光印务有限公司	
开　　本	787毫米×960毫米	1/16
印　　张	20.5	
字　　数	373千字	
版　　次	2008年1月第2版	
印　　次	2015年1月第6次	
印　　数	15301—18400	
书　　号	ISBN 978-7-5429-1964-9/F	
定　　价	35.00元	

如有印订差错,请与本社联系调换

前　言

20世纪中叶以来,全球经济发展的一个重要特征,是经济的服务业化。各国(地区)服务业增加值占GDP、服务业就业占全部就业的比重迅速上升。目前,在发达国家,这两项指标均在70%左右,有些国家甚至高达80%以上;在发展中国家,这两项指标也有较大幅度的提高,其平均水平在45%左右。服务业的发展必然引起服务的出口与进口,即服务贸易的发展。1972年,经济合作与发展组织(OECD)第一次使用了"服务贸易"的概念。20世纪80年代以来,服务贸易的增长速度开始超过货物(商品)贸易,服务贸易占全球贸易总额的比重逐步提高,2006年,该比重为17.9%。

本书的内容围绕国际服务贸易的原理、政策和产业展开。

传统的国际贸易理论是建立在货物贸易基础上的。严格地说,服务贸易尚未形成自己的理论体系。然而,服务贸易的实践,呼唤着服务贸易理论的形成。服务贸易理论的主要内容,由有关服务贸易的基本概念、基本特征和基本原理组成。但在如何围绕这一核心建立相对完整的服务贸易理论体系这一问题上,存在着不同选择,因而也就存在着诸多困难。也正因为如此,理论部分(第1至第6章)的内容和结构安排只是初步的,有待进一步深化和完善。总体上说,这个部分沿着从产品(服务)到产业(服务业)、从封闭经济到开放经济的逻辑思路一层层展开的。第1章主要阐述国际服务贸易的若干基本范畴,包括服务、服务工作、服务业、服务贸易和服务统计等。第2章是有关服务价值理论。在该章,首先介绍了经济学思维上的商品与服务"两分法",以及经济学者为消除"两分法",填平商品与服务之间的沟壑,把服务纳入传统价值理论框架所作的种种努力;其次从西方效用理论角度讨论服务效用价值理论;最后从劳动价值论角度,分析服务产品的内涵与外延,推导出服务价值理论。如果说第1章和第2章涉及的主要内容是有关产品——服务的话,那么,第3章和第4章则主要是有关整个产业——服务业的情况。阐述封闭经济状态下服务业的有关理论,是第3章的主要任务;服务业的对外直接投资与跨国投资是服务业走出国门,在国际范围内的延伸,这便构成第4章的内容。第5章是有关国际服务贸易纯理论,重点论述传统比较优势说对服务贸易的适用性和解释力,以及服务贸易纯理论自身的发展与深化。由于服务贸易不仅涉及"物"——服务,而且还关系到"人"——服务的提供者与消费者,所以,在决定服务贸易,特别是生产者服务贸易比较优势和竞争优势的诸因素中,人力资本是极其关键的。因此,作为一项前瞻性的研究,第6章通过理论实证和经验实证,将人力资本引入服务贸易中,进行关键因素的分析。

在当今世界经济中,国际服务贸易的地位日益凸显。有鉴于此,世界各国都十分重视本国对外服务贸易政策的取向,服务贸易政策已经成为各国对外经济政策的重要组成部分。同货物贸易一样,服务贸易领域也存在着自由主义和保护主义两种基本主张。这两种观点反映在政策层面,就表现为自由贸易政策和保护贸易政策。实际情况是,出于各种经济和非经济因素考虑,服务贸易既不可能出现古典式的纯粹自由贸易,也不可能出现传统的货物进口替代那样的保护贸易。有管理的自由服务贸易政策将成为各国政府的理想选择。必须强调的是,由于服务贸易的标的具有特殊性,所以,服务贸易政策工具或措施主要是以非量化的法律、法规、协议、条约等形式出现的。政策部分包括四章内容。第7章是关于服务贸易政策的基础性分析,主要讨论服务贸易的自由主义政策和保护主义政策,以及各自的福利效应。该章的分析为各国制订服务贸易政策提供了一个可以选择的菜单。第8章和第9章分别介绍了关贸总协定(GATT)和世界贸易组织(WTO)体制下有关服务贸易的国际性和区域性协议,大致勾勒出一个多层次的服务贸易政策框架。在这一框架中,服务贸易总协定(GATS)是核心,它既是"乌拉圭回合"一揽子协议的重要组成部分,又是世界贸易组织管理国际服务贸易秩序的基本依据。应该说,若干国际性和区域性服务贸易协议的达成和实施,在一定程度上协调了各国的服务贸易政策,促进了国际服务贸易的发展。在这一全球性制度背景下,中国的服务贸易政策与管理体制应如何考虑?这是第10章讨论的内容,也是我们最为关注的问题。

关于全球国际服务贸易体制及各国政策的演变,还必须提到从"乌拉圭回合"到"多哈回合"的历史进程。这是了解这一演变的基本背景。1986年开始的关贸总协定第八轮谈判"乌拉圭回合",首次将服务贸易列入三大新议题之一。谈判的目标是为最终实现服务贸易自由化制订各成员方普遍遵守的国际规则。然而,由于服务贸易涉及面广,情况复杂,因此,谈判并非一帆风顺。经过艰苦的努力,各谈判方终于在1994年4月15日,在摩洛哥马拉喀什正式签署了《服务贸易总协定》(GATS)。《服务贸易总协定》将服务贸易纳入多边体制,标志着多边贸易体制渐趋完善,是国际贸易自由化发展历程上的一个重大突破。对各国服务业和服务贸易的发展已经并将继续产生深远影响。2000年2月15日,服务贸易理事会特别会议正式启动了服务贸易新一轮谈判。2001年年底,多哈新一轮谈判启动,服务贸易谈判并入了"多哈发展议程"谈判。由于"多哈回合"谈判于2006年7月27日被无限期中止,服务贸易谈判,包括市场准入和规则谈判也全部停顿,这对世界服务贸易发展会产生一定影响。但是,世界服务贸易总体向上的发展趋势将继续保持,国际服务贸易在各国经济中的地位还将不断上升。

第11章在阐述当下国际服务贸易发展趋势与特征的基础上,分别就发达国家、发展中国家和中国服务贸易及其产业基础作了概述。国际服务贸易在不同国家和地区间的发展是很不平衡的。迄今为止,发达国家在国际服务贸易中仍处于支配地位。总体上看,发展中国家的国际服务贸易规模与发达国家相比仍然较小,但近些年来有了明显上升。中国的现代服务业与服务贸易起步较晚,基础较差,与其他国家相比存在着明显差距,但发展速度较快,前景看好。当务之急是如何更好地抓住和利用机遇,采取有力措施,使中国的服务业有一个较快的发展,使中国的国际服务贸易上一个新台阶。

由本书作者之一陈宪主编的《国际服务贸易》(立信会计出版社1995年版),是国内该领域出版较早的一本教科书。此后,我们对这本书进行了两次较大的修订。第一次修订,将教材的内容扩展为三篇:原理篇、政策篇和产业篇,以《国际服务贸易——原理·政策·产业》的书名出版(立信会计出版社2001年版)。在服务贸易领域,这本教材产生了较大影响,成为国内该领域硕士、博士论文的主要参考文献。从其印数(从2001年至今,印数达27 000册)可见,它是国内高校国际服务贸易课程使用率较高的教科书。在使用该教材的过程中,我们也发现了一个问题:产业篇比较冗杂,较多涉及技术类、管理类课程的内容,很难由一位教师在课堂上完成讲授。因此,我们在申请上海市教育委员会"市属2002～2003年教材建设项目"获得批准后,便开始了第二次修订。这次修订,对原理部分做了进一步的完善;根据中国加入世界贸易组织的实际,补充了中国服务业开放和服务贸易管理体制及立法,以及中国入世关于服务贸易的承诺的内容;删去了产业篇的大部分内容,专设一章,分别概述发达国家、发展中国家和中国服务贸易的产业现状。该书的书名又改回《国际服务贸易》(高等教育出版社2003年版)。2006年,我们以《国际服务贸易——原理·政策·产业》为基础,申请普通高等教育"十一五"国家级规划教材(修订)获准,使我们得到了再次修订的机会。在这次修订过程中,考虑到原理部分的内容相对稳定,这部分基本未作大的改动;在政策部分,根据有关体制和政策变化,修改和增加了相关内容;将第11章"国际服务贸易产业发展概述"改为"国际服务贸易的发展趋势与产业概述",增加了国际服务贸易的发展趋势和特征的内容,并更新了这一章的大部分数据。

尽管我们在国际服务贸易教科书方面做了较多工作,有些工作在国内是开创性的,但是,由于该领域的前沿性和实践性都很强,发展又比较快,所以,反映到教科书的内容总是显得有些滞后。期待着使用这本教科书的教师和同学继续提出宝贵意见,我们一定会认真汲取你们的意见,并经过大家的共同努力,以使这本教科书成为"精品"。

作　者
2007年10月

目 录

1 国际服务贸易的基本范畴 …………………………………… 1
　1.1 服务与服务工作 ………………………………………… 1
　　1.1.1 服务概念的历史演变 ……………………………… 1
　　1.1.2 服务的特征:服务与商品的感性差别 ……………… 4
　　1.1.3 服务工作与服务交付机构 ………………………… 6
　1.2 服务业 …………………………………………………… 7
　　1.2.1 服务业的概念:服务业与第三产业 ………………… 7
　　1.2.2 服务业的分类 ……………………………………… 8
　1.3 服务贸易与服务贸易统计 ……………………………… 11
　　1.3.1 服务贸易 …………………………………………… 11
　　1.3.2 国际服务贸易统计 ………………………………… 24
　本章重要名词 ………………………………………………… 27
　本章思考题 …………………………………………………… 27

2 服务价值理论 ……………………………………………… 28
　2.1 经济学思维"两分法":商品与服务 …………………… 28
　　2.1.1 "两分法"的成因 …………………………………… 28
　　2.1.2 消除"两分法"的理论尝试 ………………………… 31
　　2.1.3 简单评述 …………………………………………… 35
　2.2 服务效用价值理论 ……………………………………… 36
　　2.2.1 效用价值理论 ……………………………………… 36
　　2.2.2 服务效用价值理论 ………………………………… 36
　2.3 服务价值理论——劳动价值论的新发展 ……………… 38
　　2.3.1 现实提出的疑问 …………………………………… 38
　　2.3.2 关于劳动价值理论的边界划定 …………………… 39
　　2.3.3 从劳动价值论角度看服务产品的内涵与外延 …… 40
　　2.3.4 服务的使用价值与价值 …………………………… 41
　　2.3.5 几个需要澄清的理论观点 ………………………… 44
　　2.3.6 小结 ………………………………………………… 46
　本章重要名词 ………………………………………………… 47

| 本章思考题 | 47 |

3 服务业的相关理论及其模型 …… 48
3.1 服务业的兴起与发展 …… 48
3.1.1 配第—克拉克定理与服务业的发展 …… 48
3.1.2 发展路径:"内在化"向"外在化"的演进及其影响 …… 51
3.2 服务业的生产率 …… 57
3.2.1 对"服务业劳动生产率增长滞后论"的质疑 …… 57
3.2.2 发展中国家服务业的劳动生产率 …… 60
3.3 服务业发展状况的衡量及其模型 …… 62
3.4 服务业在国民经济中的地位与作用 …… 66
本章思考题 …… 68

4 服务业的对外直接投资与跨国公司 …… 69
4.1 服务业对外直接投资与跨国公司的基本现状 …… 69
4.1.1 服务业对外直接投资 …… 70
4.1.2 服务业跨国公司 …… 74
4.2 服务业对外直接投资和跨国公司发展动因的理论分析 …… 79
4.2.1 所有权优势 …… 80
4.2.2 区位优势 …… 82
4.2.3 内部化优势 …… 83
4.2.4 小结 …… 87
4.3 服务业对外直接投资与跨国公司的影响 …… 92
本章重要名词 …… 93
本章思考题 …… 93

5 国际服务贸易理论 …… 94
5.1 传统比较优势说适用性的争论 …… 94
5.2 国际服务贸易纯理论的发展与深化 …… 97
5.2.1 国际服务贸易显性比较优势论 …… 97
5.2.2 迪尔道夫模型 …… 98
5.2.3 伯格斯模型 …… 100
5.2.4 萨格瑞模型 …… 102
5.2.5 服务价格国际差异模型 …… 105
5.2.6 规模报酬递增和不完全竞争条件下的服务贸易 …… 108
5.2.7 小结 …… 124
本章重要名词 …… 124
本章思考题 …… 124

目录

6 服务贸易与人力资本 …………………………………………… 126
6.1 服务贸易与人力资本的特殊关系 ………………………… 126
6.2 理论分析 ……………………………………………………… 129
6.2.1 人力资本及其基本经济效应 ………………………… 129
6.2.2 服务业比较优势与人力资本 ………………………… 130
6.2.3 服务贸易比较优势与人力资本 ……………………… 133
6.3 实证分析 ……………………………………………………… 136
6.3.1 中国与美国服务贸易比较优势的对比 ……………… 136
6.3.2 中国服务业与服务贸易发展中人力资本因素的再考察 … 142
6.3.3 对中国的若干启示 …………………………………… 144
本章重要名词 ……………………………………………………… 145
本章思考题 ………………………………………………………… 146

7 国际服务贸易政策 ………………………………………………… 147
7.1 服务贸易政策的演变 ……………………………………… 147
7.2 自由贸易政策 ……………………………………………… 148
7.2.1 自由贸易与经济效率 ………………………………… 149
7.2.2 服务贸易自由化的福利分析 ………………………… 152
7.2.3 服务贸易自由化的政策选择 ………………………… 160
7.3 保护贸易政策 ……………………………………………… 168
7.3.1 服务贸易壁垒及其种类 ……………………………… 169
7.3.2 服务贸易保护程度的衡量 …………………………… 173
7.3.3 服务贸易保护政策的效应分析 ……………………… 177
7.3.4 服务贸易保护政策的比较与选择 …………………… 186
本章重要名词 ……………………………………………………… 188
本章思考题 ………………………………………………………… 188

8 国际服务贸易协议 ………………………………………………… 189
8.1 服务贸易的国际性协议:《服务贸易总协定》 …………… 189
8.1.1 《服务贸易总协定》的产生 ………………………… 189
8.1.2 《服务贸易总协定》的总体结构及主要内容 ……… 193
8.1.3 《服务贸易总协定》的重要意义 …………………… 215
8.2 服务贸易的区域性协议 …………………………………… 216
8.2.1 欧洲联盟的服务贸易协议 …………………………… 216
8.2.2 北美自由贸易区的服务贸易协议 …………………… 230
本章重要名词 ……………………………………………………… 237
本章思考题 ………………………………………………………… 237

9 世界贸易组织体制与国际服务贸易 238
9.1 世界贸易组织体制简介 238
9.1.1 世界贸易组织体制的特点 238
9.1.2 世界贸易组织体制的内容和机构 239
9.2 世界贸易组织体制下的服务贸易谈判 241
本章重要名词 250
本章思考题 250

10 中国服务贸易政策与管理体制 251
10.1 中国参与服务贸易谈判 251
10.2 中国服务贸易管理体制 252
10.3 中国的服务业开放和服务贸易立法 254
10.3.1 中国的服务业开放 254
10.3.2 中国的服务贸易立法 255
10.3.3 中国具体服务行业的对外开放与法律法规 258
本章思考题 269

11 国际服务贸易的发展趋势与产业概述 271
11.1 国际服务贸易的发展趋势和特征 271
11.1.1 国际服务贸易持续快速增长 271
11.1.2 国际服务贸易结构加速调整升级 272
11.1.3 国际服务贸易的区域性不平衡继续存在 274
11.1.4 全球服务外包迅猛发展 275
11.1.5 通过商业存在实现的服务贸易规模日益扩大 276
11.1.6 跨国并购业务向服务业集中的趋势不断增强 277
11.2 发达国家服务贸易的产业概述 278
11.3 发展中国家服务贸易的产业概述 286
11.4 中国服务贸易的产业概述 289
11.5 国际服务贸易发展的动因及前景 295
本章思考题 297

附录 服务部门分类表 298

中英文术语索引 304

参考文献 309

图表目录

表目录

表 1-1	商品产业与服务产业的分类	9
表 1-2	国际收支账户(IMF 格式)	18
表 4-1	主要发达国家服务业对外直接投资流出和流入存量	70
表 4-2	主要发展中国家或地区服务业对外直接投资流入存量	72
表 4-3	部分国家的服务业和制造业跨国公司	75
表 4-4	1986 年服务业跨国公司及其国外附属公司网络行业分布	77
表 4-5	服务业跨国公司的所有权优势	80
表 4-6	影响服务业跨国公司活动区位的特殊因素与服务业跨国公司活动有关的优势	82
表 4-7	与服务业跨国公司特别有关的内部化优势	84
表 4-8	所有权优势、区位优势和内部化优势说明	88
表 5-1	不同收入国家或地区服务贸易显性比较优势指数	98
表 5-2	商品和服务贸易互补情况下的比较优势分析	99
表 6-1	中美两国的服务业就业与服务贸易出口收入(1980~1996 年)	136
表 6-2	中美两国的数据拟合结果	138
表 6-3	服务业就业的出口收入效应值(EE)(1980~1996 年)	140
表 6-4	中国 44 个主要城市服务业发展水平(E 值)	142
表 6-5	中国主要城市服务业因素结构分析	143
表 7-1	2006 年和 2005 年 IMD"世界竞争力指数"(WCI)的排名(61 个经济体)	165
表 7-2	国际服务贸易壁垒简表	172
表 7-3	世界主要服务业贸易壁垒内容概要	172
表 7-4	1980~1987 年美国海运服务贸易中美国商船和外国商船运输每千吨货物的平均收益	183
表 7-5	美国海运服务贸易的 PSE 百分比	183

表 8-1	《服务贸易总协定》框架	193
表 11-1	国际服务贸易发展情况	272
表 11-2	全球(商务)服务贸易部门构成	273
表 11-3	2006年世界主要国家服务贸易排名	274
表 11-4	外国直接投资存量产业分布	277
表 11-5	美国经常项目下的服务进出口结构变化(1991~2005年)	279
表 11-6	欧盟统一市场建成前后银行和保险业产值及贸易情况	285
表 11-7	2005年中国服务贸易结构	293
表 11-8	中国服务贸易比较优势指数	295

图目录

图 1-1	三大类产品特征图	6
图 1-2	GATS与瑞德尔的服务贸易分类	13
图 1-3	国际服务贸易的统计分类	19
图 1-4	FAT统计示意图	25
图 1-5	FAT统计对贸易统计与投资统计的补充	26
图 3-1	家庭服务提供模型	53
图 3-2	三次产业的产值比重理论值(校正值)	64
图 3-3	三次产业的就业比重理论值(校正值)	64
图 3-4	中国服务业就业比重与人均GNP的相关关系	65
图 4-1	两种生产方式的成本曲线	85
图 4-2	水平一体化边界	86
图 4-3	垂直一体化边界	87
图 5-1	巴格瓦蒂两要素模型	105
图 5-2	服务价格国际差异模型	106
图 5-3	生产过程的分散化	109
图 5-4	总成本和产出	109
图 5-5	分散后的平均成本与产出	110
图 5-6	边际成本与产出	110
图 5-7	总成本和产量:外国服务链的影响	112
图 5-8	服务生产的规模与专业化	119
图 5-9	理想品种分析图示	120

图 5-10	生产规模、专业化与市场扩张	122
图 5-11	服务贸易与市场扩张	123
图 6-1	服务(或商品)生产中的前后联系	132
图 6-2	中美两国服务贸易出口波动幅度比较	138
图 6-3	服务业就业的出口收入效应值	141
图 7-1	自由贸易与经济效率	150
图 7-2	信息服务贸易自由化的效应分析	153
图 7-3	大国与小国的成本比较与福利分析	156
图 7-4	服务贸易自由化的福利效应	156
图 7-5	服务生产及要素流动	159
图 7-6	服务要素贸易自由化的福利效应	159
图 7-7	商品生产、服务生产与服务要素流动	160
图 7-8	国家利益、国家安全利益与服务贸易利益之间的关系	163
图 7-9	服务贸易与国家竞争优势的内在联系	164
图 7-10	补贴等值下的关税影响	175
图 7-11	补贴等值下的出口配额影响	176
图 7-12	资源配置与国际贸易	177
图 7-13	关税的一般效应	178
图 7-14	保险市场管制政策选择的福利效应	181
图 9-1	世界贸易组织的法律框架	240
图 9-2	世界贸易组织的组织结构	241
图 10-1	中国服务贸易法律体系与框架	257
图 11-1	1980～2006年全球服务贸易出口结构变化	273
图 11-2	1980～2006年全球服务贸易进口结构变化	274
图 11-3	跨国并购(出售额)的部门分布	278
图 11-4	美国服务贸易进出口情况(1995～2005年)	280
图 11-5	1991年美国各类服务的出口额	282
图 11-6	中国服务业增加值结构变化趋势	289
图 11-7	中国服务业就业结构变化趋势	290
图 11-8	中国服务贸易进出口情况(1995～2005年)	291
图 11-9	中国服务业增加值占比与若干国家的比较(％)	292
图 11-10	下中等收入国家服务业增加值比重与人均GNI散点图	292

1

国际服务贸易的基本范畴

本章主要阐述一些基本范畴,包括服务、服务工作、服务业、服务贸易,以及服务贸易统计等。阐明这些基本概念,有助于后续章节的进一步展开。

1.1 服务与服务工作

1.1.1 服务概念的历史演变

经济学把满足人类欲望的物品分为"自由物品"(free goods)和"经济物品"(economic goods)。前者指人类无需通过努力就能自由取用的物品,如阳光、空气等,它的数量是无限的;后者指人类必须付出代价方可得到的物品。这种在人类社会生活中占有相当重要地位且数量有限的经济物品,有两种基本的存在形态:实物形态和非实物形态。实物形态的经济物品就是商品或货物(goods),而非实物形态的经济物品则称作服务(service),又称"劳务"。在经济社会中,服务与商品一样无处不在;对各种服务的需求在质和量上与对商品的需求并无二致。然而,与商品相异的是,对于什么是服务,至今尚没有一个大家普遍接受的定义。为了全面而又准确地把握服务这一概念,有必要回顾一下这一概念的历史演变。

法国的古典经济学家萨伊最早定义了服务的内涵和外延。他在《政治经济学概论》一书中指出,无形产品(服务)同样是人类劳动的果实,是资本的产物。基于此,萨伊对无形产品(服务)进行了分类。

对服务经济理论作出重要贡献的另一位古典经济学家是巴斯夏。巴斯夏在其名著《和谐经济论》中写道:"这(劳务)是一种努力,对于甲来说,劳务是他付出的努力,对于乙来说,劳务则是需要和满足。""劳务必须含有转让的意思,因为劳务不被人接受也就不可能提供,而且劳务同样包含努力的意思,但不去判断价值同努力是否成比例。"[①]巴

---

① 巴斯夏:《和谐经济论》,中国社会科学出版社1995年版,第76、160页。

斯夏还认为,服务也是资本,是物。劳动可以归纳为人们彼此提供服务。因此,交换也就是服务的交换。衡量服务有两个尺度:一是提供服务的人的努力和紧张程度;二是获得服务的人摆脱的努力和紧张程度。由此可见,巴斯夏比萨伊走得更远,他"合乎逻辑"地抹杀了商品和服务的界分。

在西方古典经济学逐步发展的过程中,马克思主义经济学也日趋成熟。服务经济理论是马克思经济学的重要组成部分。马克思是这样界定服务的:"服务这个名词,一般地说,不过是指这种劳动所提供的特殊使用价值,就像其他一切商品也提供自己的特殊使用价值一样;但是这种劳动的特殊使用价值在这里取得了'服务'这个特殊名称,是因为劳动不是作为物,而是作为活动提供服务的。"[①]马克思的定义首先肯定了服务是使用价值,是劳动产品,是社会财富,可以投入市场进行交换;其次指出了服务同其他商品的差别只是形式上的,商品具有实物形式,而服务则体现为一种活动形式。

第二次世界大战以后,特别是20世纪60、70年代以来,服务经济的迅猛发展,成为世界经济的一个突出现象。从事该领域理论研究的学者越来越多,对服务概念的理解也越来越多样化。

先看一看两本著名的经济学工具书是怎样解释服务的。1972年出版的《企鹅经济学词典》将服务定义为:"服务主要是不可捉摸的,往往在生产的同时就被消费的消费品或生产品。"在《新帕尔格雷夫经济学大辞典》中,佩蒂特指出:一种服务表示使用者的变形(在对个人服务的场合)或使用者的商品的变形(在服务涉及商品的场合)……所以享用服务并不含有任何可以转移的获得物,只是改变经济人或其商品的特征。

富克斯最早对战后美国的服务经济进行了系统性研究,他指出,服务就在生产的一刹那间消失,它是在消费者在场参与的情况下提供的,它是不能运输、积累和贮存的,它缺少实质性。富克斯的定义实际上是一种"特征性"的定义。

前苏联经济学家沙洛特科夫在其1980年出版的《非生产领域经济学》一书中阐述道:"劳务具有双重定义。第一,劳务可解释为作为活动所耗费的劳动的一种特殊使用价格。第二,如果劳动同收入相交换,劳务可理解为非生产性劳动的形式。"[②]沙洛特科夫的定义与马克思的定义很相似。

瑞德尔在1986年定义过服务:"在服务为服务接受者带来一种变化时,它是提供时间、地点和形态效用的经济活动。服务是靠生产者对接受者有所动

---

① 《马克思恩格斯全集》第26(1)卷,人民出版社1979年版,第435页。
② 沙洛特科夫:《非生产领域经济学》,上海译文出版社1985年版,第221页。

而产生的;接受者提供一部分劳动;和(或)接受者与生产者在相互作用中产生服务。"①

现在被经济学家广泛采用的定义是希尔于1977年的论述。他指出:"一项服务生产活动是这样一种活动,即生产者的活动会改善其他一些经济单位的状况。这种改善可以采取消费单位所拥有的一种商品或一些商品的物质变化形式,另外,改善也可以关系到某个人或一批人的肉体或精神状态。随便在哪一种情形下,服务生产的显著特点是,生产者不是对其商品或本人增加价值,而是对其他某一经济单位的商品或个人增加价值。"可见,希尔是从服务生产入手来解释什么是服务的,他接着阐述道:"服务应向某一经济单位提供,这一点是服务观念所固有的。它和商品生产形成鲜明的对照,在商品生产中,生产者也许没有谁将获得他正在制造的商品的想法。一个农民可能在同其最后顾主完全隔绝的情形下种庄稼,然而一位教师却不能没有学生而从事教学。就服务来说,实际生产过程一定要直接触及某一进行消费的经济单位,以便提供一项服务。"希尔进一步解释道:"不论提供的服务性质如何,贯穿一切种类服务生产的一个共同要素是,服务在其生产时一定要交付。这就成为它同商品生产的根本区别,在商品生产中没有这样的生产限制。另外,服务在其生产时一定要由消费者获得,这个事实意味着,服务是不能由生产者堆到存货中的。"②

《营销管理学》的作者科特勒将服务定义为:"一方能够向他方提供在本质上是无形的,不带来任何所有权的某种活动或利益。其生产也许受到物的产品的约束,或不受约束。"关于科特勒的定义需要注意的是:第一,无形或有形,只是形式,而不是本质;第二,所有权(或产权)明确界定是市场交易的基本前提。服务活动是会带来所有权的转移,服务的一方是否愿意为被服务的一方提供服务,是有条件的,并不是无条件的。如果服务的一方对服务不拥有所有权,服务的商品化、市场化就无从说起。

我国经济学者对服务也有不同的定义,这里就不再一一赘述。总之,定义服务是很困难的。这是因为,有些定义只是在列举产业或刻画表面特征,而没有触及其内核,抓住其本质。应当指出,对服务的界定是为了揭示和勾勒出各种服务以及服务业各产业之共性。正如,种植棉花和饲养猪羊虽大不相同,但我们毫无困难地将它们归于农业;同样,纺织业和汽车业虽大相径庭,但我们认为它们都是制造业。基于这一思路,定义服务应考虑三个主要因素:第一,产出特征,即服务主要体现为一种过程或

---

① D. Riddle: Service-led Growth—the Role of the Service Sector in World Development, Praeger Publishers, 1986, p. 12.

② T. Hill: On Goods and Services, Review of Income and Wealth Series 23, 1977, pp. 315~338.

活动;第二,投入特征,即服务涉及服务生产者与消费者的投入;第三,服务生产的目的,即服务提供时间、空间或(和)形式上的效用。

1.1.2 服务的特征:服务与商品的感性差别

这一节主要讨论服务的感性特征,在第 2 章中我们还将从价值论的角度论述服务内在特征。对服务特征的把握与理解和对服务概念的解释一样,说法不一,但大同小异,互为补充。概括起来,服务主要有以下不同于有形商品的特征:

第一,服务一般是无形的。商品的空间形态是确定的,直接可视的,有形的;商品的生产、供应和消费伴随着它的空间形态而产生、转移和消失;人们通常还可以根据商品的空间形态直接判断它的价值或价格。服务的空间形态基本上是不固定的,不直接可视的,无形的。一方面,服务提供者通常无法向顾客介绍空间形态确定的服务样品;另一方面,服务消费者在购买服务之前,往往不能感知服务,在购买之后也只能觉察到服务的结果而不是服务本身。在服务的无形性特征上,有的人说得很绝对,认为服务一定具有无形性。其实,随着科学技术的发展,有些无形的服务变得"有形化"了。比如物化服务(embodied service),物化服务的概念是加拿大经济学家 H·格鲁伯和 M·沃克于 1989 年提出的。唱片、软盘作为服务的载体,本身的价值相对其提供的整个价值来说,可以忽略不计,其价值主体是服务,这就是"无形"的"有形"化,服务的物质化。另外,服务还可以理解为物理学上所说的"场"的存在,在第 2 章中我们将讨论这一点。

第二,服务的生产和消费通常是同时发生的。商品一旦进入市场体系或流通过程便成为感性上独立的交易对象,生产过程在时间上和空间上同它分割开来。相反,服务要么同其提供来源不可分,要么同其消费者不可分。这种不可分性要求服务提供者或(和)服务购买者不能与服务在时间或(和)空间上分割开来。毫无疑问,买了电影票又想看电影的消费者,不会不到电影院;做手术的医生不可能远离他的病人。当然,在物化服务的情况下,服务的生产和消费可以不同时发生。

第三,服务是难以贮存的。商品可以在被生产出来之后和进入消费之前这一段时间处于库存状态,而且这不一定会给商品所有者造成损失。而服务一旦被生产出来,一般不能长久搁置,也就是不可能处于库存状态。如果服务不被使用,则既不会给购买者带来效用,也不会给提供者带来收益。列车、飞机、电影院里的空位不会产生服务收入;医院、商店、餐馆和银行等行业如果没有顾客光顾,就会带来巨大的经济损失。然而,随着科学技术的飞速发展,作为无形的服务,有时也是可以贮存的。实际上,贮存既包括空间上的贮存,也包括时间上的贮存,或者是时空两方面的贮存。服务是否可以贮存的问题,主要是指时间上的贮存,也就是服务是购买时消费还是在购买以后某一个时候消费。例如,购买保险就可以在一段时间内消费,这一服务的某些方面是在购买以后的整个有效期内消费的,比如购买后觉得比较放心,有了安全感。这一服务的另一些方面,可以在有效期内任何时候的某些情况下消费,比如要求得到赔偿。

第四,服务的异质性,即同一种服务的质量差别。商品的消费效果和品质通常是均质的,同一品牌的家电或服装,只要不是假冒,其消费效果和品质基本上没有差异。而同一种服务的消费效果和品质往往存在显著差别。这种差别来自供求两方面:其一,服务提供者的技术水平和服务态度,往往因人、因时、因地而异,他们的服务随之发生差异;其二,服务消费者对服务也时常提出特殊要求。所以,同一种服务的一般与特殊的差异是经常存在的。统一的服务质量标准只能规定一般要求,难以确定特殊的、个别的需要。这样,服务质量就具有很大的弹性。服务质量的差异或者弹性,既为服务行业创造优质服务开辟了广阔的空间,也给劣质服务留下了活动的余地。因此,与能够执行统一标准的商品质量管理相比,服务质量的管理要困难得多,也灵活得多,正因为如此,往往导致了寻租等外部性的存在与蔓延。

如果我们把服务的异质性、无形性和不可分离性结合起来,还可以看到服务与商品的另一个感性差别,即购买商品所能得到的品质和效果是能够事先预期的,是相对确定的,而购买服务所可能得到的品质和效果则是难以事先预期的。也就是说,与商品相比,服务具有较强的经验特征和信任特征。

1970 年,美国经济学家 F·尼尔森将产品品质区分为两大类,即寻找品质和经验品质。寻找品质是指顾客在购买之前就能够确认的产品属性(如颜色、款式、手感、硬度、气味等)及产品的价格;而经验品质则是指那些只有在购买之后或者在消费过程中才能体会到的产品属性,包括味道、耐用程度、满足程度等。1973 年,达比和卡内两人又在这种商品品质二分法的基础上增加了信任品质,它是指那些顾客即使在购买和消费之后也很难作出评价的属性。譬如阑尾手术,病人即使在接受手术之后,由于通常不具备足够的医学知识(该病的专家患了该病除外),也很难判断这种手术是否必要或者施行得是否得当。病人只能相信医生的诊断,认为这种手术确实为自己带来了所期望的利益。显然,不同的商品表现出不同的品质特征。像服装、家具、珠宝等有形产品,顾客在购买之前就可借助其颜色、款式、价格、手感、硬度等对其质量进行评判,因此具有较强的寻找特征;像度假、餐饮等服务产品,其品质只有在顾客度完假和用过餐之后,或在度假和用餐过程中,才能感知到,因而经验特征较强;其他一些技术性、专业性较强的服务,如汽车修理、电器维修、医疗、法律咨询等,由于消费者常常缺乏足够的专业知识(这些方面的专家除外),即使在购买和消费之后也很难对其质量作出评价,从而表现出较强的信任特征。如图 1-1,从有形产品到服务,再到专业性服务,商品的特征逐渐从较强的寻找特征向经验特征和信任特征过渡。随着这一过渡,消费者对商品的评价由易变难,同

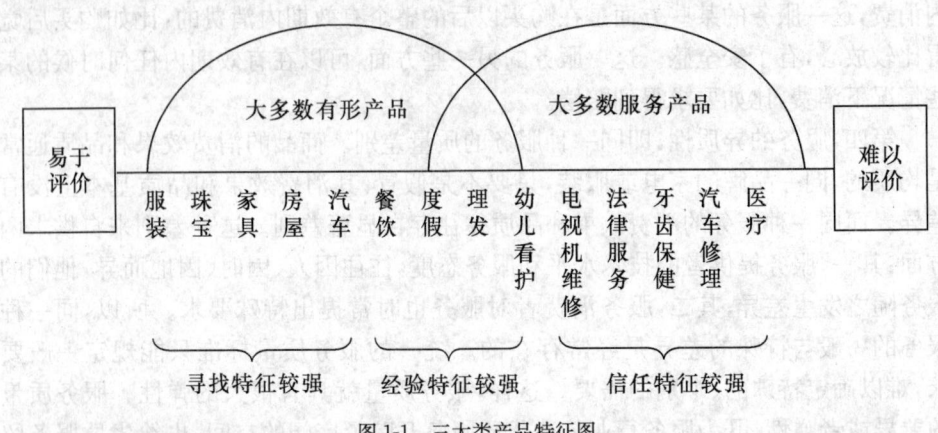

图 1-1 三大类产品特征图

时,消费者在购买或消费时间所承担的风险也逐步加大。这一变化的根本原因在于服务的异质性、无形性特征。

尽管服务与商品在感性形态上存在着以上显著的差别,但两者之间并不是泾渭分明、毫无联系的。在现代市场经济体系中,服务与商品存在着一定的替代性和统一性。替代性表现在服务可以替代商品,如运输服务可以替代工农业生产者自备运输工具,餐馆服务可以替代消费者自己的炊事活动。反过来商品也可以替代服务。统一性主要体现在两者非常基本的一致性,即人们对于服务与商品的需求都是通过货币购买来实现的。考虑到货币资产或金融资产的价值属性,商品与服务同货币资产交换的一致性,也许为统一服务与商品提供了某种感性的经验基础。这些是第二章讨论的问题。

1.1.3 服务工作与服务交付机构

服务概念混乱的一个重要原因,在于人们简单地谈到服务而事实上他们是在讨论服务工作、服务交付机构,甚至服务业的某些方面。服务工作与服务或服务活动不同,它指的是从事服务的职业或岗位。三大产业,乃至三大产业中几乎任何一个部门都有服务工作。制造业部门有管理、市场调研、销售、维修等服务工作。餐饮服务业既提供了准备和端送食物、洗刷、扫地与维护设备的工作,又雇佣了经理和会计人员。所以,从服务工作的角度理解经济服务化,不仅仅是指服务业在国民经济中的比重逐渐增长,而且是指从事服务工作的人员及其创造的价值在国民经济中的比重逐渐增大,后者更能确切而全面地反映一个经济实体的经济服务化程度。

服务交付机构是指服务是通过什么样的机制或制度安排而被提供出来的。服务交付机构一般可以概括为四种类型：① 家庭；② 市场；③ 自愿组织（包括宗教组织、慈善组织等）；④ 政府。后两种机构提供的服务实际上是一种公共产品或准公共产品。近几十年来，公众对服务交付机制的选择发生了很大变化。一度由家庭或企业内部从事的服务已经商业化，由市场提供了。第 3 章将要讨论这种"内在化"向"外在化"演变的趋势。另外，还有一点值得注意的是，曾经一直由自愿组织、市场和家庭提供的服务则有相当大的部分由政府提供了。从经济学角度考虑，经济的发展和人民生活水平的提高导致了人们对公共产品需求的不断增加，大部分公共产品是服务产品。公共产品的非排他性、非竞争性特征，使其不可能由市场提供，而必须由政府提供并管理，政府提供的服务性公共产品相应就增加了。

1.2 服务业

1.2.1 服务业的概念：服务业与第三产业

至今，对于服务还没有一个大家公认的定义，但就服务的内涵或其所包含的内容来说，人们并没有太大分歧。什么是服务业？服务业是生产或提供各种服务的经济部门或企业的集合，正如工业和农业是生产各种工农业产品的经济组织或企业的集合一样。

尽管对于产业级次的分类有克拉克大分类法、库兹涅茨分类法、澳新分类法、日本分类法、经合组织分类法、联合国标准产业分类法，以及中国自己的分类法等，但总起来看，不过是第一产业（农业）、第二产业（制造业）和第三产业（服务业）。

在对服务业进行分类之前，需要比较一下服务业与第三产业，以便更好地把握服务业的内涵。流行的观点是将服务业等同于第三产业，实际上服务业和第三产业这两个概念在划分的思想方法上是存在一些差别的。

首先，第三产业的界定采用的是剩余法。第三产业的概念是在 20 世纪 30 年代，由英国经济学家、新西兰奥塔哥大学教授 A·费希尔在其所著的《安全与进步的冲突》一书中首先提出的。费希尔鉴于第一产业与第二产业无法将所有的经济活动包括在内，就把这二次产业以外的所有经济活动统称为第三产业。以后使用的第三产业概念基本上与当初一样。本来学术界关于第一产业和第二产业涵盖的经济部门的范围并没有统一的意见，比如建筑业的归属问题。那么，按剩余法界定的第三产业的范围通常是难以确定的。而服务业的界定是以是否提供或生产各种类型的服务为标准的。所以，与第三产业相比，根据产业的产品即服务来确定服务业的范围，是很明确的。

其次，三次产业划分思想的出发点是经济体系的供给分类，暗含着高阶层次产业的发展单向地依赖于低阶层次产业的产品的涵义,即第二产业依赖于第一产业提供的原料,第三产业又依赖于第二产业和第一产业的产品供应。相反,服务业同其他经济产业的区分是以经济系统的需求分类为思想基础的,这种观点强调服务业同其他经济产业的相互依赖关系,而不是单向依赖关系。概言之,第三产业的概念隐含着传统经济思想的逻辑,而服务业的概念则体现着现代经济思想的灵光。

最后,第三产业概念的经济结构涵义主要是相对于国内经济的,而服务业概念的经济结构涵义则是面向国内和国际两个市场的。

通过上述比较,可以发现,在思想方法和理论逻辑上,服务业与第三产业不是一回事,而是存在差异的。

1.2.2 服务业的分类

分类需要有一个标准,不同的标准有不同的分类方法。服务业的分类也不例外。

这里按照一般做法,先从一国在封闭和无政府经济职能状态下的国民总收入的价值构成出发,通过演绎逐渐展开,来探讨服务业的各种分类。

对于一个舍弃了对外经济往来和政府经济职能的国民经济来说,一段时期(1年)内的经济物品增量就是该经济的国内生产总值(GDP)。若用 Y 代表国民总收入,则根据不同的经济分析背景,可以用以下三类经济变量之和来表示其量值和形式:

$$Y=W+R+L+P \tag{1}$$

$$Y=C+I \tag{2}$$

$$Y=G+S \tag{3}$$

(1) 式是以经济中各生产要素所有者的要素服务报酬总和来计量国民总收入的:W——劳动者提供劳动服务的工资报酬;R——资本所有者提供资本服务的利息报酬;L——土地(资源)所有者的土地服务报酬;P——经营者阶层提供经营管理服务所得的利润报酬。

(2) 式表示以国民总支出的方式表明这一时期国民总收入的运用:C——各个要素或阶层的总消费支出;I——各个要素或阶层的总投资支出,两者构成国民总支出。

(3) 式表示这一时期国民收入总价值或经济体系产品总增量的感性形态:G——有形的可以贮存的商品总价值;S——无形的难以贮存的服务总价值。这两种形态经济物品的价值之和构成了一定时期的国民总收入。

把以上价值流量关系与产品形态交易关系结合起来考虑,可以发现,商品和服务在国民总收入中的不同比重,反映了一个经济是属于商品市场主导型经济还是服务市场主导型经济。

由于一个经济体系总产品包括商品与服务两个部分,因此,需要分析这个经济中生产这些产品的产业分类。布朗宁和辛格尔曼于1975年根据联合国标准产业分类(SIC)的规则,将商品产业和服务产业加以分类,见表1-1。

表1-1

商品产业与服务产业的分类

商品生产部门	农业、制造业、建筑业、采矿业、石油与煤气业、公共事业、林业、渔业	
服务生产部门	消费者服务业	招待与食品服务、私人服务、娱乐与消遣服务、杂项服务
	生产者服务业	企业管理服务、金融服务、保险与房地产
	分配服务业	运输与贮藏、交通与邮电、批发与零售

表1-1把建筑业和公共事业(主要是电力、供水和煤气)划归商品生产部门,而有关应用性统计分类则把它们作为服务生产部门。但就商品与服务的产品性质而言,布朗宁和辛格尔曼对其分类处理是妥当的,因为它们的产品是实物形态。

考虑到服务与服务业之间产品与产品生产的关系,这里暂且将上面产业中的商品生产部门搁置不论,这样就可以将作为服务业产品的"服务"在经济学的逻辑上加以分类。一个省略政府公共服务的经济体系所提供的服务共有三类:① 消费者服务,即消费者在市场上购买的服务;② 生产者服务,即生产者在市场上购买的被企业用作商品与其他服务的进一步生产的中间服务,典型的生产者服务又被称为企业服务;③ 分配服务,即消费者和生产者为获得商品或供应商品而必须购买的服务。

从服务生产部门的产业分类角度看,消费者服务十分复杂,覆盖个人生活的各个方面,而鉴别消费者服务的最有效办法,是靠显而易见的来自个人和家庭的需求来源或支出方向。在某种意义上,消费者服务在服务生产活动的任何分类方法中都应占据中心地位,因为商品和服务的消费是所有经济活动的起点和终点,也是经济福利的根本反映。

生产者服务是围绕企业生产进行的,它包括经营管理、计算机应用、会计、广告和安保等,也包括一些相对独立的产业服务,如金融业、保险业、房地产业、法律和咨询业等。生产者服务的特征是被企业用作商品与其他服务的生产的投入。生产者服务的重要性在于它对劳动生产率和经济增长效率的影响。在现代经济中,科学技术对经济发展水平的提高起着关键的作用,它们在生产过程中被实际应用,大多是通过生产者服务的投入来实现的。生产者服务业拥有了日益增多的专家人才和科技精英,作为知识技术密集型服务的投入,这个过程推动生产向规模经济和更高的效率发展。所以,生产者服务在服务业中被认为最具经济增长动力的性质。

分配服务是一种连带性或追加性的服务。这类服务的提供和需求都是由对商品的直接需求而派生出来的。按与有形商品供给的联系紧密程度划分,分配服务可以分为"锁住型"分配服务和"自由型"分配服务。"锁住型"分配服务是指不可能与商品生产的特定阶段相分离,只能作为商品生产过程或其延伸阶段的一部分,从而其价值或者其成本完全附着于有形商品价值;不成为独立的市场交易对象,如企业内商品库存的仓储、搬运、分配等。"自由型"分配服务在性质上同"锁住型"分配服务一样,同有形商品紧密联系,但这种服务可以外在化为独立的市场交易对象,比较典型的例子是运输业、仓储业、通信业等。

除了上述三种类型的服务之外,如果引进政府的经济职能,则还必须加上政府公共服务的类型。政府公共服务是免费提供的,或对一般公众收取最低费用的服务。它主要由义务教育、公共卫生、国防与一般行政构成,一般行政包括外交、司法和警察保护等。当然,政府服务除为了公共消费和私人消费外,还可以作为私人生产的投入。舒尔茨、贝克尔等经济学家认为,教育与卫生支出是一种旨在保持或增加人力资本的投资形式,是人这种生产要素的中间投入,是用于人这种生产者的生产者服务。政府服务或公共服务与民间服务产业的主要区别不是服务形式,而是服务提供的资金来源。比如教育,如果其经费来源由政府提供,而政府的资金又来自向国民征税和国有企业的收益,这种教育就是政府服务的项目;相反,如果某所学校的经费来自民间,则这一类教育被认为是属于市场体系范畴。实际上,从经济学意义上讲,教育是一种兼有"公共产品"(政府服务)和"私人产品"(消费者服务或生产者服务)特征的"混合产品",两者在其中的"权数"又因教育的不同阶段而有所区别。一般说来,"公共产品"(政府服务)在教育中的权数随教育程度的提高而降低。扫盲阶段的初等教育可以看成是公共产品(政府服务),社会和他人从中受益很大。所以各国几乎都实行了义务教育。大学阶段的高等教育基本上是一种"私人产品"(消费者服务或生产者服务),上大学的目的是为了自我投资,改善自身的生存条件,尽管社会和他人也会从中获益,但其"权数"相对来说已经很小了。

上面主要是从经济用途及性质对服务业进行划分,如果从部门角度,世界贸易组织(World Trade Organization,WTO)在 1995 年列出的服务行业多达 155 个,这些服务行业划分为 12 个部门,每个部门下有行业,每个行业再有子行业(详见附录)。

再看一下我国对服务业的分类情况。1994 年,国家统计局在《中国统计年鉴》

首次细分行业统计,公布我国在业职工人数等指标,其中第三产业(服务业)作了两级分类,包括:农、林、牧、渔服务业,地质勘查、水利管理业,交通运输、仓储及邮电通信业(铁路、公路、管道、水运、航空、交通运输辅助业、其他交通运输业、仓储业、邮电通信业),批发零售和餐饮业(食品饮料、烟草和家庭用品批发业、能源材料和机械电子设备批发业、其他批发业、零售业、商业经纪与代理、餐饮业),金融、保险业,房地产业(房地产开发与经营业、房地产管理业、房地产代理与经纪业),社会服务业(公共服务、居民服务、旅馆业、租赁服务业、旅游业、娱乐服务业、信息咨询服务业、计算机应用服务业、其他社会服务业),卫生、体育和社会福利业,教育、文化艺术和广播电影电视业(高等学校、普通中学、小学,广播、电影、电视业),科学研究和综合技术服务业(自然科学研究、社会科学研究、综合科学研究,气象、地震、测绘、技术监督、海洋环境、环境保护、技术推广和科技交流服务业,其他服务业),国家机关、政党机关和社会团体。1995年2月,全国第三产业普查办公室编发了《中国首次第三产业普查资料摘要》,该摘要所划定的第三产业行业单位与上述国家统计局所公布的统计口径基本一致,它又作了三级分类,按三级分类的第三产业的行业单位有上百种。

1.3 服务贸易与服务贸易统计

1.3.1 服务贸易

A. 国际服务贸易的定义

a. 传统的定义:基于传统的进出口

当一国(地区)的劳动力向另一国(地区)的消费者(法人或自然人)提供服务时,并相应获得外汇收入的全过程,便构成服务的出口;与此相对应,一国(地区)消费者购买他国(地区)劳动力提供服务的过程,便形成服务的进口。各国的服务进出口活动,便构成国际服务贸易。其贸易额为服务总出口额或总进口额。

这样的定义涉及国籍、国界、居民、非居民等问题,即人员移动与否、服务过境与否及异国国民之间的服务交换等问题。因此,需要注意以下几点:

(1) 这里的劳动力含义较广,它既可以以单个的形式提供服务,也可以以集体形式提供服务。

(2) 劳动力在提供服务时,一般要借助一定的工具设备及手段。

(3) "劳动力"与"消费者"的不同国(地区)籍问题也应作广义的理解。如跨国公司在境外设立分支机构,雇佣当地居民并向当地消费者提供服务时,这时的"劳动力"或称"服务提供者",应理解为该外商机构的股权持有人(单个的私人或法人集体),单个的本地劳动力在向本地消费者提供服务是以"集体"形式,"代表"外商机构在提供服务。

(4) 这里的服务进出口,是相对过境,未必发生真正的过境。因为服务贸易一般涉及人员、资本及技术信息的流动,比如,电信服务只需要服务"过境",而无须"国民移动"。因此,只要有一种要素发生移动,往往就构成贸易。

(5) 对于劳动力的智力成果,也应被视作劳动力提供服务。

b.《美国和加拿大自由贸易协定》(FTA)对服务贸易的定义

《美国和加拿大自由贸易协定》是世界上第一个在国家间贸易协议上正式定义服务贸易的法律文件。

服务贸易是指由或代表其他缔约方的一个人,在其境内或进入一缔约方提供所指定的一项服务。

这里"指定的一项服务"包括:生产、分销、销售、营销及传递一项所指定的服务及其进行的采购活动;进入或使用国内的分销系统;以商业存在(commercial presence)(并非一项投资)形式为分销、营销、传递或促进一项指定的服务;遵照投资规定,任何为提供指定服务的投资,及任何为提供指定服务的相关活动。

这里提供服务的"相关活动"包括:公司、分公司、代理机构、代表处和其他商业经营机构的组织、管理、保养和转让活动;各类财产的接受、使用、保护及转让,以及资金的借贷。

进入一缔约方提供服务包括过境提供服务。缔约方的"一个人"指法人或自然人。

这种对服务贸易说明性的、非规范性的定义,说明了服务贸易活动的复杂性。

c.《国际服务贸易总协定》对服务贸易的定义

关贸总协定乌拉圭回合多边贸易谈判的一个重要结果是产生了《服务贸易总协定》(General Agreements on Trade in Services,GATS,1994年4月15日),GATS将服务贸易定义为:① 从一缔约方境内向任何其他缔约方境内提供服务;② 在一缔约方境内向任何其他缔约方的服务消费者提供服务;③ 一缔约方在其他缔约方境内通过提供服务的实体性介入而提供服务;④ 一缔约方的自然人在其他任何缔约方境内提供服务。

实际上,GATS对服务贸易的定义与D·瑞德尔在其所写的《服务部门在经济发展中的作用:按发展类型区分的异同》一文中的服务贸易定义相似,瑞德尔根据服务提供者与服务消费者是否移动这一标准,对服务贸易作以下描述,如图1-2所示。

GATS中的"服务提供"包括任何部门的任何服务,但实施政府职能活动所需的服务提供除外,包括任何生产、分销、营销、销售和传递一项服务。

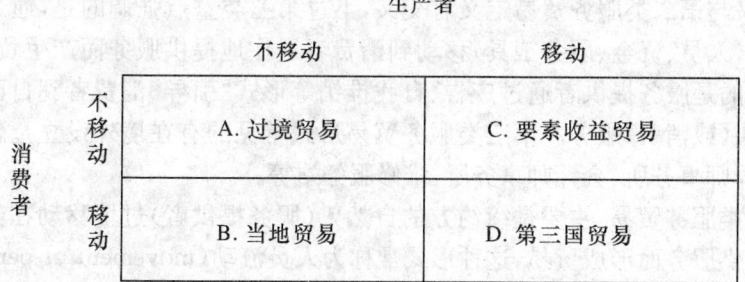

图 1-2 GATS 与瑞德尔的服务贸易分类

"影响服务的措施"包括:购买、支付或使用一项服务;与提供服务有关的准入和使用,包括分销、传递系统及公共电信传递网与服务;一缔约方的服务提供者在另一缔约方境内现场提供服务,包括商业存在。

"服务提供者"指该缔约方提供服务的任何自然人或法人;"服务消费者"指该缔约方接受或使用服务的任何自然人或法人。

下面将结合实际具体阐述上述定义。

第一类服务贸易,是指"过境交付"(cross-border supply)。服务提供者与消费者都不移动。它又可以分为被分离服务(separated services)贸易和被分离生产要素服务(disembodied services)贸易两种类型。

被分离服务贸易类型中的服务与货物一同在出口国生产,经过国际间的交易在进口国消费。保险和金融服务就是国际间的交易可以通过通信手段进行的服务。在这些被分离服务中,可能有附加在货物上已被物化的出版物或软盘,因而就产生了区别服务与货物的困难。

被分离生产要素,或称缺席要素(absent factor)服务贸易。这种服务贸易形式是 A·迪尔道夫最早提出的。他指出,在提供服务时,并不需要所有要素都移动,可能有一种要素被称为"缺席要素",比如管理,位于母国不动,但可以通过信息通信技术提供服务,以强化海外生产要素。可谓"于运筹帷幄之中,决胜于千里之外"。

第二类服务贸易,是通过服务的消费者(购买者)的过境移动实现的,服务是在服务提供者实体存在的那个国家(地区)生产的。常见的例子有旅游、教育、医疗服务等。

第三类服务贸易,主要涉及市场准入(market access)和对外直接投资(foreign direct investment,FDI),即在一缔约方内设立机构,并提供服务,取得收入,从而形成贸易,即"商业存在"。这里设立机构的服务人员,可以是来自母国,也可以是在东道国雇佣;其服务对象可以是东道国的消费者,也可以是第三国的消费者。这样,似乎又与第二类服务贸易定义有交叉,不过第三类重点强调的是,通过自己的生产要素(人员、资金、服务工具)移动到消费者居住地提供服务而产生贸易;而第二类强调的是服务提供者通过广告、自我推销等形式"引导"消费者到自己所在地来,并购买(或消费)服务。第三类服务贸易形式常见的有在境外设立金融服务分支机构、律师事务所、会计师事务所、维修服务站等。

第四类服务贸易,主要是缔约方的自然人(服务提供者)过境移动在其他缔约方境内提供服务而形成贸易,这种形式常称为人员流动(movement of personnel),这里的服务消费者往往不是所在国的消费者。比如,A国的医生到C国治疗来自B国的患者,在该服务交易中,由于患者要向医生居住国A国和手术进行国C国支付服务费用,所以采取三国之间交易的形式。很明显,如果患者是C国的公民,则贸易形式就变成了第三类。因此,从这个意义上说,第四类服务贸易具有完善逻辑性的意义,也就是使概念更为周延。

需要指出的是,上述定义都很宽泛,有些互相交叉,这是因为,谈判委员会在一些发达国家的要求下,尽可能多地把服务贸易纳入谈判内容。另外,服务的交易又往往不是以一种方式完成的,而是几种方式的互相结合。尽管如此,从整体上看,服务贸易的定义仍与以上内容相容。

GATS的服务贸易定义虽然参考并采纳了FTA的描述性定义方式和定义内容,但在具体服务项目上,并不像FTA那样详细地枚举出所指定的项目内容,这样,各缔约方在贸易谈判中就更富有弹性,从而尽可能多地把服务项目纳入协定的法律框架之中。因此,与FTA的定义相比,这不能不说是一大进步。

对于服务贸易的定义,"乌拉圭回合"中期评审报告中曾指出,多边服务贸易法律框架中的定义,应包括服务过境移动、消费者过境移动和生产要素过境移动(主要指服务提供者过境移动)。它们一般要符合以下四个标准:服务和支付的过境移动性(cross-border movement of services and payments);目的具体性(specificity of purpose);交易连续性(discreteness of transactions);时间有限性(limited duration)。这四种判别标准,有助于理解服务贸易的涵义。

B. 国际服务贸易的特点

与国际商品贸易相比较,国际服务贸易的特点可以归纳如下:

(1) 贸易标的一般具有无形性。服务贸易的标的自然是服务,前面已对服务作了较为深入的探讨,这里不再重复。

(2) 交易过程与生产和消费过程的国际性。大多数国际服务贸易的交易过程是与服务的生产和消费过程分不开的,而且往往是同步进行的。也就是说,服务价值的形成和使用价值的创造过程,与服务价值的实现和使用价值的让渡过程,以及服务使用价值的消费过程往往是在同一时间和地点完成的。服务交易在整个服务再生产过程中具有决定性意义。服务交易与服务生产和消费的同步性要求服务交易必须具备不同于货物交易的条件,那就是要有两个主体(提供者与消费者)的实体接近。

(3) 贸易主体地位的多重性。服务的卖方往往就是服务生产者,并作为服务消费过程中的物质要素直接加入服务的消费过程;服务的买方则往往就是服务的消费者,并作为服务生产者的劳动对象直接参与服务产品的生产过程。

(4) 服务贸易市场具有高度垄断性。由于国际服务贸易在发达国家和发展中国家的发展严重不平衡,加上服务市场的开放涉及一些诸如跨国银行、通信工程、航空运输、教育、自然人跨国界流动等直接关系到输入国主权、安全、伦理道德等极其敏感的领域和问题。因此,国际服务贸易市场的垄断性很强。这一方面表现在少数发达国家在国际服务贸易中的垄断优势上,目前,美、日、欧盟各国的服务贸易额占了全球服务贸易总额(1994 年为 10 800 亿美元)的 2/3,其中,在旅游、运输和其他民间服务贸易部门,所占比例超过 3/4;另一方面表现为全球服务贸易壁垒森严,多种贸易障碍林立。据关税及贸易总协定(General Agreement on Tariffs and Trade,GATT)统计,全球服务贸易壁垒多达 2 000 多种,大大超过商品贸易。应该看到,国际服务贸易市场的这种高垄断性,不可能在短期内消失,因为,相对于商品贸易自由化而言,服务贸易自由化过程不仅起步晚,而且遇到的阻力更大。

(5) 贸易保护方式更具刚性和隐蔽性。由于服务贸易标的的特点,各国政府对本国服务业的保护常常无法采取关税壁垒的形式,而只能采取在市场准入方面予以限制或进入市场后不给予国民待遇等非关税壁垒的形式,这种保护常以国内立法的形式加以施行。国际服务贸易保护的发展态势也不同于国际商品贸易,各国对服务贸易的保护往往不是以地区性贸易保护和"奖出"式的进攻型保护为主,而是以行业性贸易保护和"限入"式的防御型保护为主。这种以国内立法形式实施的"限入"式非关税壁垒,使国际服务贸易受到的限制和障碍往往更具刚性和隐蔽性。比较而言,商品贸易遇到的壁垒主要是关税,关税表现为数量形式,具有较高透明度,通过相互减让的方式消除障碍相对来说容易得多。服务贸易中遇到的壁垒主要是国内法规,难以体现为数量形式,也往往缺乏透明度,而且调整国内立法的难度一般都比调整关税的难度大。

(6) 服务贸易的惯例、约束具有相对的灵活性。GATS 是世贸组织处理服务贸易的多边原则和规则的框架性文件。它具有较大的灵活性。GATS 条款中规定的义务有一般性义务和具体承诺的义务两种。一般性义务适用于 GATS 缔约国所有服务部门,不论缔约国是否开放这些部门,都同样具有约束力。一般性义务包括最惠国待遇(GATS 中的最惠国待遇同时还允许各国根据各自部门的特殊情况申请对该原则的豁免和例外)、透明度、发展中国家更多参与等。具体承诺的义务是指必须经过双边或多边谈判达成协议之后才承担的义务，包括市场准入和国民待遇，且只适用于缔约方承诺开放的服务部门，不适用于不开放的服务部门。就市场准入而言，GATS要求可以采取循序渐进、逐步自由化的办法，允许缔约方首先根据各自的国内政策目标和发展水平等实际情况递交初步承诺单，然后进行减让谈判，根据协议实行部门对部门的互惠减让，并非是一参加 GATS，就要立即开放全部服务市场。就国民待遇来说，GATS 的规定也不是硬性的，而是可协商的。GATS 允许缔约方根据自己的经济发展水平选择承担国民待遇义务，不仅可以决定在哪些部门或分部门实施国民待遇原则，也可以为国民待遇原则在本国实施列出一些条件和限制。总之，GATS 的约束是有一定弹性的，尤其是对发展中国家，不仅做出了一些保护和例外，还在国民待遇、最惠国待遇、透明度、市场准入以及对发展中国家服务业发展援助等方面赋予了一定的灵活性。

（7）营销管理具有更大的难度和复杂性。国际服务营销管理无论在国家的宏观管理方面，还是在企业的微观经营方面，都比商品的营销管理具有更大的难度和复杂性。从宏观上讲，国家对服务进出口的管理，不仅仅是对服务自身的物的管理，还必须涉及服务提供者和消费者的人的管理，涉及包括人员签证、劳工政策等一系列更为复杂的问题。某些服务贸易如金融、保险、通信、运输以及影视文化教育等，还直接关系到输入国的国家主权与安全、文化与价值观念、伦理道德等极其敏感的政治问题。另外，国家主要采取制定法规的办法，即不是通过商品检验、边防检查、海关报验等商品贸易管理中较为有效的办法对服务贸易进行调控和管理。法规管理往往存在时滞，因法律的制订与修订均需一定时间，往往会落后于形势。还有，法规管理的实际效果在相当程度上也不是取决于国家立法而是取决于各服务业企业的执法，因而，容易出现宏观调控的实际效果与预期目标相背离的情况。从微观上讲，由于服务本身的固有特性，也使得企业营销管理过程中的不确定性因素增多，调控难度增大。突出表现在对服务的质量控制和供需调节这两个企业营销管理中最为重要的问题上。例如，企业在经营商品时，通过对产品物理和化学性能的测试和鉴定，可以保证产品达到一定的质量标准，并通过采用先进的生产技术工艺实现标准化生产，做到不合格的产品不出售或不购买。即使产品出售或购买之后有问题，还可通过退货、换货、修理等售后服务加以补救。但服务经营却不能如此简单。如前所述，服务具有异质性，使得服务的质量标准具有不确定性。服务也难以通过保退保换等方式挽回质量问题造成的损失，从而增大了服务质量管理的难度。又如，企业在经营商品时，除了运用价格杠杆调节供需外，还可以通过商品时空转移的办法，如通过仓储活动使商品从一个时间存续到另一个时间，通过运输活动使商品从一个地点位移到另一个地点等办法，解决供需在时空上分布不平衡的问题，调节供需矛盾，实现供需平衡。服务经营则往往难以通过时空变换的办法调节供需矛盾,实现供需平衡。

　　需要指出的是,上述特点对各种类型服务贸易的适用程度是不同的。随着科学技术的进步和服务业的发展,传统服务特征发生了前已提及的那些变化。这些变化一方面为服务业企业提供了新的机遇,使企业有可能放眼全球市场进行国际化经营;另一方面也给服务业企业带来了挑战,企业将面临更加激烈的国内外竞争者。这不仅预示着服务业国际化的必然趋势,也预示着国际服务贸易发展的广阔前景。

　　C. 服务贸易概念与若干相近概念的界分

　　过去习惯把服务称作劳务,服务贸易随之被称作劳务贸易。在国际上,则多把服务贸易与无形贸易(invisible trade)混用,如经济合作与发展组织(OECD)签订的第一个服务贸易自由化协议就命名为《当代无形业务和资本移动自由化》。在英国,为准备服务贸易多边谈判,专门成立了英国无形出口理事会。国际货币基金组织(IMF)国际收支统计也一直把服务贸易计入无形贸易一栏之中,直到1993年才对服务贸易统计进行了调整。由于服务业的复杂性,作为服务交换的国际服务贸易,与商品贸易、无形贸易、第三产业、国际服务交流等概念既有着密切联系,也存在一定差异。

　　(1) 服务贸易与商品贸易。现代国际贸易主要由商品贸易与服务贸易构成(当然,也有人把技术贸易单列,实际上,技术贸易部分归入商品贸易,而大部分则可列入服务贸易之中)。两者的区别主要是贸易标的不同,商品贸易的标的是商品,服务贸易的标的是服务,它们间的不同前面已述及。这里要注意的一点是,服务贸易可以不跨越国境实现,而商品贸易一般要跨越国境才能实现;服务贸易的完成往往只需各生产要素——人员、资本、技术知识中的一项移动即可实现,而商品贸易则需要其生产要素综合后的结晶——产品的移动才能实现。两者的联系是部分服务贸易伴随着商品贸易的发生而实现,这就是通常称作的"追加服务贸易"(additional service trade),如运输服务、售后服务等。

　　(2) 服务贸易与无形贸易。国际服务贸易与国际无形贸易大致可以等同,但严格说来,无形贸易比服务贸易范围更广,除包括服务贸易中的所有项目外,还包括国际直接投资收支以及捐赠、侨汇、赔款等无偿转移。在整个无形贸易中,直接投资项目目前所占比重最大。有专家指出,国际直接投资中有五分之三的收支归于服务贸易。从统计口径上看,服务贸易与无形贸易是存在差异的,不可完全等同看待。

　　(3) 服务贸易与服务业。如果从经济用途(服务对象)和性质划分服务业,包括四类: ① 消费者服务业; ② 生产者服务业; ③ 分配服务业; ④ 政府服务业。在这四类服务业中,政府服务业是由国内提供的,较少涉及贸易,其余三种则多数涉及贸易,构成了一国国际服务贸易的主体。

　　(4) 服务贸易与国际服务交流。国际上服务人员的流动大致可分为三类:第一类是政府间为了政治、经济、文化交流的需要,互派人员,提供各种免费服务。实际上这些免费服务并非免费,而是对等的"不收费"的"收费",如教育培训、合作医疗、联合研究等,由于不发生商业性收益,故不构成服务贸易。第二类是指一国(地区)的服务人员到另一国(地区)谋取工作,为境外雇主所雇佣,为其工作,获得工资报酬,并只在当地消费(没有汇回母国)。由于未发生支付的过境流动,故也不构成服务贸易。第三类是指一国(地区)的法人或自然人对外提供服务,并获取服务收入,有收支的过境流动,从而构成服务贸易。总结起来,前两种称之为国际服务交流,后一种称为国际服务贸易,当然后者并不构成国际服务贸易的全部。

D. 国际服务贸易的分类

根据不同的标准,人们对服务贸易进行了诸多分类。这里不从国际服务贸易部门的角度讨论它的分类(实际上前面已多少论及),这里从实用性和理论性两个层次介绍国际服务贸易的两种主要分类——操作性统计分类和理论性逻辑分类,最后对这两种分类作一些评价。

a. 国际服务贸易的统计分类

国际服务贸易的统计分类是一种操作性分类,它是根据 IMF 统一规定和使用的各国国际收支账户形式,如表 1-2。国际服务贸易流量在各国的国际收支账户中占有重要位置,根据该项目所含内容,可以对国际服务贸易做统计性分类。其分类要点是将国际收支账户中的服务贸易流量分成两种类型:① 同资本项目相关,即同国际间的资本流动或金融资产流动相关的国际服务贸易流量,称作要素服务贸易(trade in factor services)流量;② 只同经常项目相关,而同国际间资本流动或金融资产流动无直接关联的国际服务贸易流量,称为非要素服务贸易(trade in non-factor services)流量,详见图 1-3。

表 1-2

国际收支账户(IMF 格式)

1. 经常项目(current account) 　1) 商品/有形贸易(visible trade) 　2) 服务贸易(service trade) 　3) 单方面转让(unilateral transfer)
2. 资本项目(capital account) 　1) 长期资本项目(long-term capital) 　2) 短期资本项目(short-term capital)
3. 平衡或结算项目(balancing or settlement account) 　1) 错误和遗漏(errors and omissions) 　2) 官方储备(official reserves)

1 国际服务贸易的基本范畴

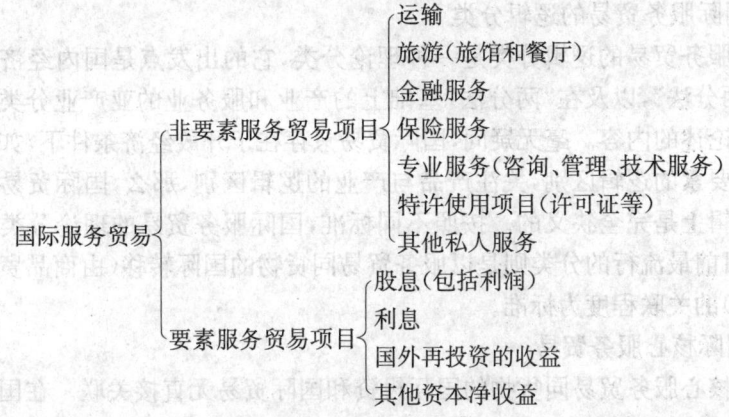

图1-3 国际服务贸易的统计分类

要素服务贸易的概念源于传统的生产力三要素理论。生产力三要素理论认为,经济中所有财富都来源于劳动、资本和土地(资源)提供的服务(后来马歇尔在其名著《经济学原理》中又提到了企业家才能,他把生产要素扩展到四个)。劳动服务的报酬是工资,资本服务的报酬是利息及利润,而土地服务的报酬是地租。值得注意的是,第一,在国际服务贸易中,土地要素所提供的服务及报酬流量一般不予考虑,因为一般认为土地缺乏流动性,无法提供跨国服务。第二,劳动要素服务及其报酬同国际资本流动或金融资产流动只有间接关系而无直接关系,故劳动服务贸易不属于"要素服务贸易"。因此,要素服务贸易专指资本服务收益流量的跨国转移。在现代国际经济体系中,国际资本流动的基本形式是国际金融资产的跨国输出入,主要实现方式是国际投资和国际信贷。国际投资分为直接投资和间接投资。国际直接投资的收益流量包括:资本要素的报酬流量——利息或股息;经营管理技能的报酬流量——利润,它们作为要素服务收益记入国际收支账户的服务贸易项目。国际间接投资,又叫国际证券(股票或债券)投资,它的主要目的是获取金融资产的利息或股息收益,也应记入国际收支账户的服务贸易项目。国际信贷包括:民间国际信贷(商业信贷、银行信贷);国际金融机构信贷;政府间贷款三种。这些国际信贷的利息收益流量均作为金融资产的要素报酬记入服务贸易项目。非要素服务贸易的界分,采用的是类似第三产业的剩余法。国际收支账户统计的基本流量有两类:国际经济往来的金融资产方面即国际资本流动;国际经济往来的实际资产方面(商品、服务及单方面转移)即经常项目流动。由于国际资本流动所产生的净值,即利息、股息、利润等是记入国际服务贸易流量中的,因此,从统计角度看,非要素服务贸易项目=国际服务贸易项目-要素服务贸易项目=(经常项目-商品贸易项目-单方面转移项目)-要素服务贸易项目。

b. 国际服务贸易的逻辑分类

国际服务贸易的逻辑分类是一种理论分类,它的出发点是国内经济中的商品与服务"两分法",以及在"两分法"基础上的产业和服务业的亚产业分类。这也就是 1.2 节论述的内容。毫无疑问,国际贸易只存在于开放经济条件下,如果依然关注产品与要素的逻辑区别,关注产品与产业的逻辑区别,那么,国际贸易的概念在经济学逻辑上是完全狭义的。按照不同标准,国际服务贸易的理论分类可有多种方法,而目前最流行的分类则是以服务贸易同货物的国际转移(由商品贸易或国际投资引起)的关联程度为标准。

1) 国际核心服务贸易

国际核心服务贸易同货物的国际投资和国际贸易无直接关联。在国际服务贸易市场上,这类服务本身是市场需求和市场供给的核心对象。

国际核心服务贸易按供给者与需求者的接触形式分为两种——"远距离型"和"面对面型"。"远距离型"核心服务是指无需提供者和需求者的实际接触而跨国界交易的服务。由于这种服务可以像有形商品那样进行交易而无需人员的移动,因而被视作比较纯粹的国际服务贸易。"远距离型"核心服务得以传递,需通过一定的媒介体:国际通信、Internet 等电信技术。"面对面型"核心服务则需要供给者与需求者的实际接触。这种实际接触方式,可以是供给者流向需求者,或者是需求者流向供给者,也可以是两者之间的双向流动。但无论是哪一种实际接触方式,通常都伴随着人员或生产要素的跨国界流动。

以服务的国内分类为依据,国际核心服务贸易可以划分为生产者服务贸易和消费者服务贸易,其中前者构成国际核心服务贸易的主体。

消费者服务进入国际贸易领域,在逻辑上是由于国内消费者服务业的供给(生产)能力的增长和国外对该国消费者服务需求的扩大,在实践上则是由于随着科技的发展、社会的进步,世界各国人民的交往日益频繁。各国人民对于外国消费者服务的需求,一方面取决于自己的收入水平;另一方面取决于服务的相对价格。

在科技革命的推动下,富有人力资本、知识资本和技术资本的国家,把经济信息、生产知识、技术诀窍和科学管理作为同他国进行交易的服务项目,涉及市场、交通、能源、金融、投资、通信、建筑、矿业、农业、经营等同生产有关的一切领域,使得生产者服务成为国际核心服务贸易的主体。生产者服务是作为其他商品和服务进一步生产的中间投入,是人力资本、知识资本和技术资本进入生产过程的桥梁。生产者服务贸易的扩大必然会全面提高世界各国的总生产力。生产者服务贸易形式主要有金融服务贸易、企业管理知识与技能服务贸易、国际咨询、国际技术贸易和国际人才交流与培训等。

2) 国际追加服务贸易

国际追加服务贸易同货物的国际贸易和国际投资有着密不可分的联系。国际追加服务贸易实际上是分配服务的国际化延伸,它本身并不向消费者提供直接的、独立的服务效用,而是作为货物核心效用的派生效用。所以,国际追加服务贸易市场的需求和供给都是属于派生的需求和供给。然而,在现代科技革命的推动下,这种追加服务却往往在很大程度上左右着消费者对所需核心效用的选择。这是因为,在当代以不完全竞争为主的国际市场上,基于差别产品的非价格竞争已经取代了传统的价格竞争而上升到首要地位。与此相适应,强调过程管理,技术服务投入,增加软件比重,借以改善生产函数的动态比较利益说,也开始在理论上补充过去那种基于自然禀赋不同的静态比较利益说而受到人们的重视。今天,各国企业都大力发展这类服务尤其是知识密集型追加服务,这类服务正被广泛地应用于商品生产的各个阶段。在上游阶段,要求有先行追加服务投入,包括可行性研究、风险资本筹集、市场调研、产品构思和设计等项服务。在中游阶段,一方面要求有与有形商品融为一体的追加服务,包括质量控制与检验、设备租赁、后期供给以及设备保养和维修等;另一方面又要求与有形商品生产平行的追加服务投入,包括财务会计、人员聘用和培训、情报和图书资料等软件的收集整理和应用、不动产管理、法律、保险、通信、卫生安全保障以及职工后勤供应等项内容。在下游阶段,要求的追加服务项目包括广告、运输、商品使用指导、退货索赔保证以及供应替换零件等一系列售后服务。上述追加服务,有些属于"锁住型"追加服务,即这类追加服务很难从某一特定生产阶段脱离,只能与一定比例生产要素相结合,从而完全附着于商品价值体而并不形成一种独立的市场交易对象。另外一些则属于"自由型"追加服务,即这类追加服务虽与商品贸易有关,但可以外在化而成为独立的市场交易对象。以上三个阶段的"锁住型"和"自由型"的各项追加服务,通常都是互相依存而组合成为一个一体化过程的服务网络。各个厂商所提供的这些同类异质的追加服务及其组合网络,正是形成其产品差异和增值的主要源泉,也是厂商之间开展非价格竞争的一个决定性因素。

从国际商品贸易涉及的跨国货物流动看,最主要的国际追加服务项目仍是运输业(海运、空运、陆运)。随着国际贸易、运输方式的发展,国际货运代理已渗透到国际贸易的每一领域,成为国际贸易中不可或缺的重要组成部分。国际货运代理的基本特点是受委托人的委托或授权,代办各种国际贸易、运输所需服务的业务,并收取一定报酬,或作为独立的经营人完成并组织货运、保管等业务,因而被认为是国际运输的组织者、设计者和国际贸易的桥梁。此外,作为国际运输服务体系的基本要素,原属于生产者服务的保险服务、银行服务及信息服务也日益渗入到国际商品贸易,成为国际追加服务的一个组成部分。

上述国际核心服务和国际追加服务中没有提到政府服务,这主要是因为政府服务越过国界而形成贸易的范围和流量是有限的,这里就略而不计了。

c. 对国际服务贸易分类的评价

服务贸易统计分类和逻辑分类之间的差异,源于人们对于服务贸易的经验认识和理论认识的不同。这在某种程度上说明了对于服务贸易的概念、范围、内容及意义的认识,还存在着经验上、理论上以及政策取向与界定上的困难和模糊。

1) 对国际服务贸易统计分类的评价

国际服务贸易的操作性统计分类,是目前世界各国普遍接受的服务贸易分类方法。从便于一个国家(地区)比较准确、迅速地掌握其国际收支状况的角度看,这种分类的优点在经验上是显而易见的。与商品贸易不同,服务贸易的国际往来流量很难从实体形式上加以确定,只有通过价值流量的方式加以统计,以便于各国及国际组织操作。

首先,这种分类的国际服务贸易涵盖的内容是全面的。因为,以有形与无形的感性标准为界线,国际间所有可能的非实体的价值流量往来,在原则上都不会脱离国际服务贸易的界域。

其次,把国际资本流动所形成的各种收益(报酬)流量,归于"要素服务贸易"项下,一方面可以使各国国际收支账户的资本流动项目统计简单化;另一方面也使得国际服务贸易的投资收益统计不被国际投资流量和国际信贷流量的各种形式干扰,成为相对独立的价值统计流量。

再次,"要素服务贸易"和"非要素服务贸易"都是对未来开放的统计分类,只要国际间流动的"要素"定义明确,未来新的国际价值往来,或可因其作为要素价值的增值,归于"要素服务贸易"项下,或可因其同要素流动无关,归于"非要素服务贸易"项下。因此,统计分类在服务贸易概念的外延上是周延的。

然而,统计分类方法在经济学逻辑上被认为是不完备的。

首先,按照三要素理论,要素服务与非要素服务的划分是不尽合理的。统计分类只把国际间资本流动形成的收益流量(资本服务报酬流量)看作是要素服务贸易流量,而把劳动服务、土地(资源)服务的报酬流量排斥在要素服务贸易之外。典型的劳动要素跨国服务项目是国际工程承包、劳务输出及航运维修服务等,劳动力要素通过向国外付出劳动而换回报酬,本应属于要素服务贸易项目,但却在操作性分类中被列入非要素服务贸易的范围。这显然是理论与实践互相矛盾。至于土地(资源)要素,由于缺乏(国际)流动性,因此,在国际经济分析中一直是被遗忘的角落。但是,随着世界经济的一体化、全球化程度的不断加深,土地(资源)要素的流动性也开始增加,表现为土地要素的国际批租、开发区建设、保税区设立以及离岸金融市场形成等。作为土地(资源)要素服务的报酬——租金流量本应逻辑地归于要素服务贸易的范围,但根据现行的国际收支账户体系和统计分类标准,这一项目由于同国际资本流动不存在直接关联,因此,不可能进入要素服务贸易的范围。

其次,统计分类模糊了服务业产品(服务)的进出口(贸易)与服务业本身跨国投资以及生产要素的跨国流动(投资)的界线。理论上,服务贸易与商品贸易一样,其严格的界定只能是服务业产品的进出口,但是,由于服务自身的特点,其统计规范无法像商品贸易那样,严格界分贸易与投资。

由于服务贸易操作性统计分类的理论逻辑不充分,具体项目笼统复杂、人为划分,因此,在国际多边贸易谈判中,持不同政策立场的各国都能从中找出对己有利的方面。就发达国家和发展中国家的立场差异而言,不同的观点主要表现为两个问题:第一,"要素服务"的重心是"资本服务"还是"劳动服务"。发达国家认为,既然要素服务的收益流量计入服务贸易,同这些收益相关的"国际投资"的各个方面也必须包含到服务贸易中,成为谈判的议题。发展中国家则认为,就"要素服务"而言,劳动力的跨国流动是最基本的要素流动,服务贸易谈判应把这方面的内容作为重点。显然,双方的不同立场是由于发达国家通常是资本输出国,发展中国家通常是劳动力输出国而造成的。第二,贸易与投资是否应当结为一体。当今的国际服务贸易很大部分是通过设在国外的子公司或(和)分公司进行的,所以,发达国家认为,服务贸易谈判不仅要覆盖服务的跨国界贸易,还应包括为贸易而进行的投资。但对发展中国家来说,发达国家的提议无疑是以服务业的自身优势,以"服务"投资于东道国市场,取得与东道国企业平等的"国民待遇",利用东道国的信息服务为跨国公司(multi-national corporations, MNCs)在服务业领域的发展打开方便之门,这是发展中国家难以接受的。因此,发展中国家坚持要求谈判只限于服务的跨国界贸易。总之,服务贸易的统计分类实际上为不同国家提供了一个操作上的模糊区间,各国都在服务贸易的多边谈判中充分利用这种模糊讨价还价,互相掣肘。

2) 对服务贸易逻辑分类的评价

服务贸易逻辑分类的优点主要有以下几个方面:

第一,明确区分了服务贸易、服务业投资及一般投资收益往来的概念差别。逻辑分类的思想是,服务贸易同商品贸易一样,是各国服务业产品的国际交换,"服务"在一国出口中所占比例的大小,取决于该国国内产业结构和服务业产出的国际竞争比较优势。服务业的海外投资则是一国服务业跨出国门,是产业的国际延伸,而非产品的国际交换,所以,逻辑分类对服务贸易和服务业投资的区分是明晰的。认识到服务贸易与服务业投资的概念区别,一般海外投资收益(报酬)的国际流动同服务贸易及服务业投资的区别就显而易见了。因此,逻辑分类的理论观点是符合经济学思想的。

第二,以一个封闭经济体系的产业结构模型作为国际服务贸易产品分类的逻辑起点,符合国际经济学理论分析的一般原则,因此比操作性统计分类要深刻得多。

第三，尽管具体的国际服务贸易进出口流量总是表现出综合流量的特点，即几乎不存在某种单一属性的服务贸易流量的进口和出口，但服务贸易的逻辑分类把这些流量的源头归结到国内服务业的部门分类上，因此，国际服务流量同国内服务流量在逻辑上能够协调一致，即国际分类同国内分类相协调。

第四，这种逻辑分类否定了那种认为服务贸易完全由商品贸易派生出来、服务贸易规模取决于商品贸易规模的观点。因为，这种分类方法将服务贸易分成核心服务贸易和追加服务贸易两种，只有后者才同商品贸易规模成正比，前者同商品贸易无关。而且，历史地看，随着科学技术的发展，前者将日益成为服务贸易的主体。

然而，与操作性统计分类相比，逻辑分类的实际应用性较差。大多数有关服务贸易的研究和讨论，都不以理论性逻辑分类的概念和定义作为实际分析的工具。造成这一情况的原因很多，其中最主要的是：首先，作为逻辑分类的出发点，学术界对于一个封闭经济体系中的"服务"，在理论上尚未真正达成统一认识，关于服务的价值与价格问题的争论远未结束，因此与商品不同，服务作为服务业的产品，其供给和需求的规模并没有十分完备的理论诠释。其次，逻辑分类虽然使服务贸易的理论涵义分明了，即严格区分了服务贸易、国际投资和国际要素流动收益等概念，但单纯贸易性质的服务贸易的范围变得十分狭窄，因而使其在国际经贸关系中的实际作用降低。另外，这种分类的服务贸易不能如实反映当代国际经贸关系的综合性特点，即随着国际生产关系的发展变化和科技革命的推动，资本流动和国际贸易的联系日益密切，水乳交融，一定要从逻辑上将贸易与投资加以区分，原本在商品贸易中就已十分困难，更何况服务贸易的交易对象是消费与生产同时性的服务，所以，在服务贸易发展的现阶段，将服务业跨国投资与服务贸易严格划分的实际意义非常有限。

1.3.2 国际服务贸易统计

服务贸易统计对于服务贸易的发展具有很重要的意义。由于服务产业本身复杂多样，定义起来比较困难，从而使服务贸易统计错综复杂。1993年9月，IMF决定修改已使用16年之久的《国际收支手册》，并要求所有成员国今后能够根据修改的内容，提供更详细的服务贸易报告书。在此，我们需要结合国际经济统计的全貌，来对服务贸易的统计问题作一下探讨。

目前，在反映国家（地区）之间交易的国际经济统计中，主要有三种统计：① 以记录跨境货物交易为特征的国际商品贸易统计；② 以记录跨境服务交易为特征的跨境服务贸易统计；③ 与国际投资活动有关，具有非跨境交易特征外国附属机构贸易（foreign affiliates trade，FAT）的统计，三者互为补充，从不同角度记录国际经济交易状况。

A. 贸易统计：商品贸易与服务贸易

国际商品贸易是国家间最直接、最传统的经济联系方式，是跨越国境（关境）的商品流动，与之对应的商品贸易统计是跨境的商品流动的统计，它的重点是商品在国家间的流动，与谁是商品的所有者、谁是交易的受益人无关。

通常所说的服务贸易统计是与国际收支统计联系在一起的，即所谓跨境服务贸易统计。跨境服务贸易统计是指国际收支平衡表所记录的，经常项目下居民与非居民之间的服务交易，即跨境的服务流动的统计，具有服务跨境消费和跨境交易的特征。比如，美国的旅游者在中国的旅游消费支出，就是中国的服务出口收入。

随着经济全球化的发展，对外直接投资迅速增长，国家间经济联系的方式不再仅仅是具有跨国境特征的商品和服务进出口，还包括由于资本流动而导致的商品和服务的非跨境交易。这就是下面要讨论的问题。

B. FAT 统计

FAT 统计反映了外国附属机构在东道国发生的全部商品和服务交易情况，包括与投资母国之间的交易，与所有东道国其他居民之间的交易，以及与其他第三国之间的交易，核心是其中的非跨境商品和服务交易，见图 1-4。

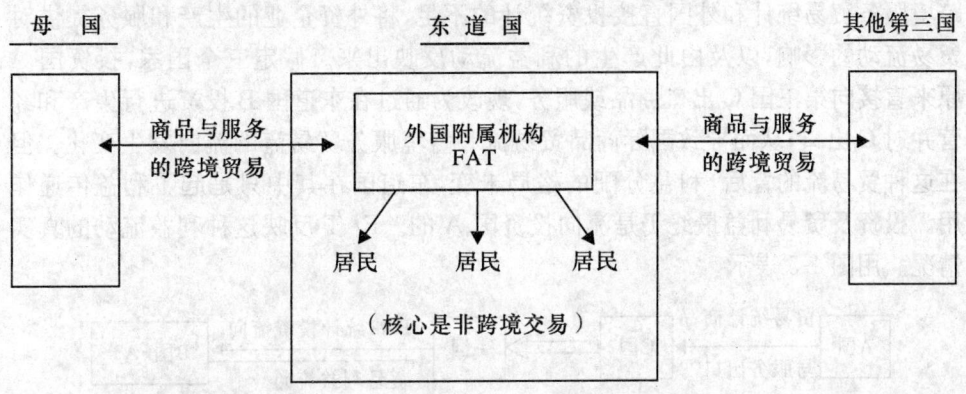

图 1-4 FAT 统计示意图

对任何一国来说，直接投资都是双向的，既有外国在本国的直接投资，也有本国在外国的直接投资。这种投资的双向流动反映在统计上，就形成了 FAT 的内向统计和外向统计。就报告国而言，记录外国附属机构在本国的交易情况的统计，称为内向 FAT 统计；记录本国在国外投资形成的附属机构在投资东道国的交易情况的统计，称为外向 FAT 统计。

FAT 统计有以下几个特点：第一，从统计范围看，FAT 统计实际上包括了外国附属机构的全部交易——跨境交易和非跨境交易，但核心是非跨境交易，即企业的国内销售。第二,从统计对象看,只有对方绝对控股并且绝对能够控制的企业,亦即外方投资比例在50%以上的企业才列入FAT统计范围,这与直接投资统计的对象不同,后者以外资比重达到10%以上为标准。我国是25%。原因在于,FAT统计是投资基础之上的贸易统计,反映的不仅是投资状况,更主要的是贸易利益问题,只有外国投资人拥有并控制了该企业,才有可能决定贸易过程并获得贸易利益。第三,从统计内容看,FAT统计既包括投资的流量和存量,也包括企业经营状况和财务状况,及对东道国经济的影响,但最主要的内容是企业的经营活动状况。这才是有别于传统直接投资统计的地方。因此,FAT统计反映的中心内容是:外国附属机构作为东道国的居民,与东道国其他居民之间进行的交易,即其在东道国进行的非跨境交易的情况,以及这种交易对东道国经济和市场产生的影响。第四,FAT统计在实践中的区别。按照世界贸易组织的要求,将外国附属机构的当地服务销售作为国际服务贸易的内容,所以,一般将对非跨境的服务销售进行FAT统计,作为广义国际服务贸易统计的内容;而对外国附属机构的当地商品销售进行的FAT统计,则被认为是外国直接投资统计的进一步深化,也是对商品贸易统计的有效补充。因此,当FAT统计应用于国际贸易统计时,一般是用在广义国际服务贸易统计之中。第五,从作用来看,FAT统计弥补了国际商品贸易统计、跨境服务贸易统计和外国直接投资统计的不足,将外资企业的生产和服务提供对贸易流动的影响,以及由此产生的利益流动反映出来。假定三个国家,投资国A原来直接向第三国C出口商品或服务,现改为通过在东道国B投资进行生产和经营并对C出口,从而导致国际商品贸易流和跨境服务贸易流的流向发生变化。但在这种贸易流的背后,利益分配的格局未变,东道国在其中只是起了利益传递作用。投资及贸易利益最终仍是流向投资国A的。FAT反映这种利益流动的真实情况。用图1-5表示。

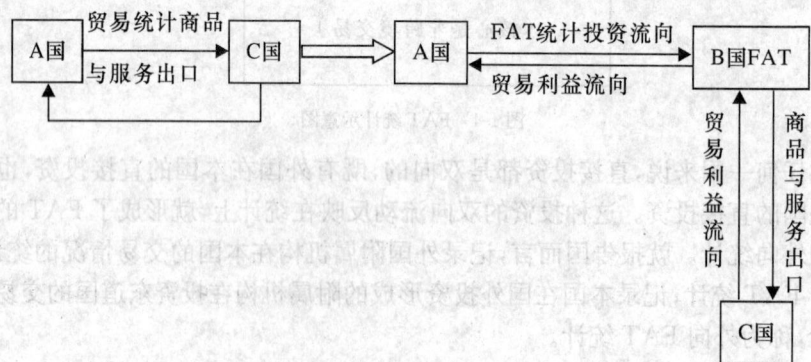

图1-5 FAT统计对贸易统计与投资统计的补充

C. 服务贸易统计

广义的服务贸易统计必须将贸易统计与投资统计紧密结合起来,因为,对某些服务贸易而言,投资不再是补充手段,而是贸易的必要条件,所以,必须在记录投资活动的同时,对其经营活动和经营本质进行反映,这一点可以通过 FAT 统计来解决。当然,FAT 统计在操作中会遇到一些难处,会给服务贸易统计带来麻烦。如何进行服务贸易统计成为各国十分棘手的问题。目前,服务贸易统计正处在逐步完善、规范的过程之中。

本章重要名词

服务　寻找品质　经验品质　服务业　消费者服务　生产者服务　分配服务　国际服务贸易　无形贸易　要素服务贸易　非要素服务贸易　核心服务贸易　追加服务贸易　服务效用

本章思考题

1. 联系"服务"概念的历史演变,简述"服务"区别于"商品"的主要特征。

2. 何谓"物化服务"?它对服务的原有特征有何影响?服务物化最重要的驱动因素是什么?试举例说明你的观点。

3. 联系现实生活,谈谈你对服务与商品两者既相互替代又相互统一的关系的理解。

4. 简述服务业与第三产业的区别与联系。

5. 简述布朗宁和辛格尔曼对服务业的分类。

6. 试讨论生产者服务与消费者服务在统计上相互剥离的可行性。

7. 简述 GATS 对服务贸易的定义。从该定义,你能发现服务贸易与服务业直接投资之间的关系吗?

8. 服务贸易的 BOP 统计和 FAT 统计两者有何区别?目前世界上大多数国家进行的服务贸易统计是属于 BOP 统计还是 FAT 统计?

2 服务价值理论

国民经济的价值由商品和服务构成。进入21世纪，发达国家的国民生产总值中，服务的比重已由100多年前的20%~30%增长到70%左右，中等发达国家也达到50%左右；在国际贸易领域，BOP统计口径的商业性服务贸易流量约占全球贸易总额的1/5，且有进一步增长的趋势。这说明，随着世界各国的经济和产业结构的演变和发展，服务作为国民经济的价值流量，将越来越成为经济理论分析的基本对象，这必将有助于扭转那种长期以来在经济学上重商品轻服务，或干脆以商品代替服务的理论分析框架。本章将在第1章有关服务感性特征的基础上综合一些学者的研究成果[1]，进一步剖析服务的内在本质或内在规定性。

2.1 经济学思维"两分法"：商品与服务

这一节讨论商品和服务"两分法"的成因，介绍经济学者为消除"两分法"和把服务纳入传统价值理论框架所作的努力，最后作一些简要评述。这一节是后面几节的理论参照系。

2.1.1 "两分法"的成因

经济学把人类劳动的成果分为商品与服务，这就是所谓的商品与服务的"两分法"。形成"两分法"的原因是多方面的，概括起来主要有三个方面：经济与社会发展方面的历史成因；服务与商品的感性差异；人们对"服务"的歧视。

---

[1] 参见戴建中：《国际服务贸易》，中国青年出版社1996年版；李江帆：《劳动价值理论的新发展——服务价值论》，载《经济学家》1996年第2期；汪尧田、李力：《国际服务贸易总论》，上海交通大学出版社1997年版。

A. "两分法"的历史成因

现代产业经济理论认为,一个产业在国民经济中的地位主要取决于两项指标:一是该产业所吸纳的就业量在国民经济总就业量中的比率;二是该产业所提供的产品或产值在国民经济总产量或总产值中的比重。人们对服务业这两项指标的关注是20世纪以来才出现的事。20世纪30年代,费希尔和克拉克提出经济增长阶段论和三次产业划分的观点之前,服务业的就业和产值都没能进入经济学研究的视野(第3章还要详细讨论这一问题)。从经济发展的产业结构和产业升级的角度看,传统古典经济学形成和发展的历史背景是农业经济社会向工业经济社会过渡的历史时期,工业及工业产品的经济作用和理论涵义也才刚刚体现出来,产业或交换意义上的服务在经济中的比重微乎其微,因此,在魁奈、斯密、李嘉图和萨伊等古典经济学的创立者和发展者的大脑中,很难产生"服务"与"商品"在经济学涵义上等同的观念,他们分析的焦点只能集中在农产品和工业产品的生产和交换等方面。其实,就是到了工业经济已高度发展的19世纪末叶,古典经济理论关于经济结构及其产品关系的理解也只进展到两大部类的比例和协调,服务和服务业仍是被"遗忘"的角落。

从20世纪50年代起,服务业异军突起,开始成为现代经济发展的主导产业。不言而喻,正是经济结构的现实发展,才迫使人们重新思考商品与服务在经济学理论思维中彼此分裂的问题。

除了经济发展阶段限制的历史原因外,同"两分法"观念相关的历史演变还有两个方面值得注意:一是服务的提供由家庭、主仆、社团等非交易方式发展成社会化的市场交易方式;二是现代服务业产业结构的提升改变了服务在国民经济中的地位和作用,即由于知识、科技、管理的密集使用,服务和服务业在一国国民经济中的比重往往反映该经济的现代化水平。

B. 服务与商品存在感性差异

这个问题在第1章已有论述。

C. 在理论研究中歧视服务,是导致"两分法"观念在经济学思维中根深蒂固的根本原因

服务的价值论认为,商品在经济学理论中具有相对独立的价值,而服务则没有这种价值,或者只有派生于商品生产过程的附属价值。

在价值论上对服务的歧视在古典经济学创立时就开始了,它根源于古典经济学对价值概念的规范。在斯密之前,经济思想中的价值概念是含混不清的。重商主义者认为,商业特别是对外贸易活动形成价值;重农学派则认为,工商业活动都不形成价值,只有农业劳动才产生价值。斯密在这个古典经济学的基础理论问题上作出了重大贡献,他把价值形成或价值创造的问题从各具体部门中提炼出来,认为一切生产过程都创造价值。这一观点不仅明确规范了价值概念,而且也标志着

经济学古典范式的产生。价值只能在生产过程中形成,生产过程由土地、资本和劳动所组成,因而古典经济学的价值实体,要么由三要素之一形成,要么由三要素共同形成。总体来说,古典经济学中居主流的是以斯密、李嘉图和马克思为代表的劳动价值论。

有了价值形成于生产过程且价值实体是劳动的观点,斯密自认为已经把握了使一个社会的财富尽可能快地增长的关键,即在一个社会所可能提供的总劳动量相对固定的情况下,将尽可能多的劳动量投入到生产过程之中。由此,斯密开始把劳动区分为生产性劳动和非生产性劳动,认为生产性劳动是同生产过程相结合的劳动,而非生产性劳动则不进入生产过程。更具体地说,斯密认为生产性劳动与非生产性劳动之间有三个主要的区别:第一,生产性劳动创造价值,而非生产性劳动不创造价值,因为生产性劳动是直接同资本交换的劳动,而非生产性劳动只是直接同收入交换的劳动;第二,生产性劳动生产实物形态的物质产品,而非生产性劳动则不实现在特殊物品或可卖的物品上,是非实物形态的,即生产性劳动的产品是有形的、固定的,而非生产性劳动的产品是无形的、随生随灭的;第三,生产性劳动是进入生产资料和生活资料生产部门的劳动,而非生产性劳动是耗费在商品流通、上层建筑以及生活和休闲服务部门的劳动。按照这种劳动"两分法"的观点,从事流通和服务劳动的人实际上是靠物质生产领域中所创造的财富来维持生活的。因此,斯密认为,一个国家"用以维持非生产性人手的部分越大,用以维持生产性人手的部分必越少,从而次年生产物亦必越小;反之,用以维持非生产性人手的部分越小,用以维持生产性人手的部分必越大,从而次年生产物亦必越多。"①斯密以后的古典经济学家大都承袭了斯密的有关生产性劳动和非生产性劳动的划分,以及前者形成价值后者不形成价值的观点,只是在具体划分标准和定义上有一些不同意见或修正。萨伊认为,不应该以能否生产出有形产品作为生产性劳动和非生产性劳动的界标,而要看是否能创造出客观效用,医生、音乐家、演员及仆人的劳动也能提供效用,故应看作是生产性劳动。马克思认为,斯密有形产品和无形产品的划分纯属多此一举,只需坚持生产性劳动创造价值,非生产性劳动不创造价值的论断就可以了。他指出,"从一般劳动过程的单纯观点出发,实现在产品中的劳动,更切近地说,实现在商品中的劳动,对我们就表现为生产劳动。但从资本主义生产过程出发则要加上更切近的规定:生产劳动是直接增殖资本的劳动或直接生产剩余价值的劳动。"②显而易见,马克思只是在更加抽象的理论层次上肯定了斯密的生产性

---

① 斯密:《国民财富的性质和原因研究》上卷,商务印书馆1981年版,第30页。
② 马克思:《政治经济学批判大纲》第二分册,人民出版社1978年版,第107~108页。

劳动创造价值,非生产性劳动不创造价值的观点;然而,在经验层次上,马克思界定两种劳动的具体标准则是模糊不清的。不过,通过马克思的两大部类学说,或许可以推断出服务及服务业的劳动在马克思学说中的地位。

总之,古典经济学体系的建立和发展强烈地依赖着劳动(要素)价值学说和交换价值概念。由于生产性劳动同非生产性劳动的界分,商品无可争议地拥有同古典经济学逻辑体系相协调的价值基础,而服务则由于通常和非生产性劳动相联系,或被排斥在古典价值论逻辑之外,或作为"异物"附着于商品价值运动的逻辑体系,这便是商品与服务的经济学思维两分法的理论根源。

2.1.2 消除"两分法"的理论尝试

如果说历史的和经验的原因曾经促使经济学思维中商品与服务"两分法"观念形成的话,那么同样的原因在20世纪特别是20世纪下半叶,对经济学理论思维的冲击则是相反方向的。服务业的发展越来越趋向于知识密集型、管理密集型和科技密集型,越来越显示出代表先进生产力的特征,而且在世界范围内,各国经济的服务流量占国民经济价值流量的比重日益扩大,那种把服务和服务业排斥在经济学理论体系和价值论逻辑之外的传统观念,已不能面对现代经济发展的现实了。历史发展和感性经验都要求,对服务的价值问题以及服务与商品统一的问题,经济学理论必须有新的诠释。

由于在理论思维中破除"两分法"观念的实质,是消除对服务的歧视,即在价值概念上视服务与商品等同,因此,经济学家有两种可能的逻辑选择:一是在不改变古典价值规范及其相应的逻辑系统的条件下,通过各种技术性的修正和努力,将服务纳入古典价值范畴;二是扬弃古典价值规范,用新型的价值概念来统一商品与服务。第二种选择的可能性因其本身的困难和令人怀疑的科学性而变得很小。因此,这里主要从两个方面讨论第一种选择。

A. 古典架构的修正

对古典经济思想框架作些修正,使之能包容服务概念,需要明确几个同服务概念发生联系的古典命题:① 价值只能够形成于生产过程,或者更确切地说,价值只能够形成于生产过程之中的劳动过程;② 人类在经济和社会生活中支出的劳动区分为生产性劳动和非生产性劳动;③ 只有物质产品的生产才是实在价值物品的生产。服务之所以在古典经济思想中被排除在价值概念之外,原因在于上述几个命题,因此,要想通过修正古典经济学思想框架的方法,把服务概念纳入古典经济学逻辑,学者们必然要对这些传统的思想命题做技术性修正。下面从第三个命题开始做回溯性分析。

首先,关于第三个命题。传统观念认为,物质产品等同于实物产品或(可视的)

有形产品;而现代学者则明确指出,物质产品并非只是实物产品或有形产品,它还包括非实物形态的无形产品。因为,根据现代科学的观点,物质的存在形态并非只有感性的实体形态,也有非感性的实体形态,如场、能量以及各种相互作用等。因此,如果商品与服务的理论差别仅仅是由于感性形态的差异而造成的,那么,只需对物质产品的概念用现代科学观点重新明确,则有形产品和无形产品在物质统一性的基础上都属于具有实在价值的物品。然而,这种努力并未从根本上解决问题:其一,精神产品的生产显然属于服务生产,但修正过的这个命题仍不能使这种产品具有实在价值;其二,"无形"只是服务作为产品的一个现象特征而非本质属性,因此,有形与无形的物质统一并没有消除商品与服务的价值概念分离,只是表明两者实现理论统一的感性障碍是可以排除的。

其次,根据古典观点,生产性劳动创造价值,非生产性劳动不创造价值,因此,同生产性劳动耗费相联系的产品就必然有价值,同非生产性劳动耗费相关的产品则没有价值。服务在传统上被认为是同非生产性劳动相联系的,因此不产生价值。要消除对服务的歧视,需重新界定生产性劳动与非生产性劳动,目的是使生产性劳动的概念及范围能够涵盖服务。然而,至今这一努力仍未达到。前已提及,斯密确定生产性劳动的标准是能生产有形商品且同资本相交换。马克思没有说生产性劳动就是生产有形商品的劳动,但他认为生产性劳动是同资本相交换的劳动,并在抽象的层次上进一步规定:生产性劳动是直接增殖资本的劳动或直接生产剩余价值的劳动。而萨伊曾明确地批评斯密用有形和无形的感性标准来区分生产性劳动和非生产性劳动,认为这个标准涵盖的生产性劳动的范围太窄,把医生、作家、演员等创造效用的劳动排斥在外。

当代很多学者也是围绕着生产性劳动与非生产性劳动的划分标准,试图将服务归入生产性劳动。主要的观点有:① 坚持物质与精神相对立的标准,认为只有生产物质资料的劳动才是生产性劳动,不赞成将物质资料的感性形态拓展到无形产品。② 根据资本是生产剩余价值的经典定义,引申马克思"只有生产资本的雇佣劳动才是生产劳动"的观点,派生出形成(创造)价值的劳动即是生产性劳动的论点,否定以往争论的前提,即生产性劳动创造价值。按照这个观点,无论是生产领域还是流通和服务部门的劳动,只要能为资本带来利润,就可以视为生产性的。③ 用经济部门的经验分类来划分生产性劳动和非生产性劳动,跟第一、第二产业一样,也将服务纳入生产性劳动的范畴。对这三个观点稍加分析可知,第③种观点使生产性劳动扩展包容了更多的经济部门,实际上是取消了生产性劳动与非生产性劳动的界分,破坏了古典框架本身。第②种观点以能够形成价值作为界定生产性劳动的标准同样是站不住脚的,古典经济学形成之前的重商学派就认为,只有商业劳动才是生产性的,因为,商业尤其是对外贸易会产生利润。第①种观点则把精神产品的生产排斥在生产性劳动或有价值的劳动之外。

最后，第一个命题是古典价值形成命题。在此前提下，要将现代经济学的服务项目纳入古典价值范畴，逻辑上可能的做法有两点：直接修正"劳动"概念，使之具有更为宽泛的内涵；拓展"生产过程"概念的外延，使之涵盖非物质产品的生产。然而，古典价值概念在这两方面都存在着逻辑限度。

在"劳动"概念的修正方面，国内有些学者提出，应该从两个不同层次去把握同价值形成相关的"劳动"概念。在宏观经济体系或社会系统的层面上，"劳动"是不依赖于具体生产过程的"社会劳动"，包括所有的物质生产和非物质生产劳动，特别是包含着科技、教育和文化内涵的劳动。在企业或微观层面上，"劳动"则指传统意义上的劳动力要素在生产过程中的投入和消耗。学者们主张只有"社会劳动"才独立地形成价值，而具体生产过程的"劳动"则必须同其他生产要素共同创造价值。简言之，从宏观看，活劳动创造价值、物化劳动转移价值；从微观看，活劳动和物化劳动共同创造价值。有些学者指出，上述关于"劳动"概念两个层次的理解，在逻辑上背离了古典价值形成命题，背离了李嘉图和马克思关于价值形成过程同生产过程合二为一的论点，结果导致了价值决定的问题漂浮不定，因为按照上述理解，经济体系的价值由"社会劳动"形成，而"社会劳动"可能漂浮于经济体系的生产过程之外。

在"生产过程"概念的拓展方面。从一个舍弃了对外经济关系的封闭经济体系看，"生产过程"概念的扩展必将导致生产环节与经济体系中的其他经济环节——分配、交换和消费——的界限模糊不清。分配过程、交换过程甚至消费过程的活动都是生产，从而造成了一个"泛生产过程"的价值论，其结果是经济体系中任何活动都可以形成价值。这样，"生产过程"的逻辑扩展与"劳动"概念的修正殊途同归，都只能返回到古典经济学价值理论的起点——亚当·斯密那个公认存在着缺陷的"劳动价值论"。这就是古典框架为"劳动价值论"的发展所设定的逻辑限度。

B. 对服务概念的修正——从价值论角度

修正服务概念，目的仍是能在古典经济思想框架下填平商品与服务的沟壑，使服务能被纳入古典价值论的逻辑体系。主要有三个方面：① 承认服务流量在经济中的自主交易性质，修正服务流量是非交易对象，或只从属于商品交易的传统观念；② 承认服务具有使用价值或客观效用价值，修正传统上只用交换价值直接解释服务的思想方法；③ 承认服务的生产者服务、消费者服务和政府服务的基本分类，修正所有服务都只同收入交换而不同资本交换的固有观点。

传统观点认为，服务是非交易对象，或只是从属于商品的交易对象，因此，服务没有像商品那样的独立的交换价值。形成这种看法的主因在于经济发展史，但也有经济体制方面的因素。直到20世纪20～30年代，服务业任何一个部门在各国及世界的经济发展中都还没有达到相对独立发展的水平。服务的概念停留在生活服务、消费服务、流通服务以及其他私人服务的层次上,它们主要由家庭成员、社团组织和工商企业以非市场或附属于商品流通的方式提供。从经济体制方面看,20世纪以来在一些建立起计划经济体制的国家,这些服务的供应一般都采用了福利化的非市场方式,教育、医疗、养老、保育以及其他生活和消费服务都由国家包下来,因此,更强化了服务的非市场化发展。之后,西方国家的服务业日益强大,科技与管理水平日益提高,完全改变了传统的服务概念,服务作为自主交易对象成为不争的事实。在计划经济国家,传统的福利主义被改革的大潮冲垮,各种层次的服务开始成为市场交易的对象。在这样的背景下,传统的非交易对象的服务概念必然要加以修正。

由于直接运用交换价值的概念来讨论服务的价值涵义,必然涉及生产性劳动与非生产性劳动、物质生产领域与非物质生产领域等一系列争论,因此,很多学者选择较迂回的方法来说明服务概念,即以肯定服务的使用价值或客观效用价值为起点,间接地说明其具有交换价值。这种思路概括起来主要有以下几种形式。

第一,我国学者根据马克思将使用价值分为实物的和非实物的两种形式的原理,分析了服务的使用价值的特点,认为,服务的使用价值特点决定了服务的交换价值形成所具有的与商品不同的特点。一是它并不物化在一个物质产品中;二是它的生产、交换与消费是同时进行的过程;三是它具有流动性与凝结性相结合的特点;四是它有时可分为前期和后期两个阶段,前期阶段随着最终产品的复杂程度而延长,因而这一阶段创造的价值也就增大,例如,科教文卫等部门的劳动及其创造的价值过程就是如此。

第二,日本学者以运输服务为典型,用运输对象的使用价值增加来说明运输服务形成交换价值,并据此推广到所有服务。① 日本学者的这种观点有两种说法:一是"效用生产说";二是"使用价值完成说"。这两种观点分别出自于《资本论》第2卷的第1章"效用生产说"和第6章"使用价值完成说"。它们的区别在于,"效用生产说"认为商品运输和人的运输都形成价值;"使用价值完成说"只承认商品运输形成价值。两种规定并非矛盾。"效用生产说"反映的是包括商品运输和人的运输在内的运输业的一般规定;"使用价值完成说"只是反映商品运输的特殊规定。这就是说,场所移动这种效用(无形的使用价值)的生产就是运输劳动的价值的形成,不过在商品运输上,这种效用是被追加到商品之上而已。运输业之所以形成价值,就在于它提供了场所移动这种服务。如果上述观点成立,那么,也就可以得出"服务

---

① 饭盛信男:《经济政策与第三产业》,经济管理出版社1988年版,第174~175页。

部门形成价值"的结论。

第三，如果说上面两种思路的主要理论依据源于马克思的话，那么，将萨伊的观点来同它们作比较分析将是有益的。萨伊不认为有使用价值与交换价值的界分，认为两者是统一的。"所谓生产，不是创造物质，而是创造效用"，"物品的效用就是物品价值的基础"。他解释说，创造效用是指"或把效用授予本不具有效用的物质，或扩大物质已具有的效用。"①根据这样的客观效用价值论，萨伊把"没有永久性、随生随灭"的产品也视为具有价值的，它们同样创造了效用，并因此批评斯密的财富（价值）定义太狭窄，不能囊括无形产品（服务）。

关于服务的分类。将非营利性的政府公共服务撇开不论，将服务区分为生产者服务和消费者服务，在理论上是有很大意义的。虽然形成这种理论观点的主因，是服务业在当代发展的现实，但在理论上至少使服务能够像一般商品那样被区分为资本品和消费品。按照斯密的观点，直接同资本交换的劳动便是生产性的；按照马克思的观点，"只有直接生产剩余价值的劳动能力使用者是生产的劳动者，就是说，只有直接在生产过程中为了资本的价值增殖而消费的劳动才是生产劳动。"②这样一来，服务至少是生产者服务，符合传统的生产性劳动以及相应的古典价值概念。这显然不同于只把服务理解为消费和休闲娱乐的传统观点。在理论上，生产者服务引起并促进人们在传统框架下对服务的经济学涵义的思考；在现实中，生产者服务在各国服务价值流量总额中的比重正日趋扩大。

2.1.3 简单评述

为了顺应现代服务经济的发展，经济学家们力图将服务纳入经济学的理论框架，因此，对经济思想框架和服务概念本身都进行修正，但到目前为止，还不能说这种努力已取得成功。大多数学者认为，把服务真正纳入标准框架是困难的。它确实是另一个难以对付的"千年虫"问题。其原因主要有以下几方面：首先，按照传统的价值形成命题，服务究竟能不能最终同商品一样符合标准价值物品的定义，仍将是一个争论的问题。其次，即使以变通方式将服务纳入传统价值体系，这种纳入也只是局部的，从而也是破碎的，并且在逻辑上也存在潜在矛盾。比如，把生产者服务作为能同资本交换的服务而纳入古典价值形成逻辑，就必然把其他的服务项目列入没有价值的圈内。此外，即使是生产者服务，其中的知识、科技、管理等作为精神产品，也难以符合价值形成逻辑。再次，就物质产品的生产而言，商品与服务的

---

① 萨伊：《政治经济学概论》，商务印书馆1981年版，第56~62页。
② 马克思：《政治经济学批判大纲》第二分册，人民出版社1978年版，第107页。

"有形"与"无形"的感性界分虽不再妨碍服务作为物质形态存在,但古典价值概念同物质性有必然联系,而服务同物质性则没有必然联系,精神产品同样可以属于服务的范畴。因此,肯定某些服务项目的物质性并不能使所有的服务都符合传统的价值概念。最后,即使用传统价值概念统一了商品与服务,服务的价值决定和价格决定问题要在这个传统的经济分析框架中得到说明也是很困难的。服务的感性特征导致其作为价值实体的凝结或生产要素耗费的凝结,在经验上是无从把握的。传统的价值与价格的关系是价值稳定,价格围绕价值波动。对服务来说,价值本身的稳定性就是十分飘忽的,更何况价格还要围绕这种飘忽波动。所以,传统理论关于有形商品的价格形成和价格决定的机制,在解释服务的价格问题时遇到了逻辑的和经验的困难。

2.2 服务效用价值理论

效用价值论是西方经济理论中价值论的主流。西方经济学家认定,只有从创造效用角度,才能把服务劳动的成果列入社会财富之内,才能把服务经济归入国民经济大系统之内。

2.2.1 效用价值理论

效用是人的劳动所创造的福利。财富是已积累起来的效用,它可以贮存起来以供将来之用,其期限可以超过所有者或受益人的寿命。那么,效用的反面是无效用,无效用也是人的行为的一种结果,它可以使财富减少,从而降低人的福利。效用只有当生产者或所有者在市场上作交易时,才能变成价值,而无效用只有对那些必须让渡福利以作为获取价值的条件的人,才能变成成本。

2.2.2 服务效用价值理论

效用的表现形式有一个历史的演变过程。在缺乏语言和书写工具的漫长历史岁月里,从一个时期到另一时期,从一代到另一代传递效用的唯一方法是采取有形的形式。因此,效用的概念很自然地就同有形商品的所有权相联系。比如,造型艺术仍然是传播文化的最为可靠的工具。

随着文字的出现,以及记录和传播思想的实用工具的发现与运用,它们本身就变成了财富的来源。比如书本、磁带、磁盘、录像带等,它们带给人们的效用已大大超过其自身的物质价值。因此,在现代经济社会中,服务的生产活动和商品生产活动一样,都可以为人们创造财富,带来福利和效用。

服务可创造效用,如果它可以用价格表示出来,并在市场上出售,便产生了价值。要注意的是,服务所产生的总效用与其市场价值之间的关系并不是十分确定的。如果效用被看作是所有生产活动最终目标的话,即所有有形与无形产品都可以按照与最终用户的需求有关的简单需求功能来加以合并或结合,那么,总效用可以看作是市场价值与有效的外部经济的组合效应,亦即已支付和未支付的效用。比如,知道通过某一乡村的道路可能对某个旅行者具有特殊的效用(走近路可以节省时间,或节省体力等),但并不产生市场价值。一块面包对一个饥肠辘辘之人是有效用的,而且也有市场价值。从广义来说,这两种效用的形式几乎是一样的,因为两者都产生福利,但从具体情况看,知道某人走过的路的价值包含诸多因素,而不单是只满足一个人的胃口。因此,在对服务进行分析时,必须弄清哪些因素只是市场价值的主要决定因素,并将其与构成商品市场价值的因素进行比较。

从构成要素看,一般情况下,服务中的人力资本、劳动和实物资本三者所占的比重是不同的,并决定服务的效用,进而决定服务在市场中的价值。服务生产中所使用的诸多要素的特殊结构,不仅依赖于这些要素的可利用性及成本,而且也取决于所提供服务的性质。因此,某些服务从性质上看是属于人力资本密集型,另一些服务则属于实物资本密集型,还有其他一些服务则属于劳动密集型。

从供给特点看,服务生产的特殊模式有别于商品生产的模式,正是在这一点上,对经济机构之间的关系及社会政治结构产生影响,而这些经济机构在这种社会政治结构中开展其各种活动。服务的特殊自然属性,一般要求服务的供给者和消费者同时存在,并要求有一个地方进行市场交易,而另一些服务只可以通过通信线路进行输运或通过卫星传送出去。因此,从某种程度上讲,服务生产是一种"个性化"的生产,不像商品那样,生产者与消费者之间的关系完全是非个人之间的关系,我们可以称之为"非个性化"的生产。如果某种类型的服务可以对不同消费者产生出或多或少的同样数量的效用,也就是使服务标准化,而非个性化,那么,只有在这种情况下,才有可能使服务生产获得规模经济效益,因为这种规模经济是对大量生产相同单位产品而导致单位成本降低这一效应的回报。

上述诸多因素的存在,使服务质量存在差别,然而,不同质量的服务究竟能产生多大效用,仍然是无法判断知道的。对于商品来说,常常会有耐用商品和非耐用商品的界分。非耐用商品(如食物)可在某一时点上或很短的时间周期内产生效用,而耐用商品可在一个长时期内产生效用。如果从效用持续时间的角度考虑,有些服务可以看成是"耐用"服务,有些服务的"耐用性"则给人一种"只可意会,不可言传"的感觉。但更多的服务则是"非耐用"服务。"耐用"服务的典型例子是保险服务。那些服务只表现为"只可意会,不可言传"的"耐用性",是指服务对个人、社会团体和整个经济所产生的不可测度的扩散效应。这些扩散效应可能也不存在市场价值。这便是经济学家所说的"公共物品"、"社会的一般管理费"、正的"外部性"

或"无报酬的产出"等。城市公交车服务不仅对公交乘客提供直接效用,而且也对期望找到最终服务需求的潜在乘客提供了可能性。警察的存在作为一种潜在的效用资源,可以给居民提供安全感,要比捉拿罪犯所产生的直接效用具有更为重要的意义。这些服务的"外部性"实际上也创造了效用,虽不是以传统定义的价值形式表现出来,但却是非常重要的,这就不能不引起人们根据它对经济发展过程所做的贡献进行思考。

这样一来,服务的效用价值就由要素的价值(包括知识),以及在不同的经济体制和社会环境中所发挥的功能效用两个部分组成。

进入服务生产的诸要素本身也有有形和无形之分。非熟练劳动和实物资本是有形的单位,其在某一市场上的可利用性是可以比较精确地加以测定的,并受到传统供需理论分析的支配。人力资本则不能这样容易地加以测定,但它却起着越来越大的作用。

服务效用价值的第二个组成部分是服务在经济中所发挥的功能效用。它既可以传递到其他服务产品上,也可传递到有形的财富上去。正如服务既可以是中间的,也可以是最终的一样,即服务的功能如果用来增强财富的供应的话,便是中间性的;如果有助于消费者从所购买的商品或其他服务中获得效用的话,便是最终的。然而,一种服务既可以同其他商品或服务互补,又可以替代它们。服务功能从本质上看是同其他商品或服务互补的,因为没有服务,则它们传递到这些产品上的效用便不存在。例如,若没有帆船这一运动项目,则用划船比赛这一景观所创造的效用就不存在。

2.3 服务价值理论——劳动价值论的新发展

这一节从劳动价值论的角度,分析服务产品的内涵与外延,推导出服务价值理论。[①]

2.3.1 现实提出的疑问

基本由"非物质生产部门"构成的服务业的迅速发展,向人们提出疑问:是否只有"物质生产劳动"才创造价值? 由这一基本疑问发散开去,就形成以下关于劳动价值理论的一系列争论。

---

① 本节内容引自李江帆:《劳动价值论的新发展——服务价值论》,载《经济学家》1996年第2期。

第一,是否只有"物质生产劳动"才创造价值?如果是,那么有何理由把创造当代社会巨额财富的功劳,只归于投入量仅占30%左右的"物质生产劳动",而无视投入量占70%左右的"非物质生产劳动"?

第二,如果比重占70%左右的服务业劳动者不创造价值和社会财富,那么,他们只能靠瓜分仅占30%比重的工农业劳动者所创造的价值为生,这不是会推论出他们是靠别人创造的价值为生的社会"寄生虫"吗?

第三,一般认为,服务需求的收入弹性大于1,因此,随着收入和生活水平的不断提高,人们已越来越普遍地支出比重越来越高的货币购买服务。如果这种消费对象没有价值,那不就等于说,消费者以有价值的东西,交换无价值的东西已成为市场经济中的普遍现象了吗?这不就违反等价交换原则了吗?

第四,如果服务有价值,那么难道它也是工农业创造的吗?如果用劳动提供了服务的服务业不创造服务的价值,没有提供服务劳动的工农业反而创造了服务的价值,那这算什么"劳动价值论"?

第五,如果并不只有"物质生产劳动"才创造价值,那么,到底什么样的劳动才创造价值?对传统劳动价值论应作何新界定和新解释才能够适应形势?其"边界"应划到哪里?新的界定会不会背离劳动价值论?

下面将从劳动价值理论的边界划定谈起,逐步剖析和回答以上提出的问题。

2.3.2 关于劳动价值理论的边界划定

对"是否只有物质生产劳动才创造价值"的回答,形成了劳动价值论窄、中、宽三派。由于三派均承认只有劳动才创造价值,争论的是什么样的劳动创造价值,因此,这种争论是在劳动价值论框架内的争论。

劳动价值论的窄派固守传统边界,对只有"物质生产劳动"才创造价值的论点持肯定意见,认为创造价值的劳动有两个必要条件:一是创造出物品;二是用于交换。据此只有工农业劳动才创造价值,所有服务行业都不创造价值。就算是被马克思明确列为"第四个物质生产部门"的运输、通信业,由于不直接制造有用物品,也不创造价值。至于科、教、文、卫、体就更不用提了。这一观点在当代经济实践中已遇到了如前所述的越来越多难以回避的问题。

劳动价值论的中派对只有"物质生产劳动"才创造价值的论点实际上也持肯定意见。不过,他们看到了上述矛盾与问题,试图在一定限度内拓展劳动价值论的适用范围。他们认为,除了工农业直接生产物品的劳动创造价值外,间接生产物品或提供某种能量的服务行业,诸如商业、饮食、裁剪、修理、运输、通信等行业,只要其劳动与某种物品或能量"挂钩",其结果体现为某种物,都可列入创造价值的行列。至于劳动成果不体现为某种物的服务行业,如科、教、文、卫、体等,则不创造价值。

很容易看出,中派的论点在本质上与窄派是一样的。

劳动价值论的宽派批驳了上面两派关于"只有物质生产劳动"才创造价值的论点,认为,首先,被窄派误作"公理"看待的有关创造价值的劳动的必要条件必须创造物品,其论据是内在缺失的,马克思也无此论断;其次,从劳动价值论的基本原理也推不出此结论。价值本质上并不是物品,而是商品生产者之间互相交换劳动的一种社会关系;它不是以物品为承担者,而是以使用价值为承担者。宽派由此认为,按照劳动价值论,创造价值的劳动的两个条件应为:其一,创造出使用价值,不论其是实物形式的还是非实物形式的;其二,用于交换。因此,三大产业的所有劳动,无论是工农业劳动,还是服务劳动,只要它们能创造出用于交换的使用价值,就同时创造了价值。不仅应该承认工农业创造价值,商业、饮食、裁剪、修理、运输、通信等行业创造价值,而且应特别强调,劳动结果不体现为某种物的服务业,如科、教、文、卫、体等也同样创造价值。服务业也创造价值的论点完全可以根据劳动价值论的基本观点来进行论证。论证的思路是:非实物劳动成果→服务产品→服务产品的使用价值与交换价值→服务产品的价值与价值量。下面将沿着这条思路分析下去。

2.3.3 从劳动价值论角度看服务产品的内涵与外延

人类的经济实践已表明,人类劳动会产生两类成果:一类是以实物(物品)形式存在的劳动成果即实物劳动成果,或称作实物产品、货物;另一类是不以实物形式存在的劳动成果即非实物劳动成果。后者虽然是能被人们感知的客观存在,但不像实物劳动成果那样具有可以触摸的形体。这些非实物劳动成果被称为服务产品,或称作服务。

非实物劳动成果之所以要被纳入社会产品范畴,主要原因有二:第一,其根本原因在于它与实物劳动成果一样,也具有满足人类需要的功能。在消费对象相对稀缺的条件下,人类为了满足其物质和精神需要,以求生存、繁衍、发展和享受,必须通过劳动创造能满足其需要的劳动成果。这一劳动成果就是产品。不管劳动成果是采取实物形式还是非实物形式,只要它能消除相对稀缺,满足人的需要,达到了人类从事劳动的目的,就会被承认为产品。非实物劳动成果,如教育服务、医疗服务、文艺服务、交通服务、旅游服务、信息服务等,都无可争辩地具有满足人们多方面需要的功能,并由此与实物劳动成果形成互补或互替关系。这样,它们就理所当然地被包括在社会产品项下。第二,其历史原因是服务业飞速发展的事实引起人们的认识发生飞跃。在现代社会中,需求结构正迅速向服务比重增大的方向演变,生产的社会化、专业化使实物生产阶段或阶段性劳动成果独立化,科技进步使生产过程对"软件"的需求增大。这些变化都使得非实物劳动成果在生产结构和消费结构中的地位日益重要,从而为人们比较透彻地认识其产品属性提供了客观条件。因此,当代社会产品范畴必然要突破实物形态的范围,它应是社会在一定时期内创造的,能满足人的需要的实物劳动成果和非实物劳动成果的总和,包括实物产品和服务产品两大类。

社会产品观的更新使产品突破了传统经济学设定的"物质产品"的界阈,打破了以"物质产品"为中心划分生产、交换、分配和消费的一统天下,代之而起的是以物质产品和服务产品为对象,划分生产、交换(流通)、分配和消费的历史出场。这不仅可以全面、客观、真实地反映全社会投入与产出的状况,而且丰富了马克思的两大部类理论。按照产品使用价值的用途,服务产品也可以分别归入第一部类和第二部类。第一、第二产业生产所需的服务产品,如农业科技服务、农业销售服务、工业运输服务、工业信息服务等,以及第三产业本身生产所需的服务产品,如流通部门所需的信息咨询服务,商业部门所需的仓库、维修、货运服务,科技部门所需的电信、保安、清洁服务等,构成服务形式的生产资料;用于生活消费的服务产品,如居民生活服务(美发美容、家政服务等)、教育服务、卫生服务、文化娱乐服务、客运服务、旅游服务等,构成服务形式的消费资料,即服务消费品。

至于智力劳动所直接生产的,具有一定思想内容的,用于满足人的精神智力需要的成果,可称之为精神产品。精神产品或是采取实物形态,或是采取非实物形态,可分别列入实物产品或服务产品项下。其中,一类是以实物形态存在的精神产品,如设计图纸、书刊、报纸、图画、雕塑、唱片、音像、磁带、照片、电影拷贝、手稿、讲稿、电脑软件等;另一类是以服务形式存在的精神产品,如咨询服务、演出服务、教学服务等。要注意的是,这里精神产品的分类仅仅是以存在形式为标准的,很明显,以实物形态存在的精神产品,其价值或效用主体仍是服务,而不是服务的载体。

由此可得出结论:精神型服务产品或服务形式的精神产品,如教育、科研、技术、文艺服务等,以及非精神型服务产品,如医疗、交通、旅游、商业、通信等服务,是由服务业生产的。非精神型实物产品(工农业产品)是由工业和农业生产的。至于精神型实物产品(报刊、唱片等)则是由工业和服务业联合生产的。

2.3.4 服务的使用价值与价值

通过马克思所说的"惊险的一跃",服务产品转化为服务商品加入了商品的世界,成为普通商品中的一员,作为商品,它必然具有使用价值和价值。

A. 服务的使用价值——非实物使用价值

马克思说:"商品首先是一个外界的对象,一个靠自己的属性来满足人的某种需要的物。这种需要的性质如何,例如,是由胃产生还是由幻想产生,是与问题无关的。……物的有用性使物成为使用价值"。① 这里的"物"是包括服务的。服务具有使用价值——非实物使用价值,这是一种不采取实物形式,与劳动过程紧密结合在一起,只能在活动状态中被消费,从而满足某种需要的使用价值。由工农业生产的实物产品,其使用价值则具有离开生产者和消费者而独立存在的形式,能在生产和消费之间的一段时间内存在,可称为实物使用价值。马克思把前者称为"运动形式"的使用价值,把后者称为"实物形式"的使用价值,并提及"不以物品资格但以活动资格供给的特别的使用价值"、"哀歌的使用价值"、"未来音乐的创作家"生产的使用价值等非实物使用价值。②

服务的使用价值具有一般功能和特殊功能。

首先,非实物使用价值具有实物使用价值所具有的一般功能。第一,服务具有满足人的某种物质或精神需要的功能。与实物产品功能相近的服务产品的使用价值,在消费中与实物产品可以互相替换,具有消费替换性;与实物产品功能相异,但有联系的服务产品的使用价值,在消费中与实物产品可以互相补充,构成互补关系;与实物产品的使用价值在功能上存在因果链联系的服务产品,在消费中会引起以后对其他使用价值的一系列消费,具有消费引致性。服务产品的使用价值具有消费替代性、消费互补性和消费引致性的根本原因,在于非实物使用价值具有一切使用价值所具有的共性——可消费性。第二,非实物使用价值也是构成社会财富的重要内容。其原因在于,人们追求财富为的是获得多样性的使用价值,来满足自己多方面的需要,以达到健康、幸福的境界。所以,财富是与使用价值等同的东西。不论财富的社会形式如何,使用价值总是构成财富的内容。随着社会生产力的发展,使用价值本身在一个生产和需求的体系中发展起来,因而,财富内容本身及其概念也在发生着变化:农业社会主要以农业使用价值为财富内容;工业社会主要以工业使用价值为财富内容。在现代社会,满足各种需要的社会财富日益分为以实物使用价值为内容的实物财富和以非实物使用价值为内容的非实物财富,后者的比重正在上升。第三,非实物使用价值在市场经济中也是交换价值的物质承担者。马克思说:"商品是以铁、麻布、小麦等等使用价值或商品体的形式出现的。这是它们的日常的自然形式。但它们所以是商品,只因为它们是二重物,既是使用物品又是价值承担者。"③因为,价值本质上是商品生产者互相交换劳动的一种社会关系,

---

① 《马克思恩格斯全集》第23卷,人民出版社1972年版,第47、48页。
② 《马克思恩格斯全集》第46卷(上),人民出版社1979年版,第464页;《剩余价值学说史》第1卷,上海三联书店1957年版,第398页;《政治经济学批判》,人民出版社1955年版,第12页;《资本论》第1卷,人民出版社1965年版,第191页。
③ 《马克思恩格斯全集》第23卷,人民出版社1972年版,第61页。

因此,它必须以劳动产品的交换为前提。而产品只有具有使用价值,才能被投入交换,进而被衡量交换价值和价值。这就决定了价值必须以使用价值为承担者。只要使用价值凭它能满足交换对方某种需求的有用属性,使产品能够投入交换,它就可以并且实际上充当了交换价值的承担者。因为非实物使用价值能够实现上述职能,所以它同样可以充当交换价值的物质承担者。

其次,服务的使用价值还具有实物商品所不能或很少能够具有的特殊功能。服务使用价值的特殊功能首先表现在节约劳动时间上。它为一切消费服务的人们节约生产时间、工作时间。自我服务转变为社会服务的根本原因,就在于社会服务比自我服务有更高的劳动效率。节约劳动时间与提高劳动生产率是因果相连的,劳动时间的节约,就是劳动效率的提高。服务使用价值具有节约社会劳动时间的特殊功能,同时也就具有提高社会劳动生产率的特殊功能。另外,服务使用价值还具有密切各部门、各地区经济联系的特殊功能。比如,交通运输服务、邮电通信服务、商业服务、金融服务、咨询服务、信息服务等构成社会经济循环系统和神经系统的一部分,使各部门、各地区、各企业以及人与人之间互相联系,从而使社会生产顺利进行下去。

然而,需要指出的是,非实物使用价值的非实物属性,往往会使人对它产生神秘感、怀疑、否定它的存在,或把它误认为意识形态、精神世界的东西,由此导致多种误解。我国流行的传统使用价值概念就有此类问题。它把马克思在《资本论》中重点分析的实物使用价值当作使用价值的全部。这种以偏概全的失误必然与现代社会生产和需求体系中非实物使用价值比重日趋上升、地位越加重要的现实背道而驰。因此,应以非实物使用价值扩充使用价值理论。

B. 服务的价值与价值量

从逻辑上说,既然服务业提供的非实物劳动成果也是一种产品——服务产品,既然这种产品具有非实物使用价值,那么,只要服务产品是为交换而生产的,它作为用于交换的劳动产品就是商品,也就具有使用价值和价值二因素。从理论上讲,市场经济中的服务产品具有价值的原因是：① 生产服务产品耗费的劳动凝结在非实物使用价值上形成价值实体；② 私人劳动和社会劳动的矛盾使生产服务产品的劳动取得社会形式,从而表现为价值；③ 服务产品与实物产品不能按异质的使用价值量,而只能按其中凝结的同质的抽象劳动量进行交换,从而以价值为尺度决定其交换比例。简言之,服务价值是由服务劳动的凝结性、社会性和抽象等同性决定的,它的质的规定性就是凝结在服务产品的非实物使用价值上的、得到社会表现的抽象劳动。既然服务价值是服务产品生产者劳动力消耗的单纯凝结,那么它当然是服务业劳动者创造的,并非从任何别的领域转移或"再分配"过来的。

服务产品的价值量决定分为两种情况：一是重复型服务产品。因服务劳动过程的主客观条件的差别,生产同种服务产品需各不相同的个别劳动时间,故其价值量由生产这种产品所耗费的社会必要劳动时间决定。二是创新型服务产品。它的非重复生产性、扩散性和共享性,使其价值量由最先生产出这种产品所耗费的个别劳动时间决定。服务产品的价值量也由三个部分构成:① 不变资本 C——服务生产过程中消耗的燃料、物料或辅助材料的价值,以及服务工具和设施的折旧费。随着社会科学技术的不断进步,服务产品中不变资本所占比重有不断增长的趋势。② 可变资本 V——服务劳动者必要劳动所创造的价值。③ 剩余产品价值 M——是服务业乃至整个社会发展的基础。由于传统观点认为服务业的生产率增长慢于工农业,因此,以实物产品为等价形态的服务产品的相对价值量呈增大趋势,服务产品的价值增幅将大于工农业产品。

综上所述,根据劳动价值论的基本原理阐述的服务价值论,较好地回答了在服务业崛起、"非物质生产人员"日趋增多的新形势下,劳动价值理论面临的新问题。这是适应新的实践,充实、发展劳动价值论基本原理的一种有益尝试。

2.3.5 几个需要澄清的理论观点

否定服务劳动创造价值的传统观点,在经济理论界仍有相当大的影响。其主要分歧在于是否承认非实物产品和非实物使用价值的存在。由此派生的几种观点需要澄清。

第一,是否背离劳动价值论?按照马克思主义政治经济学,价值理论是与商品经济中劳动交换问题密切相关的。劳动交换的重点改变了,劳动价值论的重点也随之改变。马克思对劳动价值论没有采取僵化的态度,而是根据研究对象的具体化作过四次补充和发展,指出"总体劳动中的脑力劳动和管理劳动"、"不生产有用物品的运输劳动"、"生产服务消费品的服务劳动"和"'生产二项式定理'的科学劳动"创造价值。当服务劳动在社会总劳动中占了大部分比重时,劳动价值论的重点应扩展到服务领域。在当代,只有承认服务劳动创造价值,才能解释服务部门耗费的并表现为社会劳动的抽象劳动的实质,解释市场经济中服务与货物交换的比例,解释被产业现象掩盖着的人与人之间的关系——劳动交换关系。服务价值理论拓展了劳动价值理论的"生产可能性边界",这不是违背劳动价值论而是继承和发展了劳动价值论。然而,传统政治经济学把劳动价值论的适用范围限定在"物质生产"领域,这好像是"坚持"了马克思主义,实际上是画虎类犬之举。因为这等于说,劳动价值论只能解释"物质生产"领域的劳动交换,一旦扩展和应用到"物质生产"领域以外的问题就显得苍白无力、束手无策。这样就封死了用劳动价值论进一步解释"非物质生产"领域的劳动成果及由此引起的一系列新经济现象的通路,从而也就不自觉地把劳动价值论推到一个窘迫的境地:它的适用范围和解释能力将随着服务业的增长,"非物质生产"比重变大而日趋缩小,以致根本不能解释当代社会经济现象。仅此而论,需要批评的不是服务价值论,而是流行的政治经济学教科书中的"物品价值论",以及建基于此的一系列观点、范畴,如社会总产品、工农业总产值、国民收入再分配等。可以说,服务价值论的引入,使被人们搞成"灰色"的劳动价值论重新漾出绿色的生机。

第二,内容不健康的"服务"有价值吗?反驳服务产品有价值的另一常见论据是,难道内容不健康的"服务",如淫秽的演出、准淫秽的按摩、美容美发等也具有价值吗?这实际涉及服务领域的一个敏感性问题——伦理道德问题。伦理道德领域和经济学领域有着完全不同的研究目的、着重点和论题,切不可混为一谈。伦理道德领域研究的是,一定社会为了调整人们之间以及个人与社会之间的关系,所提倡的行为规范的总称,为的是使人形成善与恶、荣誉与耻辱、正义与非正义等道德观念,并用以指导或控制其行为;经济学研究商品价值问题,解决什么样的劳动形成价值,为什么形成价值,以及怎样形成价值,涉及的是产品的效用与费用,投入与产出的关系问题。经济学意义上的产品,不涉及人们对效用的正义与邪恶等道德评价问题。判断一种产品有无价值,只能用经济学的标准,考察这种使用价值是否凝结一般人类劳动,而不能杂以道德标准,将这种产品的"善"与"恶"作为有无价值的附加条件。道德领域研究的问题可以在经济分析中加以舍去。当然,随着学科的发展,经济学也越来越关注伦理道德问题,比如,信息经济学中的败德行为(moral hazard)。然而,经济伦理问题与纯的伦理道德问题是不相同的。

第三,是国民收入的再分配吗?流行的政治经济学教科书至今仍认为,服务领域里劳动者和资本家的收入并不是服务劳动者自己创造的,而是"物质生产"领域用收入支付服务费用时转移过来的,这就是所谓的"国民收入再分配"。这种观点的错误在于:一是混淆了使用价值的分配与价值的分配;二是混淆了交换行为与馈赠或资助行为。在社会化市场经济中,每个生产者都要消费他人生产的使用价值,同时也将自己生产的使用价值提供给他人消费。这就是使用价值在全社会的分配。这一分配通常是通过等价交换实现的;使用价值首先分配给直接生产者,然后通过交换再分配给其他社会成员。交换中只是不同种的使用价值换了位,价值并没有随交换转移到对方去。产品价值的分配则是生产的当事人按一定的原则占有他们生产的产品的价值,例如,全体社会成员都参与农产品使用价值的分配,但参与农产品价值分配的只有农民、农业资本家和土地所有者。同样道理,三大产业人员都参加了服务产品使用价值的分配,但参加服务价值分配的只是服务领域的服务生产当事人。由于工农业产品的使用价值首先分配给工农业生产者,然后通过交换分配给服务生产者,所以服务生产者参加了工农业产品使用价值的再分配。同理,服务产品的使用价值在首先分配于(归属于)服务生产者的前提下,才可能通过交换再分配给工农业生产者,所以工农业生产者参与了服务产品使用价值的再分配。正如工厂接受了农民支付的购买电视机款,不等于"再分配"了农民创造的价值一样,服务业收取了工农业生产者用来购买服务产品的货币,也没有"再分配"了工农业创造的国民收入。须知,这两个场合发生的都是交换行为而不是馈赠或资助行为,其实质是服务业与工农业之间的劳动交换,既然是交换,价值实体就不可能"转移",因为交换前后相比,工农业生产者没有减少价值,服务业生产者也没有因此增加价值。由此可知,将"物质生产"领域用其收入向服务业支付服务费用看作"国民收入再分配"的观点是片面的。溯本求源,其认识论根源就是以物品为中心来观察经济现象,只看到工农业产品向服务业的运动,看不到非实物形态的等价服务产品的反方向运动。

第四,价值是从"物质生产"部门转移来的吗?有一些学者坚持认为,服务虽有价值,但它不是服务劳动创造的,而是由物质生产部门转移过来的。这里试采取归谬法来进行分析。真命题是"服务有价值,服务劳动创造价值,它不是从物质生产部门转移过来的"。假命题是"服务虽有价值,但是由物质生产部门转移过来的"。假设假命题成立。这样,服务领域增加的价值,就是"物质生产"领域转移出来的价值,所以服务业的发展不会使社会总价值增大,这显然是有悖现实的。再假定,"物质生产"领域创造100单位价值为1、总价值为100的实物产品,而服务业也投入相同的劳动时间创造出100单位的服务产品。因假定服务业劳动不创造价值,故其服务产品只能通过从"物质生产"领域转移过来的50价值来"赋值"。这就产生了悖论。实物产品的总价值因"物质生产"领域转出50价值给服务业而由100下降到50,相应地,每件实物产品的价值在其社会必要劳动时间耗费毫无变化的情况下,竟莫名其妙地由原来的1下降到0.5。这时,实物产品的价值量就不是由生产该产品的社会必要劳动时间决定,而是由实物产品总量占社会产品总量的比重决定,并与之成正比例变化。换言之,当工农业占社会劳动的比例由100%下降到50%、40%、30%时,单位实物产品的价值量就分别由1下降到0.5、0.4、0.3,而生产该种产品的物化劳动和活劳动,没有丝毫减少。这样一来,劳动价值论就被彻底推翻了。此外,此假命题如果要成立,必须在现实经济中找到价值不经交换就无偿地从工农业"转移"到服务业的途径,这显然是不可能的。因此,假命题是不成立的,那么,真命题就自然成立了。

2.3.6 小结

对服务产品及其价值的探讨至少有以下几点启示:

第一,必须以发展的观点对待劳动价值论,克服将传统政治经济学经典著作当作解决现实问题的灵丹妙药、现成答案,因而不敢越雷池半步的态度。要根据现实情况研究新问题,作出新概括,树立服务产品具有价值,服务劳动创造价值的新观念。

第二,在服务业比重日趋增大的形势下,必须以服务产品为运动对象确立新的生产、分配、流通和消费观,打破传统经济理论乃至一般语义上以"物质生产"为中心划分生产、流通、分配和消费一统天下的局面。只有用双重观点即依据实物产品与服务产品这一双重产品观,来区分三大产业的生产、流通、分配和消费及相应的四个领域,才可能全面、客观和正确地反映经济实际,认识服务业的非实物产品运动引起的一系列新经济现象、新经济关系,并从中寻找有助于服务业发展的规律性。

第三,必须突破传统的狭义生产观,确立服务生产就是对非实物形式的劳动成果的创造,是服务劳动过程和服务价值的形成与增殖过程的统一,认识服务业的发展并非是"再分配"工业、农业创造的价值,而是生产更多具有使用价值和价值的服务产品,为社会财富的增长作出更大的贡献。要扬弃无视服务业生产状况的工农业总产值指标,代之以国民生产总值指标;要研究服务劳动过程特点和服务价值增长的规律性,加快服务业的发展。

第四,要认识到服务业和服务产品流通的存在及其重要性,将流通理论的着眼点扩展到服务业,研究包括服务差价、服务比价、服务与货物比价体系在内的服务业价格体系,探讨服务业流通中的服务供求关系及其规律,并将社会主义市场经济中再生产和流通的宏观平衡的关注点,从农、轻、重扩展到三次产业的内部和外部,将比重日趋增大的服务业因素引入流通理论的研究,必将有利于推进服务业的自我完善、自我发展和社会主义市场经济体制的建立。

本章重要名词

商品与服务的"两分法"　生产性劳动　非生产性劳动

本章思考题

1. 试述"两分法"经济学思维的形成原因。
2. 服务的效用价值由哪两个部分组成?
3. 简述各种派别的劳动价值论之间的差异。
4. 你对本章第 2 节中最后提及的几个问题的观点有何看法?
5. 简述服务使用价值的功能。

3

服务业的相关理论及其模型

本章详细介绍服务业的相关理论及其基本模型。分析服务业的兴起与发展及其基本理论,服务业的劳动生产率,服务业发展的衡量,以及服务业在国民经济中的地位和作用。

3.1 服务业的兴起与发展[①]

在人类历史上,服务与服务劳动早已有之,而服务业作为一个完整概念被提出并作系统的理论研究,以及服务业作为一个产业整体上的迅猛发展,则是在20世纪才发生的。

3.1.1 配第—克拉克定理与服务业的发展

伴随着技术状况、收入水平、消费习惯以及生产规模和流通规模等因素的变动,世界上各发达市场经济国家的经济结构在20世纪发生了很大变化。变化的突出特点是服务业在经济结构中的地位迅速上升,这主要表现在服务业增加值和就业人数不断增加。早在20世纪30年代,经济学家们就注意到了经济结构的这种变化。其中,较为充分地概括和总结这一现象的是英国经济学家、新西兰奥塔哥大学教授A·费希尔,他在其所著的《安全与进步的冲突》一书中,通过对各国经济发展史的深入考察、分析,将产业结构的变动划分为三个阶段,并指出了每个阶段的不同特点。在第一个阶段,农业和畜牧业在国民经济中处于主导地位,无论是从产值上看,还是从就业人数上看,都是社会第一大产业。这个阶段漫长而悠久。第二

[①] 本节内容参考了伊特维尔等:《新帕尔格雷夫经济学大辞典》,经济科学出版社1992年版;于刃刚:《配第—克拉克定理评述》,载《经济学动态》1996年第8期;格鲁伯等:《服务业的增长:原因与影响》,上海三联书店1993年版。

阶段以工业生产大规模发展为标志。在这个阶段,纺织、钢铁和其他制造业的商品生产迅速崛起,为就业和投资提供了广泛的机会。这个阶段开始于英国的工业革命,目前不少国家正处于这一阶段。第三阶段开始于20世纪初期,其主要特征是旅游、娱乐服务、文化艺术、卫生保健、教育和科研等原先处于落后地位的行业的从业人数和国民收入创造额迅速增加。这些行业统称为服务业(第三产业)。服务业在社会经济结构中的地位处于不断上升状态。同时,服务业内部各部门也在不断分化,形成各类新兴服务行业。费希尔进一步指出,生产结构的变化表现为各种人力、物力资源将不断地从农业转向工业,再从工业转向服务业。他把产业变动的这一过程归结为由技术变动引发的生产方式变动的自然结果,这一进程是政府干预所无法阻止的。英国经济学家C·克拉克继承了费希尔的观点,于1940年发表了《经济进步的条件》一书,书中搜集和整理了20多个国家的各部门劳动力投入和总产出的时间数据,进行了卓有成效的统计和研究,提出了劳动力在三次产业间分布的结构变化理论。克拉克发现一个国家内从事三个产业的劳动力比重,会随着国民经济的发展,人均国民收入的提高而变动,农业劳动力急剧下降,从事制造业的劳动力比重与经济增长同步,但通常在接近40%时便稳定下来,而服务业的劳动力比例则不断增长。克拉克的这一观点渊源于17世纪英国古典经济学家W·配第,因而被经济学界称为"配第—克拉克定理"。这一定理作为有关经济发展同产业结构变动之间关系的经验性总结,不仅可以从一个国家的经济发展历程中得到证实,而且还可以从目前各个不同发展水平国家的现状中得到印证。越是发达国家,人均国民收入越高,产业结构中的农业所占的份额越少,制造业、服务业所占份额越高;反之,则反是。因此,可以说"配第—克拉克定理"揭示了产业结构变化的基本趋势。

当然,这一定理也有一些不足之处:一是选择的国家和地区的数量还不够多,数据处理比较简单,因而其典型性和普遍性还不够;二是仅仅使用了单一的劳动力指标,这并不能完全揭示纷繁复杂的产业结构变化的总趋势。正因为如此,后来的经济学家从理论上对该定理作了进一步的补充和论证。

首先,美国经济学家、统计学家库兹涅茨运用丰富的数据资料进一步证明了克拉克所提出的理论。他指出,如果我们把世界各种不同国家的最新数据加以分析,就不难发现随着人均收入水平的提高,农业就业劳动力的比重会不断下降,前者越高,后者就越低。而在商业和其他服务行业就业的劳动力的比例将不断地、有规律地增长。这种趋势在最近几十年尤为明显。

其次,法国经济学家富拉斯蒂埃也指出,我们所掌握的数据已充分证明了这一演进规律。在150年前,几乎所有国家农业的劳动力都在80%左右,工业劳动力约占8%,服务业的劳动力约占12%。由于技术进步推动了劳动生产率的提高,较少的劳动者就能够生产出全国人口所需要的食物,因而农业人口的比例就会逐年下降。他同时还指出:这个演进过程也不是无限的,随着农业劳动者人数的逐渐减少,农业劳动者绝对数字的下降也会减慢。此外,还有一点很明显,农业劳动力转移到工业和服务业并不是唯一的,与此同时,工业的劳动力也向服务业转移,更进一步说,在服务业内部,劳动力也不断从一些行业转向另一些行业。这就是劳动力的产业间转移和产业内转移并存。

另一名法国经济学家 E·索维也进行了相似的分析。他在 1966 年出版的《一般人口理论》一书中指出,劳动力依次从农业转向工业,再从工业转向服务业,是一个逐步深化的过程。第一次是脱离自然界;第二次是脱离原材料;第三次是在服务业内部脱离一部分人而转向为另一部分人提供服务。每一次带有升级含义的转移都相应增加了收益。在某种意义上可以认为,劳动力在三次产业之间的依次转移,是一种社会地位的升级。因此,可以想象,人们特别是年青一代追求向高一级产业转移,并享受其好处的愿望有多么强烈。对此,作者举了一个十分幽默的例子。他说,一个年轻的耕作者自愿用拖拉机取代马匹,并不仅仅是出于经济方面的考虑。照料马匹已成了低等的工作,而修理发动机则显示出高人一等的气质。如果这个青年农民跟在马后走过村庄,他很容易受到姑娘们的嘲笑。如果他是坐在拖拉机上穿过村庄,就好像获胜的罗马人站在他们的战车上一样。总之,技术进步和社会发展要求劳动力从农业转向制造业,再转向服务业。

对于劳动力在三次产业间转移的原因,经济学家们从不同方面进行了分析和解释。

首先,克拉克分析。克拉克认为,除了远古时代,在人类社会的其他各个发展阶段,农业劳动生产率和人均产品总是有规律地提高的,尽管这种提高不像在工业领域那么快。他认为,农业生产率的提高以及对农产品相对需求的下降,是引起农业劳动力向外转移的主因。对于工业劳动力的向外转移,克拉克认为,无论是按每小时劳动的产出还是按人均产出,工业的增长速度都比其他产业要快,而对工业产品的需求却是相对稳定的,因此,随着经济的进步,工业劳动力就必然会逐步减少。即便是对加工工业产品的需求增长,也可以认为,在一个较长的时期,工业的劳动力也会减少。换句话说,工业的劳动生产率提高很快,但对其产品的需求增长相对较慢。对于服务业来说,克拉克认为情况正好相反,人们对服务业产品需求的增长要快于服务业劳动生产率的增长,因此,随着人均收入的提高,劳动力必然由制造业流向服务业。

其次,富拉斯蒂埃解释。富拉斯蒂埃对劳动力在产业间演进顺序的分析与克拉克的分析有明显不同。他认为,技术进步是引起劳动力产业分布结构演变的主要原因。这种演进的速度在不同国家、不同行业是不同的,也缺少规律性。技术进步导致两方面的结果:一方面提高了生产总量;另一方面改变了生产结构,生产结构的改变又会相伴产生需求结构的改变。因此,技术进步丰富了供给,而富足的供给又会使人类某一层次的欲望和需求迅速得到满足,进而产生新的需要。这种情况造成一方面技术进步支配着一个不断成长的生产结构;另一方面社会生活条件的变化和人类日益增长的需求愿望又决定着日益增长的消费结构,而这两者之间是不协调的。这种不协调迫使生产适应强烈的消费需求,并不可避免地促使劳动力从需求已经饱和了的产业部门转向那些需求旺盛的产业部门。正因为如此,才出现了农民离开土地,工人改换行业的劳动力转移现象。

生产结构和消费结构都随着它们的增长而得到改善。这种变化可以作如下描述:三次产业呈现此消彼长、不断变化的走势,农业劳动力逐步减少,制造业劳动力先是膨胀然后再逐步下降,服务业劳动力的比例则呈不断上升态势。这种变化不仅存在于每一个产业内部的各个行业和部门,也同样存在于每个国家,其演变的方向也大体相似。

3.1.2 发展路径:"内在化"向"外在化"的演进及其影响

A. 概述

在服务业尤其是消费者服务业和生产者服务业的发展过程中,存在着一个规律性的趋势,即由"内在化"向"外在化"演进,或是由"非市场化"向"市场化"演进。以前,消费者服务业的活动是由服务消费者以"自产自销"的"内在化"或"非市场化"的方式展开的,生产者服务业则是由生产部门在生产过程中通过"内在化"或"非市场化"方式来进行。20世纪70年代以后,经济生活中出现了日益增多的,提供诸如家政服务、财会、营销、咨询等服务的专业公司。服务消费者可以通过市场来购买所需的各类服务,包括消费者服务和生产者服务,无须进行自我服务。比如,家政服务,现在你可以雇佣保姆为你照料小孩,帮助做家务,而不需要像以前那样事必躬亲,当然,你需要付一定报酬给你的保姆,你花钱买的是保姆的服务,而不是保姆,这就是说这种家庭服务市场化了,外在化了。生产者服务也是同样道理,一个公司或企业现在可以无须设置咨询部门或咨询机构,你可以拿这部分开支或成本在市场上购买咨询公司的咨询服务,效果或许更理想些。服务业这种"内在化"向"外在化"的演进趋势是专业分工逐步细化、市场经济逐步深化的必然结果。它在很大程度上推动了服务业的独立化,扩大了服务业的规模和容量,促进了服务业的国际化进程。这些又反过来推动整个经济向市场化方向发展,从而使市场经济日趋深化、成熟。另外,这种演进趋势,除了其经济影响外,还带来了人们思想观念和行为方式的巨大变化。

B. 生产者服务的市场化发展

生产者服务的市场化发展是在诸多促进因素和掣肘因素的共同作用下展开的。促进因素有：

第一，企业活动日趋复杂化，导致对雇员的监督日益困难。对经理人员来说，更方便、更廉价的办法是同外部供应者谈判，而不是同雇工订约来保证其以最低费用获得所需的服务投入。

第二，专业化的加强和技术诀窍的变动率，使得在市场购买某些种类的专门技能比在厂商内部生产更有利。比如，法律、会计与金融等方面的一些专门服务是非常专业化的，一家厂商往往只是偶尔才需要它，而在一个地区却可能有足够的需求，因此，使有这种专门技能的个人或企业得到充分利用。在专门技能需要经常更新且投资又有风险的情况下，从外部购买就可以转移或降低成本和风险，这更符合厂商的战略规划。

第三，信息和交通费用的下降导致服务的市场交易费用下降。这样一来就相应地降低了厂商同雇工订立固定合约的利益。比如，一个小城镇的一家厂商也许觉得过去雇佣所需的专业律师是有利的。效率高的交通与运输降低了费用，也方便了同设在较大城市的律师事务所雇佣的法律专家的接触。结果，这些厂商可能认为，利用外边的法律服务要更合算些，从而关掉了它们自己的法律部门。如果很多厂商都这样做，那么，市场中的律师服务就会迅速发展，规模越来越大，技能也会越来越精。

第四，在法律与工会组织的影响下，雇工的非工资费用趋于增加。比如，需要给予有偿的假期，作出病假的规定，长时间的解雇通知，支付大量的遣散费，从事重新安排工作前的磋商，以及许多其他诸如此类的规定都提高了一家厂商雇佣工人的总成本。这样的厂商一般来说规模都较大，因此，在这种情况下，在外边购买服务而不是在内部生产（提供）会更合算。

上面提及的是促进生产者服务市场化发展的因素。然而，所有事物的发展都是诸多因素共同作用的结果。制约生产者服务市场化发展的因素主要包括以下几个方面：

第一，在许多行业中，产品、工艺与销售革新的步伐，随着信息技术及其他最新技术的利用而加快。这种革新要求在商业上或技术上保守秘密。这样通过内部提供而不从外部购买，就比较容易做到。

第二，计算机与有关电子设备的最新发展，提高了监督厂商雇员工作的能力，降低了管理成本。比如，打电话的记载就有可能把整天营业通话的数字和性质汇集起来，而以前只有靠十分费钱的人工监督才能保证对雇员工作努力程度的控制。

第三，不断扩大的厂商规模与交通运输的低廉费用相结合，使得保持内部扩大的职业专业化成为可能。例如,福特汽车公司能在它的加拿大总部雇佣一批具有专门技能的税务、法律或计算机专家,福特公司在全世界的活动都能使用他们,这主要因为现在与过去相比,电话联系费用较低廉,商务旅行机会更多。

生产者服务的市场化,是在上述各种因素所形成的合力的作用下发展的。总体上看,经济的发展越来越强调人力资本和知识资本的作用、日益增长的迂回性和专业化分工。因此,生产者服务的市场化是不断向前推进的。从单个企业的角度看,决定生产者服务是企业内部提供还是从市场上购买,需要用到1991年诺贝尔经济学奖获得者R·科斯的"交易成本"及其相关理论进行分析。简而言之,如果由企业内部提供所产生的净成本大于从市场购买的净成本,则倾向于市场化;反之,则内部化。

C. 消费者服务市场化的特例分析:家政服务提供模型

家庭服务需求主要决定于家庭可支配收入、服务的价格和家庭妇女的社会工作参与率。随着社会发展和人类进步,第三个因素越来越重要。下面通过一个家庭服务的生产模型,分析消费者服务市场化的趋势与规律,见图3-1。

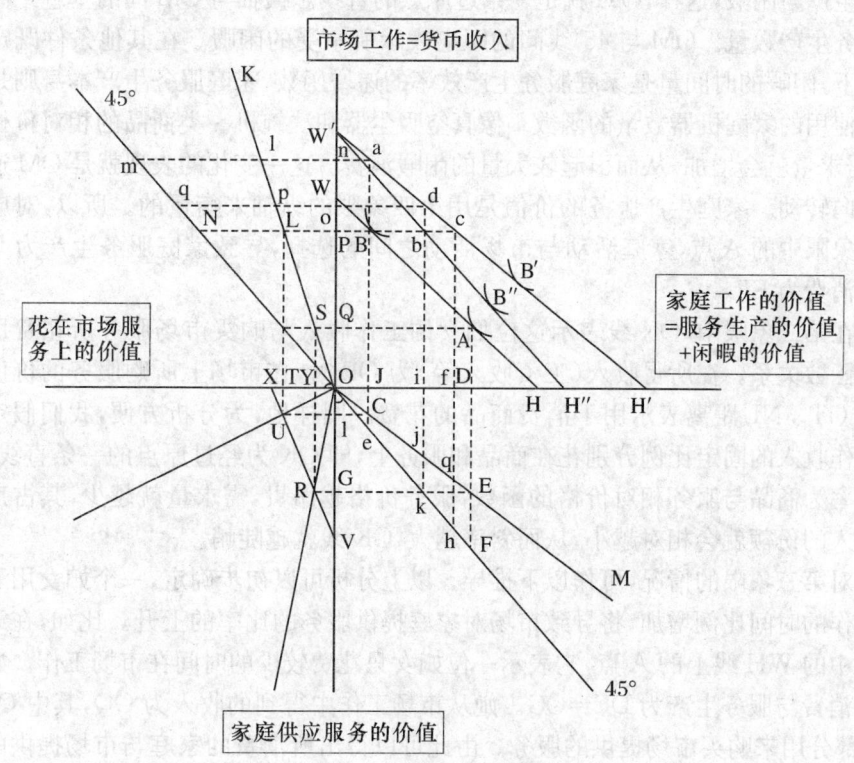

图3-1 家庭服务提供模型

图 3-1 中,纵轴上半部分表示为工资而工作所得收入的价值,OW 表示这位妇女在每一时期做全日工按现行工资率所能挣到的最高收入。横轴右半部分表示在家生产服务(或在家工作)价值等于在家里消费的服务价值和享受的闲暇的价值之和。这里的服务按市场价格计值,闲暇则按市场工作的机会成本计值。一开始我们假定两种活动的相对价格等于 1。OH 表示这位妇女如果不在市场上出售她的任何一部分劳动服务的话,她可以获得的闲暇和家庭服务的最大值。HW 线是这位妇女面临的预算约束线,它表示市场工作的任何增加都要求在家里花费的时间等量地减少。在工资率和服务价格既定的条件下,这两种情况提供产出的价值是不变的。这是因为,HW 是条直线,其斜率为负且不变,恒等于市场工作对家庭工作的边际替代率。

坐标轴中四个象限的含义是:

第一象限代表妇女面对市场工作和在家里花费时间即家庭工作的选择。

在第四象限中,OM 曲线表示花在家里的时间与这一时间在服务生产和闲暇两者之间进行分配的函数关系。为使讨论简化,我们假定按固定比率将时间用于服务生产与闲暇,这样,OM 就是一条过原点的直线。横轴与 OM 间的垂直距离表示服务生产数量。OM 与 45°线间的距离表示所享受的闲暇。在其他条件既定的情形下,闲暇的时间量是家庭服务生产效率的递增函数,家庭服务生产本身则是拥有并使用的家庭机器数量的函数。像真空吸尘器和洗碗机一类商品的相对价格下降,需求量就会增加,从而引起较大量的闲暇消费。这一变化的表现就是 OM 逆时针方向转动。家庭生产服务的价值是用第四象限的纵轴来衡量的。所以,对应于第一象限中的 A 点,家庭活动与市场活动之间的选择,导致家庭服务生产为 DE,闲暇消费为 EF。

在第二象限中,OK 线表示这位妇女的工作收入与购买市场服务所花费用之间的函数关系。在所得收入(工资收入等)为 OP 时,在市场上所购服务的价值为 LP=OT。NL 距离表示用于消费商品的花费。同样地,为分析方便,我们假定市场工作收入的固定比例分别花在商品和服务上,即 OK 为经过原点的一条直线,它的斜率为商品与服务相对价格的函数,服务价格越昂贵,需求量就越少,其占市场总收入的份额就会相对越小,从而斜率越大,OK 线就越陡峭。

对第三象限的情况,可作以下推导。以上分析可以初步确定,一个妇女用于市场工作的时间比例增加,将导致市场对家庭提供服务的比率的上升。比如,在第一象限中的 WH 线上的 A 点,它表示一位妇女只花费较少的时间在市场工作。她的家庭消费与服务生产为 DE=OG。她从市场工作中得到的收入为 OQ,其中 QS=OY 部分用来购买市场提供的服务。由此可以得出所消费的家庭与市场提供的服务的组合,这种组合用第三象限中的 R 点表示,联结 R 与原点 O,得出 OR 线,OR

的斜率表示通过两种渠道所得到(消费)的服务的比率。很明显,在R点,从市场购买的服务为GR=OY=QS,家庭生产(供应)的服务为YR=OG=DE。假如,这位妇女选择了B点,B点所表示的家庭工作与市场工作的组合是,市场工作多于家庭工作,反映出她对市场工作的相对偏好。通过第二和第四两个象限中的OK与OM的转换,最后所消费的家庭与市场提供的服务的组合落在第三象限的U点上。依次类推,在第一象限,沿着预算约束线WH在家庭工作与市场工作上所花时间的不同组合将导致(并对应)第三象限沿直线VX市场与家庭所产服务的消费的不同组合。

从上面的分析,可以得出一个结论,一个家庭所消费的市场提供的服务对家庭提供服务的比率,是这一家庭妇女宁肯在市场工作而不在家庭工作所花时间的比例的递增函数。

接下来分析决定家庭妇女参与市场工作的一些因素。首先,假定工资率和用工资率表示的市场服务价格不变,家庭妇女对市场工作的偏好发生了变化,将导致从H点沿着WH线向A或B的方向移动。其次,假定偏好函数不变,用妇女工资率表示的市场服务价格也保持不变,那么,如果妇女工资率上升,将导致预算线WH平行移动,比如移动到了$W'H'$。A点相应移至B'点,B'点相对于A点或H点对市场工作的需求增加了,假定B'点是家庭妇女对较高工作收入所作的反应。这说明妇女的市场工作参与率与工资率是存在一定的相关性。再次,再假定偏好不变,工资率和以工资率表示的市场服务价格发生变化。假定工资率上升,同时,市场服务价格下降,再假定工资率上升幅度与第二种情况相同。那么,市场服务费用的减少会降低家庭工作的价值,这就使预算线与横轴的截距变短,使$W'H'$曲线围绕着W'点,向内旋转到$W'H''$。

是在家庭工作,还是在市场工作,取决于收入效应与价格效应。工资率上升导致市场工作的增加,另外,如果家庭提供的服务是一种正常商品的话,那么,家庭服务生产的内涵价值的减少,就会仅仅因为收入效应而增加对市场工作的需求。

下面,我们来比较一下WH、$W'H''$与$W'H'$三条直线的含义。首先,看WH与$W'H''$的关系,a与B点相比较,消费的家庭服务与闲暇量没有变化,但由于a点具有较高的工资率,所以比B点享受更多的市场服务和市场商品(1n>LP,lm>LN);C点与B点相比较,所得的市场工作收入相同,但由于C点工资率较高,因为如果得到相同的市场工作收入,C点比B点花费更少的时间,相应地花在家庭工作上的时间就会多一些,也就是享受家庭提供的服务和闲暇就会多一些(fg>JC,gh>Ce)。其次,比较$W'H''$和$W'H'$,b点与d点相比,消费的家庭服务和闲暇量没有变化,但由于市场服务价格下降,从而使服务在工作收入中的比重下降(LP<

po);b点与c点比较,所得的工作收入总额相同,但由于市场服务价格下降,从而家庭工作的价值下降。

上述模型如果用代数式表示,可推导如下。

假定一位妇女每周要么在家庭(H),要么在市场(M)工作,其时间约束为T,则,

$$H=aT, M=(1-a)T, H+M=T(a\text{ 表示 T 花在家庭工作的比例})$$

而在家里花费的时间分配于生产服务S与消费闲暇L:

$$S_h=bH, L=(1-b)H, S_h+L=H$$

这位妇女的总收入Y由三个部分组成:市场工作收入MW(W为工资率),按市场服务价格P计值的服务生产的收入$S_h P$,以及按工资率W的机会成本计值的闲暇生产的收入LW,即:

$$Y=MW+S_h P+LW$$

假定市场服务(S_M)需求(即所购买的市场服务的价值)占市场工作收入的一个固定比例,即:

$$S_M=C(MW)$$

家庭服务消费(S_H)的价值等于家庭提供服务的价值:

$$S_H=S_h P$$

在上述假定下,我们可以得到:

$$\frac{S_M}{Y}=\frac{C(MW)}{Y}=\frac{C(Y-S_h P-LW)}{Y}$$
$$=C-C\left(\frac{S_h P}{Y}+\frac{LW}{Y}\right)=C-C\left(\frac{S_H}{Y}+\frac{LW}{Y}\right)$$

上式表明,这位妇女的总收入花在市场提供服务上的份额是其总收入花在家庭生产的服务以及闲暇上面的份额的递减函数。

上式再进一步变换为:

$$S_M=CY-ac[bTP+(1-b)TW]$$

求S_M的微分,

$$\frac{dS_M}{da}=-c[bTP+(1-b)TW]<0$$

这表明,市场服务需求是这位妇女花在家庭工作的时间占全部工作时间的比

例的递减函数。

综上所述,妇女参与劳动的增加导致从市场购买服务取代家庭自我提供服务。同时,对市场工作偏好的变化即妇女的就业观念变化,工资率的上升以及用工资率表示的市场服务价格的降低,都将会导致妇女工作参与率的提高,这反过来又会促进市场服务取代家庭服务,也就是促进了消费者服务——家庭服务由"内在化"向"市场化"转变的进程。

3.2 服务业的生产率

3.2.1 对"服务业劳动生产率增长滞后论"的质疑

服务业的生产率一直是一个有争议的问题。W·鲍莫尔和V·富克斯最早提出了服务业生产率增长滞后的理论观点。[1]

富克斯在解释美国经济中日益重要的服务业就业时,探究了三个设想的主要原因:① 服务需求的收入弹性大于1,结果当实际人均可支配收入增加时,实际人均服务将以大于收入增长率的比率增长。因此,服务不仅消耗了国民收入的越来越大的份额,而且吸纳了国民就业的越来越大的份额。② 随着经济增长,经济的专业化和自动化程度不断提高,原先在公司或家庭内部提供服务转变为从市场上购买服务。服务的提供量可能与以前没有什么两样,但不同的是,这些服务变得市场化了,而且,专业化程度的提高还导致了服务的较高质量和较低的平均成本,进而导致对这些服务的需求和生产的增加。③ 服务业相对于农业或制造业的较低的劳动生产率增长率,说明了国民经济中服务业就业的日益重要性。低于平均水平的服务业生产率增长率意味着服务业平均成本高于平均水平。如果服务需求对于上升的价格相对不敏感,那么,随着经济的扩张,总就业中服务业的比重将增加。富克斯回顾了1929~1965年的史实,得出结论:虽然每一种设想都是有根据的,并且都解释了服务业增长的一部分,但对于美国经济中日益重要的服务业就业的最主要解释,则是服务业的劳动生产率增长滞后。

鲍莫尔通过构造一个简单的两部门增长模型,说明服务部门生产率增长落后于制成品部门。假定一个经济拥有制成品部门和服务部门,两部门生产率增长不

---

[1] Fuchs V., The Service Economy, National Bureau of Economic Research, 1968. Baumol W., Macroeconomics of Unbalanced Growth: The Anatomy of Urban Crisis, American Economic Review, 57, June 1967, pp. 415~426.

同,模型得出的主要结论可以用一个等式表示:①

$$i_s = (\alpha-1)r_m + \Delta + (r_m - r_s)(1+\beta)$$

式中 i_s 表示服务部门就业比重的增长率:$i_s = \dfrac{dls/dt}{ls}$,i_s 为服务部门就业份额,$i_s = \dfrac{L_s}{L_s+L_m} = \dfrac{L_s}{L}$,$L$ 为总就业,L_s 和 L_m 分别为服务部门和制成品部门的就业;

r_m 和 r_s 分别表示制成品部门(m)和服务部门(s)的劳动生产率增长率;

$\beta(<0)$ 和 $\alpha(>0)$ 分别表示服务需求的价格弹性和收入弹性;

Δ 表示影响服务需求的外在因素变化率。

模型假定工人的工资都以 r_m 的比率增长。工资收入增长 r_m,使对服务的需求增长 $r_m\alpha$,然而所有产出则增长 r_m。只有当服务产出的增长成比例地大于总体增长,即 $r_m\alpha > r_m$ 或 $r_m(\alpha-1) > 0$ 时,服务部门的就业份额才会上升;相反,若 $r_m(\alpha-1) < 0$,则下降。因此,$r_m(\alpha-1)$ 这一部分实际上说明了富克斯的第一个设想。富克斯的第二个设想在这里是用 Δ 表示的,Δ 衡量了由家庭生活结构变化(比如,女性就业增加)或商业实践变化(比如"订约承包",即服务提供的外在化、市场化)引起的服务需求的外在性变化。等式右边的第三部分 $(r_m-r_s)(1+\beta)$ 表示服务部门生产率增长滞后的效应,这就是富克斯的第三个设想。如果制造业劳动生产率增

---

① 鲍莫尔两部门模型的数学推导。
制成品部门的生产技术为:$Q_m = aL_m e^{r_m t}$
服务业部门的生产技术为:$Q_s = bL_s e^{r_s t}$
总劳动力:$L = L_s + L_m$
对两部门产出的需求可描述为:
(1) 预算约束(即每个工人的服务需求):$W = D_m + D_s$,$Q_s/L = c(p_s/p_m)^\beta W^\alpha e^{\Delta t}$
(2) 对其中一种产出的需求:$p_m(Q_m/L) = W - p_s(Q_s/L)$
两部门劳动的边际产品:$\Delta Q_m/\Delta L_m = mp_m = ae^{r_m t}$,$\Delta Q_s/\Delta L_s = mp_s = be^{r_s t}$
制成品部门:$W = p_m ae^{r_m t}$,$p_m = 1$,则 $W = ae^{r_m t}$
自由竞争条件下,制成品和服务的价格等于边际成本,假定只有一种投入,则:制成品部门 $MC = W/(mp_m)$,服务业部门 $MC = W/(mp_s)$,从而 $p_s/p_m = (W/mp_s)/(W/mp_m) = (mp_m)/(mp_s) = (a/b)e^{(r_m - r_s)t}$。
若 $r_m > r_s$,则 $\Delta(p_s/p_m)/\Delta t > 0$,$p_s$ 相对上升。又
服务业部门的就业份额:$L_s/L = I_s$
服务部门的生产函数:$L_s = (1/b)Q_s e^{-r_s t}$
所以,$L_s/L = (1/b)(Q_s/L)e^{-r_s t}$
$\Rightarrow l_s = (A/b)e^{[(r_m-r_s)\beta + r_m\alpha - r_s + \Delta]t}$ [$A = (c/b^\beta)a^{\alpha+\beta}$]
$\Rightarrow i_s = (r_m-r_s)\beta + (r_m\alpha - r_s) + \Delta$
$= (\alpha-1)r_m + \Delta + (r_m-r_s)(1+\beta)$

长率大于服务业,即 $r_m > r_s$,则随着时间推移,生产服务将变得相对昂贵,这将会增加服务业的就业份额。然而,服务价格的相对上升将使服务需求以 β 比率减少,需求的下降将减少总就业中的服务业比重,其净效应是 $(r_m - r_s)(1+\beta)$,$(\beta<0)$。鲍莫尔还引用了富克斯的数据[富克斯匡算了1929~1965年美国服务业的若干指标:$i_s = 0.008$(1929年服务业就业比重为0.40,1965年为0.55);$r_m = 0.022$;$r_s = 0.011$;$\alpha = 1.05$;$\beta = -0.6$]进行验证,则:$0.008 = (1.05-1) \times 0.0022 + \Delta + (0.022-0.011) \times (1-0.6) = 0.0011 + \Delta + 0.0044$,得 $\Delta = 0.0025$。因此,在对服务业就业比重增长的解释中,生产率增长滞后的设想解释了其中的 $55\% = \dfrac{0.0044}{0.008}$,收入的增加解释了 $14\% = \dfrac{0.0011}{0.008}$,外在因素变化解释了剩下的 $31\% = \dfrac{0.0025}{0.008}$。

无论是鲍莫尔的一般均衡分析,还是富克斯的宏观计量分析都得出了相同的一般性结论:1929~1965年期间美国服务业就业比重的增加,在很大程度上是由于服务业劳动生产率增长的滞后。

上述理论与实证研究实际上隐含着一个"悖论":一方面,服务业生产率增长滞后;另一方面,如果按照经济发展的一般规律,服务业尤其是现代服务业应该是人力资本密集型产业,既然人力资本密集,又怎么会出现生产率增长滞后的现象呢?是不是经济学原理对此的解释存在偏差?答案:非也。"悖论"的出现,原因很多,其中最重要的有:第一,现代服务业的状况与该理论提出时服务业的状况是大相径庭的。现代服务业是一些新兴的人力资本密集型服务业占主导地位,而那时的服务业则以传统服务业为主导,主要是劳动密集型服务业。第二,从服务业与制造业的关系来看,新兴服务业与制造业的关系紧密,而传统服务业与制造业的联系松散。可以说,现代新兴服务业的发展对制造业生产率的提高作出了很大贡献。因此,不仅要从服务业本身,而且还应该从与服务业有紧密联系的制造业的角度,去综合评判服务业的劳动生产率。应该说,人力资本较丰裕的服务业必然拥有较高的劳动生产率,而不是相反。第三,一般来说,人力资本越密集的产业,污染就越少或根本就没有污染。服务业尤其是新兴服务业很少具有负的外部性(negative externalities),而制造业就比较复杂了。如果将此因素考虑在内,服务业的生产率就不一定滞后,况且随着能源与原料成本的上升,以及环境保护的加强,制造业面临的限制将越来越多于服务业,从而使生产率发生有利于服务业的变化。第四,一些其他因素造成的扭曲。首先是统计方面的扭曲;其次是人们对服务业的歧视;再次是在服务业的发展过程中,非市场的政府行为使一些国家,特别是发展中国家的服务业劳动力过度膨胀,整体素质不高,人力资本缺乏,劳动生产率低下。

3.2.2 发展中国家服务业的劳动生产率

一个行业的劳动生产率高低与该行业劳动力的数量与质量密切相关。很明显,如果一个行业的劳动力数量膨胀、质量低下,那么,在其他条件既定的情况下,该行业的生产率无疑是低下的。这就是一些发展中国家服务业的现状。

配第—克拉克定理关于劳动力产业间转移的规律,已被许多发达国家的历程所证实。但在《第三产业活动中就业增长比较分析》一书中,萨博洛等人指出,在一些发展中国家存在服务业(第三产业)劳动力过度膨胀现象,即大批剩余劳动力不是先从第一产业即农业转向第二产业即制造业,然后再转向服务业,而是直接从农业转向服务业。具体说,服务业的劳动力不仅在比例上远远高于制造业,而且在增长速度上也高于制造业。这一现象显然有悖于配第—克拉克定理。

为了论证上述结论,萨博洛及其合作者搜集并分析了阿根廷、巴西、智利、埃及、西班牙、印度、日本、墨西哥、菲律宾、葡萄牙和土耳其等12个国家从19世纪80年代至20世纪70年代的有关资料。这些国家在上述时期内基本属于发展中国家。在1900~1950年间,除了葡萄牙以外,这些国家服务业劳动力比例平均已超过20%,高于制造业劳动力的比例。到1960年,这一比例已超过30%。而且,服务业劳动力比例的增长速度也都高于制造业。这些情况在当时的英、美、法等发达国家则明显不同。这一现象说明,当时这些发展中国家农业转移出来的剩余劳动力主要流入了服务业,而不是制造业。在这一时期,这些国家的制造业普遍发展缓慢,但服务业部门却不断涌现,并吸收了大批劳动力。

萨博洛继续解释道,发达国家服务业吸纳劳动力,主要是因为经济发展引起对服务业劳动力的需求增加,而发展中国家则主要取决于农业剩余劳动力的供给状况,也就是说,农村人口增长速度和农业人口向城市的流动速度是影响服务业劳动力过度膨胀的两个基本因素。一般来说,一国人口,特别是农村人口,其增长越迅速,服务业劳动力就业的比例也就上升得越快。制造业由于本身所存在的技术障碍,对非技术人员的需求数量比较有限。因此,就业压力更多地在服务业,特别是那些对专业技术要求不高的生活服务部门。

至于宏观经济对服务业劳动力的需求与服务业吸纳劳动力的能力之间,是否存在相关关系,以及相关程度有多大,是很难确定的。这主要是因为,我们无法或很难区分出宏观经济对服务的需求到底是生产性需求还是消费性需求。一项服务往往又很难与物质资料区分开来,如餐厅、咖啡馆等。而且,宏观经济需求与提供这些服务的劳动力也没有内在联系。尽管如此,发展中国家服务业劳动力的增长与实际需要大体上还是相适应的,但这种适应是以损害居民储蓄和制造业产品的增加为代价的,即制约了工业化的进程,这种适应是与较低的服务业劳动生产率相伴生的。总之,服务业劳动力的过度膨胀,是各种因素综合作用的结果,最重要的是农村剩余劳动力转移时,首先流入城市,而不是首先确定流入制造业还是服务业。

萨博洛所引用的都是1970年以前的数据,那么,以后的情况如何?也就是说,服务业就业人口过度膨胀的现象是否仍然存在呢?国内有些学者进行了一些考察,得出结论:除了原来实行传统计划经济体制的国家外,在大多数发展中国家这一现象仍在继续。从1970~1988年,有关埃及、巴西、智利、哥伦比亚、秘鲁、韩国、印度、印度尼西亚、菲律宾、西班牙、希腊、土耳其等12个国家的数据表明,在这些发展中国家,服务业劳动力的增长速度都高于制造业,而且农业劳动力比重都有明显下降,其中有6个国家下降了10个百分点以上,另外6个国家也下降了5~10个百分点。这些国家从农业中转移出来的劳动力并没有被制造业所吸纳。在这12个国家中,韩国工业劳动力增长最快,也仅为9.2个百分点,而有5个国家制造业劳动力就业比重在同期甚至有所下降,如智利下降了6.8个百分点,菲律宾下降了2个百分点,巴西下降了1.1个百分点。这些从农业转移出来的劳动力绝大部分被服务业吸收了。在这12个国家,服务业劳动力都程度不等地增加了,智利和哥伦比亚的这一比例在20世纪80年代甚至超过了50%。这些事实雄辩地说明,服务业劳动力过度膨胀现象在实行市场经济的发展中国家仍在继续。

可以看出,发展中国家服务业劳动力过度膨胀并不是与工业化密切相关的,而是与城市化紧密联系。城市化会直接引起农业部门与非农业部门劳动力比例的变动,在存在大量农村剩余劳动力的情况下更是如此。一般地说,城市化的程度越高,农业劳动力的比例就越低,城市化程度与农业劳动力的比重呈负相关。工业化则是一个比城市化更复杂、更漫长的过程。城市化或多或少与一些外部因素有关,一个城市的形成与发展,往往与一定的政治、历史、地理等条件相联系,而工业化则更主要地表现为生产力发展到一定程度的内在要求。所以说,城市化进程往往易于且快于工业化进程。对于存在大量剩余劳动力的发展中国家来说,如果缺乏政府强有力的行政干预,则很容易产生盲目城市化的倾向。在这种情况下,大批农业剩余劳动力涌入城镇。相对而言,城镇服务业也较易于向这些新来者,包括文盲和缺少技术培训的普通劳动力提供就业岗位。因为,这些新的就业岗位比起创造制造业就业岗位需要较少的资本,也往往没有过高的知识和技术要求。

然而,在一般情况下,城市化并不代表一国经济发展的水平,城市化发展速度与人均收入的增长是不同步的。一个国家的城市化进程,在正常情况下应取决于两个条件:一是必须能够提供新增城市人口所必需的食物,即必须存在真正意义上的农业剩余劳动力;二是在城市中必须真正存在非农业部门对劳动力的需求。第二次世界大战之后的许多发展中国家情况并非如此,在不具备上述条件的情况下出现了城市化热潮,似乎"一城就灵"。结果,城市化往往是以损害制造业和农业劳动生产率而实现的,这也正是一些发展中国家虽然城市人口比例上升,服务业劳动力比例上升,但人均收入却仍然较低的原因。这些国家服务业劳动力过度膨胀现象,并不是经济增长所应追求的目标。如果这种现象盲目地持续下去,即资本有机构成低、科技含量低、生产率低下的服务业部门的扩张,不能同时伴随农业和制造业劳动生产率的相应提高,那么,最终将制约国民经济的健康发展。

基于上述情况,不难看出,发展中国家的做法应该是:首先,城市化的发展应该循序渐进,不可急功近利;其次,对于基本上处在工业化初级阶段的发展中国家来说,当务之急应是如何夯实制造业基础,提高制造业劳动生产率;再次,发展中国家在大力推进服务业发展的同时,要不断优化其内部结构,使消费者服务行业逐步向生产者服务行业转变,使资本、技术含量低的服务行业逐步向资本、技术含量高的服务行业转变。根本点是使服务业的发展真正建立在提高劳动生产率的基础之上,与人均国民收入水平相适应。

3.3 服务业发展状况的衡量及其模型[①]

如何评估服务业的发展状况,据此制定服务业发展战略,是一个地区、一个国家经济发展的一项重要工作。

从根本上说,衡量一个地区、甚至一个国家服务业的发展是否适度,首先要看当时服务供给是否适应区(国)内、外对其的服务需求。从动态看,还要依据对该区(国)服务业的发展方向、速度及服务需求变动的估计,推断未来的服务供给是否适应未来的服务需求。因此,应该从社会需求出发进行评估,于是,全面分析影响服务需求的诸因素,就成为衡量服务业发展状况的重要内容。影响服务需求的主要变量或因素包括人均国内生产总值(GDP)、城市化水平(C)、人口密度(P)、服务的输出状况(X)。如果用 S_s 表示服务供给,D_s 表示服务需求,则用函数式表示为:

$$S_s = D_s = F(GDP, C, P, X)$$

下面将逐一分析这些变量的影响。

首先,人均国内生产总值是影响服务需求的最重要因素。就消费者服务来说,相当多服务的需求收入弹性高于商品,在收入水平已达到基本解决温饱问题

---

① 参见李江帆:《第三产业发展状况的评估依据与评估指标》,《南方经济》1994 年第 10 期。

的高度并持续提高,闲暇时间存在并不断增长的前提下,服务需求会以快于货物需求的速度增长。就生产者服务而言,生产向信息化发展,使与信息的产生、传递和处理有关的生产者服务的需求,以超过实物型生产资料的速度增长;生产的社会化、专业化发展,使企业在生产经营中的纵向和横向联系加强,相互依赖程度加深,导致对服务业的需求量迅速上升。因此,在服务需求、收入弹性和收入水平提高,闲暇时间增多,生产信息化、社会化和专业化不断加深的条件下,服务需求趋于上升。

更深入地说,促使服务需求增长的上述几个经济条件主要与国民经济发展水平、劳动生产率和人均收入水平相关。国民经济发展水平和劳动生产率增长到一定高度,收入达到基本解决温饱问题的水平,才使相当多服务的需求收入弹性大于实物产品;国民经济的不断发展,使收入水平不断提高,引起高收入弹性的服务需求以更快速度增长;以生产率的提高为基础的国民经济的发展,使闲暇时间得以存在和延长,从而导致有关服务需求的出现和增长;与生产的信息化、社会化、专业化的高水准相伴而生的国民经济的高水平,又支撑着相关生产者服务的高需求。由于人均国内生产总值(或国民生产总值)综合反映了劳动生产率、生产总量、消费总量、消费者与生产者的比例、人口、收入水平,以及整个国民经济发展水平等方面的总体状况,因此,它就成为影响服务需求的关键因素。

国内有些学者对上述关键因素进行了实证分析。李江帆教授选用低收入国家、中等收入国家、高收入石油国和市场经济工业国四种类型的 92 个国家,1982 年的 92 组统计资料为样本数据,拟合三项产业增加值的结构模型;选用经济合作与发展组织的 16 个成员国 1970～1976 年的统计资料为样本数据,拟合三次产业就业结构模型,得出的主要结论是:三次产业在国民经济中的比重与国民经济发展水平存在着非线性的相关关系。

(1) 农业、工业、服务业在国内生产总值中的比重与人均国民生产总值分别构成幂函数、三次曲线函数和对数函数型相关关系。三次产业的产值方程分别为:

农业:$Y_1 = 1\,646.82 X^{-0.6638}$

工业:$Y_2 = 19.55 + 0.0104 X - 1.3E(-6) X^2 + 4.5985E(-11) X^3$

服务业:$Y_3 = 19.5952 + 3.9077 \ln X$

上式中 Y_1、Y_2、Y_3 分别是三次产业在国内生产总值中的比重(%);X 为人均国民生产总值(1982 年,美元)。按照产值方程求出的三次产业的产值比重理论值(校正值)用图 3-2 表示。

(2) 农业、工业、服务业的就业比重与人均国内生产总值则分别构成对数函

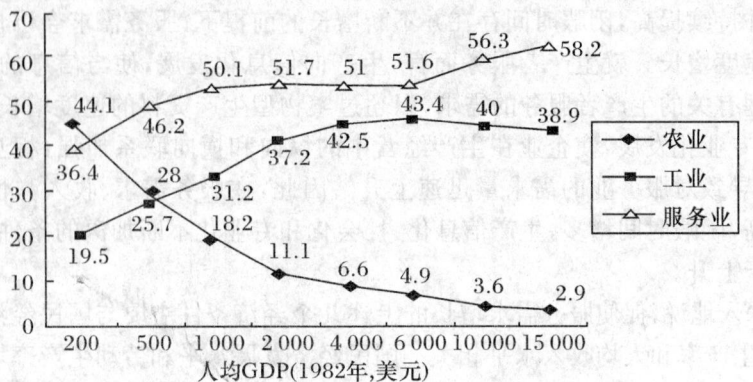

图 3-2 三次产业的产值比重理论值(校正值)

数、二次曲线函数和幂函数型相关关系。三次产业的就业方程分别为：

农业：$Y_{1'} = 196 - 0.073X - 22.6887\ln X$

工业：$Y_{2'} = 17.0618 + 0.01576X - 2.599E(-6)X^2$

服务业：$Y_{3'} = 1.149X^{0.464}$

上式中 $Y_{1'}, Y_{2'}, Y_{3'}$ 分别代表三次产业比重(%)；X 为人均国民生产总值(1970年，美元)。按照就业方程求出的三次产业就业比重理论值(校正值)如图 3-3 所示。

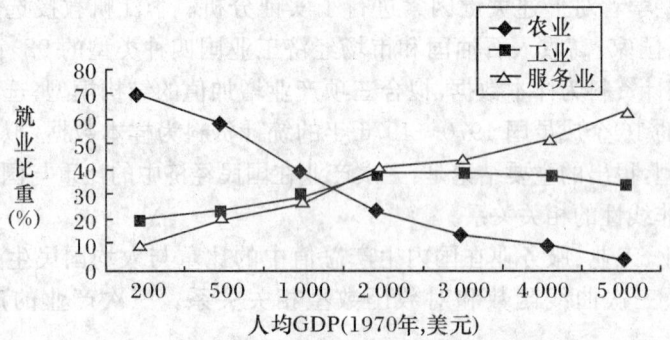

图 3-3 三次产业的就业比重理论值(校正值)

由上图可以看出，随着人均国内生产总值的上升，农业比重持续下降，迄今为止的最低点约为 3%；制造业比重逐步增大到 40%～45% 左右，即呈饱和状态，随后缓慢下降；服务业比重逐渐增大，其就业比重增幅显著高于产值比重，至今尚无回落趋势。另外，三次产业就业比重与人均国内生产总值的相关程度较高，产值比重与人均国内生产总值的相关程度相对较低。这表明，影响三次产业产值比重的，除了人均国内生产总值这一主要因素外，还可能有其他作用较显著的自变量，如本币与美元的汇率、各国价格水平、消费构成、人口、地理和社会传统等因素。如果用逐步回归法对此进行多元相关分析,效果会更好。

从国内资料及研究结果看,服务业就业比重与人均国民生产总值也呈幂函数型相关关系。服务业就业方程为:

$$Y_s = 0.4 X^{0.53}$$

据此测算出的我国服务业就业比重的理论值如图 3-4 所示(实行市场经济体制后,服务业就业比重应高于此理论值)。

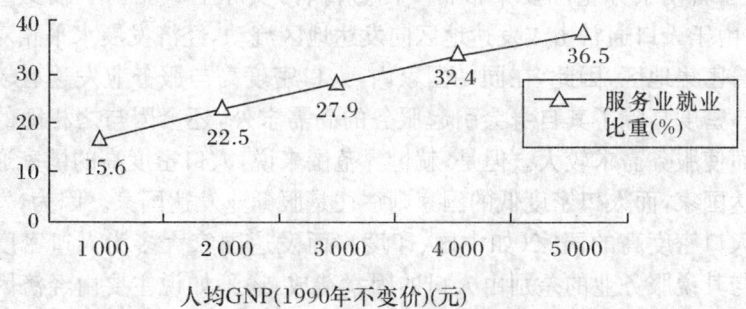

图 3-4　中国服务业就业比重与人均 GNP 的相关关系

需要指出,用人均 GDP 指标分析服务业需求必须注意:① 进行国际间的横比要用统一的货币单位(一般为美元),而各国价格关系、构成、水平的差异,使得本币的实际购买力与它按比率折算的外币购买力相比往往有不少出入,影响可比性。② 进行历史的纵比要用不变价,而年代相隔久远的 GDP 数据,即使有统计部门认可的不变价折算系数,但由于基期与报告期的产品结构变化太大,不同时代的不少新产品与旧产品实际上完全无价格可比性,因此理论上的 GDP"不变价"往往并非真正可比。③ 由于各国、各地区大小不一,仅凭 GDP 总量无法判断经济发展水平,必须用人均值作为参数评估服务业状况。但我国经济增长中存在着大量难以统计或未及统计的流动人口,加上户籍管理体系的固有弊端和落后手段,使得按常住人口计算的人均 GDP 值失真,在外来民工大量流入的地区尤为如此。

其次,城市化水平是影响服务需求的重要因素。在前面涉及这一点。第一,城市是服务业的基地,它集中了服务业的大部分劳动力,提供大部分服务业产值。第二,从城市功能看,它具有组织城乡商品流通,向外辐射流通服务的功能,是市场和商业相对发达的地区。第三,生产者服务业和消费者服务业是服务业的最主要行业。它们的主要对象是城市企事业单位和城市居民。城市化水平高,说明较多农村人口已转化为城市人口,他们需要的各类服务也相应增多。另外,城市人口密集,有利于生产与消费同时进行的服务业的发展。

再次,人口密度是影响服务需求的又一因素。第一,由于大多数服务的生产、交换与消费的同时性,使服务行业的需求只能来自服务的产地,而非外地(本地服务的"输出"实际上只是外地顾客来本地消费,或是服务人员的输出)。人口密度高,其服务需求聚集在有限的地域,就容易达到支撑服务业行业形成和发展的起点规模。第二,人口密度高,使单位时间内的服务需求相对密集,因而,随机服务系统中的服务设施和服务人员的使用率高,闲置待客形成的闲置损失少,服务效率相对高,服务业易于经营。与此相反,人口稀少地区的同量服务需求量,因分散形成于较长时间内,就使服务生产要素常常要闲置待客,实际上只相当于较少量的需求量。第三,由于人口通常由欠发达地区向发达地区流动,经济发展水平相对高的城市也是人口密集地区,因此,在同一国家内,人口密度高与服务业发达有较强的相关性。人口密度高除了其自身会引起服务的高需求外,还会因与之相随的经济较发达因素而使服务需求较大。但是,就世界范围来说,人口密度高的国家通常是服务业欠发达国家,而人口密度低的国家则往往是服务业发达国家。因为,发展中国家大多是人口密度高的国家(如中国、印度),而发达国家大多为人口密度低的国家,因此,与其说服务业的差别由人口的因素造成,还不如说主要由经济因素所决定。只有剔除经济差异,比较纯粹人口因素,才能准确地说明问题。

最后,影响服务需求的第四个因素是服务产品的输出状况。在经济开放的条件下,如果服务输出大于输入,则有服务的净输出,这时一部分服务需求就不是来自本地(国),而是靠外地(国)的支撑。因此,若其他条件相同,一个地区(国家)的服务输出比重高,服务需求量也较大。

综上所述,一个地区(国家)的服务业发展状况应由服务的社会需求决定,而人均 GDP、城市化水平、人口密度和服务的输出状况,是影响服务需求的主因,根据以这些因素为自变量拟合的回归方程求出服务需求量的理论值,可以衡量该地(国)当时的服务业状况,并预测其未来发展趋势。

3.4 服务业在国民经济中的地位与作用

首先,在一国的国民生产总值中,服务业的份额主要取决于以下几个因素:① 生产者服务的需求水平和形式,即售给其他生产者供其进一步增值活动所用的服务;② 消费者服务的需求水平和形式;③ 服务进入交换经济的程度;④ 价值链在生产过程中的长度以及服务在生产过程中的作用;⑤ 在诸如专业服务公司和非服务公司之间的服务生产组织状况;⑥ 国家的经济结构,即该国生产的商品和服务类型以及它们的生产方式,这又取决于当地资源的可得性和组织这些资源的利用和配置体系等;⑦ 提供服务的技术水平。

其次,服务业在国民生产总值和就业中份额的增长,是需求和供应双方力量相结合的反映。这些力量包括:① 生产者服务在增值过程中的作用日益增加。特别是技术进步有助于企业把以新的数据为基础的服务融入它们自己的结构内,从而有可能向其用户提供多样化服务。② 人均产出增加和高收入对用户,至少对一些有自由选择权用户(特别是在工业化国家)服务的需求弹性。③ 非服务行业的企业有一个对一些服务活动实行外部化日益加强的趋势,如会计、运输、咨询服务等。④ 与某种物质产品(如复印机、飞机、电站)价值有关的营销、分销、售后维修和服务活动的重要性日益增加。⑤ 国家在提供或鼓励生产中的中间性服务,如教育和电信等;最终服务,如保健等,以及直接与管理相关的服务,如行政部门服务、征税和社会安全等方面的作用日益增强。⑥ 现代社会高效运行所必需的金融、银行、法律、保险、运输和其他支持性服务业增长。⑦ 新的服务业中间市场的出现,如欧洲市场、证券市场和新的数据传递组织等。

服务业在国民生产总值中的份额不断增大,是上述因素共同作用的结果。这一现象不仅表现在发达国家中,也表现在发展中国家中。经济发展中的这种结构性变化,向人们提出了一些重要问题:服务业的增长对各国的经济乃至世界经济意味着什么?对将来的经济增长又意味着什么?于是引发人们对服务业重要性的理论思考。概括起来,服务业在各国经济发展中起的重要作用具体表现在以下方面:

第一,充当基础设施。运输、通信、银行、教育、保健和公用事业等服务业是每个国家基础设施的主要组成部分。拥有上述服务业部门有助于解决"瓶颈"问题,形成经济发展的前提条件。

第二,作为中间环节。特别是通过(生产者)服务向商品或其他服务生产提供中间投入的那些环节。充当基础设施的一些服务同样属于这一类。保险、贸易、数据服务、会计、研究与开发、工程、建筑、法律服务和广告等服务也很重要。所有这一切都是作为生产者服务提供中间投入,通过其与工业活动和其他服务业相互作用,中间投入的效能将影响经济竞争力的提高。

第三,对经济的战略意义。一般来说,银行、金融等服务业被许多国家看作是经济增长和发展的重心。如果一个国家不能有效控制宏观经济政策的上述方面,那么,它在管理其经济方面就会发生困难。东南亚金融危机就说明了这个问题。

第四,结构调整的作用。有些国家,特别是那些在国际经济交往中有竞争力的国家,总是把服务行业看作是经济增长、取代夕阳产业、实行结构调整的基本着眼点。

第五,对社会文化的影响。大众媒介、广告、教育、出版和旅游等服务业都会有一定的社会文化价值内容。通过它们的活动将影响人们的价值取向、行为模式和消费模式。

尽管服务业对各国经济都发挥了重要作用,但就不同国家、不同服务业部门而言,具体情况也会大不相同。

本章思考题

1. 何谓配第—克拉克定理?并简述形成这种现象的原因。
2. 试讨论消费者服务和生产者服务两者各自由"内在化"向"外在化"演进的动因。
3. 服务业劳动生产率增长滞后论提出的背景是什么?并简述其主要内容。
4. 日益趋向人力资本密集型的服务业却出现劳动生产率增长滞后的现象,原因何在?
5. 你认为影响一国服务需求的主要因素有哪些?并给出理由。
6. 简述服务业在各国经济发展中所起重要作用的具体表现。

4

服务业的对外直接投资与跨国公司

长期以来,有关对外直接投资和跨国公司的研究主要局限于制造业企业,大多数国际生产理论也只适合于解释商品生产。然而,服务经济的飞速发展,再也容不得我们置事实于不顾,容不得我们的研究仅限于商品,对服务却存而不论。令人欣慰的是,这种状况正在改变。这一方面是因为人们日益认识到服务部门本身的重要性;另一方面是因为"乌拉圭回合"多边贸易谈判中有关服务贸易项目谈判的推动。特别是后一事态的发展,已经使人们认识到充分理解服务部门在世界经济发展中的作用的迫切性。在这种情况下,数量日益增多的研究人员和决策者开始着手分析服务领域的各个方面,特别是服务业的特点以及它在国际经济交往中的决定因素和影响。由于大多数服务业所具有的特殊性,使对外直接投资变得尤为重要,因为与商品相比,许多服务只有通过其国外附属企业在当地生产才能供应外国市场。服务业这一与众不同的特点,以及区分服务贸易和服务业对外直接投资的重要性意味着,服务业对外直接投资是有特殊动因的。服务业跨国公司活动的相对重要性,服务业投资、商品贸易、对外直接投资三者常常紧密相连的事实,都促使人们进一步关注并详细分析服务业的对外直接投资和跨国公司。[①]

4.1 服务业对外直接投资与跨国公司的基本现状

服务业的对外直接投资离不开跨国公司,而服务业跨国公司正是通过对外直

[①] 本节参考联合国跨国公司中心:《服务业的对外直接投资与跨国公司》中译本,上海财经大学出版社 1996 年版。

接投资的手段,才实现了国际化、全球化。

4.1.1 服务业对外直接投资

第二次世界大战之后,国际直接投资的部门构成发生了根本性变化。20 世纪 50 年代期间,对外直接投资主要集中在原材料、其他初级产品,以及以资源为基础的制造业,而今,已主要集中在技术密集的制造业和服务业。到 80 年代中期,在世界对外直接投资约 7 000 亿美元总存量中,投在服务业的占 40%左右(约 3 000 亿美元),而在 70 年代初只有 25%,50 年代初则不到 20%。由此可见,服务业的对外直接投资已经成为对外直接投资增长中最有活力的部分。这一势头仍将保持,甚至还会增强。必须指出,服务业对外直接投资的急剧增加,是企业活动国际化进程更为广泛的一个方面和组成部分。制造业企业通过贸易和对外直接投资的国际化活动,需要更多依赖于贸易、金融、会计和广告等支持性服务,这正是制造业公司在国外建立许多附属企业的原因。跨国公司服务生产的国际化,在 70 年代初以前落后于制造业生产的国际化,但在随后的时期内一直在迅速扩展。这个进程在相当大的程度上似乎是服务业跨国公司仿效制造业跨国公司的结果,因为服务业对外直接投资增长的较大部分是中间服务业而不是最终消费者服务业。应该明确的是,不能把服务业对外直接投资看成是工业对外直接投资的一种替代,而应该看到,在全球经济增长中,跨国公司生产的商品和服务的份额都在增加。

首先,从流入和流出两方面考察发达市场经济国家服务业的对外直接投资情况,见表 4-1。

表 4-1

主要发达国家服务业对外直接投资流出和流入存量

国别(货币)	年份	对外直接投资流出存量			对外直接投资流入存量		
		总额	服务业投资额	服务业所占比例(%)	总额	服务业投资额	服务业所占比例(%)
美 国 (10 亿美元)	1950 1977 1985 1986	11.8 147.2 250.7 276.1	3.5 60.4 108.3 119.1	32 41 43 43	 182.9 209.3	 92.9 112.0	 50 53
日 本 (流出单位为 10 亿美元,流入单位为 10 亿日元)	1975 1980 1985 1986	15.9 36.5 83.6 106.0	5.8 14.0 43.4 60.6	36 38 52 57	1.5 2.9 7.0	0.3 0.7 2.0	18 22 29

(续表)

国别(货币)	年份	对外直接投资流出存量			对外直接投资流入存量		
		总额	服务业投资额	服务业所占比例(%)	总额	服务业投资额	服务业所占比例(%)
前联邦德国 (10亿马克)	1976	49.1	20.0	41	78.9	26.3	33
	1980	84.5	36.2	43	93.9	36.4	39
	1984	145.4	68.0	47	112.8	50.1	44
	1985	147.8	70.3	48	119.1	54.9	46
英国 (10亿英镑)	1971	9.3	2.2	24	5.6	0.6	11
	1981	45.5	16.2	36	30.0	6.0	20
	1984	75.7	26.4	35	38.5	13.3	35
法国 (10亿法郎)	1980	51.0	20.7	41	89.7	33.1	37
	1985	149.0	63.4	43	129.0	81.7	63
澳大利亚 (10亿澳元)	1978	1.4	0.7	47			
	1980				10.9	5.3	49
	1983	3.4	1.6	47	18.1	8.5	47
加拿大 (10亿加拿大元)	1980	25.8	6.8	26	61.6	15.4	25
	1984	41.7	12.0	29	81.8	23.6	29
	1986	55.5	15.4	28			

资料来源:联合国跨国公司中心。

从流出方面看,这些国家是服务业资本的主要输出国,其中多数国家的服务部门份额已占其对外直接投资流出额的40%左右,而且这一份额还在上升。就美国而言,早在1950年,它的服务业对外直接投资存量就已占其对外直接投资总量的近1/3。20世纪70年代以后,服务业的对外直接投资行业构成发生了变化。运输、公用和通信事业的重要性减弱,与金融和贸易相关的服务业重要性增强。在1977~1986年间,服务业对外直接投资存量几乎翻番,服务业的份额上升到43%。在此期间,美国对外投资增量的近一半来自服务业。美国、日本、前联邦德国、英国和法国五个国家的对外直接投资约占世界对外直接投资总额的70%。这些国家服务业占GDP的份额均在60%左右。

从流入方面看,正如整个对外直接投资一样,服务业的对外直接投资也是集中在发达市场经济国家。美国是服务业对外直接投资的最大东道国。1986年,它的服务业投资流入存量已达1 100多亿美元,是英国和加拿大两国总和的两倍以上。到20世纪80

年代中期,法国、美国、澳大利亚、前联邦德国等国的投资流入量几乎有一半是在服务业。

其次,考察发展中国家的情况。从投资流出看,虽然数据不全,但这些国家的投资流出也有很大一部分在服务业,特别是与贸易和金融有关的服务业以及建筑业。然而,由于到20世纪80年代中期,发展中国家在世界对外直接投资中所占比重还不到5%,因此,不论其对外直接投资构成发生什么变化,也只能对世界整个对外投资格局产生有限的影响。

从所选的25个发展中国家和地区的流入存量看(见表4-2),它们的总量占全部发展中国家和地区对外直接投资总存量的75%。所有这些国家和地区的服务业直接投资流入份额,都不像发达国家那样有显著增长。

表4-2

主要发展中国家或地区服务业对外直接投资流入存量

单位:百万美元

国家或地区	年份	对外直接投资总额	服务业投资额	服务业所占比例(%)
拉丁美洲				
阿根廷	1981	2.4	0.6	25
	1985	3.1	0.9	26
玻利维亚	1981	0.46	0.05	11
	1986	0.53	0.06	11
巴西	1971	2.9	0.5	16
	1985	25.7	5.6	22
智利	1973	0.4	0.1	27
	1983	2.0	0.7	33
哥伦比亚	1975	0.6	0.2	29
	1986	2.7	0.4	13
厄瓜多尔	1981	1.0	0.5	48
	1986	1.3	0.6	44
墨西哥	1971	3.0	0.6	19
	1981	13.5	3.2	23
巴拿马	1975	0.3	0.1	32
	1983	0.4	0.2	48

(续表)

国家或地区	年 份	对外直接投资总额	服务业投资额	服务业所占比例(%)
巴拉圭	1984	0.3	0.1	45
秘鲁	1978	0.8	0.2	25
	1986	1.4	0.4	30
委内瑞拉	1981	1.8	0.61	34
	1986	2.4	0.65	27
亚洲				
孟加拉	1980	0.013	0.009	64
	1982	0.018	0.012	69
中国香港	1981	3.8	2.4	55
印度尼西亚	1977	2.9	0.3	11
	1985	6.4	0.7	10
韩国	1980	1.1	0.3	23
	1986	2.2	0.7	27
马来西亚	1972	0.7	0.2	37
	1984	2.9	1.2	40
菲律宾	1976	0.5	0.2	34
	1983	2.0	0.5	26
新加坡	1970	0.6	0.3	55
	1981	8.2	4.2	51
斯里兰卡	1985	0.7	0.4	57
中国台湾	1986	5.9	1.4	23
泰国	1975	0.5	0.3	56
	1985	2.0	0.9	47
非洲				
埃及	1979	7.0	4.0	57
	1984	14.9	6.7	45

(续表)

国家或地区	年份	对外直接投资总额	服务业投资额	服务业所占比例(%)
摩洛哥	1975	0.2	0.1	48
	1982	0.7	0.4	54
尼日利亚	1975	3.0	0.6	20
	1980	4.9	1.9	40
津巴布韦	1972	4.3	1.6	37
	1982	1.9	0.7	34

资料来源：联合国跨国公司中心。服务业份额是在投资额作四舍五入前计算的，故有点出入。

许多发展中国家在服务业上都落后于发达国家，这就决定了发展中国家对外直接投资的落后性。可以说，发展中国家国内服务部门的增长，政府对服务部门的政策，以及整体经济和政治形势是决定其服务业对外直接投资增长的关键因素。

最后，与金融和贸易相关的服务业对外直接投资。根据已有的数据和可观察到的情况，与金融相关的服务业（银行、保险和其他金融业）和与贸易相关的服务业（批发和零售以及相关的市场营销）的对外直接投资，在整个服务业对外直接投资中占据优势地位。无论是发达国家还是发展中国家，与金融和贸易相关的服务业在流入或流出总存量中所占份额通常在40%左右。与金融相关的服务业对外直接投资的急剧增长，是跨国银行在世界范围扩展网络的反映。跨国银行的飞速发展主要发生在20世纪70年代。另外，由非金融公司建立的与金融相关的附属企业的迅猛发展，也是不容忽视的。与贸易相关的服务业的对外直接投资，主要是指贸易作为商品生产、分配和流通的辅助活动。由于下面还要具体讨论这些问题，这里就不再赘述。

4.1.2 服务业跨国公司

跨国公司是服务业对外直接投资的主体，它不仅包括制造业跨国公司，而且也包括服务业跨国公司。顾名思义，服务业跨国公司就是指主要业务是向市场提供服务的跨国公司。

A. 制造业跨国公司在服务业的投资

服务业对外直接投资并不都是由服务业企业进行的。有相当数量的制造业公司在国外投资建立附属性服务企业。比如上面已提到的由制造业跨国公司设立的与金融和贸易相关的附属企业。促使这些公司涉足服务业的因素很多，其中主要是为了降低成本和实现市场导向垂直一体化。例如,有些石油公司经营自己的油船队和加油站;电信和计算机制造等行业则把经营活动扩展到数据处理和软件等信息行业;还有一些制造业企业则把它们的研究与开发、工程、营销、咨询、电信和软件开发等服务部门扩展成为面向国外、自主经营的盈利单位。另外,随着现代服务业的迅速发展,有些制造业企业还接管了与其主要业务并没有联系的服务业企业,其目的是为了寻求将来发展的新领域。

根据一些发达国家的情况(见表4-3),可以大致了解制造业跨国公司参与服务业对外直接投资的程度。就美国而言,1982年大约有一半国外附属服务企业是制造公司拥有的。这一比例在1977～1982年大体未变。有关数据还表明,1982年只有13%的从事批发贸易的国外附属企业是由主营批发贸易的母公司控制的,制造业企业控制了77%,剩下的10%则为石油公司所有。与金融有关的服务业(不包括银行)、房地产业、企业和私人服务业等行业,只有约1/3的国外附属企业是由同行业母公司拥有的。

表4-3

部分国家的服务业和制造业跨国公司

国家\年份\类别	美国 不包括银行			美国 包括银行			法国		日本		英国
	1977	1982	1984	1977	1982	1984	1976	1985	1977	1984	1981
跨国公司企业总数	3 078	2 008	1 995	3 189	2 141	—	2 589	3 963	1 223	1 448	—
服务业	1 093	690	673	1 204	823	—	1 097	1 863	409	541	—
附属企业总数	23 219	17 123	16 751	24 666	18 339	—	—	9 059	14 964	3 589	4 937
服务业母公司拥有数	5 870	4 058	3 943	6 038	5 119	—	—	—	—	1 538	1 916
服务业占FDI总存量的比重(%)	18	14	—	21	19	—	29	32	—	—	24
服务业跨国公司控制服务业(%)	37	33	31	41	38	37	42	48	38	52	34

资料来源:联合国跨国公司中心。

然而,国外附属服务业企业的重要性是不可低估的。1985年,前联邦德国服务业跨国公司控制了近1/3的对外直接投资流出总量,而国外所有附属服务企业在其中却占48%。就美国而言,1982年,服务业母公司控制了该国投资流出总量的1/5,而全部附属服务企业在投资总量中的比重则要大一倍。英国的相应比例分别是24%和34%。这些数据都表明制造业企业参与服务业对外直接投资的程度。

B. 服务业跨国公司

服务业跨国公司的发展是一个历史过程。早些时候,在国外建立附属企业的公司中,就有一些贸易商行、银行和房地产公司。19世纪60年代和70年代,是自由竞争资本主义向垄断资本主义过渡的第一个历史时期,各种垄断组织开始涌现,于是就出现了制造业公司向国外扩展的第一次浪潮。此时的铁路、公用事业等服务行业的公司也扩展了一些对外直接投资,特别是在一些殖民地国家和地区。20世纪70年代以前,制造业跨国公司的活动超过服务业跨国公司的活动。但从70年代开始,由于服务生产和商品生产之间相互作用的增强,网络和通信技术的迅速发展,以及国际政治经济环境的变化,导致了服务业跨国公司迅猛发展。最初促进国内服务业向国外投资的主要动因是制造业跨国公司的发展、商品贸易和技术贸易的急剧增长,以及市场需求。关于服务业跨国公司增长的原因,将在下一节中详细讨论,这里主要讨论服务业跨国公司的基本特征和组织形式。

a. 服务业跨国公司的基本特征

第一,经营国际化。尽管服务部门的对外直接投资受到很多限制,并存在诸多服务业不易进行跨国经营的阻碍因素,比如,缺少技术,缺少相对于当地企业的优势。但是,几乎所有的服务业部门都有跨国化倾向,或本身就是跨国公司在从事经营,只不过它们的影响和相对重要性在各个行业有所不同而已。

服务业中的保险、银行、零售、广告、会计、餐饮、法律、咨询等行业的跨国化倾向十分突出。就保险业而言,1985年初,全球共有11 152家私人保险公司,其中2 331家是跨国公司,它们共拥有2 300多家国外附属企业。仅美国就集中了全部保险公司总部的半数。在那些总部设在美国的保险公司中,只有77家在国外拥有1 000万美元以上的资产。如果把10家美国最大的保险公司的资产同美国所有跨国保险公司总资产作一粗略比较,就可以发现,这10家最大公司则占了总资产的一半多。这只是一个粗略估算,因为有些保险公司是多样化经营的金融服务公司,例如,美国的捷运公司。银行业的情况也十分令人注目。它们不仅对母国和东道国有重要影响,而且对于整个世界经济来说,也是举足轻重的。从这个角度看,跨国银行的作用必定超越其行业范围,也大大超过其他服务业跨国公司。表4-4反映的是1986年服务业跨国公司及其国外附属公司行业分布情况,表里所列的16个行业的世界最大的服务业公司,大部分是跨国公司。

第二,业务多样化。正如制造业公司的经营已扩展到服务业一样,一些服务业公司也日益扩展到制造业和矿业,而且,服务业各行业之间还互相渗透。有些公司的经营业务多样化已发展到很高程度,以至于难以或无法将其归到某一特定行业。

表 4-4
1986年服务业跨国公司及其国外附属公司网络行业分布

行业	样本公司数	国内公司	跨国公司	1~10家	11~50家	51~100家	100家以上	没有可用的附属企业数据
与金融相关的服务业								
银行	30		30	4	15	4	7	
证券和金融服务	20	3	17	7	7	1	2	
保险	30	4	26	10	8	6	2	
分保	15	1	14	8	6			
与贸易相关的服务业								
批发贸易	20		19	3	4	3	9	1
零售贸易	30	8	22	15	6	1		
会计服务业								
会计	20		17				17	3
广告	20		16	3	5	4	4	4
市场调研	10	1	9	5	2	2		
法律服务	15		15	12	3			
建筑业	20		20	8	12			
其他服务业								
出版	15	1	14	5	4	1	4	
运输	30	1	27	14	9	2	2	2
小计	275	19	246	94	81	24	47	10
航空公司	25		21	4	9	3	5	4
旅馆	25	2	21	6	5	5	5	2
快餐及饭店连锁	20		16	4	3	4	8	4
合计	345	21	304	105	98	36	65	20

资料来源：联合国跨国公司中心。

旅游、广告、会计等服务业部门的经营多样化趋势比较显著。在旅游业中，最常见的是旅馆和航空公司的联姻，后来又和出租汽车业联在一起。在会计方面，美国一些最大的会计业跨国公司近年来日益增加在管理咨询业上的多种经营。其中公司财务咨询和信息技术应用这两项业务,现已占了这类公司酬金总额和应付费总小时数的 1/5 左右。这些公司向这些新领域的扩展十分迅速,以致使它们在全部管理咨询服务行业中的市场份额从过去微不足道的比重上升到 20 世纪 80 年代中期的近 1/3。虽然大多数大型会计公司仍有一半左右收入来自审计业务,但它们正越来越多地变为财务咨询和专业服务公司。广告公司的情形也类似,广告业跨国公司更多的是把其业务扩展到诸如公司或机构广告、公共关系、市场调研和直接邮件广告等行业。现在,许多广告业集团已能够向它们的客户提供一整套企业经营管理服务。

一些服务业活动紧密相连以及试图实现规模经济,是促使服务部门经营多样化和一体化的重要原因。典型的例子有:金融服务业——银行、金融和保险服务;旅游业——旅馆、航空运输、旅游经营、出租汽车、铁路运输;信息服务业——数据处理、软件、电信服务、信息存储和检索;专业性服务业——会计和管理咨询、广告、市场调研和公共关系。

第三,不平衡性。不平衡性指的是服务业跨国公司的地区不平衡性和行业不平衡性。从地区看,发达市场经济国家是几乎所有的服务业跨国公司总部所在地。1986 年,在所涉及的 304 家服务业跨国公司中,有 45% 的总部设在美国,22% 设在日本,28% 设在西欧(主要是英国、法国和德国)。到 20 世纪 80 年代中期,这 304 家跨国公司共拥有国外附属企业约 23 000 家,美国、西欧、日本在这些附属企业中分别占 61%、24% 和 11%。服务业跨国公司的海外附属企业地区分布的主要格局,反映了服务业对外直接投资的格局。1986 年,在海外附属企业总数中,设在发达国家的占 62%,设在发展中国家的占 38%。各服务行业和跨国公司在地区分布上也存在着差异。保险、分保、零售、广告、市场调研和出版行业的跨国公司,倾向于把它们的附属企业集中在发达国家。对于追随制造业跨国公司到国外的服务业跨国公司来说,由于制造业跨国公司多半设在发达国家,因此,追随者也自然会集中于这些国家。在所有发达国家中,美国又是拥有服务业海外附属企业最多的东道国,其次是西欧和日本;在发展中国家,亚洲国家是服务业跨国公司所设海外附属企业最多的东道国,占设在发展中国家总数的 47%,拉美占 37%,非洲占 16%。从另一个角度看,美国服务业跨国公司的海外附属企业最集中的地区是拉美,其次是亚洲;日本的重点则在亚洲;西欧在亚、非、拉基本平衡。需要明确的是,海外附属企业数只是反映服务业跨国公司扩展的一项有用的指标,但不一定反映其参与跨国经营的规模或在公司全部经营中的份额。因为,相当一部分附属企业只是发挥中介作用,所以,以跨国化程度来衡量,服务业跨国公司总体上低于制造业跨国公司的水平。

从行业看,在日本,贸易和银行这两个服务行业共占一半左右的服务业对外直接投资和 85% 的附属企业。在美国,大部分服务行业都处于强有力的地位,在会计、广告、零售、旅馆和快餐及饭店连锁店、市场调研、法律服务、证券和金融服务业中,美国跨国公司拥有的国外附属企业数最多。西欧国家也有相当数目的巨型跨国公司,银行、保险和分保、出版、航空和其他运输业拥有的国外附属企业数最多。动态地看,20世纪70年代以前,美国服务业跨国公司在全球拥有明显总体优势,可以说是一枝独秀。然而,到了80年代,美国的总体优势在衰落,日本和西欧异军突起,形成了三足鼎立之势;发展中国家的服务业跨国公司则在这样的缝隙中生存和发展。

b. 服务业跨国公司的组织形式

一般地说,大多数服务业跨国公司,特别是大型跨国公司,与制造业跨国公司一样,采取股权和非股权安排的组织形式。但由于服务自身的特点,服务业对外直接投资所在国法规的性质,以及服务业跨国公司相对于当地竞争对手的竞争优势的特性,服务业跨国公司有时不得不采取一些特定的组织结构。

(1) 设立办事处。这些办事处往往只是前哨站,由少量熟练员工管理,配备一些必要的计算机和电信设备。在这种情况下,人们很难确认它们是中间性业务,还是对外直接投资。

(2) 建立海外附属企业。比如,大多数国际航空公司,都在主要城市设立营销和订票机构,负责提供信息,出售机票,从事旅行代理业务,并进行广告和促销活动。它们还必须在国外的机场拥有一定设备,以便处理旅客的交通、行李和货运飞机养护等事宜。当然,这些服务可以从当地公司购买,也可以由航空公司自己拥有的设施来提供。在海运和批发贸易业中也存在类似情况。

(3) 采取股权合作形式。即由一些有很大自主权的合伙人结合而成的、多少有些松散的集合体组织,或称合伙企业。

(4) 采取非股权合作形式。比如特许经营(franchise)、管理合同等。一般地,在诸如旅馆、汽车出租、快餐和零售等行业中,广泛采用非股权的投资形式。

由于对一个企业的控制既可以通过股权投资,也可以通过非股权安排来实现,所以,从这一角度来看,在诸如快餐、旅馆或会计等行业中,非股权安排形式的重要性并不亚于股权参与。究竟采取何种组织形式,主要取决于服务业跨国公司的策略,在特定市场上经营活动的目的,以及东道国有关外国公司参与形式的法规。

4.2 服务业对外直接投资和跨国公司发展动因的理论分析

R·弗农认为,既然知识的转移可以代替物品转移,那么,有关制造业跨国公司的理论也可以应用于服务业跨国公司。这一节主要介绍"国际生产折衷理论"运用于服务业的情况。

国际生产折衷理论(the eclectic theory of international production)是由英国里丁大学教授、著名的跨国公司问题专家、曾任联合国跨国公司中心高级顾问的 J·邓宁提出来的。他把垄断优势(或所有权优势)理论、内部化理论和区位理论三者有机结合起来,说明跨国经营的决定因素,即三类优势及其相互作用。

4.2.1 所有权优势

所有权优势(ownership-special advantages)可以理解为企业满足其当前或潜在顾客需求的能力。在服务业中有三个重要标准：① 所提供服务的特征和范围,即值得顾客购买的构成服务的所有组成部分,如构思、舒适、实用、效率、可靠、专业化程度,以及对顾客的态度等属性；② 价格预期的售后成本；③ 与产品购买和使用相关的服务。跨国公司为了比竞争对手更成功地满足上述标准,要么必须独家或特许拥有特殊的技术、管理、金融或营销资产,以便以最低生产成本生产和销售特有的产品和服务,要么能实现规模经济。表4-5反映的是服务业跨国公司的所有权优势(用下划线表示)。

表4-5

服务业跨国公司的所有权优势

(1) 产权(无形资产)优势
产品创新、生产管理、创新能力
<u>组织系统和营销系统</u>
尚未整理成文的知识；人力资本经验"库"；营销、金融、诀窍等
<u>寻找、取得、使用和管理信息的能力</u>
控制产品质量和(或)按顾客需要供应定做产品的能力
<u>商标或品牌信誉</u>
(2) 共同管理的优势
① 现有企业的分支机构比新企业具有的优势
<u>主要由于企业规模和公认的地位而具有的优势</u>,如范围经济和专业化经济垄断力量,较好的取得资源能力和较高利用率
<u>利用诸如劳动力、自然资源、金融、数据处理和传送设备等投入的机会</u>
以较有利条件(如规模、卖方垄断)获得投入品的能力
<u>进入产品市场的机会</u>
以边际成本从母公司获得资源的机会
<u>联合供应的经济性(不仅在于生产,而且在于购买、销售、财务等)</u>
② 由跨国化而产生的优势
<u>进入信息、金融、劳动力国际市场的机会和(或)对国际市场的了解</u>
利用生产要素、市场、地理差异的能力
在不同的货币区和(或)政治形势等环境中分散或降低风险的能力

概括起来,服务业跨国公司的所有权优势主要表现为以下几个方面:

(1) 质量控制。第1章已经提到,服务一般具有不可储存性、异质性等特点,所以,保证服务质量对企业尤为重要。特别是随着收入水平的提高和企业之间竞争的加剧,质量日益成为影响消费者服务和生产者服务需求的更为重要的变量。在许多情况下,质量比价格更为重要,它可能是决定服务业跨国公司竞争力的一个最重要的变量。在一些行业中,企业创造和保持一个成功品牌形象的能力,企业在多个地区提供服务时实行质量监控的能力和降低购买者交易成本的能力,对于服务业跨国公司的质量形象及其竞争优势是至关重要的。

(2) 范围经济。是指在地点和品种选择方面能满足顾客需要的程度。例如,零售商店提供的服务,如果零售商储存产品的范围越广,数量越大,就越能通过讨价还价方式以较低价格从供应商处获得商品,相应地,顾客的交易成本也会随之越低(消费者不必到几处,只要在一处就能买到几种商品)。连锁商店讨价还价能力的提高,也能使它们加强对其买卖的产品和服务质量的控制。另外,在航空公司、连锁旅馆、企业咨询等服务行业中,也都不同程度地存在范围经济。

(3) 规模经济。服务业企业的规模经济和专业化与制造业企业相比并无二致。波音747飞机的运量与波音727飞机相比,大医院的医疗服务与小医院相比,前者单位成本都比较低。这些同汽车、药品等产品的大规模生产的规模经济并无区别。大型服务业公司还往往得益于优惠的融资条件和折扣等。至于规模经济和范围经济产生的分散风险优势,则在保险、再保险和投资银行业更为明显,而且,在这三个行业中,规模几乎是成功进行跨国经营的前提条件。

(4) 技术和信息。在制造业中,衡量生产技术和产品知识成分的指数,通常是R&D占销售额的比重,专业人员、科技人员和工程人员在总就业中的比重,取得的专利数量等。发明新产品的能力,低成本生产的能力,提高产品质量及其可靠性的能力,在许多制造业中是关键的竞争优势。虽然服务业偏重于软技术,如管理、信息、经验等,但基本思路和原则则与制造业是一致的。在一些服务业中,采用数据技术,从事获得、扩展、加工、贮存、监控、解释和交换信息,并尽量降低成本的能力,是关键的无形资产或核心竞争优势。可以推断,以信息的获得、贮存、加工和传输为主要内容的服务行业,情况尤为如此。然而,由于许多服务活动的数据技术含量都在不断提高,所以,如果依据信息密集度来划分服务业就变得日益困难了。就银行、保险、咨询来说,它们的增值活动大部分是信息的采集、解释和传输,因此,从这个角度看,它们基本上都是信息服务业。举个例子,日本九大综合商社之一的三井物产公司密布世界各地的通信线路长达50万公里,比地球至月球的平均距离34.8万公里还要长,每天收发电信1千万字。1986年的通信费用占公司总开支的8%,即达数10亿日元。有人甚至认为,若干年后,三井将不再以经营有形贸易为主,而可能变成一个以信息服务为中心的多元化的跨国企业,因为,现在已有这样的迹象:三井建立了一个"无船航运公司",该公司没有一条船舶,而只提供一整套海、陆、空运输服务的信息安排。

信息经济的持续发展和跨境交易成本的不断下降,导致知识密集型行业跨国公司的激增。虽然,各种规模的企业都得益于数据技术,但因为数据技术需要昂贵的辅助资产、固定成本或基础设施,并且能为规模经济、范围经济以及垂直一体化提供机会,所以它们特别有利于大型的、经营多样化的跨国公司。

(5)获得投入或进入市场的有利机会。这一点对服务业企业尤为重要。

4.2.2 区位优势

邓宁认为,区位优势(locational choice advantage)不是企业所拥有的,而属东道国所有,从这一点看,它与所有权优势和下面将要讨论的内部化优势不同,企业无法自行支配,而只能适应、利用这项优势。它主要包括两个方面:① 东道国不可移动的要素禀赋所产生的优势,如自然资源丰富、地理位置方便、人口众多等;② 东道国的政治体制、政策法规灵活、优惠而形成的有利条件,以及良好的基础设施等。区位因素直接影响着跨国公司对外投资设厂的选址及其整个国际化生产体系的布局,它是造成对外直接投资的充分条件,而非必要条件。由于许多服务的无形性和易逝性,它们的跨境交易费用高得惊人,这就要求这些服务的生产和消费必须在同一地点和同一时间进行,于是在许多服务业部门中,对外直接投资是向外国市场提供服务的最方便的形式。而且,随着贸易、制造业对外直接投资、技术转让和旅游的增加,对支撑其增长的服务的需求也就扩大了。然而,区位优势的获得与保持往往是服务业对外直接投资的关键。比如,旅游业服务点的选址显然与金融业大不相同,前者必须考虑气候、自然风光、名胜古迹等;后者则要集中在工商业中心。除了区位约束型服务外,跨国公司东道国的区位选择主要受服务消费者需求的支配。表4-6列出了影响服务业跨国公司活动区位的特殊因素与服务业跨国公司活动有关的优势用下划线表示。

表4-6

**影响服务业跨国公司活动区位的特殊因素与
服务业跨国公司活动有关的优势**

自然资源、人造资源禀赋和市场的空间分布
劳动力、能源、原料、元件、半成品等投入的价格、质量和效率
国际运输和通信成本(在服务业中可能极高)
鼓励和抑制投资的因素

(续表)

<u>对服务贸易的人为障碍(如进口管制)</u>
<u>基础设施(商业、法律、教育、运输和电信)</u>
<u>心理差距(文化差异)</u>
心理差距(语言、商业、习俗等差异)
<u>信息搜集和解释</u>
R&D(研究与开发)、生产及销售
经济制度与政府政策、资源配置的框架
市场和市场准入法规

4.2.3 内部化优势

A. 理论概说

邓宁吸取了巴克列和卡森等人的观点,将其安装在自己的理论体系中,提出内部化优势(internalization-special advantage),认为拥有无形资产所有权优势的企业,通过扩大自己的组织和经营活动,将这些优势的使用内部化。因为内部化使用比非股权式转让带给无形资产所有者以更多潜在的或现实的利益。但同时具有所有权的内部化优势的企业也并非一定选择对外直接投资,因为它也可以在国内扩大规模,然后出口来获得充分报偿。所以,这两项优势只是企业对外直接投资的必要条件,而非充分条件。另外,邓宁还认为,不应过分强调高技术等无形资产对市场失灵的作用,低技术、最终产品在外部市场中也存在着障碍。他把市场失灵分为两类:① 结构性失灵,主要由于东道国政府的限制、无形资产的特性等;② 交易性失灵,包括交易渠道不畅、交易方式僵化等。在服务业中,实现内部化优势的跨国组织形式不一定以对外独资或合资经营的股权形式为主,也可以而且有时必须以非股权的国际合作协议(特许经营)来实现跨国化。表 4-7 反映的是与服务业跨国公司特别有关的内部化优势(用下划线表示)。

服务业跨国公司采取的组织形式取决于:各种形式的相对成本和收益;政府干预的程度和类型。首先,各种组织形式的相对成本和收益。股权投资的成本主要包括:① 进行股权投资所需的资本和失去该资本的风险;② 管理、协调和监控国外股权投资的风险;③ 放弃从前向专业生产者和高效率供应商购买而得到的收益。非股权安排的风险主要是交易性质的,主要包括:① 与交易本身相关的成本,如寻找合适的契约伙伴的搜寻成本和谈判成本;② 与契约条件有关的成本,包括:价格(由于信息不对称,签约人可能准备向承包商支付低于服务价格的报酬),对

表 4-7

与服务业跨国公司特别有关的内部化优势

避免寻找伙伴并与其谈判的成本
避免行使产权的成本
弱化或消除投入（如技术）的性质和价值的不确定性
禁止价格歧视的规定
中间产品或最终产品质量的保证
对缺乏期货市场的补偿
避免或利用政府干预（如配额、关税、价格管制、税收差异等）
控制投入（包括技术）的供应和销售条件
控制市场渠道（包括可能被竞争者利用的市场渠道）
使用交叉补贴、掠夺性定价、提前或推迟结汇、转移价格等竞争或反竞争策略

所提供服务的详细说明，对所提供服务用途的控制、交货的次数和时间（包括存货和仓储成本）；③ 监督成本，特别是质量管理和检验程序方面的成本；④ 与契约条款能否被遵守和这些条款受到破坏的有关成本；⑤ 由于实行市场交易内部化而放弃的收益。总之，成本与收益的对比影响组织形式的选择。其次，政府的作用，包括直接行政干预以及财政、税收、关税和非关税等政策措施的施行。

倾向于把市场交易内部化而采取的组织类型，因活动的性质即交易的服务类型、组织交易的企业性质，以及参与交易的国家的市场条件的差别而不同。例如，如果企业的核心资产是风格独特、有竞争力的资产，而且利用这种资产生产的服务对消费者具有特别吸引力，那么，一般不会采取许可证形式让其他企业经营。另外，如果服务的生产和贸易所处国际环境越动荡、越危险，企业就越倾向于交易内部化。具体地说，倾向于通过对外直接投资方式，而不是通过契约关系（非股权安排）来组织跨国供应的服务业部门有三大类：① 银行和金融服务业、大部分信息密集行业和专业服务业，如管理和工程咨询、数据服务、租赁公司、旅行社和航空公司。在这些服务业中，沿着增值链进行纵向结合或跨越增值链进行横向结合的主要原因在于，许多专有知识和信息只能是个人意会而不可言传，生产费用高，复杂且独特，但易于复制。另外，生产活动的地区多样化可以使跨国公司获得强有力的协同作用优势。② 倾向于前向一体化的服务业。这一类型的服务业有广告、市场调研、管理咨询及与商品有关的个人服务业（如汽车维修）。③ 由非服务业跨国公司拥有的、与贸易有关的附属性服务企业。它们的目的是，以尽可能多的有利条件为母公司取得收入，或为母公司生产和出口的商品和服务开拓市场。

倾向于采取少数股权投资或非股权安排形式的服务业跨国公司有四种：

① 旅馆、餐馆、快餐店和汽车出租公司。② 需要有当地特有知识或按顾客要求生产的行业。如工程、建筑、技术服务业，以及会计和法律服务业。③ 出于降低销售和分销成本的考虑，新成立的或较小规模的制造业跨国公司，可能希望与当地销售代理商或相关服务业企业联手，或将其作为被许可行业。④ 投资银行和财产保险等服务行业。这些行业的风险很大，必须由一国或几国的企业集团或银团共同分担。

总之，服务业跨国公司内部化以及所采取的组织形式并不是一成不变的，而是随着经济特别是服务业本身的发展而不断变化。下面将通过模型来分析服务业跨国公司内部化。

B. 模型分析

假设存在一个张伯伦式的递减成本函数，即：

（ⅰ）总成本函数：$TC = C(Q) = a + bQ$

（ⅱ）平均成本函数：$AC = \dfrac{TC}{Q} = \dfrac{C(Q)}{Q} = \dfrac{a}{Q} + b$

这里，a 代表固定的初始成本；b 代表单位可变成本；Q 代表产出量（或交易量、销售量、购买量等）。如果存在两种生产方式，$i=1,2$，则：

$$AC_1 = \dfrac{a_1}{Q} + b_1 \tag{4-1}$$

$$AC_2 = \dfrac{a_2}{Q} + b_2 \tag{4-2}$$

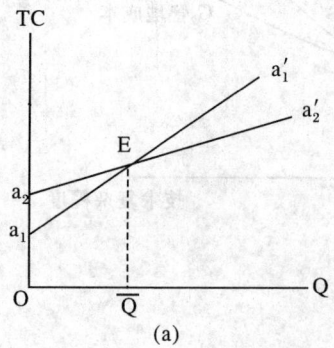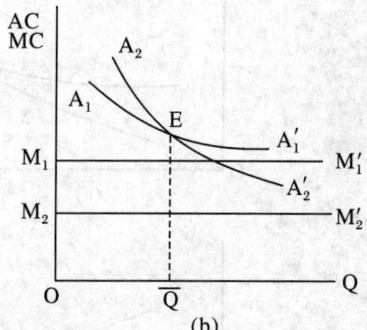

图 4-1 两种生产方式的成本曲线

图 4-1(a)表示的是与两种生产方式相对应的两种总成本曲线，即 $TC_1 = a_1 + b_1 Q$，$TC_2 = a_2 + b_2 Q$（图中表示的是 $a_1 < a_2$，至于 a_1 和 a_2 哪个数大并不影响分析结果），b_1 和 b_2 实际上是两条总成本曲线的斜率。图 4-1(b)，$M_1 M_1'$ 和 $M_2 M_2'$ 分别

表示两种生产方式的边际成本,是个常数;A_1A_1'和A_2A_2'分别代表两种生产方式的平均成本曲线。当$Q\to 0$时,A_1A_1'和A_2A_2'递增并无限接近纵轴,当$Q\to\infty$时,A_1A_1'和A_2A_2'分别无限接近于M_1M_1'和M_2M_2'。

由图4-1可知,若$a_1<a_2$,同时$b_1>b_2$,则产量Q小于交点E显示的产量水平,这时第一种生产方式即(4-1)式更有效率或总成本(平均成本)更小,因为a_1E和A_1E曲线分别位于a_2E和A_2E曲线的下方;当$Q>\bar{Q}$时,则第二种生产方式即(4-2)式更有效率或成本更小。这里说明了一个道理,对于有较高固定成本和较低可变成本的企业或公司来说,要想更具有效率或使成本更小,只有扩大产出规模。可变成本越低,生产方式越优。据此,跨国公司的经营就是通过内部化,更好地实现技术和管理上的规模经济,从而使固定成本a和可变成本b得以降低。假定$a=P_aA$,A代表公司的有形与无形资产,P_a代表获得资本A的价格。注重经营方法的跨国公司能够降低P_a,但规模经济的产生在技术上依赖于A的规模和厂商的有关能力及管理效率等。尽管外国直接投资可以使用廉价劳动力而降低可变成本b,但真正的利益来自于通过跨国公司这种一体化组织形式实现规模经济。服务业跨国公司更具有上述特点。

前已述及服务业的特征决定或影响着服务业跨国公司的经营模式。一般来说,当国际间交易成本高达一定程度时,通过对外直接投资建立分支机构,将交易成本较高的外部市场内部化,是合理的国际化战略形式之一。下面用图来说明制造业和服务业在选择跨国经营方式上的差别(见图4-2、图4-3)。

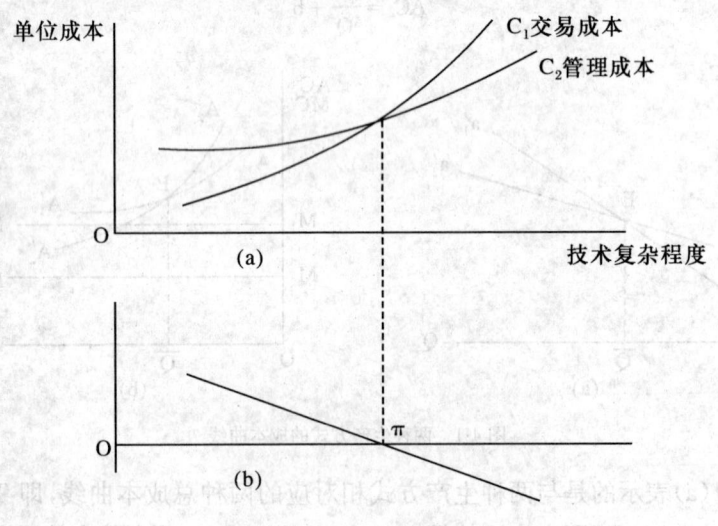

图4-2 水平一体化边界

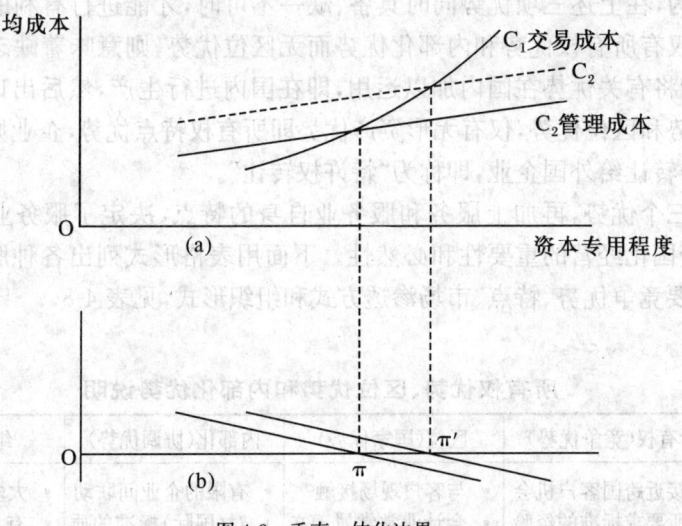

图 4-3 垂直一体化边界

图 4-2 表示水平一体化模式。图 4-2(a)和图 4-2(b)分别表示交易成本和内部管理成本的关系,以及 C_1 与 C_2 之差。图 4-2(a)中横轴代表技术复杂程度,单位市场交易成本 C_1 随技术复杂程度而上升,内部管理成本 C_2 与技术复杂程度的关系没有前者那样明显。纵轴代表单位成本,单位管理成本随交易量的增加而减少,单位交易成本则几乎恒定不变。在图 4-2(b)中 π 点左边,内部化成本高于交易成本,右边则相反。这样,π 点为内部化的边界点。这说明,技术复杂程度越高,技术转移的规模越大,内部化的收益就可能越高。这在一定程度上解释了在高技术如计算机领域中水平一体化直接投资是较为普遍的现象。

图 4-3 表示垂直一体化模式。图 4-3(a)主要描述资本专用性与平均成本之间的关系。单位交易成本随资本专用性的增加而递增,假设内部管理成本受此影响不明显,但会因东道国的政策干预而向上移动。图 4-3(b)表示两种成本之差,π 和 π′分别表示垂直一体化的边界点,这说明,随着资本专用性的增强,东道国政府干预的减少,垂直一体化的可能性在不断增加。比如,需要投入大量专用设备的石油、冶金等产业,由垂直一体化直接投资形成的跨国公司较为普遍。

由上分析可知,与制造业部门相比,无论是高技术还是低技术服务业跨国公司,都更偏重于采用水平一体化形式开展国际化经营活动,这是从外部交易成本与内部化管理成本比较的角度得出的一般性结论。

4.2.4 小结

邓宁的国际生产折衷理论,其核心就是所谓的"三优势模式"(OLI paradigm)。

该理论认为,在上述三项优势同时具备、缺一不可时,才能进行有利的对外直接投资。如果仅有所有权优势和内部化优势而无区位优势,则意味着缺乏有利的投资场所,只能将有关优势在国内加以运用,即在国内进行生产,然后出口。如果没有内部化优势和区位优势,仅有无形资产优势即所有权特点优势,企业则难以在内部使用,只得转让给外国企业,即称为"特许权转让"。

上述三个优势,再加上服务和服务业自身的特点,决定了服务业对外直接投资、进行跨国化经营的重要性和必然性。下面用表格形式列出各种服务行业跨国公司的主要竞争优势、特点、市场渗透方式和组织形式,见表4-8。

表4-8

所有权优势、区位优势和内部化优势说明

行业	所有权(竞争优势)	区位(国家优势)	内部化(协调优势)	组织形式
会计、审计	• 接近跨国客户机会 • 所要求标准的经验 • 业务专门知识 • 著名会计企业的品牌形象	• 与客户现场接触 • 会计业常常属于文化敏感领域 • 适应当地报表标准和程序 • 寡头独占相互作用	• 有限的企业间联动 • 对(国际)标准的质量管理 • 政府坚持当地参与	• 大多为合伙或独资 • 有些组织松散、极少集中控制的海外子公司 • 极少合资
广告	• 进入市场(国内客户的子公司)有利机会 • 创造能力、形象和宗旨 • 声誉 • 详尽系列服务 • 若干协调经济性 • 金融实力	• 与客户现场接触 • 适应当地趣味、语言 • 接近大众传播媒介需要 • 对外国商业广告的进入限制	• 对广告设计的质量管理 • 需要当地投入 • 国家法规 • 广告密集产品的全球化 • 降低与外国代理商的交易成本	• 以全部拥有居多,有一些合资和有限的非股权安排
商业银行金融服务	• 接触跨国客户、外国人机会 • 业务专门知识 • 进入国际资本和金融市场机会 • 规模经济和范围经济 • 储备货币的内在价值 • 对跨国计算机通信网络的控制	• 要求面对面接触 • 政府法规 • 高价值的活动往往集中化 • 较低国外经营的成本	• 质量管理 • 范围经济 • 协调资本流动的经济性 • 国际套汇的重要性	• 大多为分行或子公司,有一些代理行 • 一些合资,特别是在政府坚持的行业内 • 一些银团

(续表)

行业	所有权(竞争优势)	区位(国家优势)	内部化(协调优势)	组织形式
建筑管理	• 规模、专门知识和信誉 • 政府援助 • 劳动力成本低(发展中国家跨国公司) • 有相关环境条件下的经验	• 集中技术密集活动的经济性 • 与客户和建筑企业在现场相互作用	• 大项目对当地辅助资产、分散风险的需要 • 质量管理 • 很有利的分包业务	• 混合形式,或有利于进入市场或合伙人为企业带来辅助资产时倾向于合资
教育服务	• 国家特有的、与经济发展阶段和政府作用相关,有关客户需要的经验	• 一些私立学校的外国分支机构 • 需要使学生接触外国文化	• 质量管理 • 与母国课程结合 • 展示外国课程、教学方法	• 最初全资子公司,但与教育机构建立的合资企业增多
工程、建筑师服务、测量	• 在来源国和外国市场的经验 • 规模经济和专业化经济 • 范围经济、协调经济	• 适应当地口味和需要 • 需要与顾客和有关生产厂商现场接触	• 合资经营,取得当地经验、专门知识 • 质量管理 • 多半是具有独特性和只可意会的知识	• 混合形式,但常常是专业合伙经营 • 发一些许可证
旅馆	• 在母国提供高档服务的经验 • 培训主要人员的经验 • 质量管理 • 查询系统 • 地区专业化经济性,获得投入的机会	• 销售"对外"服务时受到区位约束	• 旅馆业投资是资本密集型的 • 一般能用契约关系(如采购合同或管理合同)保证质量管理 • 政府通常偏好非股权安排 • 在无股权控制下可协调查询系统	• 形式多样,但主要通过少数股权合资或契约关系
保险	• 保险商的信誉、形象(如伦敦劳埃德保险公司) • 规模经济和范围经济、有时专业化知识(如海上保险) • 接近跨国客户机会	• 需要与被保险人紧密联系(如人寿保险及有关服务、运输、金融、保险) • 大保险商的寡头独占战略 • 政府禁止直接进口、管制规定 • 集中的经济性(再保险)	• 投资组合风险分散的经济性 • 只可意会的知识 • 需要分担大规模风险(再保险辛迪加) • 政府要求当地股权参与	• 混合形式,受到政府、保险种类和保险公司战略的强烈影响

(续表)

行 业	所有权(竞争优势)	区位(国家优势)	内部化(协调优势)	组 织 形 式
投资银行(经纪)	• 信誉和专业技能 • 雄厚的资本基础 • 了解国际资本市场并与其有相互作用 • 金融创新	• 需要接近客户 • 需要接近国际资本、金融市场、接近主要竞争对手 • 熟练劳动力的可获得性	• 所提供服务的复杂性和有机性 • 避免外汇、政治风险的保护措施,需要实施全球投资战略 • 质量管理	• 主要通过全资子公司
法律服务	• 接近跨国客户机会和了解其特殊需要 • 经验和声誉	• 需要与客户面对面接触 • 需要与当地其他服务业相互作用 • 法庭限制使用外国律师 • 当地基础结构范围	• 许多交易具独特性,且因顾客不同而异 • 需要了解当地顾客和法律程序 • 质量管理	• 海外合伙经营
许可证贸易	• (根据定义)提供技术的能力,但大部分技术通过非服务企业提供		• 为了保护发许可证方利益,利用规模经济 • 质量管理	
管理咨询	• 进入市场机会 • 声誉、形象、经验 • 专业化的经济性,特别是专门知识和技能水平	• 同顾客密切接触,通常按顾客特殊需要提供服务 • 人员的流动性	• 质量管理,担心许可证购买方业绩不佳 • 知识有时是很机密的,通常具有独特性 • 人员协调的优势	
医疗服务	• 对先进、专业化医药的经验,高质量的住院治疗 • 现代化管理方法 • 政府的支持作用		• 质量管理	• 全资子公司和合资公司
电影(制片和租片收入)、现场表演戏剧	• 国内市场的经验,良好的国内通信(如广播)设施 • 政府对艺术的补贴	• 区位限制(电影制片) • 有时顾客参观摄制场地,有时正好相反 • 工会限制使用外国演员	• 电影制片和电视节目的质量 • 戏剧表演通常涉及非股权安排	• 混合形式

(续表)

行业	所有权(竞争优势)	区位(国家优势)	内部化(协调优势)	组织形式
地区办事处	• 跨国公司网络的一部分,办事处的功能依跨国公司业务性质和国外经营范围而异	• 取决于办事处所在地的劳动力、办公、通信成本 • 工作许可、税收等 • 跨国公司产品生产部门的区位	• 所有的优势都与协调经济有关,而且作为母公司组织的代理人展开业务	• 全部拥有
餐馆、汽车出租	• 服务品牌、形象 • 声誉和经验 • 查询系统 • 规模经济和范围经济 • 与航空公司和旅馆相联合	• 区位限制	• 特许经营可保证 • 质量管理	• 与旅馆同
软件、数据处理	• 与计算机硬件相联系 • 技术、信息密集程度高 • 范围经济 • 政府支持	• 高技能和成群的经济区位通常有利于母国 • 政府鼓励离岸数据输入的措施	• 具有独特性的专门知识,需要防止浪费 • 质量管理 • 协调收益	• 常常是计算机公司的一部分
电信	• 知识密集 • 技术、资本、规模经济(如经营国际通信网络的能力) • 政府支持	• 政府对贸易和生产的管制 • 有时受区位限制(电话通信)	• 成本巨大,一般要求成立财团 • 服务的"产品"部分的质量通常需要等级管理(正如由美国电报电话公司管理),否则,通常以租赁或出口形式提供服务	• 混合形式,但许多是租赁形式
旅游	• 在提供令人满意的经验产品方面的声誉 • 范围经济(提供旅游节目组合) • 讨价还价能力 • 同航空公司、旅馆、航运公司等达成交易的质量	• 需要当地旅行社和辅助设施 • 顾客最初来自母国 • 供应当地设施的成本通常较低 • 财政鼓励措施和基础设施	• 协调旅行日程,需要对向旅客提供的辅助服务进行质量管理 • 东道国政府倾向于当地支持设施 • 纵向结合节省交易成本	• 大型旅行社设有当地办事处,其他旅行社可能利用代理商

(续表)

行 业	所有权(竞争优势)	区位(国家优势)	内部化(协调优势)	组织形式
运输、航运、航空公司	• 资本密集度高 • 政府支持措施和/或对外国运输工具航线的控制 • 范围经济和协调经济 • 与商品生产企业的联系(航运业)	• 基本上把各地联系起来 • 需要当地的售票处、终端维修和支持设施(在机场和码头)	• 后勤管理 • 纵向结合优势 • 质量管理	• 大多为全资子公司 • 一些跨国公司财团

4.3 服务业对外直接投资与跨国公司的影响

服务业对外直接投资和跨国公司的发展是各国经济和世界经济发展的客观趋势。由于数据缺乏,所以,要想十分精确地把握服务业对外直接投资和跨国公司对经济影响的性质和程度,是很困难的,而且,有些影响是间接的,很难把它们剥离出来加以衡量。因此,只能从总体上进行初步地分析和判断。

首先,对母国的影响。一方面,跨国公司的对外投资活动,可以给本国带来巨额利润。当这一巨额利润大于资本输出数量时,可以改善本国的国际收支状况,扩大国内资本积累。另一方面,跨国公司的对外直接投资,有助于开拓和确保海外市场。

其次,对东道国的影响。这是分析的重点。第一,服务业对外直接投资与东道国经济其他部门具有联动性。这种联动性表现在两个方面:在需求上,服务业企业从其他行业企业采购;在供给方面,服务业向其他行业销售。前者表明,在服务业中的投资如果增加了这些行业的产出,那么,将会如何提高对其他行业产品和服务的需求;后者表明,在服务业中的投资如果增加了这些行业的产出,那么,将会如何增加服务的供给,并表明哪些购买服务的行业可能成为受益者。当然,这种联动程度又取决于服务业跨国公司在东道国经济中的融入程度。第二,服务业跨国公司可以利用其优良技术和管理技能,向东道国的消费者和企业提供比当地供应者能向他们提供的更好或更便宜的服务(消费者服务和生产者服务)。当然,这些服务也可能是东道国所没有的,也可能是东道国已经有的,但在质量和价格上存在一定差异。

另外,需要补充的一点是,与制造业跨国公司不同,服务业跨国公司对东道国的影响远远超出经济领域,因为,不管是有意还是无意,资本投资通常会伴随着社会和文化方面的投资。服务业跨国公司一般比制造业跨国公司更容易在东道国引入、显示和倡导某些价值理念、伦理道德、态度和行为模式，有时甚至影响到东道国的国家安全。所有这些也许就是许多国家包括发达国家和发展中国家，对诸如大众媒介和广告行业中的外国直接投资进行管制的主要原因之一。

发展中国家在国际服务贸易和服务业对外直接投资与跨国公司的发展方面处于相对劣势地位。因此，辩证地看待服务业跨国公司对外直接投资对东道国的影响，是极其重要的。它既有积极的一面，又有消极的一面。问题的关键在于，怎样趋利避害，使这种投资对东道国发展作出最大贡献；东道国制定怎样的政策才能使外国直接投资的贡献最大化。这就给政府决策者和经济理论研究者提出了新的课题。

本章重要名词

对外直接投资　服务业对外直接投资　跨国公司　服务业跨国公司　股权安排　非股权安排　国际生产折衷理论

本章思考题

1. 简述20世纪50年代以来，服务业在世界对外直接投资中地位的变化情况。
2. 请简要分析制造业跨国公司参与服务业对外直接投资的动因有哪些？
3. 服务业对外直接投资主要集中在哪些领域？
4. 什么是服务业跨国公司？它有哪些基本特征？
5. 试从经济学角度简要分析某些服务业跨国公司推行业务多样化，同时竭力实现全球扩张的原因。请举例说明。
6. 请对服务业跨国公司的特定组织形式加以简要说明。
7. 简述服务业跨国公司所有权优势的主要表现。
8. 试用邓宁的OLI范式，针对某个具体服务行业的跨国公司的全球扩张进行分析。（3 000字左右的小论文）
9. 与制造业跨国公司相比，服务业跨国公司会对东道国形成哪些特殊影响？由此，我国在引进服务业对外直接投资时应该注意哪些问题？

5

国际服务贸易理论

传统的国际贸易纯理论是建立在货物(商品)贸易基础上的,因此,严格地说,服务贸易并未形成自己的理论体系。然而,服务贸易发展的实践呼唤着服务贸易理论的诞生。建立相对完整的服务贸易理论体系,存在两种选择:其一,是依据国际服务贸易的实践和特点,借鉴相关学科领域的研究成果,发展出相对独立的服务贸易理论;其二,是将传统的商品贸易理论加以延伸,扩展到服务贸易领域,用相应的逻辑和概念来阐述服务贸易,从而实现商品贸易理论和服务贸易理论的对接。从服务贸易理论的实际发展来看,理论界更多地倾向于第二种选择。这不仅是因为第一种选择存在着实际的困难,而且更重要的是,人们在作第一种选择,试图建立相对独立的服务贸易纯理论的时候,无法与传统的商品贸易理论彻底决裂,其结果是不由自主地又回到第二种选择。

5.1 传统比较优势说适用性的争论

上述提到的建立服务贸易纯理论的第二种选择有一个典型表现,就是将古典国际贸易理论中的比较优势说运用于服务贸易的解说。由于比较优势理论自身的缺陷,再加上这种在西方国家理论界居主导地位的见解又很难在发展中国家获得支持,于是就出现了关于传统商品贸易比较优势理论适用性问题的争论。

概括起来,理论界存在着观点迥异的两派。

以美国经济学家G·菲科特克蒂为代表的一派认为,比较优势说不适用于服务贸易,因为同商品相比,服务有不同的特点,因而不足以用来分析与服务贸易相关的问题。菲科特克蒂认为,同商品相比,服务有不同的特点。第一,国际服务贸易是提供劳动活动与货币的交换,而不是物与货币的交换;第二,国际服务贸易中服务的生产和消费大多是同时发生的,提供的劳动活动一般不可储藏;第三,统计方式不同,国际服务贸易的统计在各国国际收支平衡表中显示,而在各国海关进出口上没有显示。以哈佛大学著名国际经济学家理查德·库伯为代表的另一派坚持认为,作为一个简单的思想,比较优势说是普遍有效的……对传统比较优势说的依赖是基于一个简单的命题——每个团体都专注的共同利益正是自身效率更高的那项活动所带来的。这个命题总是有效的,试图解释各个团体所拥有的比较优势结构的不同理论确实存在,但其中一些甚至全部都是错误的。正如存在于商品生产中那样,比较优势也存在于服务业中。

20世纪70年代以来,经济学家们不断地对比较优势说在服务贸易领域的应用进行检验,结果发现服务贸易领域同样存在比较优势的合理内核,只不过服务贸易的某些特征不能给出令人满意的答案而已。然而,对于经济学家们所做的工作进行分析、总结是很值得的。

希尔认为,生产者和消费者均可对服务交易作出贡献,而且,与商品生产相比,服务生产者的改变与消费者是一体的,其基本投入不断地为消费者所拥有。由此来看,将比较优势说应用到服务贸易中,存在着明显的度量问题。

山姆普森和斯奈普根据一些服务要求提供者和消费者直接接触的事实,推断传统的H-O理论不足以解释服务贸易,尤其是要放弃"两国间生产要素不能流动"的假设。他们认为,限制要素流动(或服务的接受者)会阻止服务的国际流动、国际服务价格的均等化以及生产要素价格的均等化。这就对传统的H-O理论在服务贸易中的适用性提出了质疑。

迪尔道夫对比较优势说在服务贸易中的适用性有一些较为深刻的见解,可以说,他对服务贸易比较优势作了开创性的研究(见以下迪尔道夫模型)。密尔文批评迪尔道夫没有"认真区分服务贸易与用一种进口服务作为投入的国内生产之间的差异"。他针对迪氏的观点进行修正,导出的一个重要结论是"……在某些情况下,比较优势法则像通常定义的,无需应用于服务贸易。"因为在资本密集型商品可贸易,而且资本成为流动要素的情况下,资本富裕国出口大量的资本服务,以换取资本密集型商品的进口,这种贸易本身是有利于世界资源合理配置的。至于在劳动丰富国提供资本服务,密尔文认为"如果可贸易商品密集地使用流动要素服务,世界产出会更有效率,但是贸易模式与H-O理论所预示的不同。"他还指出,通过要素服务贸易换取有效禀赋(要素禀赋的逆转),增大了要素价格均等化的可能性。总之,密尔文和迪尔道夫一样,都对比较优势说的有效性不置可否,但H-O理论并未为预测服务贸易发展态势提供一个通用的方法。

琼斯与鲁安因用一个特定要素模型来说明技术和要素禀赋差异在影响贸易收益时的重要性。他们把服务贸易分为服务要素贸易和服务产品贸易两类。模型中特定服务要素在国家间是流动的,而劳动是非流动的。贸易的主因是技术和技能性服务要素禀赋国内外有差异,工资以国际标准计,假定其他要素均等。这时,服务供给由当地技术和特定服务要素禀赋决定,需求则反映当地的需求和收入。两位学者认为,服务产品贸易或特定服务要素贸易涉及贸易收益,但相对收益取决于国家的相对服务要素禀赋和相对技术比较优势。只有在产品和要素贸易同时发生时,才能保证通过完全专门化实现贸易收益最大化。否则,服务产品价格或特定要素报酬将在国家间均等化,其他差异则扩大。

萨皮尔和卢兹在世界银行的一份经验分析报告中指出,一个国家的要素配置对其在国际服务贸易中的地位有重要影响。他们使用简单的计量经济模型进行分析,结果表明,有形资本(或实物资本)禀赋充裕的国家在运输服务业享有比较优势,人力资本丰富的国家在保险和其他私人服务业拥有比较优势。

辛德利和史密斯则详细分析了影响比较优势规范化理论在服务贸易领域适用性的三个原因[①]:① 政府出于各种目的,对服务业施行特别管理和市场干预;② 各国对服务业外国直接投资的种种顾虑以及由此引发的限制政策;③ 政府出于保护幼稚工业的需要,拒绝开放国内服务市场。他们认为,在理论上,源于这三种理由而出现的管制措施并非是政府所必然采取的,因为这些看起来理所当然的措施未必是最优的,也没有理由认为它们是影响比较优势说适用性的主要障碍。相反,在理论或经验分析中,没有必要在概念上严格区分商品和服务。或者说,从纯理论角度看,应用国际经济的标准模型分析服务的贸易与投资不存在多少困难,服务贸易研究的主要困难不在于理论而在于测度和统计。两位学者的结论是,尽管服务与商品有显著区别,我们也应对此予以重视,但比较优势说强有力的逻辑,使之能够跨越这些差别。他们不再根据传统的 H-O 模型或一些附加因素,诸如技术差异、规模经济和市场的不完全性来说明比较优势的来源,而是考虑到一些政策对政府是否有用,政府可利用这些政策,以有利的方式去改变国家所处的比较地位。

塔克和森德伯格认为,尽管国际贸易理论、厂商理论和消费者理论均适用于对服务贸易的分析,但又存在着四个方面的局限:① H-O 模型及多数由此演变的模

---

① 目前西方学者将比较优势理论分成两个方面:实证理论和规范理论。前者主要研究某些商品的生产为什么在一个地方比在另一个地方便宜,或为什么一国愿意出口某些商品;后者主要研究国际贸易诱发的劳动分工和专业化是否符合经济效率和社会利益,以及政府应该采取什么政策。对于服务贸易,比较优势实证分析的一个明显难题在于,一国的服务比较优势将以贸易、投资(即商业存在)和劳动力转移这三者中的哪种方式表现出来。但是,比较优势规范分析理论认为,无论采取何种方式,只要比只依赖本国市场的封闭情形获取更大的收益,那么,服务贸易自由化就是可行的。实际上,有三个原因影响着比较优势规范化理论在服务贸易领域的适用性。

型主要是从供给角度分析国际贸易的,而当可贸易服务的生产函数与主要要素投入相结合时,任何国际服务贸易将依赖于需求因素而非生产成本。运输成本、消费者收入、服务种类和消费环境等因素都构成服务的贸易条件。② 商品和服务在 R&D 投入和广告效用上存在差别。R&D 投入和广告将加强服务贸易而非在它们生产中使用要素的需求市场特征。这样,某些服务流将偶然地具有与服务出口国的国内市场不同的需求特征和规模。③ 许多服务常作为中间投入(如金融、咨询、电信服务等)参与贸易与非贸易品的生产过程,因而会出现两个阶段的生产函数,先是服务生产函数,再是使用服务投入的商品(或服务)生产函数。这个两阶段的要素投入是异质的。④ 相对于商品而言,市场结构和国内管制环境对服务的生产与分配具有更为重要和直接的影响。他们认为,由于存在上述局限,传统的比较优势说无法圆满地解释服务贸易。但是,通过分析与服务贸易相关的市场结构和需求特征,或许可以更恰当地解释服务贸易比较优势。

5.2 国际服务贸易纯理论的发展与深化

5.2.1 国际服务贸易显性比较优势论

比较优势可以表述成几种既不相同又相互联系的形式。巴伦斯总结了比较优势衡量技术的新近发展。在以下序列中的任一阶段,比较优势都可以得到衡量:

$$D \to CA \to T, P, C \to RCA$$

此处 D 表示经济要素;CA 表示比较优势;T、P、C 分别表示贸易、生产和消费;RCA 表示显性比较优势(revealed comparative advantage,RCA),它是一种出口专业化指标,用来衡量一国某类产品的出口量占世界出口总额的比重,即:

$$RCA = \frac{某国某种产品的出口额/该国全部产品的出口额}{世界该种产品的出口额/世界全部产品出口总额}$$

若 RCA>1,则意味着该国以出口该种产品为主。

迪克等人试图借助 RCA 分析知识密集型服务贸易。他们以要素禀赋为基础,对各种 RCA 指标进行回归分析,发现在 OECD 成员国中,没有证据表明比较优势决定着服务贸易的模式。虽然这种现象可以部分地归咎于 NTBs 的存在,但他们仍然坚持:如果不考虑贸易扭曲,那么要素禀赋在服务贸易中的决定作用并不明显。依据 RCA 指数,许多最贫穷的发展中国家都具有服务出口的比较优势,因为它们的服务 RCA 指数均大于 1(见表 5-1)。然而,萨皮尔认为,服务贸易的比较优

表 5-1

不同收入国家或地区服务贸易显性比较优势指数

（与商品贸易显性比较优势指数相比较）

人均收入	商品出口		服务出口	
	1970 年	1985 年	1970 年	1985 年
500 美元以下	1.10	1.07	0.57	0.67
500 美元至 1 500 美元	1.02	0.88	0.91	1.53
1 500 美元至 3 000 美元	1.00	1.07	1.00	0.69
3 000 美元至 6 000 美元	1.07	1.05	0.67	0.68
6 000 美元至 10 000 美元	0.82	0.89	1.75	1.50
10 000 美元以上			1.00	1.01
LDC(最不发达国家)	0.15	0.93	0.79	1.25

资料来源：谢康：《国际服务贸易》，中山大学出版社 1998 年版。

势是动态的，发展中国家具有成为服务出口国的潜力。

当然，RCA 指数可以将一国在世界服务出口中所占比重与其全部商品和私人服务的世界出口中所占比重联系起来，其高低说明一国在某些服务方面实际的对外贸易地位或竞争地位。但值得注意的是，比较的竞争地位不仅取决于一国在实际服务市场中的地位，而且取决于该国在实际商品市场中的地位。这说明 RCA 指数在显示一国服务贸易比较优势方面存在着较大局限。

5.2.2 迪尔道夫模型

迪尔道夫率先成功地利用传统的"2×2×2"H-O 模型（两国、两要素、一种商品和一种服务），从以下三方面对服务贸易比较优势进行分析。

(1) 商品和服务贸易的互补性，即许多服务贸易是伴随着商品贸易而发展起来的，如运输、保险等。假设存在完全竞争，显示性偏好弱定理，利润极大化和平衡贸易；假设商品和服务的世界市场同时出清；虽然各国面对相同的商品和服务的世界价格，但其国内价格无需相同。另外，假设存在三种情形。具体的比较优势分析见表 5-2。

(2) 要素移动的服务贸易(service trade as factor movements)。传统意义上的某些服务往往被看成是非贸易品，比如，巴黎"钱之旅"提供的独家三星级餐饮服务无法在柏林享用，但一般都承认生产要素可以跨国移动。若假设："钱之旅"餐饮服务需要两种因素，技术劳动力(厨师)和非技术劳工(服务员)；法国有丰富的技术劳

表 5-2

商品和服务贸易互补情况下的比较优势分析[1]

三种情形	市场均衡描述	均衡状态下的利润最大化	贸易状况	比较与分析
封闭状态(无商品和服务贸易发生,以上标 a 表示)	① (P_x^a, P_s^a, X^a) ② $s^a=0$,因禁止贸易而无服务需求	对于所有可能的产出集合(x,s),有 $P_x^a X^a \geqslant P_x^a X + P_s^a S$	没有商品和服务贸易,即:$T=0, V=0$	比较这两种情况,可证明[2] $P_x^a T^f + P_s^a V^f \leqslant 0$ 表明,按闭关自守状态下的价格,出口商品和服务不如进口商品和服务,这说明,商品和服务贸易与传统的比较优势说相符。
自由贸易状态(商品和服务都实现自由贸易,以上标 f 表示)	① (P_x^d, P_s^w, X^f, S^f) ② $P_x^w = P_x^d + P_s^w$	对于所有可能的(x,s),有 $P_x^w X^f + P_s^w S^f \geqslant P_x^w x + P_s^w S$	① 服务的出口达到利润最大化,即对于所有可能的 T 和 U,有:$(P_x^w - P_x^d) T^f - P_s^w U^f \geqslant (P_x^w - P_x^d) T - P_s^w U$ ② 贸易平衡方程:$P_x^w T^f + P_s^w V^f = 0$	
半封闭状态(只有商品可自由贸易,以上标 h 表示)	(P_x^h, P_s^a, X^f, S^a)	对所有的(x,s),有 $P_x^h X^f + P_s^a S^a \geqslant P_x^h X + P_s^a S$	$V=0$ $P_x^a T^s \leqslant 0$	互补性服务不可贸易不会影响传统的比较优势理论在服务贸易分析中的适用性。

① P_x——商品的均衡价格,P_s——服务的均衡价格,x——商品的均衡产量,s——服务的均衡产量,T——商品净出口,V——服务净出口,U——本国服务消费量,上标 d 表示国内,上标 w 表示世界的。

② 依据显示性偏好弱定理:若在某个预算下,x 显示性偏好于 y,则在任意预算下,y 绝不能显示性偏好于 x。

动力,且该项服务为非技术劳动密集型部门。这样,在闭关自守情况下,"钱之旅"提供的服务价格将会较高。然而,一旦允许厨师跨国移动,法国厨师可能到纽约并与当地充裕的非技术劳工结合,就能以较低的价格提供餐饮服务。显然,这是由比较优势决定的,因为实际进行贸易的不是这种三星级餐饮服务,而是服务的生产要素之一——厨师。

(3) 含有缺席要素的服务贸易(service trade as absent factors)。假设:① A 和 B 两国;② 生产两种产品,一种为贸易品 x,一种为非贸易品 s;③ 两国对两种产品的需求一致;④ 两种产品的生产都只需要两种要素——劳动 L 和管理 M,M 即使不可移动,也能进行国际贸易,因为一个经理可通过电话和传真等通信工具控制千里之外的生产活动。若在闭关自守情形下,A 国的服务价格低于 B 国的服务价格,而诱发价格差异的情形可能有三种:两国的要素禀赋不同,A 国的 M 丰富,且 s 属于 M 密集型服务部门的产品;A 国的 L 充裕,且恰好 s 属于 L 密集型服务部门的产品；A国在s的生产中具有希克斯中性技术优势,即在M与L投入不变情况下,使产出倍增,从而产生技术差异。若实现自由贸易,第一种情形是A国将出口M,进口x;第二种情形是A国出口x,进口M。这两种情况与比较优势原理相符,因为此时考虑的是可贸易品x和管理要素M的价格,而不是x和s的价格,显然,要素禀赋决定了服务贸易的模式。对于第三种情形,迪尔道夫认为,比较优势理论在此遇到障碍。因为在闭关自守状态下,以x计算的A国管理者的工资额将比B国同行高,但低于A国技术优势所要求的工资额,允许贸易将使A国的管理者向B国s的生产提供管理服务,这意味着要素价格较高的一方也可能成为该要素的净出口国,这与比较优势原理相矛盾。迪氏对此解释是,问题的关键在于A、B两国的管理者工资差异没有完全体现技术差异。琼斯认为,导致这一矛盾的原因在于迪氏隐含地假定两国管理者对两国生产提供的服务存在质量差异,因此,上述矛盾实际上并不影响比较优势说的适用性。

事实上,迪尔道夫从要素价格出发,在比较优势说的适用性上取得突破性进展,但他过于相信要素。在上述第三种情形中,最终决定要素出口与否的是服务的价格。只要A国向B国提供同质服务的价格较低,即使A国的M价格较高,也一定会出口M。另外,他对国际服务贸易比较优势理论的另一个重要贡献,是进一步证明了商品贸易与服务贸易的不可分性。

5.2.3 伯格斯模型

伯格斯认为,对标准的H-O模型作简单修正,就能获得适用于描述服务贸易的一般模型,从中揭示不同国家服务提供技术的差别是如何形成比较优势和商品贸易模式的。

假设：市场完全竞争;规模报酬不变;用资本K和劳动力L两种要素生产两种产品和一种服务。这样该经济的技术结构形式可描述为三个单位成本等于价格的方程:

$$\begin{cases} (a) & C^1(w,r,p_s) = p_1 \\ (b) & C^2(w,r,p_s) = p_2 \\ (c) & C^3(w,r) = p_s \end{cases}$$

其中,$C^i(\cdot)$表示生产一单位商品i的最小成本,w和r分别表示工资和租金,$p_i(i=1,2)$是两种可贸易商品的价格,p_s是服务价格。将(c)代入(a)和(b),得到使用两种最初投入生产两种最终产出的简单模型。因该模型与标准的H-O模型相同,故可认为,传统的H-O模型在一定程度上可以解释服务贸易。应当指出,服务部门的产出应作为中间投入参与最终产品的生产,而服务部门使用的全部要素同样可以用于产品生产部门。劳动与资本要素市场的均衡条件(根据谢波德引理)为：

$$(d)\ Q_1 C_w^1(\cdot) + Q_2 C_w^2(\cdot) + Q_s C_w^3(\cdot) = L$$

$$(e)\ Q_1 C_r^1(\cdot) + Q_2 C_r^2(\cdot) + Q_s C_r^3(\cdot) = K$$

其中，$Q_i(i=1,2,s)$表示两种生产部门和一个服务部门的产出水平。如果技术和政策壁垒阻碍国际服务贸易，服务的供给必须等于部门需求的总和，即：

$$(f)\ Q_1 C_{ps}^1(\cdot) + Q_2 C_{ps}^2(\cdot) = Q_s$$

如果一国经济并没有集中生产一种产品，则(a)、(b)、(c)可单独决定相对于世界市场贸易品价格中任何组合的竞争要素价格和国内服务价格。商品价格决定要素价格，同时决定各部门对每种要素和服务单位成本的最低需求(除产出外，其他已知)。(d)、(e)、(f)构成一个含有三个未知数的三个线性方程的方程组，从中可解出唯一一组作为要素禀赋函数的部门产出。如是经济保持分散化，则要素存量的任何变化只会导致部门产出的变化，而不会影响要素价格和国内服务价格的变化。并且，如果技术相同的两国商品可自由贸易(服务不可贸易)，即使无一种要素能在国际上流动，两国的要素价格和国内服务价格的差异也会缩小。如果没有运输成本的话，这种价格差异则会完全消失。因此，在服务存于消费者的效用函数而不是存在于厂商的生产函数内的情况下，商品贸易壁垒的减少，将降低市场参与者从事服务贸易的欲望。

按照伯格斯模型，一个厂商是选择合约经营，还是选择自身进行服务，取决于服务的市场价格与要素价格孰高孰低。若前者较高，生产厂商就较少依赖服务部门，但用于服务的支出将因要素间替代程度的不同而升降。如果技术或政策壁垒阻碍服务贸易，那么提供服务的技术差别将成为一国商品比较优势的重要决定因素。当然，对此做完整的分析存在困难，但考虑到作为各部门中间投入的服务需求，若两个部门的要素密集程度与两种产品的要素密集程度相反，各国只在服务技术上存在差别，那么，具有服务技术优势的国家将获得相对昂贵的服务而不是相对低廉的服务。服务技术优势反映在较高的要素报酬上，这种较高投入成本的损失可能超过技术优势带来的收益，即使服务在技术先进国相对低廉，但它们也可能不会给相对密集使用服务的部门带来比较优势。事实上，较低廉的服务意味着服务密集部门相对于其他部门而言将会扩张规模，同时意味着那些大量使用服务部门中密集使用的要素的部门也将扩大规模。当然，这两种部门的扩张不尽相同。比如，如果服务部门只使用劳动一种要素，而技术符合里昂惕夫条件，即投入—产出系数不受投入价格的影响，那么无论哪种产品密集使用服务，服务部门的中性技术进步都将导致劳动密集型产品的增加和资本密集型产品的减少。如果技术符合柯布—道格拉斯函数,即各部门的要素分配与投入价格无关,则相对其他部门的产品,密集使用服务部门的产品将会增加。

据此,伯格斯认为,即使服务部门的产品不可贸易,服务技术的国际扩散也会对收入分配和贸易条件产生影响。这一结论导致一个问题,即一国通过许可证贸易或免费向外国转让其具有优势的服务技术是否会削弱其竞争优势?如果服务技术优势是服务贸易比较优势的唯一来源,或服务技术优势加强其他决定服务贸易比较优势的因素,那么答案将是肯定的。相反,如果一国服务技术优势抵消了其他更重要的比较优势的决定因素,那么,即使该国无偿转让技术,也可以通过这种转让改善贸易条件而获得某些收益。如果具有服务技术优势的国家同时也是资本丰富的国家,且资本丰富就可提高资本密集型产品的比较优势,这样,如果服务部门密集使用劳动,且服务被密集使用于劳动密集型产品的生产中,那么服务技术优势将增强劳动密集型产品的比较优势。如果相对要素存量差别是比较优势和服务贸易的决定因素,且服务技术优势可无偿转让给外国,那么,外国劳动密集型产品的生产将会增加,资本密集型产品的生产将会减少,服务技术出口国的贸易条件将会得到改善。因此,服务技术的出口未必会损害服务出口国的比较优势。相反,由于服务是作为中间产品参与国际贸易,服务贸易自由化可能会损害服务进口国的利益。

5.2.4 萨格瑞模型

H-O-S 理论证明,在要素价格均等化、各国投入产出模型相同条件下,要素禀赋与贸易的关系可表达为:

$$T_j = A^{-1}(E_j - E_{wj}) \tag{5-1}$$

其中,T_j 表示 j 国商品净出口的 $n \times 1$ 个向量;A 表示 $n \times n$ 投入矩阵;E_j 表示 j 国要素禀赋的 $n \times 1$ 个向量,$E = \sum_j F_j$,$W_j = (Y_j - B_j)$;Y 表示 j 国的 GNP;B_j 表示 j 国商品贸易差额,$Y = \sum_j Y_j$。

萨格瑞将技术差异引进 H-O-S 模型,并进行修正,分析国际金融服务贸易比较优势的来源。假定存在国际服务贸易,将(5-1)式中的 T_j 和 B_j 分别调整为:T_j 表示 j 国商品和服务净出口的 $n \times 1$ 个向量,B_j 表示 j 国商品和服务的国际收支。这样(5-1)式就变为:

$$T_j = (A^{-1} - QW/Y)E_j + B_jQ/Y \tag{5-2}$$

Q 表示世界商品和服务的生产数量,W 表示生产要素的世界价格。上式中右边第一项表示 j 国商品和服务贸易量的要素禀赋,假定 $N = A^{-1} - QW/Y$,则矩阵

N 既反映有关 A^{-1} 构成的生产函数,又反映与 QW/Y 相关的消费函数。第二项 B_jQ/Y 反映贸易收支平衡对贸易量的影响。若(5-2)式引入国际金融服务贸易,则该式可表示为:

$$TF_j = \sum_n b_n E_{nj} + b_{n+1} B_j \tag{5-3}$$

其中,b_n 是对应于金融服务的短阵 N 的第 n 列,b_{n+1} 等于世界产出与世界收入的比率。在要素价格均等化条件下,b_n 在不同国家之间相等,但 b_{n+1} 却不相等。尽管由(5-3)式可知一国商品与服务贸易收支状况与出口量有关,但在传统的 H-O 理论中是假设贸易均衡的,即 $B_j=0$,故省略了该变量。

萨格瑞认为,国家之间的技术差异不仅存在,而且技术转移日益成为服务贸易的主要内容。如果放松国家之间技术相近的假设,那么,可以认为技术差异将导致所有投入要素成比例的节约。为简便起见,只建立 $2\times2\times2$ 模型,且消费、产出和贸易的关系为:

$$T_j = Q_j - C_j, \quad j=1,2 \tag{5-4}$$

如果存在里昂惕夫生产技术和技术差异,那么,对任何工资—租金比率,每种产品 K/L 比率在不同国家均保持不变,并且一个国家每种产品的投入产出系数是另外一国同类产品的投入产出系数的倍数,即:

$$A(2) = A(1)D \tag{5-5}$$

其中,$A(j)$ 为 2×2 要素投入矩阵,$a_{fi}(j)$ 是 j 国生产单位产品 i 时要素 f 的消耗 $[i=(x,y); j=(1,2); f=(K,L)]$。两国的净贸易量分别为:

$$T_1 = A^{-1}(1)E_1 - [A^{-1}(1)E_1 + D^{-1}A^{-1}(1)E_2]W_1 \tag{5-6}$$

$$T_2 = D^{-1}A^{-1}(1)E_2 - [A^{-1}(1)E_1 + D^{-1}A^{-1}(1)E_2]W_2 \tag{5-7}$$

国家 2 的资源禀赋可以调整到国家间只存在一种投入产出矩阵状态,即表明可以通过与国家 1 的比较来表示国家 2 的单位资源要素。在世界范围内,$A(j)=A(1)D(j)(j=1,2,\cdots,n)$,$D(j)$ 是与国家 1 比较,国家 j 技术差异的对角线矩阵;$D(1)$ 是单一矩阵,使 $A=A(1)$,国家 j 的净出口量为:

$$T_j = D^{-1}(j)A^{-1}E_j - [\sum_j D^{-1}(j)A^{-1}E_j]W_j \tag{5-8}$$

上式右边第一项是 j 国商品和服务的生产,第二项是该国商品和服务的消费。令:

$$M = I - [\sum_j D^{-1}(j)A^{-1}E_j]\frac{P}{Y} \tag{5-9}$$

这里 P 表示商品和服务的世界价格。这样(5-8)式可改写为：

$$T_j = MD^{-1}(j)A^{-1}E_j + \frac{B_j}{Y}\sum_j D^{-1}(j)A^{-1}E_j \tag{5-10}$$

与传统的 H-O 模型(5-2)式相比可知，在(5-10)式中，第一项同样反映 j 国资源禀赋对贸易量的影响，第二项则反映国际收支不平衡的作用。

由上可以推出，如果用 j 国的第 n 个变量表示该国在金融服务领域的净贸易量，则有：

$$TF_j = m_{h1}\left\{V_{11}\left[\frac{E_{1j}}{d_{ii(j)}}\right] + \cdots + V_{1n}\left[\frac{E_{nj}}{d_{ii(j)}}\right]\right\} + \cdots$$

$$+ m_{hn}\left\{V_{n1}\left[\frac{E_{1j}}{d_{nn(j)}}\right] + \cdots + V_{nn}\left[\frac{E_{nj}}{d_{nn(j)}}\right]\right\} + B_j\frac{Q}{Y} \tag{5-11}$$

其中，m_{hi} 和 V_{hi} 分别为矩阵 m 和 A^{-1} 的 h 列的第 i 个要素。假定国家 1 是技术最先进国家，$d_{ii}(j)$ 表示 j 国技术差异矩阵的第 i 个对角线量，并等于 j 国生产商品或服务 i 的投入—产出要素量与技术最发达国家同类生产要素和同种商品或服务的投入—产出系数之比。实证分析中，可近似地用 R&D 支出与 GNP 比率的函数形式来表示一国的技术发展水平。然而，事实上难以获取各国不同部门的这一比率，因此需要增加约束条件，即假定各部门的技术差异是稳定的。令 $d_{ii}(j) = d(j)$ ($i = 1, 2, \cdots, n$)，则(5-11)式可改写为：

$$TF_j = \sum_n G_n[E_{nj}/d(j)] + G_{n+1}B_j \tag{5-12}$$

其中，$G_n = \sum_i m_{hi}V_{in}$，$G_{n+1} = \frac{Q}{Y}$。

将(5-12)式与传统的 H-O 模型(5-3)式进行比较，可以发现两式极为相似，其区别仅在于前者中的资源禀赋量需要根据各国技术发展阶段作适当调整。这一必要的调整反映了与技术最先进国相比，j 国单位资源的要素禀赋状况。(5-12)式中的资源禀赋变量的系数之所以比(5-3)式复杂，是因为将技术差异因素考虑在内了。

总之，萨格瑞将技术差异因素纳入 H-O-S 理论框架之中，来分析国际金融服务贸易，在一定程度上克服了该理论假定技术要素无差别，且相对不变所带来的局限性，使修正后的模型更加符合国际服务贸易的基本特征。另外，萨格瑞用最小二乘法分析了 1977 年世界 44 个国家的相关数据，进一步证明了技术差异和熟练劳动是各国金融服务贸易比较优势的来源这一命题。

5.2.5 服务价格国际差异模型

价格差异常常是国际贸易发生的基础,服务贸易亦不例外。如何解释服务价格的国际差异,人们采取了两种途径:其一是借助传统贸易理论(含有一种非贸易品假定为服务的模型,即萨尔特的依附经济模型)解释服务价格与实际人均收入之间的相关性;其二是用实证方法分析价格差异的决定因素。

克莱维斯等人指出,在相对价格状况下,一个典型的穷国比富国的服务价格显得更低。联合国有关部门对 34 个国家的调查证明了这一点。在此基础上,克莱维斯首先提出了一个标准的李嘉图式贸易理论假设,即不同国家贸易品的价格相同。尽管如此,各国生产这些贸易品的行业工资却因生产率的差别而不尽相同。由于各国贸易品行业的工资率决定非贸易品(主要是服务业)的工资率,而且服务行业的国际生产率差异较小,因此,穷国的低生产率贸易品行业的低工资,运用于生产率相对于富国并不低的服务和其他非贸易品行业。结果导致了低收入国家或地区的服务和其他非贸易品的低价格。

巴格瓦蒂通过两要素一般均衡模型进一步阐述了克莱维斯的上述见解。在图 5-1 中,X 和 Y 分别代表两种贸易品,S 代表非贸易品——服务,下标 R 和 P 分别表示富国和穷国。

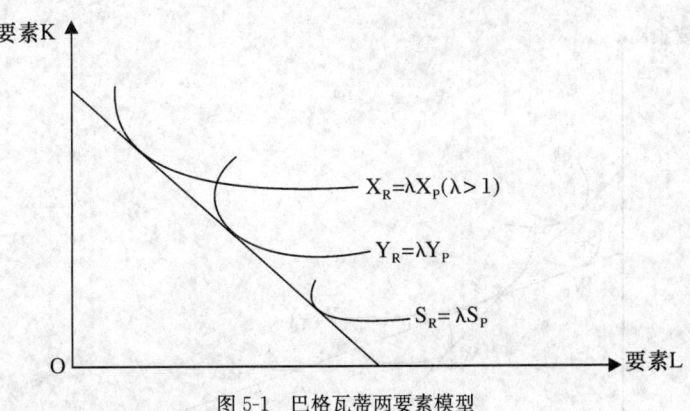

图 5-1 巴格瓦蒂两要素模型

假设生产中规模报酬不变,作一条与三条等产量曲线相切的工资——租金价格线 W,它决定各种商品(包括服务)的价格。这样,在富国 X_R 能交换 Y_R,并且两者都能交换 S_R。

克莱维斯认为,如果自由贸易使穷国贸易品价格与富国相等,而穷国贸易品部门生产率只相当于富国的 $1/\lambda$,那么,λX_P 交换 λY_P 必然得出同样的价格比 X/Y。但是,由于穷国服务部门的生产率与富国相等,因此,λX_P 虽可以交换 λY_P,但只能

交换 S_P。由于穷国与富国的贸易联系导致 $S_R = \lambda S_P (\lambda > 1)$，所以，出现了穷国的服务价格相对于富国而言较低的现象。

克莱维斯的解释并不令人满意，其缺陷在于假定各国的非贸易品部门生产率相等，但相对于富国，穷国的贸易部门则在技术上处于劣势。巴格瓦蒂认识到这一点，于是他摒弃国家间贸易品和非贸易品（服务）部门的生产率差异，提出了另一种模型进行解释，见图 5-2。

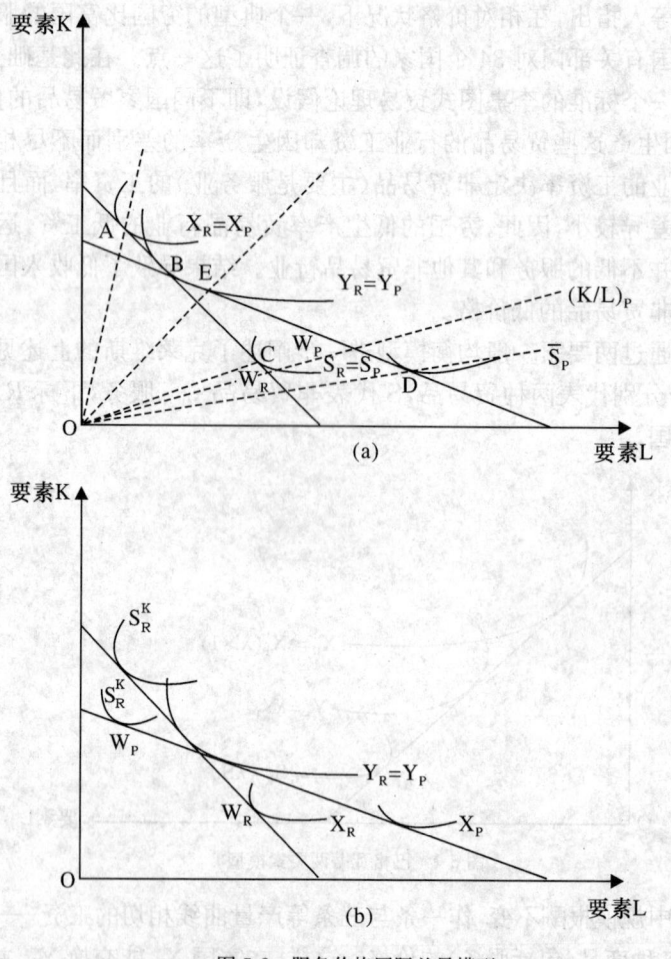

图 5-2 服务价格国际差异模型

在图 5-2(a)中，巴格瓦蒂假定富国和穷国的各个部门的生产函数相同，即假定不存在生产率差异，W_R 为富国工资—租金比，暗示 X_R 可以交换 Y_R 或 S_R。但如果穷国具有同样的工资—租金比，它们所有部门的总禀赋比 $(K/L)_P$ 必然在 OA 和 OC 线的跨度内，然而 $(K/L)_P$ 不完全在 AOC 范围之内，故 W_R 不再可行。假设穷国的劳动力禀赋丰富,则其工资－租金比 $W_P < W_R$,结果,在富国既定的价格 $X_R = Y_R$ 条件下,穷国不可能再生产 X,且 Y_P 现在不是交换 S_P 而是交换 $\bar{S}_P$。因为穷国的禀赋比 $(K/L)_P$ 在 EOD 范围之内,且 $\bar{S}_P > S_P$,所以,穷国的服务价格比富国低。

巴格瓦蒂也承认,在他的模型中,穷国服务部门的劳动生产率比商品部门高,这似乎与现实情况相悖。导致这一矛盾的主因在于该模型所隐含的假设条件,即假定服务部门为劳动密集型的。事实上,在现代发达国家中,服务尤其是生产者服务部门大多是资本和技术密集型部门。如果将技术作为无形资产归入资本,那么,生产者服务的资本密集性将更加明显,据此,可以将巴格瓦蒂模型所隐含的假设条件改为:假定服务为资本和技术密集型部门。这样,如图 5-2(b)所示,S_R^K 表示资本密集型服务。显然,在 $X_P = Y_P$ 条件下,由于 Y_P 可以交换 X_P,故富国不会再生产 X,而且由于 Y_P 不是交换 S_R^K,而是交换 $\bar{S}_R^K$,且 $\bar{S}_R^K > S_R^K$,所以富国的资本密集型服务价格较低。

归纳起来,图 5-2(a)和图 5-2(b)可以在相当程度上解释为什么发达国家在金融、工程咨询、信息处理等资本密集型服务上相对价格较低,而某些发展中国家在工程承包等劳动密集型服务上具有比较优势。因此,图 5-2(a)和 5-2(b)可构成分析发达国家和发展中国家服务贸易比较优势的基本理论框架之一。

法尔维和格默尔两人独辟蹊径,运用计量分析方法解释国际服务价格水平的差异。首先,他们从一个包括贸易品部门和非贸易品部门,及固定和流动要素的一般贸易模型出发,试图将各国的服务价格表示为许多外生变量的函数,这些外生变量大小不同,导致各国服务价格之间的差异;其次,将国家间服务价格和实际人均收入的差异表示为要素禀赋、贸易差额、人口和贸易品价格差异的函数,以此建立分析国家间服务价格差异的计量模型。他们以美国为基准国(numeraire country),在对 1980 年 52 个国家的数据进行回归分析后,得出以下主要结论:① 国家间服务价格与人均实际收入呈正相关;② 假设其他因素不变,农业耕地、矿藏、资本、较大的贸易赤字和较高的贸易品价格(由于贸易政策的影响),将倾向于提高国内服务价格和人均实际收入。相反,较多的人口和劳动力禀赋倾向于提高人均实际收入,但却会降低对服务的净需求,从而降低国内服务价格;③ 非熟练劳动力的增加将降低服务价格,而熟练劳动力的增加则可能降低也可能提高服务价格,但当对有技能的劳动力进行价格补贴时,无论是熟练劳动力还是非熟练劳动力都将降低服务价格。

法尔维和格默尔的结论与巴格瓦蒂的解释不谋而合,即都解释了为什么穷国的服务价格比富国更低,不同的是,前者为动态分析,后者为静态分析。虽然穷国的服务价格较低,但并不意味着穷国一定能够向富国出口服务。他们的工作都说明了一个问题,即各国要素禀赋不同导致的服务价格差异,可能是服务贸易产生的坚实基础之一。

5.2.6 规模报酬递增和不完全竞争条件下的服务贸易

传统贸易理论有两个关键假设"完全竞争"和"规模报酬不变",而现实经济大量存在的是"不完全竞争"(主要是垄断竞争)和"规模经济"(即规模报酬递增),规模经济往往要求并导致一个不完全竞争的市场结构。正是在这两个全新的假设上产生了规模经济贸易理论。规模经济和与国际市场不完全竞争相联系的产品差异,可以更好地解释增长迅速的工业国之间和同产业之间的贸易,这种状况在服务贸易领域表现得更为明显。然而,处于发展中的商品贸易规模经济和不完全竞争理论,也给服务贸易的分析带来一些困难。关于规模经济和不完全竞争条件下服务贸易的代表性理论,有琼斯等人的生产区段和服务链理论、马库森的理论和弗兰科斯的理论。马库森和弗兰科斯分别从服务部门内部专业化和外部专业化角度,具体论证和充实了琼斯等人的理论。

A. 琼斯等人的生产区段和服务链理论

科技进步使服务生产成本趋于下降,服务价格变得越来越低廉,这一变化导致了服务生产的分散化、迂回性。将生产过程分散在不同地点,增加了生产方式的组合,从而导致对服务链更为强烈的需求。由此,国际服务链得到了更为频繁和大量的使用而成为生产过程不可缺少的组成部分。琼斯和凯茨考斯基为此提出"生产区段和服务链"(production blocks and service links)理论,来探讨企业产出水平的提高、收益的增加和要素分工的益处,以及三者如何促使企业转向通过服务链联结各个分散生产区段的新型生产方式。一系列协调、管理、运输和金融服务组成服务链,当生产过程逐渐分散到由不同国家的生产区段合作生产时,对国际服务链的需求就会明显上升,从而诱发国际服务贸易。

a. 生产过程的分散化

图 5-3 描述了生产过程的分散化过程。图 5-3a 表示单一生产区段,服务投入的影响在这一阶段并不明显,仅仅参与生产区段的内部协调和联结厂商和消费者的营销活动。若假设某厂商位于生产区段内的技术隐含着规模报酬递增效应,且边际成本不变,则在图 5-4 中,线 a' 表示总成本随生产规模的扩大而上升,其斜率为边际成本;截距 Oa 表示厂商和其他与生产区段有关的固定成本。

随着生产扩张,社会分工与专业化程度愈益加深,从而加速了生产区段的分离。图 5-3b 就反映这一情况。假定生产分散化改变了固定成本和变动成本之间的比例;而且,在生产区段之间增加投入大量固定成本可以导致较低的边际成本,这就是图 5-4 中的 bb' 线反映的情形。在该阶段中,服务业起到了重要作用。图 5-3b 中的两个生产区段需要通过服务来协调和联结,这种协调和联结必然需要成

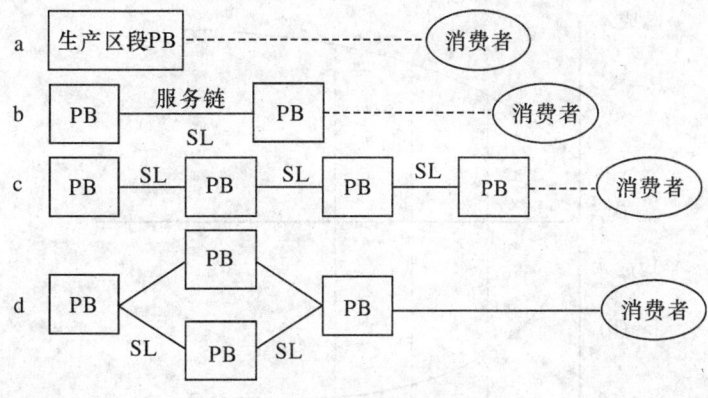

图 5-3 生产过程的分散化

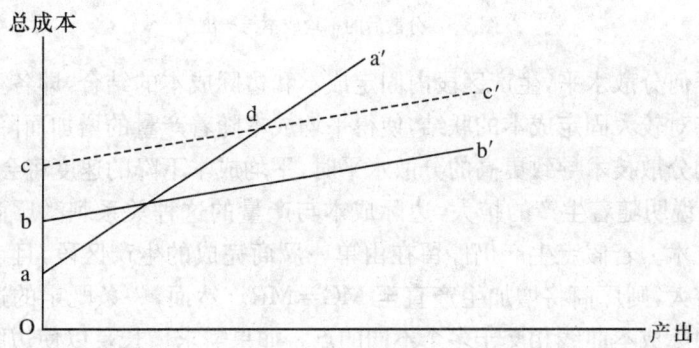

图 5-4 总成本和产出

本,比如运输服务成本。由于生产区段的分散导致总成本中增加了联结生产区段的服务链成本,故新的成本—产出线应为虚线 cc'。在图 5-4 中这些服务成本与生产规模基本无关,因为线 cc' 与线 bb' 平行。即使服务链成本随着生产水平的上升而增大,也只需将线 cc' 画得比线 bb' 稍陡一些即可。但是,含有服务链的边际成本应低于相对集中生产(线 aa')的边际成本,否则,厂商将不愿意采用分散生产的方式。

如果生产区段与服务链重复图 5-4 的过程,生产区段与服务链数量将不断增加,最终演变成如图 5-5 所描述的情形。

事实上,工业的发展使劳动分工和专业化不断加深,从而导致分散度的提高和生产者服务贸易的增加。图 5-3c 表示前一生产区段的产品可能作为下一生产区段的生产原料;图 5-3d 则显示了一种新组合,即各个生产区段的同时运行,每一生产区段的产品在最后的一个生产区段组装成最终产品。图 5-5 描述了上述分散化过程。

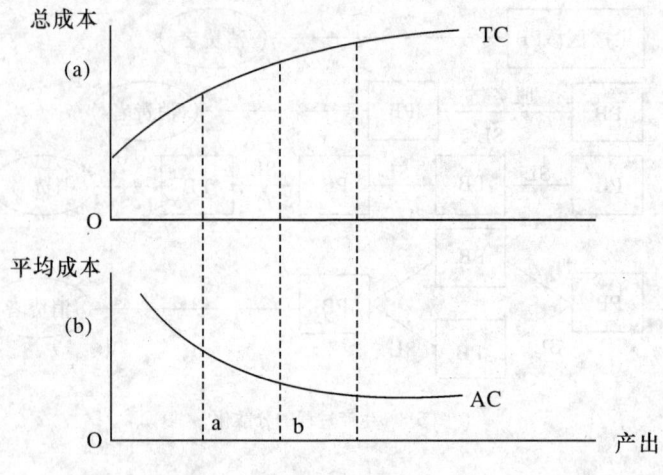

图 5-5 分散后的平均成本与产出

对于任何分散水平,生产区段内固定成本和边际成本的结合,即各生产区段通过各服务链对较大固定成本的联结,使得平均成本随着产量的增加而降低。而且,当一项新的分散技术导致更高的分散水平时,平均成本下降的速度将会更快。

图 5-6 说明随着生产的扩大,边际成本与产量的这种关系刺激厂商采用更分散的生产技术。若假定生产仍停留在由单一厂商完成的生产区段,且市场需求弹性小于无穷大,则厂商将增加生产直至 MC=MR。然而,一条既定的边际收益曲线可能与边际成本曲线相交于多个不同的点。如果需求增长足以使边际收益曲线移到 MR_1 处,位于 b 点的边际收益等于边际成本,但 b 点仅是局部利润最小点,因为增加或减少某个微小产量都将增加利润。a 和 c 点更具竞争力。a 点处的利润显然大于 c 点,这就是说,若产量从 a 点移到 c 点,那么较低水平的分散生产技术,

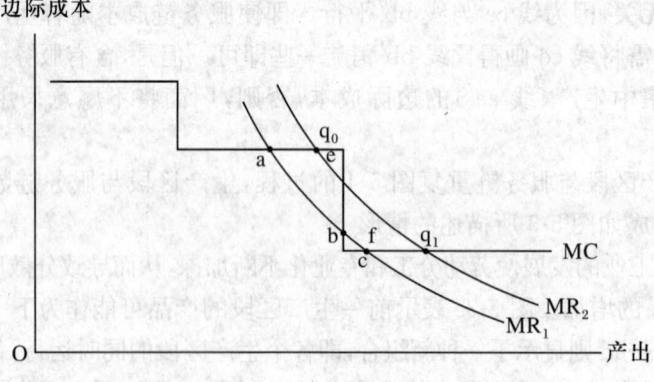

图 5-6 边际成本与产出

将导致边际成本超过边际收益的边际损失;但如果一旦采用更为分散的生产技术,从 b 点向 c 点方向的任何微小延伸,都将使边际成本低于边际收益。

如果需求持续平稳增长,同时边际收益曲线外移至 MR_2 处,e 部分与 f 部分的面积恰好相等,厂商在 q_0 和 q_1 处生产没有差别。需求的平稳增加导致生产更为分散,使产量呈阶梯状上升。如果边际收益曲线或相应的需求曲线越富有弹性,则产量的阶梯状就越明显。

科斯在《企业的性质》一文中强调,面对生产的低效率和市场交易的高成本,厂商可能会更愿意实行内部化经营或贸易。然而,生产过程复杂程度的提高使垂直专业化和新厂商的出现成为可能。这时,每个独立的新厂商可能代表着一个新的生产区段和服务链,位于生产链中最下游的生产最终产品的厂商,可能完全依赖市场来提供所需的中间产品或服务。如果不止一个部门或一个部门内不止一个生产不同产品的厂商能够利用各个生产区段和服务链,那么,子公司抽资脱离母公司的可能性就会大大增加。电信服务部门存在着固定成本高昂的自然垄断限制,新厂商需要在使用市场服务所带来的成本与直接投资该服务部门获得服务的成本之间进行权衡。许多新厂商往往选择前一种策略,即依靠市场获取电信服务。

b. 国际贸易中的服务链

假定在世界市场上交易的都是最终产品而非中间产品和服务,国内生产的商品集中反映其比较优势,人们重视且规模报酬递增导致的集中化生产,那么,与闭关自守状态相比,允许最终产品自由贸易带来的专业化分工能够增加贸易国的福利。同时,生产过程数量的减少使得剩下的生产过程可以更大限度地分散生产。如果一国在某种商品上具有总体比较优势,但并非国内每个生产区段和服务链的成本都比较低,那么,为了追求效率,厂商将在国内和国外分散生产。现实中生动的例子就是,世界汽车工业的发展推动着汽车零部件的国际贸易。

图 5-7 描述了外国服务链引入前后的成本变化,即在同一分散水平上由一条服务链联结的两个生产区段的比较优势结构。H 线代表两个生产区段均在国内时的固定成本和可变成本,H'增加了服务链成本。若国内和国外各有一个生产区段成本较低,则国内和国外组合生产之后的成本由 M 表示。假定固定成本仍与 H 相同,但联结国内和国外生产区段的服务链成本大于两个区段均在国内时的成本,即 ca>ba,那么,用于联结跨国生产区段的服务链成本将会把最优成本—产出曲线 beH'即 H'线折成 beM。也就是说,当产量大于 h 时,可以采用国内和国外相互结合的分散方式进行生产。

在上述模型中,生产区段位于不同地点,服务链可由一国以上的服务提供者提供。图 5-7 是假定国内外生产区段的固定成本相同,实际上也可以不同。如果国外生产区段拥有成本优势,那么,它不仅体现在可变成本上,也应体现在固定成本

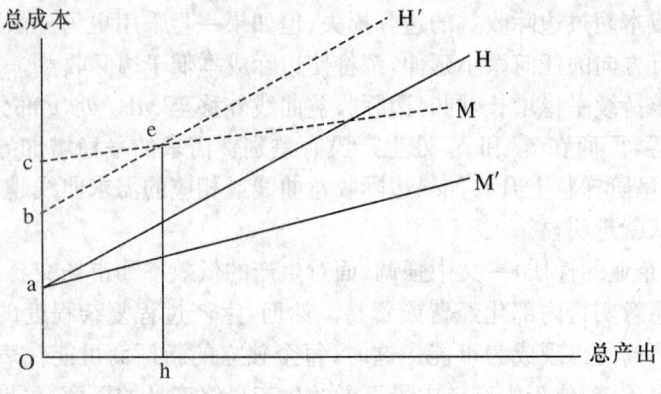

图 5-7 总成本和产量：外国服务链的影响

上。另外一个假定是联结跨国生产区段的服务链成本大于联结国内生产区段的成本，这也有例外情况。

以电信、运输和金融服务业为代表的现代服务技术的进步，已卓有成效地降低了国际服务链的相对成本，使得跨国生产所需的最小规模变得越来越小，即图 5-7 中的 h 点逐渐左移，或者说，服务成本的降低使图 5-4 中的 cc′ 线下移，拐点 d 也随之沿着 aa′ 线向左下方移动。这样就极大地刺激了各生产区段跨国生产的积极性。在各厂商积极利用国际服务链进行高效率分散生产的过程中，国际服务贸易，特别是生产者服务贸易就获得了大幅度增长。这一理论也揭示了在国际服务贸易中生产者服务贸易比重持续上升的根本原因。

c. 对"生产区段和服务链"理论的不同解释

(1) 李嘉图解释。从李嘉图理论框架出发，假设：① 最初本国建立两个生产区段，其边际劳动投入系数用 a_{L_1} 表示，国外生产区段的投入系数为 $a_{L_1}^*$。② 两个生产区段的产品必须按 1∶1 的比例组装成一单位最终产品。③ 生产区段内和国家之间的固定成本相同。④ 若不允许零件贸易，本国固定成本拥有生产该产品的总体比较优势，且 w 和 w* 分别表示两国工资率。根据比较优势原理可得出：

$$\frac{a_{L_1}^* + a_{L_2}^*}{a_{L_1} + a_{L_2}} > \frac{W}{W^*}$$

如果本国的比较优势在第一个生产区段，而外国则在第二个生产区段，这样，李嘉图不等式为：

$$\frac{a_{L_1}^*}{a_{L_1}} > \frac{W}{W^*} > \frac{a_{L_2}^*}{a_{L_2}}$$

5 国际服务贸易理论

如果外国接管第二生产区段的生产，那么，将降低边际成本并因此获益。如果实施这种生产的合理配置，那么，就需要扩大生产规模，以使由此降低的可变成本小于利用国际服务链额外增加的成本。

(2) "H-O"解释。李嘉图模式主要讨论不同国家、不同商品、不同生产区段相对劳动生产率变动的可能性。H-O模型则考虑生产过程中使用要素之间的差别即不同生产区段的要素密集度不同。这里忽略了不同国家的服务链要求不同比例要素的可能性，即假设服务链由世界市场中成本最低的服务提供者提供。例如，某种商品生产由两个阶段组成，前一阶段相对于后一阶段资本更加密集。不同国家的要素禀赋不同，假定外国劳动力相对充裕，且即使实行自由贸易，部分生产过程要素价格也会出现差异。如果形成国际服务链，那么，国外相对低廉的劳动和本国相对低廉的资本就构成了国际合作生产的基础。由于国际市场中存在不同的要素生产率，以及不同要素价格和要素密集度，根据比较优势而在各生产区段之间进行的产业内服务贸易，将为那些随生产规模扩大而加大分散度的生产区段带来更多的收益。

上述分析仅从最终产品角度，即从每个国家仅出口最终产品的一体化生产过程，以及既定产品可以分散到不同国家制造的生产过程角度，讨论国际贸易中服务链的作用。如果每个生产区段只从事一种最终产品的生产，且每种最终产品只在一国完成生产，那么，根据比较优势原则，允许生产过程所需要的零件的自由贸易将因世界资源的重新配置而产生收益。然而，如果这种最终产品贸易反映一种相当大程度上的产业内贸易，或如果生产区段主要用于支持完全不同的行业的生产，那么，这种收益的潜力将更大。

(3) 埃塞尔解释。埃塞尔认为，贸易国规模报酬递增体现在使各种生产要素与总产出相联系的线性生产函数中。这些生产函数能够被描述为固定成本与可变成本的组合关系。琼斯等人在分析生产区段内规模报酬递增效应时就是采用这种思路进行的。在他们看来，生产规模的扩大受到来自国内外需求增长的驱动，从而导致生产分散水平的提高。需指明的是，琼斯等人的生产区段与服务链理论阐述的服务规模经济理论与埃塞尔的结论大相径庭。在后者的模型中，厂商极力利用更为多样化的零件来扩大生产，因为其国际贸易规模报酬递增依赖于零件多样化程度，而前者模型出现的规模报酬递增依赖于产出规模和生产分散水平。正如传统比较优势带来更高效率的资源配置那样，生产区段国际分散的潜力通过服务链的联结而成为现实，并由此在一定程度的离散和分工水平上获取收益。总之，在琼斯等人的模型中，服务贸易或服务链在贸易中的主要作用是促进生产区段在国内和国外的分散化，由此形成的服务贸易收益应归于规模经济的范畴。

(4) 弗农解释。弗农的产品生命周期理论认为，产品生命周期的早期阶段往往处于一国之内，以便利用本国一系列潜在要素和技能，因为在此阶段人们难以确定哪些资源或技能在产品制造中不可或缺。一旦这些不确定性得到解决，生产技术得以规范、简化，并且与国外资源相结合能够产生比较优势，那么，该产品的生产就有可能转移至国外。

弗农注意到生产过程在国际上的重新布局，但没有考虑利用比较优势法则解释生产过程部分在国内、部分在国外的现象。琼斯等人的理论阐明，由服务链联结的独立生产区段的发展，即每个生产区段的国际分布取决于国际相对要素价格和相对劳动生产率的变化；产品的产出规模确定整个生产区段的分散水平。在这一过程中，服务技术传播与扩散的"生命周期"似乎也与生产区段的分散化相联系，服务贸易规模经济或边际成本递减效应在宏观上影响着生产区段的国际分布。

B. 马库森理论

a. 理论概说

近年来，生产者服务在国际服务贸易中迅速增长。许多生产者服务既具有差异性，又具有知识密集性，即许多生产者服务部门都属于知识密集型行业，它们大多要求高额的初始投资，但投产后其边际生产成本将迅速下降。生产者服务的这种发展特征表明其具有较高的规模经济效益。

马库森以埃塞尔的研究为基础，发展了差异性中间要素贸易的模型。在埃塞尔模型中，两国都分别拥有一个竞争部门(Y)和需使用中间要素或服务进行生产的部门(X)，后者具有规模报酬递增效应和生产互补性。结果表明，有两个原因使包含要素的贸易优于单纯的最终产品贸易。其一，由于价格与边际成本之间发生扭曲，当单纯的商品贸易不能确保帕累托改进时，允许生产要素自由贸易可使两国被扭曲部门的生产得以扩张，这一扩张已被作为当价格超过边际成本时贸易得益的充分条件。最终产品的自由贸易导致小国或技术落后国该生产部门的收缩，这一收缩则是构成丧失贸易得益的充分条件。其二，从世界角度分析，允许要素自由贸易也优于单纯的最终产品自由贸易。其根据在于，在最终产品生产中国内外专业要素之间的互补性和自由贸易带来的更高水平的社会分工。

马库森根据服务部门的柯布—道格拉斯生产函数和熟练劳动力生产的不变替代弹性生产函数，得出结论：生产企业和任何特定专业化服务的生产规模报酬不变，而服务业及其所提供的服务总量则呈规模报酬递增。马库森认为，服务部门产出虽处于竞争均衡，但并不是帕累托最优状态，因为它没有将规模效应考虑在内。他指出，服务贸易同样存在"先入者优势"，报酬递增规律会使率先进入服务业的厂商从较低成本扩展规模，阻止后来者提供同样的服务，结果必然会降低后来者的福利水平。同理，这一现象也使小国生产规模报酬递增的趋势萎缩，并遭受福利损失。因此，马库森的政策主张是适当的补贴，包括生产补贴和政府提供的公共收入,可使福利最大化。

马库森提出,在一个有两种商品 X 和 Y 的模型中,包含作为 X 生产排他性投入的 n 个生产者服务 S_i(i=1,2,…,n)。X 和 Y 都在规模报酬不变条件下生产和在完全竞争市场上销售,而生产者服务投入在规模报酬递增条件下生产和在垄断竞争市场上销售。假定两国在所有其他方面都相同,仅仅在绝对大小上存在差别,这时需要考虑两种情形:① X 和 Y 可贸易,而 S_i 不可贸易;② S_i 和 Y 可贸易,而 X 不可贸易。在第①种情况中,现代国际贸易理论预言,若两国情况完全相同,它们在 X 和 Y 的贸易自由化中将不会获得任何利益。若两国大小存在差异,则小国甚至可能在贸易中受损。这一结果可以通过比较封闭条件下的均衡与市场出清条件下自由贸易均衡而获得。可以认为,自由贸易条件下 X 的国内生产得以扩张并构成获得贸易利益的充分条件。然而,若小国国内 X 的价格 P 与边际转换率之间发生扭曲,造成相对于大国的成本劣势,情况将发生变化。在第②种情况中,第一,由于允许两国共同承担与 S_i 的生产相联系的固定成本,它们都将从生产者服务中获益;第二,虽然 X 不能贸易,但由于有更多种类的 S_i,以比第①种情形更低的成本提供给每个国家,两国将因生产者服务贸易而使他们的生产可能性边界向外移动;第三,在一般情况下,两国都将从更加多样化的生产者服务中获益;第四,两国在第②种情形下通常都因得到较第①种情形更多样化的生产者服务而获益。

总之,规模报酬递增是资本密集型中间产品的生产和知识密集型生产者服务的生产的共性,而许多中间产品又呈现差异化或与国内要素互补的特征。在包含高度熟练劳动的生产者服务贸易中,相对于初始的固定成本,实际提供服务的边际成本很低,这是服务贸易具有的与 H-O 传统贸易不同的成本特征,而这一特征在相当大的程度上导致了专业化程度的提高和国际分工的发展。因此,马库森的主要结论是,生产者服务贸易优于单纯的最终产品贸易。

b. 模型分析

假定两国同时拥有一个竞争性行业 Y 和一个使用生产者服务作为中间投入的行业 X,后者的生产规模报酬递增。在一个拥有竞争性行业 Y 的两部门一般均衡模型中,假设某个具有规模报酬不变特征的竞争性产业生产商品 Y 需要劳动 L 和资本 K,则:

$$Y=G(L_Y,K), \quad G_i>0 \qquad (5\text{-}13)$$

为了简化,假设 X 由 $S_1, S_2, …, S_n$ 无成本组合而成,S_j 代表生产者服务,X 行业中竞争厂商的生产函数为:

$$X_i=X_i(S_{i1}, S_{i2}, …, S_{in}) \qquad (5\text{-}14)$$

对于给定的 n，上式中对于 S_j 和 X_i 的生产规模报酬不变。假定每个 S_j 由单一厂商提供并仅仅需要投入劳动力。生产 S 与生产 X 相互独立。假设 S 的生产函数相同，且 S_j 都是对称的，在 X 的生产中均为不完全替代品，这样，X 行业生产函数为：

$$X = \left(\sum S_j^\beta\right)^{\frac{1}{\beta}}, \quad 0 < \beta < 1 \tag{5-15}$$

S_j 的生产只需劳动，且只有固定成本和不变边际成本。若用 W 表示相对于 Y 的工资率，F 表示每单位劳动的固定成本，则以 Y 为基准计量单位，S_j 的生产成本为：

$$C_{sj} = WS_j + WF \tag{5-16}$$

若 P 为相对于 Y 的 X 的价格，则对于一个既定的 P 和 W，可以由以下方程解得 X 行业的社会最佳配置，即对于 S_j, n，有：

$$\text{Max}\,\pi = P\left(\sum S_j^\beta\right)^{\frac{1}{\beta}} - \sum(WS_j + WF) \tag{5-17}$$

由于 S 的对称性，使每个 S_j 等量生产，故 $\sum S_j = nS_j$，其中，n 为内生变量。现分别对 S 和 n 求导，其一阶条件为：

$$\frac{\partial \pi}{\partial S_j} = \frac{P}{\beta}[n(S_j)^\beta]^a \beta S_j^{\beta-1} - W = Pn^a - W = 0, \quad a = \frac{1-\beta}{\beta} \tag{5-18}$$

$$\frac{\partial \pi}{\partial n} = \frac{P}{\beta}[n(S_j)^\beta]^a S_j^{\beta-1} - (WS_j + WF) = \frac{P}{\beta}n^a S_j - WS_j - WF = 0 \tag{5-19}$$

(5-19) 式减去 (5-18) 式乘以 S_j 可得：

$$\left(\frac{1}{1-\beta}\right) Pn^a S_j = WF \tag{5-20}$$

由 (5-18) 式知 $n^a = \frac{W}{P}$，故完全竞争均衡为：

$$S_j = \left(\frac{\beta}{1-\beta}\right) F; \quad n = \left(\frac{W}{P}\right)^{\frac{\beta}{1-\beta}} \tag{5-21}$$

现讨论垄断竞争均衡。假定每个 S_j 生产者面对的价格均为生产 X 时 S_j 的边际成本，以 r_j 表示（由于对称性，所以有 S 生产者都相同），由 (5-18) 式知：

$$r = \frac{P}{\beta}[n(S_j)^\beta]^a \beta S_j^{\beta-1} = q\beta S_j^{\beta-1}, \quad q = \frac{P}{\beta}[n(S_j)^\beta]^a \tag{5-22}$$

假设存在大量的 S 生产者,由此可能做出近似的竞争性假设。若每个 S 生产者都将 P 和 X 看作外生变量,则个别 S 生产者将把(5-22)式中的 q 看作是固定的。对于 S_j,一个 S 生产者的利润最大化方程为:

$$\text{Max}\pi^* = (q\beta S_j^{\beta-1})S_j - WS_j - WF \tag{5-23}$$

S_j 的一阶条件为:

$$\frac{\partial \pi^*}{\partial S_j} = q\beta^2 S_j^{\beta-1} - W = 0 \tag{5-24}$$

由于 q 和 W 被作为外生变量,故二阶条件成立。S 生产者的自由进入导致该行业利润为零,所以:

$$q\beta S_j^\beta - WS_j - WF = 0 \tag{5-25}$$

将(5-22)式中的 q 分别代入(5-24)式和(5-25)式,得:

$$P\beta n^\alpha - W = 0; \quad \left(\frac{P}{\beta}\right) n^\alpha \beta S_j - WS_j - WF = 0 \tag{5-26}$$

用 S_j 乘以(5-26)式中的前一个方程,然后合并该式中的两个方程,可求得垄断竞争均衡状态下的 S_j 和 n:

$$S_j = \left(\frac{\beta}{1-\beta}\right)F; \quad n = \left(\frac{W}{P}\beta\right)^{\frac{\beta}{1-\beta}} \tag{5-27}$$

比较(5-27)式的垄断竞争值与(5-21)式中的社会最优值,可以发现两种情况下的 S_j 值相同,但 X 行业随 n 的上升而扩大,S_j 的生产量在市场均衡时达到最优。前一特征表明,由于 $X = n^{\frac{1}{\beta}}S(\beta<1)$,故 X 具有规模报酬递增特性。

C. 弗兰科斯理论

与马库森强调提出的服务部门内部专业化(内部积聚)模型相反,弗兰科斯则强调服务在协调和联结各专业化中间生产过程中的(外部积聚)作用。

a. 模型分析

弗兰科斯构造的是一个具有报酬递增和垄断竞争特征的单部门模型。

假设生产方具有规模报酬递增效应。不同厂商使用劳动力 L 生产不同种类的差别产品 x。由于专业化,任何品种 x_i 的生产都具有报酬递增效应,而且均存在不同的生产技术。不同生产技术 v 在生产过程中具有不同专业化水平,$v(=1,\cdots,n)$ 是专业化水平指数,也可看作是生产被分成不同过程或阶段的数量。不同生产技术均被假定为以下形式:

$$X_j = \beta v \prod_{j=1}^{v} D_{ij}^{a_{iv}} \tag{5-28}$$

其中,$\beta v = v^{\delta}, \delta > 1, a_{iv} = \dfrac{1}{v}$。$D_{ij}$表示在生产品种 j 的直接生产活动 i 中使用的劳动力。

在既定专业化水平上,直接劳动将由于模型假定的强对称性而被均等地配置于所有生产活动中,这意味着厂商 j 对直接劳动的需求为:

$$D_j = \sum_{i=1}^{v} D_{ij} = v^{1-\delta} x_j \tag{5-29}$$

又知生产者服务在复杂生产过程中协调各种专业化生产部门,并由厂商雇佣的劳动力完成这些间接生产活动。这里的生产者服务可由厂商内部供应,也可在市场上购买。假定服务成本为生产过程复杂程度的递增函数,并由 v 测度。为表达这种关系,假定对于每个劳动单位,服务成本为:

$$S_j = r_0 v + r_1 x_j \tag{5-30}$$

上式中,S_j 表示厂商 j 在生产者服务活动中雇佣的间接劳动的总量,参数 r_0 表示厂商内部负责管理和协调额外专业活动的管理人员、工程师和其他技术人员所带来的间接成本。

可以从 x_j、v 和工资率 w 三个角度描述总成本函数。由于假定对直接和间接劳动的需求均依赖于规模和专业化水平,因此,可以根据专业化水平来组合间接劳动和直接劳动。于是生产函数为:

$$x_j = \min\left[\left(\dfrac{S_j - r_0 v}{r_1}\right), \left(\beta_v \prod_{i=1}^{v} D_{ij}^{a_{iv}}\right)\right] \tag{5-31}$$

由此可得出直接与间接劳动成本之和的成本函数:

$$C(x_j) = (v^{1-\delta} x_j + r_0 v + r_1 x_j) w \tag{5-32}$$

上述生产函数的成本函数使生产者可以通过改变专业化水平以直接劳动替代间接劳动。对于一个既定的产出水平,因素 v 构成成本最小化生产者的可变选择。取 v 等于零时(5-32)式的偏导数,对 v 求解:

$$v = \left[\left(\dfrac{\delta - 1}{r_0}\right) x_j\right]^{\frac{1}{\delta}} \tag{5-33}$$

由此可知,专业化水平是 x 的递增函数,是间接成本参数 r_0 的递减函数。将(5-33)式代入(5-32)式,得到最小成本函数 $C^*(X_j)$:

$$C^*(x_j) = \left[(\delta-1)^{\frac{1}{\delta}} r_0^{\frac{\delta-1}{\delta}} \left(\frac{\delta}{\delta-1} \right) x_j^{\frac{1}{\delta}} + r_1 x_j \right] w = f(x_j) w \quad (5-34)$$

此处,$f' > 0, f'' < 0$。假定所有厂商的生产都受上式成本函数制约,函数 $f(x_j)$ 显示厂商 j 雇佣的劳动力数量。

为了求得作为 x_j 函数的厂商对直接劳动的需求,将(5-33)式代入(5-29)式:

$$D_j = \left(\frac{\delta-1}{r_0} \right)^{\frac{1-\delta}{\delta}} x_j^{\frac{1}{\delta}} \quad (5-35)$$

对直接劳动的需求随生产规模的扩大而上升,但增长幅度递减。将(5-33)式代入(5-30)式可求解对间接劳动的需求为:

$$S_j = \left[r_0 \left(\frac{\delta-1}{r_0} \right)^{\frac{1}{\delta}} + r_1 x_j^{\frac{\delta-1}{\delta}} \right] x_j^{\frac{1}{\delta}} \quad (5-36)$$

将(5-35)式与(5-36)式合并,得到厂商内部间接劳动对直接劳动之比为:

$$\left(\frac{S}{D} \right)_j = (\delta-1) + r_1 x_j^{\frac{\delta-1}{\delta}} \left(\frac{\delta-1}{r_0} \right)^{\frac{\delta-1}{\delta}} \quad (5-37)$$

上述比率可用图 5-8 中的曲线 $\left(\frac{S}{D} \right)$ 表示。(5-34)式给出了就业与产出的另外一种关系,其中 $f(x_j)$ 表示厂商产出水平为 x_j 时劳动力的雇佣量,颠倒后得出 x 作为就业劳动力函数 L_j,这在图 5-8 中为 $x(L)_0$ 线。描述专业化水平的(5-33)式在图 5-8 中显示为曲线 $v(X)$。这些曲线决定了专业化水平,描述了在品种的生产者服务和直接劳动的相对重要性。当曲线 $x(L)$ 与曲线 $v(X)$ 相交点决定专业化水平时,曲线 $x(L)$ 与曲线 (S/D) 相交点决定间接劳动与直接劳动的相对比重。

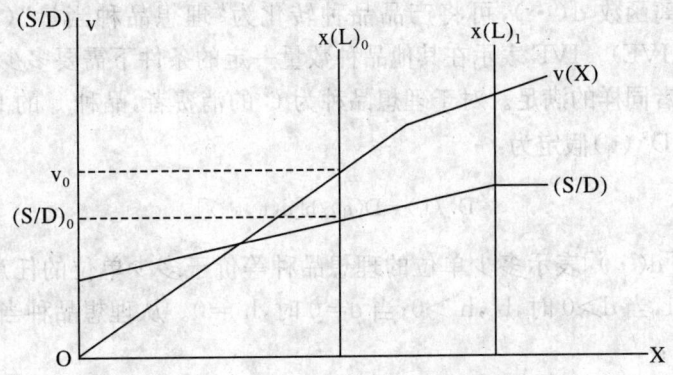

图 5-8 服务生产的规模与专业化

考虑规模变化的影响。生产规模扩张使 $x(L)$ 从 $x(L)_0$ 移至 $x(L)_1$。与此同时,专业化水平也得以提高,相对劳动而言生产者服务的重要性也获得提高。至此,模型的生产方含有下述假设:生产者服务的相对重要性依赖于生产规模和生产专业化水平。

再看消费方,假设需求具有兰卡斯特型偏好,不同的消费者偏好不同品种的差别产品,而且强对称性影响到偏好,这样,对不同品种的偏好可以用产品空间中的均匀密度(uniform density)分布来表示,从而得出对各种品种的总偏好。赫尔普曼和克鲁格曼证明,在强对称性和兰卡斯特型偏好下,对各种可获得品种的需求弹性将是可获得品种总量的函数。

消费者偏好那些差别产品中的理想品种,不同的消费者对于理想品种的认识不同。当理想品种得不到时,消费者将选择最接近理想品种的品种。为了定量分析不同品种的相似性,假定任何产品品种 x_i 均可表述为圆周边上的一个相关点,如图 5-9 所示。相关点之间的弧线距离表示不同品种的相似性。这样,点 t_1 与任意其他点 t 之间的距离可用函数 $d(t, t_1)$ 表示。

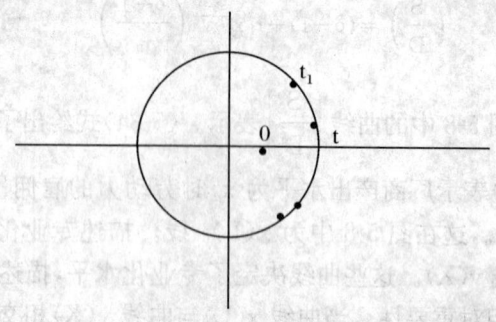

图 5-9　理想品种分析图示

借助距离函数 $d(\cdot)$,可将产品品种转化为"理想品种当量"(ideal variety equivalents,IVE)。IVE 表示在其他品种数量一定的条件下需要多少理想品种才能给予消费者同样的满足。对于理想品种为 t^* 的消费者,品种 t_i 的 $D(t_i)$ 单位理想品种当量 $D^*(t_i)$ 假定为:

$$D^*(t_i) = D(t_i)/h[d(t_i, t^*)] \tag{5-38}$$

其中,$h[d(\cdot)]$ 表示多少单位的理想品种等价于多少单位的任意其他品种。假定 $h(0)=1$,当 $d>0$ 时,$h', h''>0$;当 $d=0$ 时,$h'=0$。从理想品种当量角度定义的效用 U 为:

$$U = D^*(t_i) = D(t_i)/h[d(t_i, t^*)] \tag{5-39}$$

当理想品种当量 $P^*(i)$ 价格最低时,消费者将会用所有收入购买之,即 $P^*(t_i)=h[d(t_i,t^*)]P(t_i)$,且 $P(t_i)$ 为 t_i 的实际价格。

假设偏好均匀地分布于产品空间中。在均衡状态下,受到偏好强对称性和生产成本的影响,可得品种将以同样价格出售,而且在产品空间中被对称地确定下来。在此均衡中,对于所有品种,品种 j 的需求弹性 σ_j 相同,并构成可得品种数量 n 的一个函数:

$$\sigma_j = \sigma(n), \quad \sigma' > 0 \tag{5-40}$$

b. 生产者服务与市场扩张

市场扩张是以劳动分工的发展为特征的,生产者服务在其中起了重要作用。市场的扩张导致规模的扩张、专业化水平的提升、产品品种的增加和产品价格的下降。由于专业化而出现的报酬递增依赖于服务部门的扩张。

在上述模型中,由于对称性,所有可得品种在均衡条件下具有同一价格和等量的产量。故 x_i 的下标可省去。如果劳动价格假定为 1,则由于报酬递增和自由进入,将只有一家厂商从事既定品种的生产。该厂商将依据以下条件制订垄断价格为:

$$P\left[1-\frac{1}{\sigma(n)}\right] = f'(x) \tag{5-41}$$

此外,平均成本定价意味着各种品种的价格为:

$$P = \frac{f(x)}{x} \tag{5-42}$$

假定劳动力 L 充分就业,则:

$$L = \sum_{j=1}^{n} L_j = nf(x) \tag{5-43}$$

将(5-33)、(5-37)、(5-41)、(5-42)式和(5-43)式联立起来,构成一个含有五个方程和五个未知数的体系,该体系的结论可用几何形式来表述。将零利润条件即(5-42)式与边际价格条件即(5-41)式合并,得到 n 与 X 之间的关系,即图 5-10 中的 ZZ 曲线。n 与 x 之间的另外一种关系由充分就业条件给出,即图 5-10 中的 FF 曲线。ZZ 曲线和 FF 曲线表示垄断竞争产业通用的均衡条件。(5-33)式和(5-37)式分别决定图 5-10 中的 V(x) 和 (S/D) 曲线。这样,该方程组就决定了每个厂商的规模,可得产品品种的数量,劳动分工,以及生产者服务和直接生产活动的相对就业份额。

考虑到由于劳动力扩张导致的市场规模的扩大,当经济增长时,FF 曲线将从 FF 处移至 F'F' 处,而 ZZ 曲线、(S/D) 和 V(x) 曲线却不受劳动力供给变化的影响。

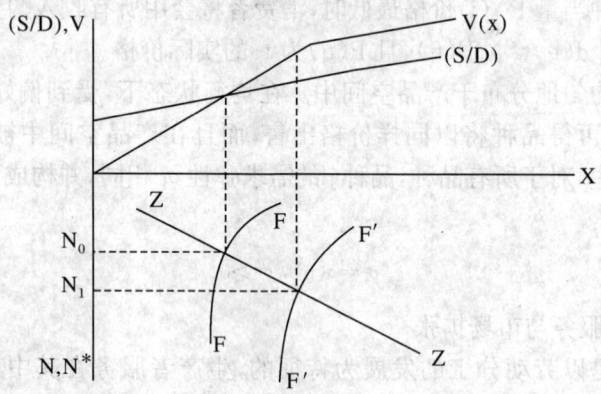

图 5-10 生产规模、专业化与市场扩张

其结果是厂商数量由 n_0 增加到 n_1，每个厂商在就业与产出规模方面也得到相应扩张。这些扩张促使他们将生产活动转移至更具特色的生产阶段。这种不断发展的劳动分工要求在生产者服务活动中雇佣更多的劳动力，结果，间接劳动力比重上升。

c. 服务贸易与专业化

随着生产者服务贸易的自由化，进口国服务厂商转向更高级的生产方式。然而，当厂商合并时，服务出口国留存下来的厂商随着自由化也可能转向更加专业化的生产方式。自由化还影响到最终产品的价格、规模和产品品种。

假设有两国——本国和外国，它们在技术、偏好，以及作为相应制造业部门投入的要素服务的生产和被使用的数量方面都相同，它们唯一区别在于相对要素禀赋。本国和外国价值分别以小写和大写字母表示，即 $x=X, l=L$，(5-41)式变为：

$$P\left[1-\frac{1}{\sigma_{(n)}^*}\right]=f'(x) \tag{5-44}$$

其中，$n^*=n+N$，充分就业条件变为：

$$1+L=n^* f(x) \tag{5-45}$$

其他因素不变，当处于封闭状态时，各国生产由图 5-10 中的 FF 曲线决定。然而，由于引入贸易，封闭条件下的 FF 曲线将被 F'F' 曲线取代，后者由(5-45)式决定。考虑到贸易中各种限制性约束，当市场一体化时，由于留存下来的厂商比贸易前的规模大，现存厂商必然存在合并现象。由于消费者可以同时选择本国和外国产品品种，因而当他们能够选择大量的可得品种时，厂商的总数实际上将会下降，即一体化导致(n+N)的下降。由于留存下来的厂商比贸易前规模更大，因此，他们发现应用更高水平的社会分工于生产过程将有利可图。这意味着,厂商合并后,他们将提高专业化程度。为实现这种专业化,更多的劳动力将被配置于间接劳动活动中。这样,无论在绝对数上,还是在相对数上,服务部门的增长都超过直接生产活动的增长。贸易机会的增加导致市场规模的扩大,从而使生产者服务部门得以扩张,并提高专业化水平和人均收入水平。

又假设$(S/L)<(s/1)$,L代表非技术或非教育型劳动力,称为直接劳动,函数$S=H$,H代表技术或教育型劳动力,称为间接劳动。当两国在商品贸易上采取自由化政策,即在商品上自由贸易且可自由进入,各国服务部门的价格一致。若服务部门价格不一致,则相对于高成本国家的厂商,低成本国家的对应厂商将能以低价格生产同样的产品,且获得收益,这意味着自由进入使服务部门价格相等,即$x=X$。

令服务价格等于1,由于$p=P$和$x=X$,这样就可以用图5-11来表述均衡条件。其中,Ov和OV曲线的相对位置决定本国和外国的专业化水平。由于$(S/L)<(s/1)$,在商品贸易均衡中,本国的生产专业化水平更高。在图5-11中,这些数值用v_0和V_0表示。由于自由进入使服务部门价格相等,故可确定本国与外国服务的相对价格。

由于本国服务价格较低,故随着服务贸易的开展,本国将出口服务。分FF、ZZ和OV曲线可以确定贸易自由化的影响。服务出口国的服务生产将扩大,导致市场规模的扩大,使图5-11中的FF向$F'F'$方向移动,而ZZ曲线不动。$(s/1)$与(S/L)比率的有效变化使OV曲线从OV移向OV',从Ov移向Ov',在服务进口国,OV和FF曲线一前一后移动,使外国专业化水平获得提高,从V_0处上升到V_1处。

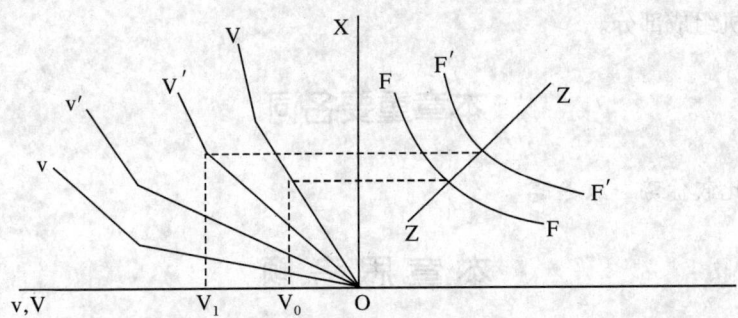

图5-11 服务贸易与市场扩张

当服务进口国应用专业化于生产过程而使专业化水平获得提高时,难以明确服务出口国将发生什么变化。受投入价格影响而使OV曲线右移时,表明专业化水平下降了。然而,这种影响可能被市场规模扩大的影响所超过。服务从非生产性部门出口到生产性部门,从而导致可得产品品种数量的增加和现存厂商生产规模的扩大,这意味着即使本国生产品种数量下降了,但留存下来的厂商规模却比实行自由化前更大,它们应用更高水平的专业化技术于生产活动中。由此断定,应用专业化于生产中的最终变化依赖于 FF 和 Ov 曲线的相对移动。

总之,弗兰科斯通过一个具有张伯伦型垄断竞争特征的产品差异模型(一个部门、两个国家),讨论了生产者服务与由于专业化而实现的报酬递增之间的关系,以及生产者服务贸易对货物生产的影响。服务部门的专业化导致规模经济效应的出现,专业化应用于生产过程的程度依赖于每个厂商的生产规模,而生产规模又受到市场规模的限制。服务贸易自由化导致服务产品种类增多,生产规模扩大,使服务进口国向更专业化生产方向发展,服务出口国或向专业化,或向非专业化生产方向发展,并使与要素总收益相联系的制成品价格下降。随着本国厂商数量的减少,外国厂商数量逐渐增加,但留存下来的本国厂商的规模较贸易自由化前为大。

5.2.7 小结

传统的商品贸易理论重点强调的是供给方的生产成本优势,而服务贸易不仅取决于服务要素的生产成本,而且更强调需求因素所导致的成本增量或消费者选择性,如运输成本、信息成本、消费者收入及其偏好,系列服务质量,包括售后服务和购买环境,如信贷条件、保险要求等。正因为如此,传统商品贸易理论不能确切地应用于服务贸易领域。对于服务贸易问题,不仅要从资源要素禀赋角度,而且还要注意从服务贸易的流向、相关的市场结构,以及需求特征角度来进行探讨。由此说来,上述诸种理论模型,与其说是相互独立,自成一体,倒不如说彼此互相补充,各自从不同角度探讨了服务贸易的起因、格局及影响等,它们都是国际服务贸易纯理论的有机组成部分。

本章重要名词

显性比较优势　服务链

本章思考题

1. 传统比较优势说适用于服务贸易领域吗?试列举两三个赞成方和反对方的代表性观点,并谈谈你的观点。
2. 如何度量显性比较优势(RCA)?该指数存在什么缺陷?
3. 迪尔道夫分析服务贸易比较优势时采用的基本模型是什么?他着重分析

了哪三个方面？主要贡献有哪些？

4. 简述伯格斯模型的基本假设及其分析结论。

5. 萨格瑞模型对 H-O-S 模型进行哪些修正？他的主要结论是什么？

6. 试列举规模经济和不完全竞争条件下的服务贸易的代表性理论。

7. 在服务链理论中，现代科学技术的进步如何影响着国际服务链的成本？

8. 弗兰科斯理论中所用模型的基本类型是什么？它与马库森理论两者的主要区别在哪里？

6 服务贸易与人力资本

关于传统比较优势理论是否适用于服务贸易,以及在多大程度上适用的理论研究及其争论似乎已经明了,人们开始注重从不同角度来讨论服务贸易比较优势的决定因素。目前,关于服务贸易比较优势决定因素的理论分析较为零散。概括起来,这些因素有政府的管理体制即制度安排;自然资源、地理位置;文化传统;公司策略与服务基础设施等。我们认为,尽管影响服务贸易比较优势的因素很多,但人力资本因素对于一国服务贸易比较优势的形成和保持起着根本性的作用,尤其是在现代经济条件下更是如此,因为现代服务领域的比较优势,不再是传统意义上的生产成本,而主要是技术知识和管理,也就是人力资本。

6.1 服务贸易与人力资本的特殊关系

马克思在《政治经济学批判大纲》、《哥达纲领批判》等著作中论述如何发展生产力时,提出过两种基本思路:一是以社会的方式,主要是调整和变革生产关系,发展科学技术和加强管理;二是以人的方式,即把重心放在人的能力全面而充分的发展上。在制度安排既定的条件下,发展科技,强化管理,加大人力资本投资力度,对于生产力的发展和社会的进步至关重要;从人的角度看,人的能力本身就是真正的社会财富和最大的生产力,人的全面发展是生产力发展的基石。因此,马克思认为,在生产力诸要素中,人始终处于主导和能动的地位,是生产力中"最活跃、最具革命性"的要素。如果从上述意义审视,这里所讨论的主题丝毫没有新意,最多不过是对真理的细化和注解而已。因为人力资本在经济发展的任何领域都会起很大作用。然而,这里之所以把国际服务贸易与人力资本"扯到"一起来,主要是基于以下几方面的原因。

第一,作为服务贸易的产业基础——服务业在经济分析史上的名声是不好的。这种对服务业的偏见,在古典经济学创立时就已经开始了,其影响至今仍不可低估。亚当·斯密最早把服务业归于非生产性的活动,认为,"有些社会上等阶级人士(指君主、官吏、海陆军、牧师、律师、医师、文人、演员、歌手、舞蹈家)的劳动,和家仆的劳动一样,不生产价值,既不固定或实现在耐久物品或可卖商品上,亦不能保藏起来供日后雇佣(或购买)等量劳动之用。"J·S·穆勒沿袭了斯密的观点,进一步明确指出:"与生产性劳动相反,非生产性劳动是指不创造物质财富的劳动;无论多么大规模地成功地从事这种劳动,它都不会给整个社会和整个世界带来更丰富的物质产品,反而会使物质产品减少,减少额等于被雇佣来从事这种劳动的人消费的物质产品额。"第二次世界大战之后,在世界产业结构发生深刻变化,经济比重大幅度向服务业倾斜的背景下,出现了"产业空洞化"的论调。许多学者痛心疾首地发现,世界经济正朝着所谓"腐朽性和寄生性"的方向迅速滑落。各国经济特别是发达国家的经济,越来越"畸形"发展,物质产品在经济中的比重日益缩小,而非生产性服务业比重日益增大,长此以往,整个经济将变成一种壁龛式经济(niche economy)。这种"产业空洞化"的忧虑源于传统的服务无价值的理念。就计划经济而言,在马克思经济学说的影响下,许多服务业的产出被认为是非生产性的,从而在国民收入统计中略而不计。这种国民收入核算体系,在计划经济国家被称为物质产品平衡表体系(The System of Material Product Balance, MPS),它与西方国家的国民核算体系(The System of National Accounts, SNA)唯一的本质区别,在于前者不包括非物质生产部门即服务业所提供的劳务的价值。在19世纪,马克思以"物质生产"领域为对象研究劳动价值理论,抽象了服务业因素。当然,这在"非物质生产""微不足道"之时,问题还不突出、不严重。计划经济国家的经济计划偏向于农业和工业生产。在中国,传统上就存在着浓厚的"重农抑商"的观念和歧视性的"三教九流"式的社会阶层划分,对服务生产和服务生产者抱有很大偏见。对服务业的理解,也基本停留在小商小贩、小修小补、餐饮百货上。因此,要发展服务业和服务贸易,一些理论问题亟待正本清源,要"公正"地对待服务业和服务贸易,还之以本来面目。这自然需要与服务业和服务贸易有着直接和间接联系的人,打破业已形成的观念,拓展思维空间,提高思想素质,从而实现在社会产品观和劳动价值论方面的突破。

　　第二,由于服务交易过程与生产和消费过程的同步性,使得服务贸易主体地位具有多重性特征。① 服务的卖方往往就是服务的生产者,并作为服务消费过程中的物质要素直接加入服务产品的消费过程;服务的买方则往往就是服务的消费者,

---

① 按照传统的理解,服务具有生产与消费同时进行、非贮存性和无形性等特点,然而,科技的发展使服务特点发生了巨大变化,如前所述的服务的物质化。另外,有些服务也可以贮存,即服务既可以在购买时,也可以在购买后某一时候消费,比如购买保险。

并作为服务生产者的劳动对象直接参与服务产品的生产过程。所以,在服务的生产和贸易中,不能忘记的一点是,消费者作为一个合作因素的重要性。这是服务部门与其他部门相异的一个重要方面。生产商品的行业,这一点正好被忽视。比如驾驶员是聪明还是愚笨,他们驾车时是仔细还是马虎,这些都不影响到汽车制造业的生产率。姑且不谈服务生产者的素质对服务部门的影响,这也是显而易见的,服务消费者的素质,包括知识水平、阅历、道德品质等,就能在一定程度上决定许多服务行业的生产率和服务交易的效率。教育的生产率主要取决于学生所作的努力;患者提供病历的质量可能大大影响医生的生产率;银行业的生产率要受到职员或顾客是否填写存款单和存款单是否填写得正确的影响。富克斯也曾作过一个假设:如果美国的技术、资本和劳力的投入保持目前状况,但是,把消费者换成从印度任意挑选的1.9亿人的话,美国服务行业的生产率将会发生什么变化。再举一个典型的例子,弦乐四重奏的演出效果可能受到听众反应的影响。如果听众的音乐细胞十分丰富,那么,演出的氛围自然妙不可言,演奏者也会因此受到激励,演出绩效随之提高;反之,如果表演者面对的是一群音乐盲,那么,演出也只能是"对牛弹琴"了。

第三,近10年来,世界经济出现了一种新迹象:一些国家的经济开始了向知识经济的转变。当然,对于"知识经济"的提法还存在着一定的争议,但这并不影响现实经济的发展。20世纪90年代美国出现的新经济则是知识经济的典型例证。经济合作与发展组织在《以知识为基础的经济》专题报告中,将知识经济的特征概括为四点:① 科学和技术的研究开发日益成为知识经济的重要基础;② 信息和通信技术在知识经济发展过程中,处于中心地位;③ 服务业在知识经济中扮演了重要角色;④ 人力素质和技能成为知识经济实现的先决条件。由此可见,在知识经济条件下,人力资本与服务领域的联系将变得更加密切。

从本质上讲,人力资本与服务领域之间存在着内在的联系机理。服务业与服务贸易发展的历史已经证明并将继续证明这一点。前已述及,在各国的国民经济发展过程中,劳动力在各产业之间再分配,由第一产业流向第二产业,再流向第三产业即服务业。威廉·配第首先发现了这种趋势,因而被称之为"配第法则",并由科林·克拉克、西蒙·库兹涅茨、富拉斯蒂埃、索维等人进行了论证分析。随着科技进步和社会发展,服务业对就业和国民收入的贡献逐渐增大,从而使很多国家的经济服务业化,即无论从产值还是从就业上衡量,服务业的比重均在50%以上。更为重要的是,服务业内部出现了结构性变化,新兴服务业——人力资本密集型服务业(主要是生产者服务业)大量涌现,并日益占据最主要地位,也就是说,现代服务业的产业属性是人力资本密集型的。产业是源,贸易是流。服务业的大发展推动着服务贸易的快速增长。1977~1983年间,全球服务贸易的年均增长率达

9.7%,几乎是世界商品贸易增长率的2倍;从1985～1994年的10年里,服务贸易的年均增长率为10.75%,高出商品贸易增长率2.5个百分点。更深入地说,在20世纪70年代世界服务贸易与商品贸易相比显得还微不足道;到了80年代,两者的比例已由过去的1:10变为1:6,甚至为1:5;进入90年代后变为1:4。1993年,世界商品贸易值发生了绝对的下降,而服务贸易值却仍增长了0.5%,可见服务贸易的增长一直快于商品贸易。但1994～1995年却连续两年发生了逆转。这不得不引起人们的疑问——这究竟是暂时现象还是长期趋势?导致这一逆转的原因至少有三个:其一,统计数据可能偏低;其二,1994～1996年世界贸易组织范围内有关电信服务和金融服务的谈判屡陷僵局,壁垒如旧,甚至变本加厉;其三,生产的"非物质化"过程在加速和加强,研究与开发(R&D)、信息在生产中的作用日益增大。从价值额看,人力资本在一系列产品中已成为主要的投入。这意味着服务贸易像服务业那样,也出现了结构性变化,人力资本(知识、技术、管理等)密集型服务贸易(主要是指专业性服务或生产者服务的贸易)的相对份额在不断扩大。所以,服务贸易不会缩减,只会扩大,特别在知识经济条件下更是如此。因此,可以断言,上述逆转只是暂时现象,改变不了基本趋势。

一般来说,科技教育水平较高的国家,也就是人力资本相对丰裕的国家,其居民的收入水平就相对较高,人的经济价值也不断提高。而随着收入的增长,人们花在服务上的支出占可支配收入的比重会逐渐增大。人力资本与收入高度相关,收入与需求密切相连。服务需求的放大和需求结构的多样化,成为服务贸易量扩大和服务贸易模式多元化的推动力。

6.2 理论分析

6.2.1 人力资本及其基本经济效应

人力资本(human capital)理论的渊源可追溯到西方古典经济学家亚当·斯密和新古典学派的代表人物阿尔弗雷德·马歇尔等。马歇尔在《经济学原理》中阐述道,在所有资本投入中,最有价值的是对人本身的投资。20世纪20年代和30年代,当时在美国耶鲁大学讲授经济学的菲歇尔对资本概念作了开创性的延伸:资本不单是包括传统的物质资本和土地,还应包括人力资本。然而,真正对人力资本进行系统的研究则开始于20世纪50年代末60年代初,涉足此领域的经济学家包括加里·贝克尔、西奥多·舒尔茨、米尔顿·弗里德曼、雅各布·明塞尔、舍温·罗申和其他一些跟芝加哥学派密切联系的经济学家。其中,舒尔茨和贝克尔都部分地因为对人力资本的研究,分别成为1979年和1992年的诺贝尔经济学奖得主。

人力资本是指人们在学校教育、培训、医疗保健、迁移和信息取得等方面的投资所形成的资本。人力资本具有与实物资本截然不同的特点。首先,人力资本与其拥有主体密不可分,一旦为获得者拥有,就不断拥有,周而复始地自我增强;其次,也是最重要的特点,人力资本具有规模经济效应。在古典经济学中,是假设存在着报酬递减规律(law of diminishing return),即随着生产要素越来越多地投入,回报率在达到一个峰值后开始递减。对于人力资本,著名经济学家科林·克拉克说:"知识是唯一不遵守收益递减规律的生产工具。"这些特点决定了人力资本是推动现代经济增长与发展的最重要因素。贝克尔在1964年就曾指出:"没有对其劳动力进行大量投资而实现了持续经济发展的国家,即使有的话也是极少的,大量力图对增长的贡献进行定量估算的研究确定了人力资本的重要作用。"

20世纪50年代,美国经济学家索洛发现,仅仅用传统意义上所理解的物质资本、劳动力等要素是难以完全解释经济增长的,即会出现一个所谓的"索洛剩余"(Solow residuals)或"成长剩余"(growth residuals)。对"索洛剩余"的解释和回答的演变过程就是不断使人力资本的经济效应凸显出来的过程。索洛、阿罗、谢尔、宇泽、罗默和卢卡斯等试图从理论上把人力资本内生进经济增长模型中,把人力资本看作是决定经济增长的内在因素。舒尔茨、丹尼森、库兹涅茨则从不同角度,通过大量实证分析,估算了教育等人力资本对经济增长的特殊贡献。舒尔茨运用增长核算法(growth accounting)估算了美国1929~1952年的经济增长,发现劳动力收入增长中的50%以上应归功于劳动者平均受教育水平的提高。丹尼森在对1948~1969年美国的经济增长作因素分析时发现,推动增长的最主要因素是"知识进展"(指技术创新和管理、组织的改进),对美国经济增长的贡献率达31%,同期的教育贡献为14%,两者之和超过物质资本的贡献37%,若把投入生产的劳动力数量包括在内,则人力资本对经济增长的贡献更高达63%。1971年,诺贝尔奖得主库兹涅茨认为,现代经济增长的重要因素之一是知识存量的增长,当技术知识、社会知识的存量被利用时,就成为经济总量高比率增长和经济结构迅速变化的源泉。

6.2.2 服务业比较优势与人力资本

国际服务贸易的发展过程,实际上是服务业外向化的过程。要参与服务贸易的国际竞争,并在世界舞台上占有一席之地,从根本上讲,就是要靠服务业的发展。服务业的充分发展也是各国实现经济现代化的重要标志,是美国等发达国家已经走过的历程。现代服务业的产业属性是高科技、高管理水平的人力资本密集型产业,服务价值流量在一国国民收入流量中的比重反映该国经济的知识化、智能化水平。世界各国的产业结构升级,是同人类历史发展的知识积累和进步相统一的。随着世界经济、产业结构的全面升级,国际竞争的比较优势将由物质属性的资源和成本优势,转变为以教育、知识表现的人力资本优势。相应地,未来世界经济中商品贸易的相对比重将会下降,而服务贸易的相对比重将趋于上升。因此,夯实产业基础,服务贸易才能取得比较优势。

现代服务业发展的基本特征是人力资本趋于密集,劳动生产率不断提高,这也正是一国服务业比较优势形成和保持的关键。

首先,人力资本作为一种要素禀赋与实物资本的显著差异,使之可以和服务业的比较优势形成互动效应。根据政治经济学的原理,实物资本的损耗有两种形式:因使用或自然力作用而在物质上受到的损失,即实物损耗;因科学技术进步而出现的在价值上的损失,即精神损耗。李嘉图也指出,一些机器要比另一些机器更耐用,而且不太耐用的机器需要更多被替代的劳动。因此,劳动工资的增长对快速消耗的机器与慢速消耗的机器所生产的商品产生的影响是不同的。而且,工资的每次提升或利润的每次下降,都有可能使耐久性资本生产的商品之相对价值降低,也可能使不耐久性资本生产的商品之相对价值按比例提高;反之则反是。上述理论是不能应用到人力资本上去的。这是因为,信息、训练或知识等是不易消失的,或难以消失的,除非得了健忘症或遗忘,在这种情况下,需要再训练,但即使如此,再训练成本有可能比初次训练时要低;知识的消耗对服务生产来说,并不减少其现有的数量或质量,况且,在今天这样一个对新的知识资源开放以及倡导获取、积累和使用(通过创新)知识的社会里,知识更新、积累的速度加快,知识的贮存已达到了足以引起传统生产方式发生重大变革的程度。人力资本积累的量子跃进已导致了19世纪的工业革命和20世纪后半叶的信息革命。这一积累过程要求重新定义能反映主要生产构成要素的价值,它在服务和商品之间的产出分配方面及在服务本身的构成要素方面都发生了变化。1954年,波兰学者雷布秦斯基在《要素禀赋和商品相对价格》一文中提出这样一个被人们称为"雷布秦斯基定理"或"雷氏定理"的结论:如果商品(也包括服务)和生产要素的相对价格不变,一种生产要素增加了,另一种生产要素不变,则密集使用已增长生产要素的产品的绝对产量将增加;密集使用未增加生产要素的产品的绝对产量将减少。服务业的成本、服务贸易的主要对象都是智力,即人力资本。人力资本的增加无疑将提高服务的产量和质量,使一国服务贸易能获取比较优势的产业基础得以形成,服务业的比较优势又反过来促进其改善和扩大人力资本的投资,以维持优势地位,从而形成彼此互相促进、互相依存的良性循环。

其次,人力资本若作为中间投入品——生产者服务的主要投入,通过前向与后向联系,可以加大最终服务或商品的生产深度。这种生产或加工深度本身也会成为服务业比较优势的来源之一。服务(或商品)生产中的前后联系可以用图 6-1 表示。

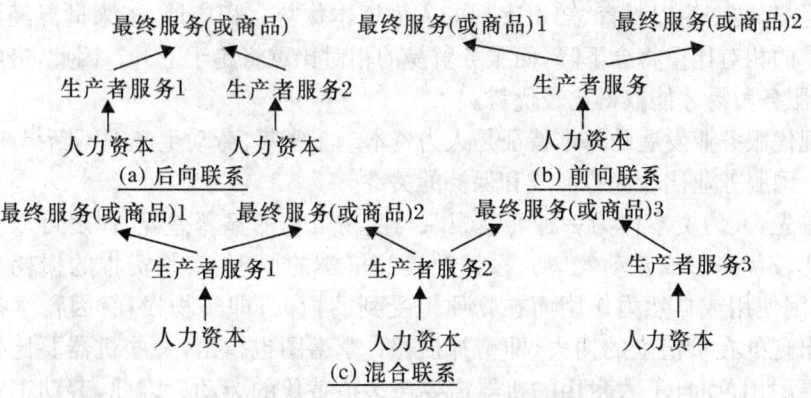

图 6-1　服务(或商品)生产中的前后联系

企业包括服务企业能否获得高质量、高效率、低成本的生产者服务投入,生产出满足市场需要的差异性、高附加值产品,直接关系到企业的市场竞争力和持久的生存与发展。所谓生产者服务,是指用于其他商品或服务生产的中间投入服务,如在生产"上游"阶段所需投入的投资可行性研究、产品设计、市场调查与预测、风险资本筹集;在"中游"阶段所需投入的设备租赁和维护、质量控制、后勤保障、仓储;在"下游"阶段所需投入的广告、运输、分销、售后服务;在整个生产过程所需投入的会计、审计、金融保险、数据处理、通信、培训、法律服务、管理和技术咨询、公共关系等。

即使当各国其他要素禀赋相似时,以人力资本作为主要投入的生产者服务的联系效应,也会使国与国之间服务业产业结构存在差异,这就为服务贸易比较优势的凸显提供了可能。

再次,人力资本借助于"外溢效应"(spillovers effect),以外部经济出现,使一国服务业中的某一部门,甚至整个服务业受益,实现一国服务业由比较劣势向比较优势的转变,甚至使原来由比较优势决定的贸易模式变成由绝对优势决定。当然,技术外溢可能使两者同时受益,也可能使一方受益,另一方受到潜在的或现实的损失。比如,一国技术引进的结果,是服务业的进口替代型增长,但对另一国服务业来说则是一种威胁和竞争。

最后,人力资本可以导致服务业规模经济的动态化。在实际经济生活中,服务业规模经济的最主要来源之一,是服务业公司或整个服务业改进技术的动态过程。有些经济学家强调学习曲线(learning curve)对促进产业集中的作用,而关于外部经济最合适的解释又涉及知识的传播,因而,从根本上说,它本身就是一个动态的问题,也正因为如此,一国在服务领域的比较优势才能够保持下去。

6.2.3 服务贸易比较优势与人力资本

人力资本理论在国际贸易中的运用肇端于对"里昂惕夫之谜"(Leontief's Paradox)的种种解释。基辛、肯林、格鲁伯、弗农等经济学家认为,要素禀赋说把要素只归结为两类(劳动—资本或土地—资本)的划分方法过于简单,应该考虑劳动的熟练程度和技术水平等人力资本因素,这样才能更好地说明贸易格局。

这里试着从人力资本对服务的生产与需求以及服务贸易的模式、构成、贸易量的影响方面,来探讨服务贸易中人力资本的作用。

首先,从生产角度,人力资本既可以造成各国服务业生产技术的差别——绝对差别或相对差别,相应地形成绝对优势或相对优势,又可以造成生产要素比例的差别,形成不同的资源配置。这实际上是一个问题的两个方面。部门间服务贸易(即服务业中不同部门之间的贸易,是一种"亚产业间贸易")则是以各国服务业的比较优势和要素禀赋为基础的,并且,部门间服务贸易量与各国服务业比较优势和要素禀赋的差异程度成正相关。比如,在一个"2×2×2"的 H-O 模型中,A 国的服务业中一般劳动力相对丰裕,劳动输出具有相对优势,而 B 国服务业的人力资本相对丰裕,咨询、管理和数据处理服务具有相对优势。如果两国开放服务贸易,A 国成为人力资本要素服务的净进口国,B 国成为一般劳动力要素服务的净进口国。

如果说要素禀赋差异导致专业化和贸易,那么,规模经济则是专业化和贸易的另一个原因。规模经济使以相似要素比例生产的服务的交换成为可能。假如把要素比例相似的服务归为一个部门,就会发生部门内服务贸易(即服务业中相同部门之间的贸易,是一种"亚产业内贸易")。比较优势导致了总体上的、部门国际化层次上的专业化,但规模经济引起了单个服务层次上的专业化。前已阐述过,由于人力资本的作用,服务的生产通常存在规模经济。鲍莫尔的"可竞争市场理论"指出,规模经济使完全竞争不可能存在,但只要允许自由进入,即使一个产业部门只有少数几个生产者,也足以使价格接近边际成本。规模经济的存在将使每个公司最终生产服务的一种变体(varieties)。这样,在垄断竞争条件下,服务的变体就很多,这种服务变体可以称为相异服务,类似于相异产品。如果每个国家都生产服务的不同变体,每种变体又都是两国所需要的,那么,相异服务就给出了部门内服务贸易的简单诠释。部门内服务贸易在现实中可以找到生动的例子。比如,娱乐服务中的音乐会或杂技表演,每个国家都会拥有高水平的乐队或杂技团,但仍有互相交流(这可以称作服务贸易)的必要和可能。因为每个国家的乐队或杂技团各具民族特色和演奏特色,使消费者无需出国,就可以领略到异国风情,受到多元化文化的熏陶,大有身临其境之感。这种不同的感受就是由同一部门不同的服务变体引起的,所以,娱乐服务贸易含有大量的部门内服务贸易。总之,要素禀赋构成不同的国家越多,部门间服务贸易的份额就越大,部门内服务贸易的份额就越小;如果国家之间的服务业或服务部门越来越相似,它们的服务贸易就越来越多地转向以相似要素比例生产的服务之间的双向交换。

其次,从需求方面,一般来说,科技、教育水平越高的国家,也就是人力资本越丰裕的国家,其居民的收入水平就相对较高。居民的喜爱偏好会更加多样化。一般认为,服务需求的收入弹性大于1,①说明随着收入水平的提高,人们对服务,尤其是对旅游、娱乐、教育等的需求弹性将大于对商品的需求弹性。"富而思文"、"富而思乐"。当人们处于物质菲薄的负累之下,为生计而忙碌奔波时,难得有追求和欣赏文化娱乐的"闲情逸致",而摆脱了贫困的人们,必然拥有一个与日俱增的精神空间。另外,需求偏好的多样性、层次性,要求更多的服务变体即相异服务来加以满足。服务变体自身的价值也说明,在服务的消费水平和可得变体的价格给定的情况下,福利将随着变体种数的增加而增加。人力资本与收入高度相关,收入与需求密切相连,所以,服务需求量的放大和需求结构的多样化,成为服务贸易量扩大和贸易模式多元化的推动力,人力资本则是形成这一推动力的催化剂。

第三,人力资本在公司内服务贸易中也扮演着重要角色。从总的跨国公司内贸易来看,西方学者经过抽样调查发现,研究密集程度与公司内贸易程度呈正的相关关系,产品研究密集程度最高的跨国公司,出口额中公司内贸易方式所占的比重达到1/2以上,而研究密集程度最低的公司,这一比重低于1/5。这当然适用于人力资本含量较高的公司内服务贸易。服务贸易内部化的动因很多,但最重要的是:市场不完全条件下的对策;防止技术优势的散失;特定服务,特别是生产者服务交易的需求;对规模经济的追求以及利用划拨价格攫取垄断高额利润。20世纪80年代后,为了充分利用国际分工利益,规避贸易壁垒,抢占和控制海外市场,跨国公司在世界范围内进一步发展。一方面,制造业跨国公司的扩展,带动了公司内服务贸易的增长,如母公司向海外子公司或(和)分支机构提供总部服务,包括经营管理、市场营销、数据处理、研究开发、人员培训、系统设计等;另一方面,服务业跨国公司自身的发展,更是大大促进了公司内服务贸易。由于服务生产的特殊性,服务贸易高度依赖于服务业投资,服务企业也往往必须通过海外直接投资,以商业存在的模式才能向国外市场提供有竞争力的服务。据统计,美国服务企业中的会计、广

---

① 富克斯(Fuchs)估算美国20世纪60年代服务的总收入弹性为1.12;泰勒等人(1966)估计个人服务的收入弹性在0.5~2.2之间,大多数服务的收入弹性接近1;尹曼(1978)估算政府服务收入弹性为0.6~1.3;格鲁伯估算服务收入弹性一般并不高,平均说来大约是1;萨默斯估算六大类服务需求弹性在0.794~1.458之间。

告、数据处理、工程设计、保险、投资银行(含经纪业)、租赁、法律服务、管理或咨询等部门海外销售额高达80%以上。1993～1995年,美国特许权和许可证技术出口中来自跨国公司母公司或分支机构的比重分别高达77.29%、78.22%和80.20%,这充分反映了跨国公司对技术服务出口的促进作用和垄断性。

  第四,人力资本还可以通过商品贸易的中介,间接地对服务贸易发生作用。早期的服务贸易是依附于商品贸易的,随着商品贸易的增长,与此相关的国际运输、国际金融与保险、国际商务旅行、售后服务、技术咨询、通信等服务业和服务贸易也同时发展起来。在有些商品贸易中,商品的服务内容已成为产生动态比较利益的决定因素,贸易商品的服务密集度的高低往往决定其国际竞争力的强弱。据统计,在20世纪60年代,软件之类的服务仅占计算机成本的30%,而现在则上升到70%。许多国家的商品贸易都需要投入和进口越来越多的服务,尤其是高质量的生产者服务,以增强其竞争地位,有力地推动了国际服务贸易的发展。"显性比较优势论"表明,比较的竞争地位不仅取决于一国商品在世界市场中的地位,而且还取决于该国服务在世界市场上能够获得多大份额。

  第五,人力资本改变着服务的特点,提高了服务的可贸易性。科学技术的迅速发展,引起了服务领域里的深刻变化。① 服务特点的变化,"无形"的"有形"化,服务的物质化,"无形"以"有形"为载体,通过"有形"来表现,也就是物化服务;② 扩大了服务贸易的外延。正如美国贸易谈判代表办公室官员指出:信息技术的重要进展在服务领域创造了新的贸易机会,需要大量服务投入的新的生产流程日益涌现,借助通信卫星、国际网络等媒介可以进行数据处理、计算机编程、视听娱乐、培训与教育、法律、会计审计、工程设计、银行、保险、研究开发、出版、广告、公共关系、通信、信息等几乎各种服务的远距离、高效率地交换;③ 不仅大大缩短了贸易伙伴之间的"经济距离",降低运输、通信和信息处理成本,以及交货的不确定性,促进了商品贸易和追加服务贸易的扩大,而且使时空距离的重要性大大下降,克服了以前许多服务贸易需要生产者和消费者实体接触、同时存在方能进行的时空局限性。

  经济学家普遍认为,一国服务贸易的比较优势来自于专有技术及技能的潜力,现有物资基础设施(如固定资本、高技术设备)的存量,拥有的信息资源和应用技术创新的能力、供应商的规模和市场的规模(规模经济性和能支撑专有技术的大规模国内服务市场的存在),与规模经济相关的专业化协作及相关技术和信息的发展,政府规制对规模经济的作用等因素。上述这些因素概括起来,还是劳动力、资本与技术、管理、知识,相对而言,后者的重要性更多一些。实际上,以上每一种因素都与人力资本密切相关,所以,归根结底,服务贸易的比较优势关键取决于一国的人力资本状况。

6.3 实证分析

6.3.1 中国与美国服务贸易比较优势的对比

这一部分就人力资本对服务贸易比较优势的影响,在中美两国之间进行总体性的对比实证分析。这里用两国服务出口收入基本状况来代表服务贸易比较优势状况。关于两国的人力资本状况,从直觉上讲,有一点是绝对肯定的,那就是美国的人力资本远比中国丰裕。当然,由于统计资料欠缺和劳动力市场扭曲等因素的影响,使得对人力资本的测度变得极为困难。这里用两国的服务业就业状况代表两国服务业的人力资本状况。然后,通过分析中美两国服务出口收入与服务业就业的关系,间接地阐述两国服务贸易比较优势中人力资本因素的作用,从而达到验证所及基本理论及其模型的目的。毫无疑问,服务出口收入的变化受到诸多因素的影响,服务业就业只是其中的一个方面。

A. 基本假设

由于目前服务业、服务贸易、人力资本统计方面的困难和欠缺,这里的实证分析不得不采取迂回的方式进行。首先提出一个基本假设:如果服务业是人力资本密集型的,从而其增长方式是集约型、内涵式的,那么,服务业就业人数的较小增幅则能带动服务出口收入的较大幅度的增加;相反,如果服务业是一般劳动力密集型的,从而其增长方式是粗放型、外延式的,那么,服务业就业的较大增加,并不能使服务出口收入明显增长。从总体上比较而言,美国服务出口的人力资本密集程度高于中国。下面将验证这一假设。

B. 统计指标

表 6-1

中美两国的服务业就业与服务贸易出口收入(1980~1996年)

年份	中国服务出口额(亿美元)	中国服务业就业人数(万人)	美国服务出口额(亿美元)	美国服务业就业人数(万人)
1980	19.0	5 444	404.4	6 474.8
1981	24.0	5 856	499.7	6 501.7
1982	25.1	6 001	584.2	6 741.2
1983	24.8	6 516	583.8	6 882.4
1984	28.1	7 648	648.0	7 067.9

(续表)

年 份	中国服务出口额（亿美元）	中国服务业就业人数（万人）	美国服务出口额（亿美元）	美国服务业就业人数（万人）
1985	30.6	8 359	662.6	7 252.4
1986	38.3	8 811	781.5	7 496.7
1987	43.9	9 395	877.9	7 749.2
1988	48.2	9 936	980.4	8 036.3
1989	45.5	10 129	1 129.0	8 300.7
1990	58.0	11 828	1 304.7	8 449.7
1991	69.0	12 247	1 449.9	8 450.4
1992	91.9	12 979	1 565.0	8 537.0
1993	111.5	14 071	1 642.1	8 736.1
1994	162.37	15 456	1 756.1	9 025.6
1995	184.3	16 851	1 894.6	9 292.5
1996	201.83	17 901	2 019.7	9 511.5

资料来源：《中国统计年鉴》、《国际统计年鉴》、《中国对外贸易年鉴》和 Statistical Abstract of the United States 有关各期。

表 6-1 的统计指标，是进行实证分析的基本依据。表中的服务出口收入是根据国际收支平衡表（Balance of Payment，BOP）中经常项目下的非要素服务贸易数据而取得的。根据 GATT 乌拉圭回合达成的《服务贸易总协定》，服务贸易有四种交易形式：① 过境交付；② 境外消费；③ 商业存在；④ 自然人流动。其中①、②、④三类的服务交易为跨境交易，可以通过国际收支的申报来进行统计，被称为国际收支平衡表定义的服务贸易，对于第③类服务交易，由于设在某国境内的经济实体属于当地居民，尽管投资方是外国，但其在提供服务时不发生国际收支行为，所以，BOP 统计无法涵盖这类交易。然而，这一项在服务贸易中日益重要，它是服务业的对外直接投资，在这一方面，中国更是大大落后于美国。因此，美国的服务贸易出口收入额是较为保守的。

C. 中美两国的对比实证分析及基本结论

a. 回归分析

对服务业就业人数与服务出口收入进行简单的回归分析，以服务业就业人数为解释变量 X，以服务出口收入为被解释变量 Y。两国的样本期均为 1980～1996

年。运用 Msorigin 软件计算的中美两国的数据拟合结果如下(见表 6-2)：

表 6-2

中美两国的数据拟合结果

中　国：	美　国：
$Y=-80.73538+0.01437X+\varphi$	$Y=-3096.4346+0.53099X+\varphi$
(-14.10054)　(0.00126)	(-230.32089)　(0.0289)
$R=0.94711$	$R=0.94849$
$SD=19.63517$	$SD=113.23021$
$N=17$	$N=17$
$P<0.0001$	$P<0.0001$

上述结果表明,对于中美两国,解释变量 X 对被解释变量 Y 的解释程度都较高(相关系数均大于 0.9),总体线性关系成立。服务贸易出口收入可以从服务业就业人数中得到解释。这就证明了假设所反映的基本趋势。

但是,如果将由两国回归方程算得的服务贸易出口收入的拟合值与表 6-1 中的实际值进行比较,可以看出,在实际值对拟合值的离散程度上(计算结果见图 6-2),中国明显高于美国(中国的曲线对 0 值轴线的偏离程度大于美国),说明中国服务出口收入的波动程度较大。

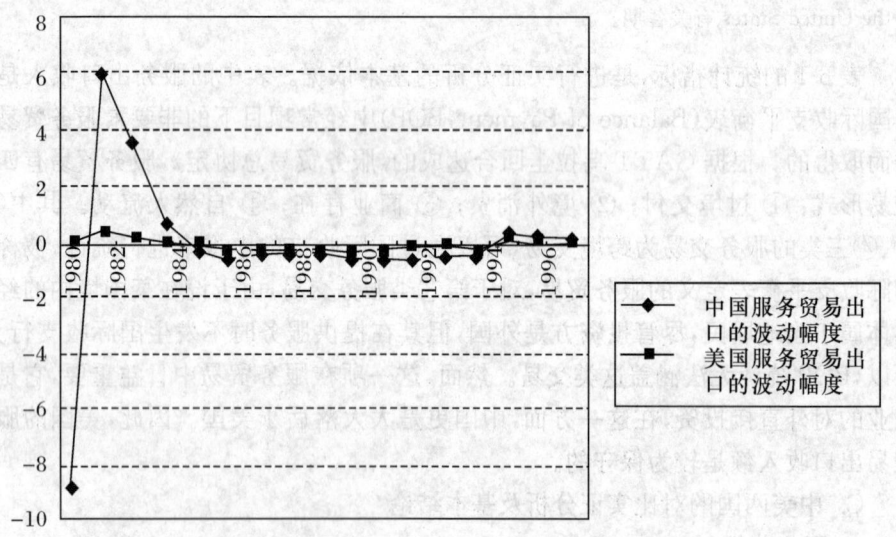

注：服务贸易出口波动幅度 = $\dfrac{\text{出口收入实际值} - \text{出口收入拟合值}}{\text{出口收入拟合值}}$

图 6-2　中美两国服务贸易出口波动幅度比较

图 6-2 还显示,中国服务出口的波动程度在 1986 年以前表现得最为剧烈,另外一个较大波动的时期是 20 世纪 90 年代初①。美国的服务贸易出口收入较为平稳,没有出现较大的波幅。这些表现不仅正好与现实相吻合,而且也与基本的贸易原理相符。有关贸易条件的理论认为,劳动密集型贸易出口比知识技术(或人力资本)密集型的贸易出口波动剧烈。中国的服务业与服务贸易起步晚,起点低,发展不成熟且不平衡,目前正处于改革与开放之中。中国的服务出口收入主要是两大方面:劳务输出和旅游,这两项基本上都是劳动力密集型的(当然旅游可以看成是劳动密集型与资源密集型的结合)②,所以,反映在服务出口收入上,就显得稳定性较差,一旦国际贸易环境发生变化,中国的服务贸易出口无疑将受到很大冲击。从某种意义上说,加入世界贸易组织有助于稳定中国的服务贸易出口收入,从而也会刺激中国服务业的发展。美国是当今世界服务贸易强国,在国际服务贸易中处于支配性地位,尤其在金融、保险、数据处理、专业服务、电信、广告、咨询、医疗、影视娱乐等方面拥有强有力的竞争优势,其服务贸易收入主要来自于知识技术密集型、资本密集型和资源密集型(对于旅游来说)服务的出口③,因而其服务出口收入比较稳定。

另外,值得一提的是,美国服务贸易长期处于顺差状态,而中国服务贸易则是逆差的。

b. 弹性分析

为了深入了解服务业就业变化对服务贸易出口收入的影响程度,下面运用弹性分析法进行分析。为此设计一项指标——服务业就业的出口收入效应(用 EE

---

① 服务贸易谈判最早是由美国倡导的。真正进入实质性的谈判始于 1986 年 10 月,最终各谈判方正式签署 GATS 是在 1994 年 4 月 15 日。这一国际背景对于当时的非 GATT 成员国——中国的服务出口无疑会产生影响。从国内背景看,服务业发展的状况则是造成服务出口收入剧烈波动的基础性原因。

② 根据 1998 年中国国际收支平衡表(《中国统计年鉴 1999 年》,第 100 页)可以计算出,在所列的 13 种服务类别中,净出口比率(net export ratio, NER)=净出口额/进出口总额,数值在 -1 和 1 之间,大体能反映出所计算对象的比较优势状况。大于零的服务项目只有旅游(0.156)、通信服务(0.596)和其他商业服务(0.067);净出口比率小于零的有运输(-0.573)、建筑服务(10.307)、保险服务(-0.641)、金融服务(-0.717)、计算机和信息服务(-0.428)、专有权利使用费和特许费(-0.74)、咨询(-0.188)、广告和宣传(-0.114)、电影和音像(-0.435)和别处未提及的政府服务(-0.85)。总体服务贸易净出口比率为-0.093。注意,通讯服务的比较优势是不正常的,它的优势的获得主要是靠国家垄断,目前国内对这一问题的讨论甚为热烈。

③ 根据美国商务部提供的数据[U.S. Department of Commerce(1998,Table 4.3)],1994 年,美国总体服务贸易净出口比率为 0.23。其中,除"其他运输服务"的净出口比率为负(-0.04)外,其余服务项目的净出口比率均大于零(特许费为 0.61、旅游为 0.18、旅客运费为 0.18、其他私人服务为 0.37、与国防相关的服务交易为 0.03)。

表示),这一指标是表示服务出口收入对服务业就业的弹性系数。若用 EY 和 QS 分别表示服务出口收入和服务业就业人数,则计算公式如下:

$$EE=(\Delta EY/EY)/(\Delta QS/QS)=(\Delta EY/\Delta QS)\times(QS/EY)$$

EE 指标较能充分估量服务业就业对服务贸易出口收入的影响,它表示服务业就业的变化所引起的服务贸易出口收入的变化。当 EE>0 时,表示服务业就业人数的规模是促进服务出口收入增长的,EE 越大,促进作用就越大,服务业就业的出口收入效益就越好;反之,EE<0 时,说明服务业就业人数的规模对服务贸易出口收入产生负效应,服务业就业量超过了现有经济水平所容许的限度。EE 越小,正效应越弱或负效应越强,服务业就业的出口收入效应越差,也就是说,服务业就业的增加对服务出口收入增加的驱动作用越小。

根据前面的方程式,中国和美国的 $\Delta EY/\Delta QS$ 分别为 0.01437 和 0.53099。很明显,这两个系数都是正值,从而 EE 值必为正,说明在计算时期的经济水平下,服务业就业对服务贸易出口收入都有促进作用。① 据此,可以计算出中、美两国在样本时期内的服务业就业的出口收入效应值(EE)(见表 6-3)。

表 6-3

服务业就业的出口收入效应值(EE)(1980~1996 年)

年　份	中国的 EE 值	美国的 EE 值
1980	4.1174	8.5018
1981	3.5063	6.909
1982	3.4356	6.1273
1983	3.7756	6.26
1984	3.9111	5.7918
1985	3.9255	5.812
1986	3.3059	5.0937
1987	3.0753	4.6871
1988	2.9622	4.3526
1989	3.199	3.904

① 前面数据已经表明,自 1984 年起,中国服务业就业总人数开始超过美国,但服务出口收入在 1991 年以前还不到美国的 1/20,1992 年以来不到美国的 1/10。

(续表)

年　份	中国的 EE 值	美国的 EE 值
1990	2.9305	3.439
1991	2.5506	3.095
1992	2.0295	2.897
1993	1.8135	2.825
1994	1.3679	2.729
1995	1.3139	2.604
1996	1.2745	2.501

注：数据单位选取的不同可能会影响 EE 值的大小，但为了使 EE 值具有可比性，选取的单位必须一致。这里的 QS 以万人为单位，EY 以亿美元为单位。

如果将表 6-3 数据用图 6-3 显示出来，结果就会更清楚。

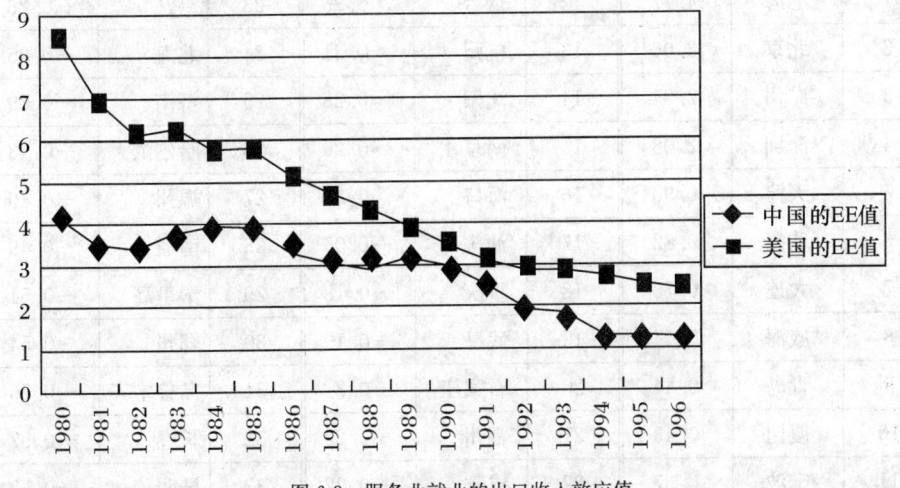

图 6-3　服务业就业的出口收入效应值

比较两国服务业就业的出口收入效应值，可以发现：① 美国的 EE 值几乎是中国 EE 值的两倍，换句话说，美国服务业就业人数每增加一人所引起的服务出口收入的增长幅度是中国在相同情况下的两倍。美国服务业就业的出口收入效应明显好于中国。② 尽管中、美两国的 EE 值相去很远，但从总体趋势看，都是趋于下降的，说明服务业就业对服务出口收入的驱动作用越来越小，服务业和服务贸易正朝着更具集约型、人力资本密集型、知识技术密集型的方向发展。这就验证了前文的基本假设。

6.3.2 中国服务业与服务贸易发展中人力资本因素的再考察

前面通过与美国的比较,已从总体上分析了中国服务领域人力资本因素,这部分将从代表中国服务业发展水平的城市服务业入手,进行再一次具体分析。国内一些学者运用因子分析法和主成分分析法,对中国主要城市的服务业发展水平进行了测评。①

首先选出能综合反映城市服务业发展水平的20个指标或因素,再将这些因素或指标分为四大类②:① 基本经济因子;② 基础环境因子;③ 政策性可控因子;④ 劳动力质量因子。劳动力质量因子即人力资本因素,反映劳动力素质,包括一个指标即每万名职工所拥有科技人员数。然后,将各指标经过标准化变换后的数值代入,依次可测算出上海等44个主要城市服务业的综合评价指数(E),见表6-4。

表 6-4

中国 44 个主要城市服务业发展水平（E 值）*

序号	城 市	E 值	序号	城 市	E 值	序号	城 市	E 值
1	上海	4.77	12	烟台	0.36	23	湛江	−0.26
2	北京	3.06	13	杭州	0.31	24	北海	−0.26
3	广州	2.34	14	沈阳	0.28	25	济南	−0.29
4	深圳	2.08	15	南京	0.26	26	哈尔滨	−0.43
5	天津	0.90	16	海口	0.23	27	温州	−0.46
6	珠海	0.82	17	汕头	−0.05	28	南通	−0.49
7	大连	0.78	18	重庆	−0.18	29	秦皇岛	−0.51
8	威海	0.46	19	武汉	−0.19	30	郑州	−0.54
9	青岛	0.44	20	石家庄	−0.2	31	乌鲁木齐	−0.56
10	厦门	0.43	21	福州	−0.22	32	长春	−0.57
11	宁波	0.37	22	成都	−0.22	33	昆明	−0.58

---

① 张道宏:《我国城市第三产业发展水平的综合评判》,载《当代经济科学》1998年第1期。
② 基本经济因子表明一个城市服务业的基础状况,包括11个指标:人口、GDP、服务业增加值、货运总量、批零贸易商品销售总额、外贸收购总额、年末银行贷款余额、实际利用外资额、旅游外汇收入、服务业就业比重、邮电业务总量。基础环境因子表明城市基础设施、市政建设情况,包括5个指标:人均居住面积、城市煤气普及率、城市用水普及率、人均拥有铺装道路面积、人均公共绿地面积。政策性可控因子属于政策可控的变量,包括社会零售物价指数、职工人均工资和政策体制(享有政策的优惠程度和经济自主权)3个自变量。

(续表)

序号	城市	E 值	序号	城市	E 值	序号	城市	E 值
34	长沙	−0.66	38	连云港	−0.93	42	银川	−1.30
35	太原	−0.66	39	南昌	−0.93	43	呼和浩特	−1.44
36	南宁	−0.87	40	贵阳	−1.22	44	西宁	−1.69
37	西安	−0.92	41	兰州	−1.25			

资料来源：张道宏：《我国城市第三产业发展水平的综合评判》，载《当代经济科学》1998年第1期。

* $E = 4\%Z(1) + 18.7\%Z(2) + 8.7\%Z(3) + 7.5\%Z(4) + 4.9\%Z(5)$, $Z(i) = \sum_{j=1}^{20} \mu_{ij} X_i$ ($i = 1 \sim 5$), 其中 μ_{ij} 为第 i 个特征向量的第 j 个值, X_i 为指标变量样本值的标准变换值。

从总体上看，中国城市服务业综合发展水平呈现出与经济发展水平相似的东高西低的态势。排在前10位的除北京外，均为沿海开放城市和经济特区城市，而且都是东部城市；排在前20位的除重庆和武汉外，也全是东部城市，而中部城市除武汉排第19位，其余基本处于中等水平；西部城市除重庆和成都外，其余均处于落后水平。个别东部城市像秦皇岛(29)、连云港(38)虽区位优越，能够享受优惠政策，但因总体基础薄弱，不能均衡发展，也比较落后。如果将E值分解，可进一步了解各城市服务业的要素因子结构水平(从服务业发展水平好、中、差的样本中各选5个)，如表6-5所示。

表6-5

中国主要城市服务业因素结构分析

序号	城市	人力资本因子	基本经济因子	基础环境因子	政策性可控因子	总 计
1	上海	−0.047	5.007	−0.187	−0.002	4.711
2	北京	0.240	2.912	0.013	−0.109	3.056
3	广州	−0.140	2.496	0.043	−0.055	2.344
4	深圳	−0.025	1.272	0.845	−0.017	2.075
5	天津	0.005	0.994	−0.159	0.063	0.903
21	福州	−0.058	−0.258	0.093	0.004	−0.219
22	成都	0.108	0.048	−0.418	0.042	−0.22

(续表)

序号	城市	人力资本因子	基本经济因子	基础环境因子	政策性可控因子	总计
23	湛江	−0.189	−0.268	0.112	0.083	−0.262
24	北海	−0.147	−0.821	0.511	0.195	−0.265
25	济南	0.109	−0.300	−0.189	0.095	−0.285
40	贵阳	−0.004	−1.004	0.026	−0.241	−1.225
41	兰州	0.042	−0.852	−0.365	−0.076	−1.251
42	银川	0.089	−0.156	−0.221	−0.011	−1.299
43	呼和浩特	−0.001	−1.051	−0.189	−0.197	−1.438
44	西宁	0.007	−1.190	−0.398	−1.040	−1.685

资料来源：张道宏，《我国城市第三产业发展水平的综合评判》，载《当代经济科学》1998年第1期。

从表6-5可看出：拥有劳动力质量因子较高分值前7位的城市有北京、济南、成都、银川、兰州、西宁和天津，中西部城市占70%，而东部城市的劳动力质量因子分值反而较低。这说明，服务业发展水平较低的中西部城市，尽管地区经济相对落后，但由于国家计划布局的结果，劳动力的科技含量，即人力资本密度还是较高的，但由于环境、体制及劳动力价格过低等原因没有得到应有发挥；而东部城市较高的服务业发展水平主要取决于基本经济因子，与劳动力质量因子关系不大。由此说明，中国服务业的发展不是主要靠劳动力质量的提高来推动的，从而也说明了中国服务业整体上处于低级发展阶段。低水平发展的服务业自然决定了低水平发展的服务贸易。

6.3.3 对中国的若干启示

当代服务业的飞速发展，成为各国新一轮经济增长点；国际服务贸易的发展是继商品贸易之后世界经济发展的又一个助推器。虽然世界服务贸易的市场规模在动态上是不断扩大的，竞争也未必是"负和"或"零和"博弈，但在静态上、在短期内却是有限的，竞争必然是激烈的。

现实的情况是：一方面，由于中国的服务业和服务贸易起步晚、基础差，虽然发展很快，但与世界发达国家甚至与一些发展中国家相比，仍存在很大差距；另一方面，中国是一个人口众多的发展中国家，人力资源的优势因素与掣肘因素并存。在现代经济发展的大背景和体制转型的小背景下，年轻的中国服务业和服务贸易要谋求超常规发展,以求更快、更好地赶超发达国家,就必须改变发展模式,改善人力资本状况,将丰富的人力资源转化为不竭的人力资本,积极推进人力资本依托型的服务业和服务贸易发展战略,发挥现有优势,不断地构造新的优势。

中国服务业的产业内部结构是以劳动力密集型服务业为主,应该看到,这既是中国的比较优势所在,又是其不足之处。世界服务业产业结构的变动趋势,是由劳动密集型向技术知识密集型转变。技术知识密集型服务业包括的大多是生产者服务业部门。格鲁伯指出:"生产者服务部门乃是把日益专业化的人力资本与知识资本引进商品生产部门的飞轮。人们早就认识到人力资本与知识资本在经济增长中所起的重要作用。现在很明显,在相当大的程度上,生产者服务业构成了这种形式的资本进入生产过程的渠道。在生产过程中,它们为劳动与物质资本带来更高的生产率并改进了商品与其他服务的质量。"因此,要合理规划和安排服务业发展的总量目标和结构目标,在充分发挥中国劳动力密集型服务业竞争优势的同时,分阶段、有重点地发展高层次的技术知识密集型服务业,使服务业产业内部结构逐步优化,趋于合理,使服务业的发展真正建立在提高劳动生产率的基础上。

就服务业的经济增长方式而言,中国服务业长期处于国家控制之下,造成了服务业内部不同程度地存在"大锅饭"和官僚主义弊端,服务业技术管理落后,人员臃肿,效率低下。所以,尽快实现服务业的增长方式由粗放型、外延式向集约型、内涵式转变,不仅刻不容缓,同时也是社会主义市场经济的必然要求。

从服务业的就业结构来看,总体上,中国服务业从业人员素质不高,队伍不精干,另外,服务人员还存在着结构性短缺与过剩并存的现象。服务业的发展与兴旺离不开高素质的人力资源,为此,首先,应该考虑抓好学校教育,针对性地向服务领域输送高素质的人才。有关的战略思想要能体现服务业和服务贸易的发展趋势,不能囿于现状,要具有前瞻性。其次,做好在岗人员的再培训工作,更新、充实、拓展他们的理论知识和专业技能。

关于服务贸易,中国一方面要发挥优势,进一步扩大劳动力密集型服务的出口;另一方面,对于那些尚处于幼稚状态的技术知识密集型服务业加以适当保护,促使其尽快发展并渐进地对外开放。同时,有选择地输入一些人力资本含量较高的服务,发挥示范效应,带动服务业中的薄弱部门,尽快缩小差距。今后服务出口的发展路径应该是由以劳动力密集型服务出口为主、技术知识密集型服务出口为辅,到两者并举,最终达到以技术知识密集型服务出口为主、劳动力密集型服务出口为辅。

本章重要名词

产业空洞化 壁龛式经济 人力资本 服务业就业的弹性系数

本章思考题

1. 服务贸易比较优势决定因素有哪些?
2. 简述人力资本与实物资本的异同点。
3. 为什么说人力资本是一国服务业比较优势形成和保持的关键?
4. 简要阐述人力资本对服务贸易的作用机制。
5. 简要分析中国服务出口波动大的原因。
6. 从人力资本与服务贸易的比较优势两者关系的分析中,你认为中国发展服务贸易面临着哪些挑战?你对增强中国服务业的竞争力有何建议?

7

国际服务贸易政策

随着服务贸易在对外经济交往中占据越来越重要的地位,世界各国都十分重视本国对外服务贸易政策的取向,服务贸易政策成为各国对外经济政策的重要组成部分。同国际商品贸易一样,国际服务贸易领域也存在着自由主义和保护主义两种不同的观点,这两种观点反映在政策层面上,就表现为自由贸易政策与保护贸易政策。

7.1 服务贸易政策的演变

不言而喻,国际贸易政策不会早于国际贸易,只会与之同时或稍晚一些。各国制定国际贸易政策的出发点,是国际贸易对其政治、经济等诸方面的影响,以及各国对待国际贸易的态度。不同时期、不同国家的国际贸易政策往往是极不相同的。

早期的国际服务贸易规模较小,项目单一,在全部服务贸易收入中,运输服务和侨汇等相关的银行服务就占 70% 以上。新的服务贸易内容,如电信、计算机软件,甚至是信息高速公路、多媒体技术、知识产权类服务及其他与现代生活相关的服务,只是在第二次世界大战后才出现的,有些则是在 20 世纪 80 年代末、90 年代初刚刚兴起。因此,在贸易政策上,早期的服务贸易限制较少,再加上当时的世界政治经济体系主要由少数几个工业发达国家所操纵,所以,在全球范围内基本上采取的是服务贸易自由化政策。第二次世界大战后的一个时期,西方国家为了恢复经济,从国外大量引进服务人员,并欢迎技术转让和金融服务入境,于是,服务贸易进入了有组织的、商业利益导向的发展阶段。这一阶段,美国作为世界经济的"霸主",通过"马歇尔计划"和"道奇计划",分别对西欧和日本进行"援助",伴随着货物输出,大量的资金和技术等服务也输往境外,并取得了巨额的服务收入。在该阶段,发达国家总体上服务贸易壁垒较少,但发展中国家对服务贸易表现并不积极,相反却设置了重重障碍,限制境外服务的输入。

20世纪60年代以后,随着世界各国医治战争创伤的结束,经济迅速发展,大家普遍意识到服务外汇收入是一项不可忽视的外汇来源。同时,基于国家安全、领土完整、民族文化与信仰、社会稳定等政治、文化及军事目标,各国均对服务的输出入制定了各种政策和措施,其中不乏有鼓励性质的,但更多的是限制性的,再加上传统的业已形成的限制性经营惯例,从而极大地限制了国际服务贸易的发展。

由于服务贸易项目繁杂,方式多样,因此,规范它的政策和法规也就层出不穷,加之各国基于本国的发展水平和具体情况,又实施不同的管理手段,所以更加重了它的复杂性。如果说服务贸易自由化更多地体现于一些鼓励性的措施与法规的话,那么,服务贸易的保护则一般是依靠一国政府的各种法规和行政管理措施等非关税壁垒来实施的,很难对其加以数量化的分析。由于在壁垒和"合法"保护之间存在着许多"灰色区域",所以,服务贸易自由化目标的实现比商品贸易要困难得多,其中充满着不确定性和主观随意性。

从国家角度来看,发达市场经济国家因其国内服务业竞争力较强,一般主张服务贸易的自由化,要求发展中国家开放服务市场,以便它们具有优势的服务业进入发展中国家的服务市场。服务业比较落后和在某些服务部门不具备优势的发展中国家则不得不进行保护,对发达国家的服务业进入本国服务市场作出各种限制性规定。但有时为了引进外资和先进的服务,不仅开放某些服务项目,还常常以税收减免等优惠,鼓励外国的服务业进入本国市场。

7.2 自由贸易政策

服务贸易自由化本应囊括所有服务贸易形式,但以美国为首的发达国家最为关心的,则是国际服务贸易中增长最快的领域——生产者服务贸易的自由化,如银行、保险、电信、咨询、会计、计算机软件和数据处理,以及其他专业性服务的贸易自由化。这种关心不仅反映在"乌拉圭回合"多边服务贸易谈判中,也体现在理论研究的重点上。可以这样说,各国专注于服务贸易自由化的领域或行业,就是其认为具有较强竞争实力的领域或行业。在世界经济一体化的背景下,谁都不愿意将其比较劣势或较为虚弱的服务行业暴露于动荡不安的国际经济舞台上。因而,在国际服务贸易领域就形成了这样的一种局面,即各国都对其强势服务部门实行自由化政策,对弱势服务部门则实施保护。由于各国服务业的发展水平不一,各国的政策偏好相左,所以,很难找到一个"服务贸易自由化"的"交集",使之同时满足于发达国家和发展中国家,于是一场旷日持久的有关服务贸易自由化的谈判就不可避免了。更为有趣的是,至今还没有人能够从理论上证明服务贸易自由化绝对是"双赢"的,这恐怕可以成为各国尤其是发展中国家强调保护国内市场重要性的理论依据之一。

7.2.1 自由贸易与经济效率

自由贸易最为引人入胜之处,在于它能促进国际分工,提高劳动生产率,使经济富有效率。这在古典贸易理论那里是早已被证实的结论。经济有效率实质上是描绘这样的一种状态:一个行业以最小社会成本生产一定质量的产品;该行业产品的价格与将其提供给消费者而导致的社会成本之间近似无差异,即生产者与消费者共同使他们的福利实现帕累托最优,以至于不可能改善其中一个经济成员的福利而不损害其他经济成员的利益。从某种意义上说,经济有效率要求经济成员选择休闲而非工作,或选择商品和服务的动机没有被扭曲,这意味着商品和服务的相对价格及休闲的机会成本,能比较准确地反映商品与服务及工作相对于整体社会的价值。

然而,经济有效率并不要求所有国家都采用最先进的生产技术。考虑到不同国家不同的要素价格,经济有效率要求各国对生产技术的选择应该反映其要素禀赋的稀缺程度。经济无效率可以指未达到最优的投入产出组合,比如,不发达国家盲目投资资本技术密集型设备有可能导致低效率,因为缺乏训练有素的操作人员和充裕的资本。更为重要的是,投资之后由于生产成本较高,为了维持下去,要么以高价方式,要么以亏本方式把产品卖出去,在前一种情况下,只能导致竞争力的下降;在后一种情况下,生产只能是亏本运营。两种情况归结为一点,就是经济效率的完全丧失。分配无效率也可能发生在最终商品和服务的消费与生产中,比如,某种商品的价格享受补贴,尽管它们的稀缺性要求以更高的价格出售,但相对于其他商品而言,这种商品被过量地生产和消费。动态地看,无效率可能表现为资源未以最优方式在消费与生产之间进行分配,即储蓄与投资的动机被扭曲了。

从理论上说,提高经济效率的努力可以激发每个市场主体的潜力,但更重要的是,可能创造出得益者和受害者。尽管得益者的利可能补偿受害者的失而有余,从而改善总体福利状况,但为实现这种补偿而采取的政策往往因其复杂性和争议性而成本高昂。因此,提高经济效率的政策通常被某些人反对,反对者认为遭受损失者不会得到任何补偿。此外,政府一般也不愿意制定和实施那些通过改善经济效率而在中长期才会出现的经济收益,但政治代价却马上显现的政策。换句话说,一些干预政策的制定在实践中往往不是基于国家的利益,而是受到各种利益集团的影响。最终制定出来并付诸实施的政策,往往变成一种偏向政治上影响力大的利益集团的再分配政策。因此,即使从纯经济角度看,自由贸易并不一定总是最好的政策,但如果政策的制定是受不同利益集团影响的,那还是无偏向的自由贸易为好。

　　经济效率与经济政策的发展目标密切相关,发展目标是社会成员提高其今后商品和服务支配能力的努力方向,它们不一定与经济效率目标相抵触。生产率增长是经济发展的一项重要指标,生产率是指每单位投入或投入组合的产出水平,所以,在静态意义上与技术效率指标一致。衡量所有生产要素的生产率称为全要素生产率(total factor of production,TFP)。全要素生产率的增加幅度可用产出增长率与投入增长率之差来表示,当产出比投入增长更快时,全要素生产率就会提高。这在图 7-1 中表现为某技术无效率厂商的生产从 B 点移至最优生产边界上的 A 点。同样,也可能通过技术创新将最优生产边界即厂商的目标位置向右下方移动,这样,就可以通过较少的投入生产同等水平的产品。在图 7-1 中,假设一成本最小化厂商生产一定数量的产品 Y,由此需要两种进口的生产资料 x_1 和 x_2。等产量曲线 $Y=f(x_1,x_2)$ 代表最有效率地生产 Y 数量产品需要 x_1 和 x_2 的不同组合,等产量线上任何一点都是技术有效率点。然而,B 点相对于生产 Y 水平产品而言是有技术效率的,且 B 点的相对技术效率可以表示为 $\frac{OB}{OA}$。图中相对价格线 PP′切等产量线于 A 点,A 点既有技术效率,又具有分配效率。分配效率是以生产要素的组合为出发点,理论上,生产要素的最优组合由这些要素的相对价格决定,所以,分配效率反映了要素的相对稀缺性。据此可以断定图中的 C 点只有技术效率而无分配效率。需要指出的是,分配效率和技术效率的提高没有直接的联系。在图 7-1 中,从 C 点移至 A 点使分配效率得以提高,并降低生产成本,但并没有导致技术效率的任何提高。同样,对于 PP′价格线而言,从 C 点移至新的位于最优生产边界且代表更高效率的 D 点可以提高生产率,但并不意味着分配效率得到改善。因此,可以认为,强迫厂商面对国际价格的贸易改革与生产率的变化之间没有直接联系。

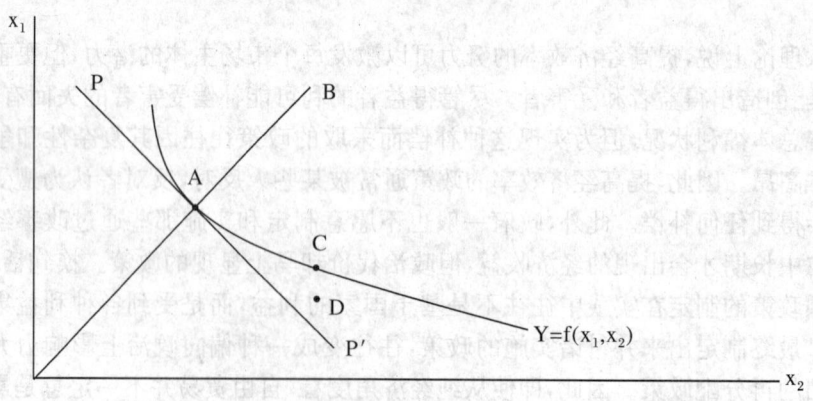

图 7-1　自由贸易与经济效率

一般地,贸易自由化可以排除阻碍新的合格生产者进入市场的壁垒,刺激那些有能力提供优质服务的厂商扩大生产,同时迫使那些能力有限的厂商退出市场,所以贸易自由化是实现规模经济、提高经济效率的途径之一。需要强调的是,将竞争引入严格管制下的行业,并不意味没有管制的竞争是服务的最优生产方式,贸易自由化的核心问题是如何求得管理与竞争的最佳组合,从而保证消费者可以获得物美价廉的服务。

通常认为贸易自由化与生产率增长之间成正相关关系,但也有人对贸易政策与全要素生产率增长的关系表示怀疑。这些争论主要表现在三个方面:其一,生产率的提高与自由化的联系。这种联系有多种解释:① 贸易壁垒的拆除使厂商直接暴露在竞争中,迫使其更加努力提高劳动生产率;② 自由化允许厂商参与更为广泛的国际市场竞争,如果这些厂商规模报酬递增且自由化导致厂商或行业产出增长,那么,平均成本将会下降,生产率得以提高;③ 将宏观经济稳定性与自由化效应结合起来。一个稳定的宏观经济环境可以创造健康的投资环境和引发技术革新和增长,伴随更高的投资水平,出现更快的资本替代率和更高的生产力增长率。通过社会稳定计划,某些贸易政策的变革可以导致更加稳定的宏观经济环境。现实中有一些事例证实了实现自由化后劳动生产率和全要素生产率都有所提高。例如,1971~1981年,智利实行贸易政策改革后,制造业平均劳动生产率提高了42个百分点;1986年,墨西哥贸易自由化后,制造业劳动生产率提高幅度由2%增加到4%;20世纪80年代中期,加拿大经济学家R·哈里斯和D·考克斯对美加实现自由贸易后,加拿大的得益进行了数量分析,他们的结论认为,实现自由贸易后,加拿大的实际收入将提高8.6%,这比一般不计量规模经济的估算高出2倍。很明显,总体上收入的提高与生产率的提高是密切相关的。其二,新增长理论。贸易自由化改变了厂商经营的市场条件,包括可用技术和投资R&D的动机等,促进了创新和技术变革,因为自由贸易比保护贸易提供更多的学习和创新的机会。这对企业家学习和创造新技术、新方法,为出口或与进口竞争等都提供了更大的激励。新增长理论强调提高生产率的四个内生变量:提高专业化程度带来的收益、人力资本存量增大带来的收益、"干中学"带来的收益以及投资R&D带来的收益。在这四个内生变量中,正的外部性导致更高的生产率增长率。其三,服务的相关理论。尽管许多理论试图找到生产率增长与贸易自由化之间的联系,但没有一种理论是令人信服的。另外,发展中国家实行贸易自由化后,厂商和产业的经验事实与许多现行理论相互冲突。新增长理论所强调的内生技术革新的结论,也只是在某些情况下符合这一联系,并且,这种分析大多针对制造业而不是服务业的,相比之下,有关国际服务贸易自由化效应的讨论显得不足。然而,有理由相信,服务业通过自由化不仅可以提高分配效率,而且可以提高生产率增长率,因为许多服务投入直接有利于新技术的创新和吸收。更为重要的是,国际服务贸易经常涉及生产要素而非产品的移动,它们更可能体现生产率增长的跨境外溢效应。因此,服务贸易自由化对促使生产率提高的技术创新的刺激,很可能比没有要素移动的商品贸易自由化的直接效应来得大。

7.2.2 服务贸易自由化的福利分析

福利效应分析是国际贸易纯理论的一项重要内容。基于商品贸易的传统国际贸易理论认为,自由贸易在理想状态下能够带来经济福利的增加。服务贸易自由化的福利影响要比商品贸易自由化来得复杂。

A. 基本模型分析

a. 前提假定

① 假设世界上有许多商品、要素、可贸易服务和国家,没有任何贸易或要素移动壁垒,市场完全竞争;② 有关要素的移动都是暂时性,不涉及国籍的变化;③ 若用 X、S 和 Q 分别表示商品、服务和既定要素禀赋的最大产出,则 i 国的生产可能性集合(production possibility set)为 $F_i=(X,S,Q)$;④ 假设该国的生产规模报酬不变,C 和 U 分别表示本国消费的商品和服务,K 表示本国产出中要素服务的使用量。若开放贸易则每一类别净出口的贸易向量(差额)为 $T=X-C, V=S-U, D=Q-K$;⑤ 假设 p^j、q^j 和 $r^j(j=a,f)$ 分别表示封闭情形或自由贸易情形时的 X、S 和 Q 的价格。

b. 主要内容与基本结论

在封闭情形下,有:

$$p^a C^a = p^a X^a; q^a U^a = q^a S^a; r^a K^a = r^a Q \tag{7-1}$$

由于生产都是有效率的,对于既定的封闭价格 p^a、q^a 和 r^a,在封闭情形下,生产达到价值最大化,即对于每一个 $(X,S,Q) \in F, (Q=k^a)$,有:

$$p^a X^a + q^a S^a - r^a k^a \geqslant p^a X + q^a s - r^a k^a \tag{7-2}$$

所以,有:

$$p^f C^a + q^f U^a - r^f Q = p^f X^a + q^f S^a - r^f k^a \leqslant p^f C^f + q^f U^f - r^f Q \tag{7-3}$$

借助该结论与显示性偏好弱定理,可知,

$$p^a C + q^a U^f - r^a Q \geqslant p^a C^a + q^a U^a - r^a Q \tag{7-4}$$

所以,

$$p^a T^f + q^a V^f + r^a D^f \leqslant 0$$

这表明,如果没有贸易和要素移动壁垒,各国都倾向于出口封闭状态下相对价

7 国际服务贸易政策

格最低的那种商品、服务产出和要素服务,因为这样可以实现潜在的贸易利益。服务贸易自由化进一步加强了服务专业化,有助于使国民收入不断提高。即使一个国家在某些服务领域不具有比较优势,从进一步加强生产活动的分散化方面看,自由化也会产生正面影响。上述模型只是从整体经济出发说明商品、服务和要素贸易均要实现自由化。模型虽没有对服务贸易作单独讨论,但至少给予了这样的启示,即研究服务贸易利益有必要从商品、服务及要素移动的整体角度进行。

c. 服务贸易自由化的福利效应特点

这里以信息服务贸易为例,并将其与商品贸易相比较,探讨服务贸易自由化福利效应的基本特点。

假定 H-O 模型的基本假设条件都成立,有一点例外,即有关在信息贸易中要素在国内可以自由流动,在国际间不能流动的假设不成立,因为作为信息服务贸易要素的信息虽不存在物理性质上的跨国流动情形,但与事实上的跨国流动的影响是一样的。由此构造两个国家 A 和 B,两种产品 X 和 S 的信息贸易模型。A 国是现代信息产品 X 禀赋丰富的国家,而现代信息服务禀赋 S 相对稀缺,B 国情况正好相反。若实现自由贸易,A 国向 B 国出口信息产品 X 以换取信息服务 S,B 国向 A 国出口信息服务 S 以支付进口的信息产品 X。假设信息服务和信息产品均不存在"二级市场",即购买者就是最终消费者,不存在再次被潜在消费者分享或被消费者盗版而出现二手销售市场的可能,这样就符合 H-O 模型要求。在图 7-2 中 $T_A T'_A$ 和 $T_B T'_B$ 分别表示 A、B 两国的信息生产可能性线,A 国向 B 国出口信息产品 $Q_A A$,进口信息服务 AC;B 国则出口信息服务 $Q_B B$ 以进口 A 国信息产品 BC。当然,信息服务和信息产品的数量和价值并非是一一对应的。由于不存在"二级市场",故 A 国贸易三角 $\triangle Q_A AC$ 与 B 国贸易三角 $\triangle Q_B BC$ 相等。C 点位于两国信息生产可能性曲线之外,信息自由贸易使两国福利都有所增加。

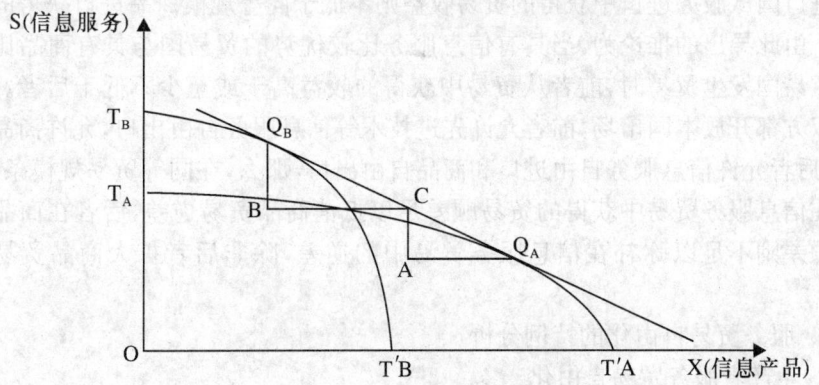

图 7-2 信息服务贸易自由化的效应分析

由于信息商品生产成本与使用规模无关,信息厂商一旦生产出信息商品后就能够以非常低的边际成本销售高附加值的信息商品,从而为信息厂商持续开拓信息市场提供了可能。因此,相对于生产或经销商品的厂商,信息厂商更重视信息市场特别是国际信息市场的开发。信息服务产品在被信息厂商自身销售中形成了二级信息市场,这一特征特别有利于开拓国际市场,因为信息服务的跨国界流动既可以是有形的生产要素的物理移动,也可以是无形的非要素、非物理的移动,前者如美国信息服务公司前往中国开设分支机构或合资办厂,后者如美国数据库公司在本土通过电信或国际互联网向中国公司提供信息服务,但其提供的信息服务规模与美国数据库公司数据库生产成本无关。另外,信息服务提供者生产成本与信息服务消费者的消费规模无关的特征,构成同等贸易条件下信息服务贸易福利收益大于商品贸易福利收益的基础。如果信息服务可以形成二级信息市场,那么,B国信息生产可能性曲线将不会收缩,只会维持不变,即使B国部分信息要素实际上已流到A国。A国生产可能性曲线将会像信息服务不形成二级市场的情形那样向外扩张。这样,B国生产点基本维持不变,消费点则移至C点,A国生产点将沿着雷布钦斯基线移动,消费点高于C点。

比较上述两种情形,可知在后一种情形中,A国在不损失本国信息生产可能组合的情况下使B国信息生产可能组合发生变化,且两国福利均得到实际提高。由此得出的结论与推论如下:① 在同等贸易条件下,贸易国从信息服务贸易中获得的福利大于或至少不小于从同等规模的商品贸易中获得的福利。由此导出的推论是,在同等规模的贸易中,贸易国在信息服务贸易中具有的比较优势所带来的竞争力高于或至少不低于在商品贸易中具有的比较优势所带来的竞争力。② 在同等贸易条件下,信息服务贸易比商品贸易更能同时提高贸易双方的福利水平,但信息服务出口国从出口中获得贸易收益高于同等规模商品出口获得的贸易收益,信息服务进口国从服务进口中获得的贸易收益则不低于同等规模商品进口获得的贸易收益。由此导出的推论为,当具有信息服务比较优势的贸易国与具有商品比较优势的贸易国发生贸易时,前者从贸易中获得的收益高于或至少不低于后者。如果贸易双方都开放本国市场,前者允许先进技术等信息服务自由出口,允许商品自由进口,后者允许信息服务自由进口和商品自由出口,那么,在同等贸易规模条件下,前者在信息服务贸易中获得的贸易顺差足以抵消商品贸易逆差,后者在商品贸易中的顺差则不足以弥补在信息服务贸易中的逆差,除非后者扩大商品贸易出口规模。

B. 服务贸易自由化的特例分析

a. 生产者服务贸易自由化

这里以第5章中的马库森理论为基础,讨论生产者服务贸易自由化的福利效

7 国际服务贸易政策

应。此处考虑仅存在商品自由贸易的情形。若用 C_Y 和 C_X 分别表示 Y 和 X 两种商品的消费量，P 表示价格，下标 g 和 a 分别表示商品自由贸易和封闭状况两种情形。根据一般的偏好标准，一国从贸易中得益的条件为：

$$C_{yg} + P_g C_{xg} \geqslant C_{ya} + P_g C_{xa} \qquad (7\text{-}6)$$

封闭情况下的市场出清方程和自由贸易的国际收支平衡方程分别为：

$$C_{ya} = Y_a, C_{xa} = X_a \qquad (7\text{-}7)$$

$$C_{yg} + P_g C_{xg} = Y_g + P_g X_g \qquad (7\text{-}8)$$

将(7-7)式和(7-8)式代入(7-6)式，得：

$$Y_g + P_g X_g \geqslant Y_g + P_g X_a \qquad (7\text{-}9)$$

将(7-9)式两边同时减去以自由贸易价格计算的要素成本，假定 K 为 Y 部门的单位要素收益，则：

$$(Y_g - W_g L_{yg} - k_g K) + (P_g x_g - W_g L_{xg}) \geqslant (Y_a - W_g L_{ya} - k_g K) + (P_g X_a - W_g L_{xa}) \qquad (7\text{-}10)$$

由于在市场均衡时，两行业的利润为零，故(7-10)式左边等于零，右边第一项必为非正数，因为在封闭状态下，要素比例 (K/L_{ya}) 一定不是生产 Y_a 的最有效率的方式，考虑到 Y_a 的价格将是自由贸易时的价格，其利润一定为负。因此，如果 $L_{xa}/X_a \geqslant L_{xg}/X_g$，产生贸易利益的充分条件为：

$$P_g - X_a - W_g L_{xa} = P_g - W_g (L_{xg}/X_a) \leqslant 0 \qquad (7\text{-}11)$$

这一结果表明 $P_g - W_g(L_{xg}/x_g) = 0$，即为零利润条件。由于 X 只投入劳动，且 $X = n^{1/B} S, L_x/X$ 随 X 的上升而下降，当且仅当 $X_g \geqslant X_a$ 时，(7-11)式成立。所以，$x_g \geqslant X_a$ 是贸易利益为正的充分条件。

但这个充分条件被马库森和密尔文证明不一定成立，如图 7-3 所示。一个小国 h(本国)相对于大国 f(外国)处于成本劣势，因为存在价格 P 和边际转换率(marginal rate of transformation, MRT)的扭曲。两国在达到自由贸易均衡时分别在 Q^h、Q^f 处生产，在 C^h、C^f 处消费，这样，相对于闭关自守状态下的均衡 A^h 和 A^f，小国 h 的福利不但没有得到改善反而恶化了。

因此，可以认为：① 相对于封闭状态，服务贸易自由化可以改善福利，且更趋近帕累托最优，但仅靠商品自由贸易无法完全实现自由贸易得益；② 以全球视角看，由于商品和要素价格均等化，投入呈规模报酬递增，世界在服务——要素贸易下的收入要高于纯粹商品贸易，服务自由贸易比商品自由贸易将获得更多的收益。或者说，某国要素贸易均衡下的要素总产量必然超过纯粹商品贸易均衡下的要素

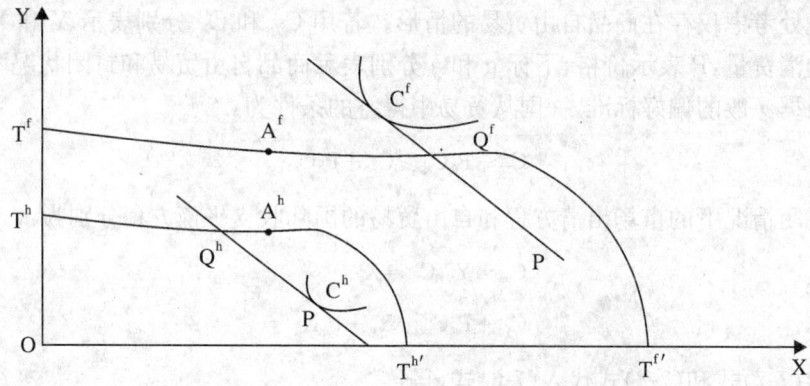

图7-3 大国与小国的成本比较与福利分析

总产量,这样,全世界的消费状况在服务贸易均衡下比在商品贸易均衡下更优,但这并不意味着每个贸易国的福利都可以在服务贸易自由化中得以改善。这也就说明,一方面,生产者服务贸易自由化可以给贸易国带来超过纯商品贸易自由化的收益;另一方面,生产者服务贸易自由化也可能会损害服务进口国的利益。下面可以作进一步分析。

假设在商品贸易自由化之后,在服务贸易自由化之前,本国专门生产商品1,外国专门生产商品2,如图7-4所示。每个国家都拥有两个行业,即生产最终产品用于本国消费或出口的商品生产行业和满足本国商品生产行业需要的服务行业。A点为商品自由贸易条件下的最初均衡点。假设本国用Y^0_1交换外国的Y^0_2,最初两国都在C点消费。市场竞争和要素的自由移动使各国都采用最有效的生产技术,但贸易壁垒使服务价格无法相等。TT曲线代表两国生产的最终产品的组合,即表明一国的服务可以被另一国厂商利用时的所有可能的生产组合。过A点的

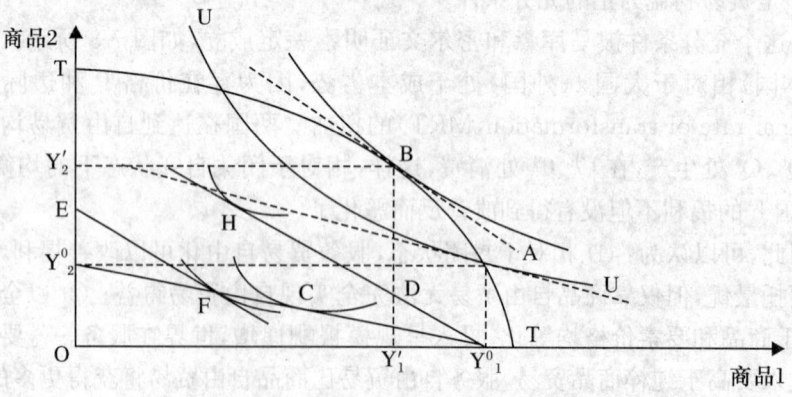

图7-4 服务贸易自由化的福利效应

直线斜率表示外国生产商品 2 和本国生产商品 1 所使用的服务边际产品量之比。如果取消所有服务产品贸易壁垒,那么,由于 TT 线上 A 点切线的斜率大于 UU 线上 A 点的斜率,故本国将出口服务直到新的贸易平衡点 B。本国商品 1 的生产将会收缩,因为一些基本生产要素直接或间接地流出商品 1 部门进入服务部门以满足服务出口。相反,外国商品 2 生产部门将会扩大,因为比其自身禀赋要多的基本要素被直接或间接地用于商品 2 的生产。这样,服务贸易自由化后,服务进口国的贸易条件将恶化。服务进口国出口商品价格的恶化是服务贸易自由化的成本之一。要判断服务进口国的福利是上升还是下降,应该把其商品相对价格的恶化与从国外获取更廉价的服务而产生的收益相比较。图中从 A 点到 B 点的移动显示了服务贸易自由化引起世界性效率的增加,但不能保证贸易双方都能分享这一收益。服务进口国的福利因服务贸易自由化而恶化的情形,究其原因在于本国服务生产者以出口服务的边际产品替代本国服务的边际产品,B 点的斜率代表在新的均衡中出口服务边际产品与本国服务边际产品的比率。本国的禀赋点由 Y_1^0 移至 D 点后,本国通过出口服务放弃($Y_1^0-Y_1^1$)单位的商品 1,换得 DY_1^0 单位的商品 2。同时,通过进口服务,外国获取额外的 EY_2^0 单位的商品 2,这里,$EY_2^0=(Y_2^1-Y_2^0)-DY_1^1$。这样,本国和外国的预算线分别穿过 D 点和 E 点,其斜率分别与 B 点商品价格比相等。结果,本国消费从 C 点上升到 H 点,福利得到改善;外国则从 C 点下降到 F 点,福利反而下降。由此可见,服务贸易自由化对于服务进口国来说未必是一件好事。另外,服务贸易不仅可以通过服务部门产出跨国流动的形式来实现,而且还可以通过服务部门技术交易或转让的形式来实现。但当本国具有服务技术优势并向外国免费转让技术时,外国仍可能会受到损害。

b. 服务要素贸易自由化

在许多情况下,由于服务的生产与消费必须同时进行,所以,服务产品往往是不可贸易的。如果假设服务要素可贸易,那么,要素贸易自由化不一定要求在消费国开业,有时只需要国内外服务生产要素的相互配合。如果假定影响服务产品贸易的壁垒属技术性壁垒,服务要素贸易壁垒属政策性壁垒,那么,消除后者可以使各国服务要素报酬趋于一致并间接影响服务产品价格。由于服务产品价格由国内市场而非由国际市场的供求所决定,服务要素流入将增加国内市场供给,使服务产品价格下降,也可能使生产要素从商品部门流向服务业。如果没有要素跨国移动的障碍,服务要素自由贸易将导致商品部门生产要素的流入或流出。鉴于商品和服务要素可以是互补的,也可以是替代的,服务贸易自由化将因对商品生产要素的管制(如税收)而发生扭曲,即产生隐含的收益或成本,从而使东道国可能成为受益者,也可能成为受害者。

现假设一国经济存在两个部门——商品生产部门和服务生产部门;商品市场

和服务市场都处于完全竞争状态；商品和服务生产规模报酬不变，均使用两种要素，即整个经济中具有固定供给总量的跨部门流动要素——劳动和每个部门所需要的特定生产要素——资本或技术。从短期看，后者的供给是固定的，但从长期看，若没有贸易壁垒，这种要素将可以跨国流动，从而其供给是可变的。生产技术分别用两个单位成本函数 $C^1(w,r_g)$ 和 $C^2(w,r_s)$ 表示，w、r_g 和 r_s，分别指工资率、商品和服务要素租金率；若 P_g 和 P_s 分别表示商品和服务价格，因市场处于完全竞争状态，且没有扭曲，则

$$C^1(w,r_g)=P_g \tag{7-12}$$

$$C^2(w,r_s)=P_s \tag{7-13}$$

假设当服务要素租金为 r_s^* 时，来自国外的服务生产要素的供给完全有弹性，但管制壁垒阻碍了服务要素贸易实现均衡。在没有税收和其他扭曲的情况下，一个小国若消除服务要素贸易管制壁垒，则其福利可以得到改善，并且 r_s 下降到 r_s^*。但是，由于假定税收使商品生产部门的私人成本与社会成本不等，为避免双重征税，投资母国通常对投资者给予税收减免，以 t_s^* 表示，t^* 的最大值为东道国的税率。实际上，一种次优方法是将东道国税率降至 t^* 以下，因为商品生产要素的实际社会成本是生产要素税后收入，即 $r_g^*(1-t^*)$。为使要素壁垒消除后服务要素的流入大于流出，必须有 $r_s > r_s^*$。然而，需要知道是谁能获得 $(r_s - r_s^*)$ 的差额。如果东道国将开业权拍卖给最高竞价者，那么，外国服务要素所有者将获得税前收益 r_s 和税后收益 $(1-t^*)r_s$，而它们在资源国最好的收益选择是 $(1-t^*)r_s$，在东道国获得开业权的价值等于 $(1-t^*)(r_s-r_s^*)$，东道国可以获得税收收入 t^*r_s。所以，东道国允许一单位服务要素从国外流入的直接收益为 $t^*r_s + (1-t^*)(r_s - r_s^*)$。如果东道国按照"先到先得"原则给予投资者开业权，那么，它的直接收益只是 t^*r_s。

如果没有税收，w_0 为均衡工资率，本国服务产品市场最初在价格 p_0 和就业水平 L_0 处出清，此时，服务部门的劳动边际产品价值就等于工资率，即 $P_0 MPL = w_0$。当服务要素流入后，若 p_0 不变，则边际产品价值曲线将会左转，服务业就业水平从 L_0 上升到 L_0'。但由于本国不可能全部占有外国服务要素的收入，也不可能要求它全部消费在服务产品上，所以，服务产品出现供大于求，价格将下降到 P_1。在新均衡点上，服务业产出肯定上升，但服务就业量可能上升，也可能下降。图 7-5 中，服务部门就业水平上升，商品部门则下降，即服务要素的流入导致商品生产要素的流出。如果相对于商品生产来说，服务生产是劳动密集型的，那么，除非对外国服务要素收入所征税赋高于商品要素收入而足以弥补要素密集度的差别，否则，本国福利将因自由化而遭受损失。

7 国际服务贸易政策

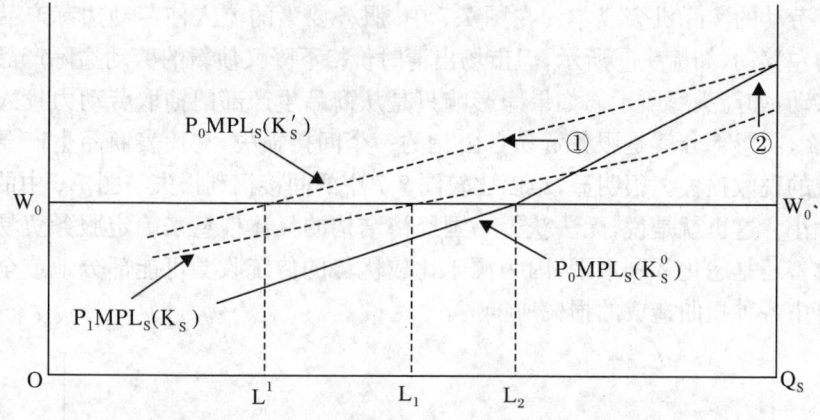

图 7-5 服务生产及要素流动

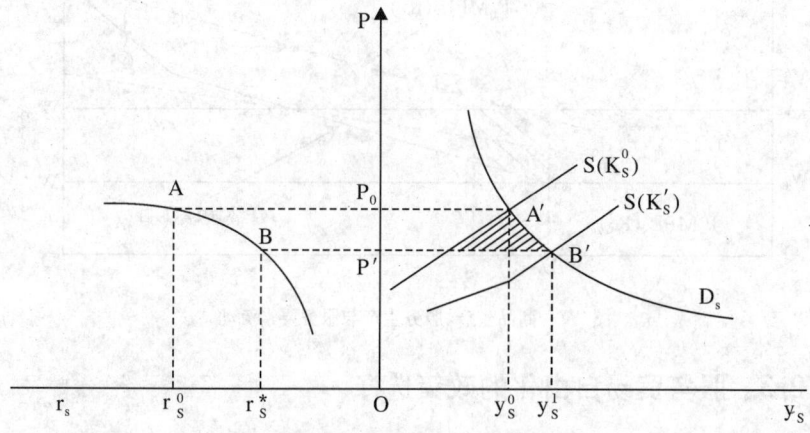

图 7-6 服务要素贸易自由化的福利效应

图 7-6 和图 7-7 有助于说明服务要素贸易自由化影响国民福利的各种因素。图 7-6 的左边表示零利润条件下 r_s 和 P 的关系,右边是服务产品的供给和需求曲线。在服务贸易自由化之前,东道国处于 A 和 A′ 上。如果 r_s^* 是国际服务要素价格,那么,开放服务业后,东道国服务要素价格将从 r_s^0 降至 r_s^*,服务产品价格从 P_0 降至 P',市场均衡点从 A 移至 B。同时,服务要素供给的增加使服务产品供给曲线向右平移并与需求曲线交于 B′。由于假定外国服务要素的收入没有被用于购买服务产品,故图 7-6 中服务产品的需求量上升,但需求曲线保持不变;由此可见,消费者受益于服务价格下降,但国内服务要素所有者受到损失,阴影部分表示服务贸易自由化的净收益。值得注意的是,这一结论是在税收没被扭曲的情况下导出的。当税率为 t^* 时,私人要素成本通常是社会成本的 $(1+t^*)$ 倍,而商品部门劳动工资

则低于劳动的实际机会成本。在图 7-7 中,服务要素的流入使劳动边际产品价值曲线向左移动,如箭头①所示,但市场出清时价格下降又使新的劳动边际产品价值向下移动,如箭头②所示。如果净影响只是从商品生产部门抽取劳动力投入服务业,那么,阴影部分就是服务贸易自由化的一个间接损失,它代表商品生产要素流出造成的税收损失。很明显,难以比较图 7-7 中的间接福利损失与图 7-6 中的净收益的大小。这也就是说,无法获得一国经济结构的具体信息来确定服务贸易自由化是改善还是恶化福利水平,因为源于比较优势的传统收益可能部分地或全部地被经济中各种扭曲造成的损失所抵消。

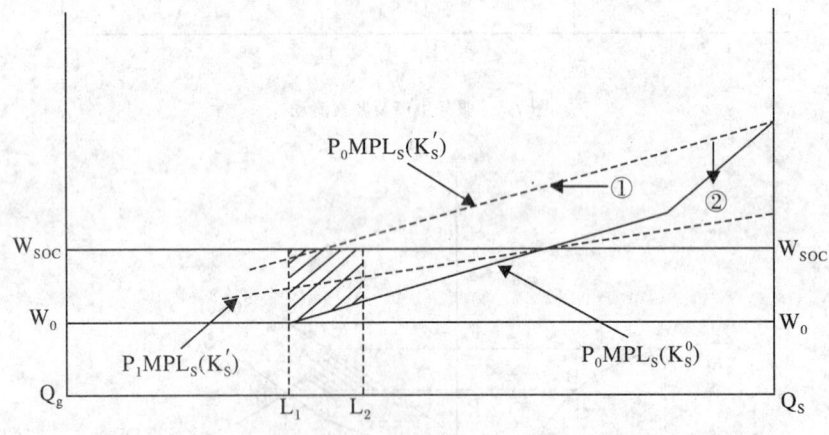

图 7-7　商品生产、服务生产与服务要素流动

7.2.3　服务贸易自由化的政策选择

从前面对服务贸易自由化的福利分析中可知,作为各种实际影响因素之一的自由化政策的不同选择,在很大程度上会给贸易国带来不同的福利收益和成本。

A. 服务贸易自由化的宏观影响

以上已基本从微观层次上分析了服务贸易自由化的影响,这里从国家整体角度探讨这一影响。

无论对发达国家还是对发展中国家,服务贸易都是一把双刃剑,它既可能危及国家安全和主权,也可能因为能够提高国家竞争力,而又最终维护国家安全。前已证明,服务贸易自由化给贸易国带来的福利收益大于同等条件下商品贸易自由化的福利收益,然而,服务贸易自由化进程需与国家竞争力和商品贸易自由化发展相适应,否则,将导致国家福利损失。

a. 服务贸易自由化与国家安全

服务贸易自由化进程中一个最为敏感的问题就是国家安全问题。国家安全涉及五种基本的国家利益,即政治利益、经济利益、军事利益、外交利益和文化利益。服务贸易比商品贸易更多地涉及国家安全问题。

对于发达国家,服务贸易自由化主要从以下几方面影响国家安全:① 可能削弱、动摇或威胁国家现有的技术领先优势,提高竞争对手的国家竞争实力;② 可能潜在地威胁国家的战略利益,特别是潜在地威胁国家的长远军事利益,因为服务优势有助于国家在未来的信息战中取得军事上的比较优势或绝对优势;③ 可能造成高技术的扩散而给国家安全造成潜在威胁,因为服务贸易中包含大量的高技术要素或信息,一旦这些要素或信息扩散到其他国家或被恐怖组织掌握,则可能危及国家安全或民族利益;④ 可能危及本国所在的国际政治与经济联盟的长远利益。基于这些理由,发达国家或技术领先国家认为,有必要长期保持其在国际市场中的技术领先地位,以此获得最大的国家政治、经济和外交利益,并期望通过限制先进技术等服务的出口长期保持对技术落后国的信息优势。于是,发达国家之间或内部就出台了各种限制服务出口的政策措施。

对于广大发展中国家,尽管它们迫切需要进口包含大量先进技术信息的现代服务,但又不能不考虑进口服务带来的各种可能危及国家安全的负面影响。印度学者 V·潘查姆斯基将服务贸易自由化对发展中国家的影响概括为九个方面:① 使发展中国家丧失其对经济政策的自主选择权,发展中国家目前许多通行的管制是为了加强对国内服务部门的控制,发展服务业以使出口多样化。② 将进一步加深发展中国家对发达国家的经济依赖,使其几乎丧失执行符合本国利益的国内政策的空间。③ 使发达国家金融机构凭借其在金融服务和国际货币发行领域的优势,削弱发展中国家政府在金融货币管理领域发挥积极的管理作用。④ 由于发展中国家与发达国家在商品与服务生产率上的差距日益扩大,服务贸易自由化将永远使发展中国家在服务领域依赖发达国家,并使发展中国家服务业的国际化程度缩小。⑤ 发展中国家一旦放弃服务贸易的控制权,它们的新兴服务业,如银行、保险、电信、航运和航空等将直接暴露于发达国家厂商的激烈竞争中。⑥ 使作为最大服务进口者的发展中国家短期内可能以两种方式影响其国际收支,首先,可能导致在国内市场上国内服务供应商被国外服务供应商所取代;其次,可能形成以进口服务替代国内服务使进口需求增加的局面。⑦ 可能从多方面影响国内就业。研究表明,低收入国家服务部门使用的劳动力超过发达国家服务部门使用劳动力的两倍,服务贸易自由化对发展中国家就业的影响要大大超过发达国家。⑧ 信息服务跨国流动不仅导致一种依赖,而且可能损害国家主权。信息服务贸易自由化的严重影响有二:其一,信息服务业包括信息传输网、网络终端、计算机服务和信息基础设施等高度集中于发达国家,由于电信成本下降,许多发展中国家的公司将会发现,通过海外信息服务业拥有其自身的设计、计算和加工数据库将更为经济且方便,这种信息的大量外流造成国家信息资源严重损失;其二,信息服务贸易依赖性使发展中国家更易受外国的压制,因为那些对于发展中国家经济发展意义重大的核心信息资料,可能由于政治、经济或其他原因而受到外国政府的控制。⑨ 服务贸易自由化可能会损害发展中国家的国家利益和消费者利益。

发展中国家对服务进行管制,一是为了国家安全,保护文化价值和减少依赖程度;二是为了保护消费者利益。概括起来,服务自由化主要从以下几方面影响发展中国家的国家安全:① 可能对其幼稚服务业,特别是国有或国家控制的企业,造成毁灭性打击,不利于保护本国民族服务业,影响本国就业,动摇国家经济独立性的基础;② 由于要取消对外国投资的某些限制,从而对本国金融服务市场稳定和安全构成潜在威胁,进而可能影响国家政权的稳定;③ 由于服务大量进口诱使外汇外流,不利于发展中国家实现国际收支平衡目标,从而可能弱化国家的总体经济目标;④ 可能影响本国电信服务市场的正常发展,这不仅可能弱化对国家政治、军事和经济机密的保护,而且可能侵犯国家主权;⑤ 可能威胁本国文化市场的安全,威胁本国民族文化的独特性和创造性,从而影响本国精神文化的正常发展。基于这些原因,发展中国家制定各种非关税壁垒限制外国服务的进口,以此实现本国经济发展目标,或抵御外国文化入侵,防止"服务帝国主义"。

然而,需要指出的,也是下面将要讨论的是,以国家安全或其他理由对本国服务贸易进行出口控制或进口限制的保护政策,都将面临一定的保护成本。所以,无论是发达国家,还是发展中国家,都面临在国家利益、国家安全利益与服务贸易利益三者之间进行权衡或抉择的问题。在不同时期,三种利益的权重对于政府决策者来说可能不同,但国家利益应随着经济规模的扩大而不断扩散和增长,国家安全利益与服务贸易利益之间的利益分割线有可能是一条随时间而波动的曲线。

b. 服务贸易自由化与国家竞争力

由图 7-8 可知,国家安全利益与服务贸易利益之间的利益分割线是一条波动曲线,其原因在于服务贸易将给贸易国带来强有力的竞争力。前面分析已经表明,服务贸易自由化推动服务部门专业化的发展,而服务部门专业化一方面产生规模经济效应;另一方面导致服务部门技术标准化和服务综合化。这些均构成一国服务部门竞争力的基础。政府在权衡国家安全利益和服务贸易利益时将随时间而波动,有时可能更多地强调国家安全利益,有时则更多地考虑维护或提高竞争力。比如,军用信息技术往往领先于民用信息技术,一旦前者转化为后者将会极大地推动工业、服务业,特别是服务贸易的发展,但当国家安全的要求特别强烈时,不仅限制军民两用信息技术出口,而且还限制这种转化,最终可能损害国家经济竞争力。

7 国际服务贸易政策

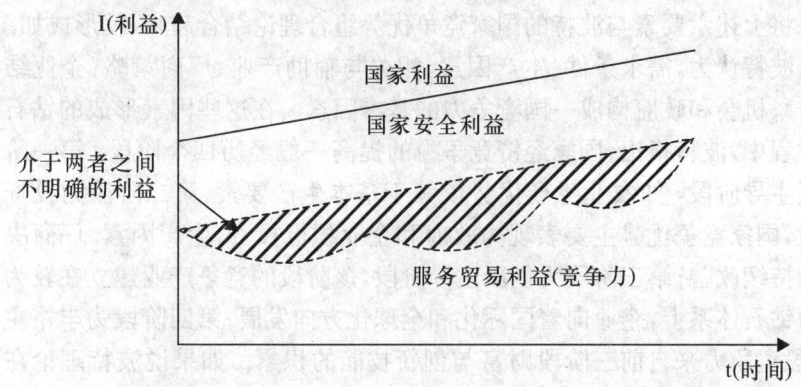

图 7-8 国家利益、国家安全利益与服务贸易利益之间的关系

图 7-8 的形状是建立在服务贸易自由化可以提高竞争力的假设基础之上的,这种假设先后被 M·波特等经济学家从不同角度给予理论分析和数据论证。获得低成本优势和寻求产品差异性,是服务贸易自由化提高厂商乃至国家经济竞争力的基础。在此基础上,服务贸易给予厂商或国家竞争优势的基本要素可分解为六个:① 服务技术(高技术)要素。服务贸易或依靠服务技术基础设施,或借助物理载体和其他高技术方式来实现,从而促使厂商及时采用各种最新信息技术以获取成本优势和产品差异,提高竞争力。② 服务资源要素。高昂的初始投资产生的服务贸易对象如数据库、网络信息、软件、音像制品、专利技术;文艺作品或其他知识产权产品等,构成国家服务资源的基本要素之一。与自身开发服务资源相比,服务贸易使厂商能够获得相对低成本的服务资源而取得竞争优势。③ 服务管理要素。现代服务产品多属于技术与管理密集型产品,服务贸易过程既是实施服务管理的过程,又是提高服务管理技术和质量的过程。服务贸易提高厂商的服务管理效率。④ 服务市场要素。服务贸易自由化为国内厂商提供了一条利用国际服务市场的可能途径,外国服务厂商进入国内市场将加剧国内服务市场竞争,导致服务价格下降和服务质量提高,从而给外向型厂商提供了低成本参与国际竞争的外部条件,提高了本国厂商的国际竞争力。这四种要素不仅给厂商带来竞争优势,而且也给政府带来管理效率,这无疑间接地提高了国家的竞争优势。⑤ 服务资本(投资)要素。前面已指出,服务贸易往往与对外直接投资活动紧密联系在一起。服务贸易带来外国直接投资,而外国资本的持续流入需要各种跨国服务来支持,这既是跨国公司产业内贸易的需要,也是市场全球化发展的需要。外国资本的持续流入将不断提高本国市场的开放度,而本国市场开放度被认为是国家竞争力的指标之一。⑥ 服务产品要素。服务贸易内含的服务技术、资源、管理、市场和投资诸要素的有形或无形跨国流动,必然促进服务产品的生产和销售,从而促进国家产业升级和服务产业规模发展,提高国家整体竞争力。

如果将上述六要素与波特的国家竞争优势组合理论结合起来,就形成如图 7-9 的形式。波特认为,需求条件、生产因素、相关与辅助产业、厂商策略(企业结构和行业竞争)、机会和政府构成一国竞争力的基本因素。在这些因素形成的钻石体系的演变过程中,波特指出,国家经济竞争力的提高一般经历四个阶段:第一阶段为生产因素主导阶段,如农业生产优势依赖于基本生产要素;第二阶段为投资因素主导阶段,国家竞争优势主要表现为政府和企业积极投资,生产因素、厂商决策和竞争环境持续改善;第三阶段为创新主导阶段,该阶段的竞争产业建立在较为完整的竞争力钻石体系上,企业向着国际化和全球化方向发展;第四阶段为丰裕主导阶段,该阶段竞争力来自前三阶段财富与创新技能的积累。如果说波特理论在一定程度上反映国家竞争力变化过程的话,那么,服务贸易将对除第一阶段外的其他三个阶段的发展产生影响,而且这种影响随着经济竞争力水平的提高而不断加深。

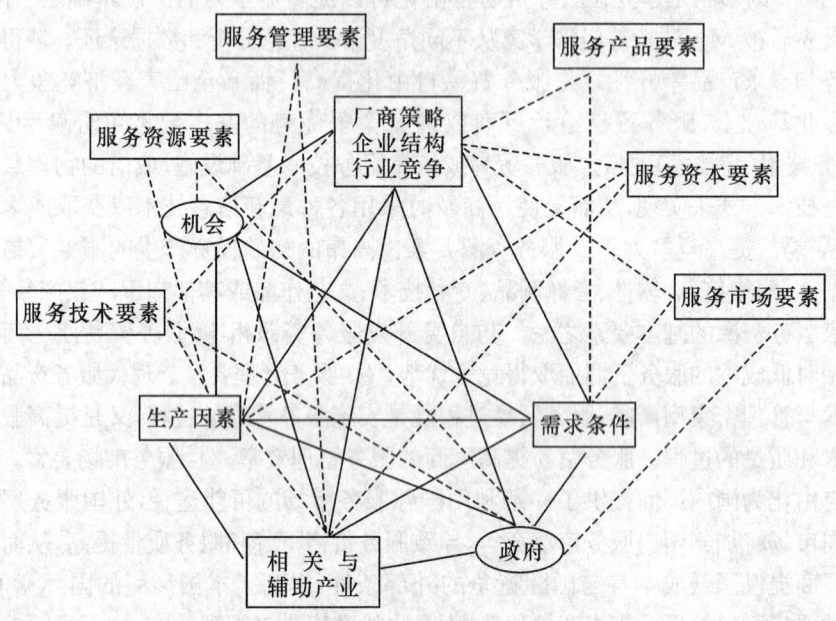

图 7-9　服务贸易与国家竞争优势的内在联系

根据瑞士洛桑国际管理学院(IMD)发布的 2006 年和 2005 年度全球竞争力排名报告,经济景象如日中天的美国拔得头筹,见表 7-1。

该报告说,美国的竞争力在全球国家中遥遥领先,且无转弱的迹象。报告强调,美国的竞争力主要来自利用创新的独特能力,例如,美国利用电脑、生化科技和通信技术转化为企业获利的能力超过其他国家。由此可见,服务业和服务贸易在美国经济竞争力中的重要作用。

表 7-1
2006 年和 2005 年 IMD"世界竞争力指数"(WCI)的排名(61 个经济体)

经 济 体	2006 年 WCI 排名	2005 年 WCI 排名	经 济 体	2006 年 WCI 排名	2005 年 WCI 排名
美国	1	1	以色列	25	25
中国香港	2	2	德国	26	23
新加坡	3	3	比利时	27	24
冰岛	4	4	法国一地 (Ile-de-France)	28	33
丹麦	5	7	印度	29	39
澳大利亚	6	9	苏格兰	30	35
加拿大	7	5	捷克共和国	31	36
瑞士	8	8	泰国	32	27
卢森堡	9	10	中国浙江省	33	20
芬兰	10	6	西班牙东北部一地(加泰罗尼亚)	34	32
爱尔兰	11	12	法国	35	30
挪威	12	15	西班牙	36	38
奥地利	13	17	印度马哈拉施特拉邦 (Maharashtra)	37	42
瑞典	14	14	韩国	38	29
荷兰	15	13	斯洛伐克共和国	39	40
巴伐利亚(德国一地)	16	18	哥伦比亚	40	47
日本	17	21	匈牙利	41	37
中国台湾	18	11	希腊	42	50
中国大陆	19	31	葡萄牙	43	45
爱沙尼亚	20	26	南非	44	46
英国	21	22	斯洛文尼亚	45	52
新西兰	22	16	约旦	46	44
马来西亚	23	28	保加利亚	47	
智利	24	19	巴西圣保罗 (Sao Paulo)	48	43

(续表)

经 济 体	2006年WCI排名	2005年WCI排名	经 济 体	2006年WCI排名	2005年WCI排名
菲律宾	49	49	意大利	56	53
意大利北部一地（Lombardy）	50	41	罗马尼亚	57	55
土耳其	51	48	波兰	58	57
巴西	52	51	克罗地亚	59	
墨西哥	53	56	印度尼西亚	60	59
俄罗斯	54	54	委内瑞拉	61	60
阿根廷	55	58			

总之，服务贸易自由化既与一些敏感性问题，如国家安全，特别是经济安全和文化安全密切相关，又对国家经济竞争力的提高发挥着越来越强烈和越来越广泛的影响。正因为如此，目前还没有一个国家愿意完全开放本国服务市场，也没有一个国家倾向于执行严格的服务进口替代政策。

B. 发达国家服务贸易自由化的政策取向

发达国家对发展中国家开放本国服务市场的条件是以服务换商品，即发展中国家以开放本国服务市场为交换条件要求发达国家开放其商品市场，而对于同等发达国家或地区，则需要相互开放本国服务市场，这就是所谓的"服务贸易补偿论"。另外，发达国家还以维护国家安全和竞争优势为借口，强调有必要对本国服务出口采取管制政策。需要指出的是，发达国家强迫其他国家开放服务市场，以及限制本国涉及敏感性问题的服务出口，都是以它们自身的利益为出发点。对此发展中国家必须采取相应的对策。

C. 发展中国家服务贸易自由化的政策取向

很明显，不能简单地得出结论，服务贸易自由化是否符合发展中国家的利益。然而，在服务贸易自由化大趋势下，发展中国家能否从中获利，在很大程度取决于自身的政策取向。

发展中国家为保护国家经济安全和文化遗产，甚至为捍卫国家主权，对外国服务进出口采取种种限制乃至完全禁止的政策是可以理解的。在现阶段完全开放本国服务市场，特别是金融服务市场，对于发展中国家是不现实的自由化理想，至少对于本国经济安全来说是危险的，特别是对那些经济规模较小的发展中国家。然而，如果完全封闭本国服务市场，这既难以有效做到，又会带来一些保护成本。因此,发展中国家既难以选择传统的保护战略,特别是像工业那样选择传统的进口替代战略,又不能选择一步到位的完全自由化战略,于是,混合型、逐步自由化的服务贸易发展战略就成为发展中国家的备选方案。发展中国家在服务贸易自由化进程中,应注意两点:一是开放的基本步骤和顺序;二是每个基本步骤和顺序中涉及哪些服务部门或服务领域,它们对于开放服务市场的影响如何。按照这样的思路,发展中国家开放本国服务市场可以按照以下五个步骤进行。

(1) 逐步放松国内服务市场的管制。对于大多数发展中国家来说,放松对本国服务市场的管制是服务贸易自由化的首要步骤。在该阶段,发展中国家面临的主要问题是,如何在放松管制与允许外国服务企业进入之间作出选择以提高本国福利。对于发展中国家来说,服务贸易自由化是一个渐进的过程,不可操之过急。那些推进本国服务市场特别是金融服务市场自由化步伐过快的国家,如泰国等,正在接受现代服务市场开放过度所带来的重大金融挑战。本国经济容量较小,经济增长放慢,服务市场开放度超越商品贸易和服务贸易自由化进程,成为1997年下半年东南亚金融危机的部分内因。东南亚金融危机从一个侧面说明,保持本国服务市场的适度开放,特别是与商品贸易和服务的开放度相互适应,对于那些期望借助服务贸易提高经济竞争力的发展中国家来说,不仅重要,而且必要。

(2) 逐步开放本国商品贸易市场,降低商品关税水平。开放本国商品贸易市场是开放服务市场的充要条件,或者说,只有先在本国商品贸易上逐步实现自由化,方能谈得上服务贸易自由化问题,至少说,服务贸易自由化步伐不能快于商品贸易自由化进程。原因在于,前面的理论分析已经表明,如果本国商品贸易被关税扭曲的话,允许本国服务贸易自由化将比在闭关自守情形下的损失更大,小国的损失比大国更大。现代信息服务贸易是服务贸易的核心领域。现代信息服务贸易自由化更应当与现代信息产品贸易自由化相互适应。目前,发达国家已大幅度削减其在信息产品上的关税水平,部分新兴工业化国家和地区也对信息产品贸易采取了低关税政策,为这些国家和地区推行信息服务贸易自由化做好了准备。然而,大多数发展中国家在信息产品上的关税水平依然较高,如果要求这些发展中国家也像发达国家或部分新兴工业化国家和地区那样开放本国信息服务市场,其结果对发展中国家来说将是灾难性的,至少本国因此而获得的福利收益不会比不这样做更好。这都说明,发展中国家甚至多数新兴工业化国家和地区在服务贸易自由化方面还要走很长的路。事实上,即使是发达国家,也会由于它们在服务产品领域竞争力的差异而对服务贸易自由化表现出不同的态度。

(3) 逐步开放服务产品市场,减少服务产品领域非关税壁垒。理论研究表明,一国开放服务产品市场与开放服务要素市场的顺序将会给国家带来不同的福利影响,不同顺序的政策选择带来的收益又会因不同的环境限制而有所不同。在服务贸易领域,由于服务对于国家安全的重要性,将之放在商品市场的开放之后是合适的和稳健的政策选择。目前,发达国家也没有完全对外国服务提供者开放本国服务产品市场,在下面一节中我们还要讨论这一问题。由此看来,多数发展中国家距离开放本国服务市场所要求具备的条件和环境依然十分遥远。

(4) 逐步开放服务要素市场,减少有形服务贸易的关税和非关税壁垒。服务要素主要包括技术、资本和管理等。一旦发展中国家开放本国服务要素市场,就离实现服务贸易自由化的目标不远了,开放服务要素市场意味着国内服务竞争力的增强。事实上,目前即使发达国家也没有完全开放本国服务要素市场,限制劳动力跨国提供服务的措施依然大量存在,特别是在欧盟成员国中。逐步减少或拆除服务产品即服务载体贸易上的关税和非关税壁垒,是发展中国家服务贸易自由化进程中的一项重要内容。

(5) 服务贸易自由化。实现服务贸易完全自由化在理论上是可行的,对于世界福利是最优的,但在现实中难以实现,至少难以被多数国家接受。现实中的服务贸易自由化必然是有约束的服务贸易自由化,即存在一定的政府干预和管制。

服务贸易自由化需要逐步进行,发展中国家在此进程中享有较大的政策操作空间。只要这些政策措施得当,发展中国家在服务贸易自由化中获取的收益就有可能超过损失。

综上所述,只有提高经济竞争力,才能从根本上维护国家安全,特别是经济安全,而只有维护基本的国家经济安全,才可能谈得上提高经济竞争力。发达国家采取提高竞争力的放松出口管制政策,发展中国家采取放宽进口限制的渐进自由化政策,构成世界服务贸易自由化进程的第一步。出于国家安全和竞争力考虑,服务贸易既不可能出现古典式的纯粹自由贸易,也不可能出现像传统的工业进口替代那样的保护贸易,有管理的服务自由贸易最有可能成为各国发展的预定目标,但这也需要经历一个漫长的过程。

7.3 保护贸易政策

随着服务贸易在全球贸易中地位的日益突出,对服务贸易的保护越来越为各国政府所重视。对商品贸易的保护,人们很容易用关税和非关税壁垒来加以概括,但对服务贸易的保护却不那么直观、简单,无论在形式上还是在内容上,都远比商品贸易复杂、严厉。《服务贸易总协定》的签署,标志着服务贸易将成为今后世界贸易组织多边贸易谈判的重点。那么,如何正确认识各国的服务贸易保护,通过谈判逐步开放各国的服务市场,实现服务贸易自由化,就成为迫切需要解决的问题。

7.3.1 服务贸易壁垒及其种类

A. 服务贸易壁垒产生的原因

既然服务贸易自由化能够给有关贸易国带来一定的好处,那么,为什么在现实经济中服务贸易比商品贸易存在更多的阻碍?原因至少有三:其一,微观经济学根源,即政府实施干预的主要依据在于自然垄断、信息不对称和经济外部性。其二,政府出于本国经济独立性的考虑。在一国之中,许多服务业部门,如交通运输、通信、电力、金融等属于一国经济的关键部门。一旦这些部门为外国控制,一国经济的独立性就会受到极大威胁,甚至会导致所谓"依附经济"的产生。一旦形成这种局面,一国的经济及对外贸易的发展对其本国人民来说是十分有限的,甚至是有害的,从而出现所谓"贫困化的经济增长"或"没有经济发展的经济增长"。其三,政治、文化上的考虑。这是服务贸易保护主义不同于商品贸易保护主义的一个十分重要的方面。教育、新闻、娱乐、影视、音像制品等服务部门虽非一国国民经济命脉,但却属于意识形态领域。任何国家的政府都希望保持本国在政治、文化上的独立性,反对外国文化的大量入侵,因此对这些部门进行保护。

B. 服务贸易壁垒及其种类

所谓服务贸易壁垒,一般指一国政府对外国服务生产者或提供者的服务提供或销售所设置的有障碍作用的政策措施,即凡直接或间接地使外国服务生产者或提供者增加生产或销售成本的政策措施,都有可能被外国服务厂商认为属于贸易壁垒。服务贸易壁垒当然也包括出口限制。服务贸易壁垒的目的:一方面在于保护本国服务市场、扶植本国服务部门,增强其竞争力;另一方面旨在抵御外国服务进入,削弱外国服务的竞争力。

据 GATT 统计,目前国际服务贸易壁垒多达 2 000 多种。与商品贸易相似,服务贸易壁垒也大体划分为关税壁垒与非关税壁垒两大类;与商品贸易不同,非关税壁垒在服务贸易理论分析中占有更重要的位置。有关服务贸易壁垒分类的讨论有许多,下面介绍两种分类。

R·鲍德文将主要贸易壁垒分为12种,美国经济学家 S·本茨将其中的 11 种分成两大类别应用于服务业。第一类是投资/所有权问题,包括以下几种:① 限制利润、服务费和版税汇回母国;② 限制外国分支机构的股权全部或部分由当地人持有或控制,这基本上等同于完全禁止外国公司进入当地市场;③ 劳工的限制,如要求雇佣当地劳工,专业人员须经认证以及取得签证和工作许可证等;④ 歧视性税收,如额外地对外国公司收入、利润或版税征收不平等税赋等;⑤ 对知识产权、商标、版权和技术转移等信息贸易活动缺乏足够保护。第二类是贸易/投资问题,包括以下几种:① 政府补贴当地企业并协助它们参与当地或第三国市场的竞争;

② 政府控制的机构频繁地执行一些非盈利性目标,以限制外国生产者的竞争优势;③ 繁琐的或歧视性许可证规定、收费或税赋;④ 对外国企业某些必要的进口物质征收过高的关税,或直接进行数量限制,甚至禁止进口;⑤ 不按国际标准和惯例生产服务;⑥ 限制性或歧视性政府采购规定。

上述服务贸易壁垒的分类较为零散,不便于理论分析。于是人们选择了一种比较合适的分类方法,即把服务交易模式与影响服务提供和消费的壁垒结合起来进行分类,从而将服务贸易壁垒划分为产品移动、资本移动、人员移动和商业存在壁垒四种形式。

(1) 产品移动壁垒。产品移动壁垒包括数量限制、当地成分或本地要求、补贴、政府采购、歧视性技术标准和税收制度,以及落后的知识产权保护体系等。数量限制如不允许外国航空公司利用本国航空公司的预订系统,或给予一定的服务进口配额;当地成分如服务厂商被要求在当地购买设备,使用当地的销售网或只能租赁而不能全部购买等;本地要求如德国、加拿大和瑞士等国禁止在东道国以外处理的数据在国内使用;政府补贴本国服务厂商也能有效地阻止外国竞争者,改变补贴可能改变某个厂商在本国服务贸易上的竞争优势,如英国政府改变在英学习的外国留学生的补贴,由此使得学费高到足以禁止留学的程度;政府采购如规定公共领域的服务只能向本国厂商购买,或政府以亏本出售方式对市场进行垄断,从而直接或间接地排斥外国竞争者;歧视性的技术标准和税收制度,如对外国服务厂商使用设备的型号、大小和各类专业证书等的限制,外国服务厂商可能比国内厂商要缴纳更多的交易附加税、经营所得税和使用设备(如机场)的附加税;缺乏保护知识产权的法规或保护知识产权不力,都可能有效地阻碍外国服务厂商的进入,因为知识产权既是服务贸易的条件,也构成服务贸易的内容和形式。美国政府估计,每年外国盗版影视片使美娱乐业出口损失约 10 亿美元,大约 80% 的影片不能从影剧院的票房收入中收回成本,即使加上出口,仍有大约 60% 不能收回成本。

(2) 资本移动壁垒。主要形式有外汇管制、浮动汇率和投资收益汇出的限制等。外汇管制主要是指政府对外汇在本国境内的持有、流通和兑换,以及外汇的出入境所采取的各种控制措施。外汇管制将影响到除外汇收入贸易外的几乎所有外向型经济领域,不利的汇率将严重削弱服务竞争优势,它不仅增加厂商经营成本,而且会削弱消费者的购买力。对投资者投资收益汇回母国的限制,如限制外国服务厂商将利润、版税、管理费汇回母国,或限制外国资本抽调回国,或限制汇回利润的额度等措施,也在相当程度上限制了服务贸易的发展。这类措施大量存在于建筑业、计算机服务业和娱乐业中。

(3) 人员移动壁垒。作为生产要素的劳动力的跨国移动是服务贸易的主要途径之一,也自然构成各国政府限制服务提供者进入本国或进入本国后从事经营的主要手段之一。种种移民限制和出入境繁琐手续,以及由此造成的长时间等待等,都构成人员移动的壁垒形式。在一些专业服务如管理咨询服务中,能否有效地提供高质量服务通常取决于能否雇佣到技术熟练的人员。比如,在美国与加拿大之间存在工作许可证制度,某个美国公司在加拿大的分公司需要维修设备,技术人员就在1公里之外的美国境内,但他们却不能进入加境内开展维修业务,而是从更远的地方,或用更多的等待时间雇佣加拿大维修人员来工作。又如,印尼通过大幅度提高机场启程税的方式,限制为购物而前往新加坡的本国居民数量。

(4) 开业权壁垒。开业权壁垒又称生产者创业壁垒。据调查,2/3以上的美国服务业厂商都认为开业权限制是其开展服务贸易的最主要壁垒。在与被调查厂商保持贸易关系的29个国家中都有这类壁垒,即从禁止服务进入的法令到东道国对本地成分的规定等。例如,1985年以前澳大利亚禁止外国银行设立分支机构,1985年后首次允许外资银行进入,但仅从众多申请机构中选择了16家银行,其选择标准是互惠性考虑和公司对金融制度的潜在贡献。加拿大规定外国银行在国内开业银行中的数量不得超过预定比例等。一般地,即使外国厂商能够在东道国开设分支机构,其人员构成也受到诸多限制。除移民限制外,政府有多种办法限制外国服务厂商自由选择雇员,如通过就业法规定本地劳工比例或职位等。美国民权法、马来西亚定额制度、欧洲就业许可证制度、巴西本地雇员比例法令等,都具有这类性质。有些国家还规定专业人员开业必须接受当地教育或培训。

如果按照"乌拉圭回合"谈判采纳的方案,服务贸易壁垒又可分为两大类:影响市场准入的措施和影响国民待遇的措施。虽存在某些无法归入以上两大类的其他措施,如知识产权等,但人们认为现在应集中探讨市场准入和国民待遇问题。市场准入措施是指那些限制或禁止外国企业进入国内市场,从而抑制市场竞争的措施。国民待遇措施是指有利于本国企业但歧视外国企业的措施,包括两大类:一类为国内生产者提供成本优势,如政府补贴当地生产者;一类是增加外国生产者进入本国市场的成本,以加剧其竞争劣势,如拒绝外国航空公司使用本国航班订票系统或收取高昂使用费。将贸易壁垒以影响市场准入和国民待遇为原则进行划分,也是较为有效的分类方法。原因在于:首先,它便于对贸易自由化进行理论分析。现有国际贸易理论一般从外国厂商的市场准入和直接投资环境两大角度,分析贸易自由化的影响;其次,它便于分析影响服务贸易自由化的政策手段。

为帮助进一步了解服务贸易壁垒主要种类及其在各行业的表现,表7-2和表7-3列出了常见的服务贸易壁垒种类及内容,从中可以知其概貌。

表 7-2

国际服务贸易壁垒简表

服务部门 壁垒形式	运输 空运	运输 水运	电信	数据处理	银行	保险	工程建筑	广告	影视	会计	法律	软件	旅馆
数量/质量限制	✓					✓		✓	✓	✓			
补贴	✓	✓	✓	✓									
政府采购	✓		✓	✓	✓		✓						
技术标准	✓		✓				✓						
进口许可			✓	✓	✓	✓							
海关估价			✓								✓		
货币控制及交易限制			✓		✓	✓			✓				
特殊就业条件					✓	✓				✓	✓		✓
开业权限制					✓	✓					✓		
歧视性税收			✓										✓
股权限制			✓	✓									✓

注:"✓"表示该项壁垒存在于该行业中。

资料来源:戴超平:《国际服务贸易概论》,中国金融出版社1997年版。

表 7-3

世界主要服务业贸易壁垒内容概要

1. 航空业	主要涉及国家垄断和补贴问题。世界各国政府一般都给本国航空公司提供优惠待遇,如把空运的货源和航线保留给国内航空公司;为本国飞机提供机构的优先使用权;要求国内用户接受本国航空公司的服务;对国内航空公司给予税收优惠。目前,国际间的航空服务贸易都是通过对等原则的双边协议进行的。
2. 广告业	对外来广告企业要求本国参股权及政府在广告业的竞争中偏袒本国企业是普遍现象。如外国广告企业在设立电视台经营电视广告是受严格限制的。另外,即使这种限制对国内企业一视同仁,但限制的目的也不是保护制造业,而是排斥外国电视广播。
3. 银行与保险	主要是开业权和国民待遇问题。对于开业权,许多国家禁止外国银行在本国设立任何形式的机构,有些国家虽允许设立分支机构,但这样的分支机构必须与母行中断业务上的直接联系。对外国银行的非国民待遇还表现在仅提供低储蓄地区(开业)、高税收率和限制财产经营范围。对于外国保险公司,一般还要求绝对控股权,以及禁止经营某些保险业务。

(续表)

4. 工程建筑	主要是开业权、移民限制和国民待遇问题。此类服务业是发展中国家的优势所在。对此,一些发达国家都不愿提供开业权。美国在开业权上就有较多的限制,日、美、西欧都坚持不放宽移民限制。几乎所有的国家都禁止外国公司承建某些工程,而且工程招标中偏袒本国公司。
5. 咨询服务业	许多国家对设在本国的外国咨询机构都要求参与权。如印度要求外国咨询公司必须与本国相应的机构合作经营业务。而且,咨询程序上的不透明也阻碍外国机构的活动。
6. 教育服务	教育服务与思想意识的传播关系密切,移民限制和歧视外国文凭是国际交流教育服务的主要障碍。
7. 医疗服务	主要问题是歧视外国医生的开业资格和对外国医疗设备的进口设立技术障碍。
8. 电信和信息服务	常遇到国家垄断和控制。另外,还有知识产权保护、"幼稚产业"保护、技术标准和不公平税收等。
9. 影视服务业	许多国家对本国影视直接拨款或通过税收优惠进行补贴,而对外国影视业则通过要求参与权、版权保护、进口的国家垄断、限制播放等加以抵制。
10. 零售商业	主要涉及各国内零售规则的透明度不够,不动产所有权、外国雇员的移民限制、利润汇返等。
11. 旅游业	与航空客运关系密切,诸如出入境限制、外汇管制、旅游设施所有权、开办旅行社和旅游购物等,都存在贸易壁垒问题。
12. 海运业	主要涉及国家特许经营与垄断、为本国海运公司保留货源、倾销性运价等问题。

资料来源:江林、王玉平:《关贸总协定法律体系运用指南》,华东师范大学出版社1993年版。

7.3.2 服务贸易保护程度的衡量

贸易政策保护程度的衡量,就是对一项或一揽子政策的水平、影响及有效性的数量评估。完善的保护政策衡量指标应具备四个特征:① 可比性,即在一定时期和一定政策范围内,衡量指标在国家之间或商品之间可进行比较;② 可解释性,衡量指标表达的涵义应简单明了;③ 准确性,衡量指标应相当准确,不会引起异议;④ 可操作性或可重复性,即衡量指标不仅可以被不同国家的人们操作,而且易于操作和重复检验。目前,衡量贸易政策保护程度的指标主要有三种:名义保护率、实际保护率和生产者补贴等值。

A. 名义保护率(nominal rate of protection, NRP)

这是衡量贸易保护程度最普通使用的指标。它通过测算世界市场价格与国内市场价格之间的差额,衡量保护政策的影响。世界银行将名义保护率定义为:由于保护引起的国内市场价格超过国际市场价格的部分与国际市场价格的百分比。用公式表示为:

$$NRP = \frac{国内市场价格 - 国际市场价格}{国际市场价格} \times 100\%$$

可举例说明,一国政府可通过提高国内信息网络上网费用达到限制外国信息服务进口,保护本国进口替代信息服务厂商的目的。国内网络使用费用高出国际网络市场价格的部分,相当于政府对消费者购买国外信息服务征收的关税。假定国内市场网络费率为1分/K,国际市场网络费率为0.20K,那么,该国信息服务市场的名义保护率为 $400\%\left[\frac{1-0.20}{0.20} \times 100\%\right]$。

如果一个国家对某种商品仅仅采取边境管制措施,那么,名义保护率的测度方法在评估贸易政策对产出水平的影响方面是有效的。在仅使用关税的情况下,可用名义保护率衡量有关商品的关税等值。然而,并不是所有的政策效果都可以通过价格差异来测度。在服务贸易领域,由于各国服务价格的差异往往不仅仅是由关税壁垒引起的,还与要素禀赋、技术差异、规模经济和不完全竞争等因素密切相关。服务贸易大多难以使用关税手段进行保护,这就限制了NRP在衡量服务贸易保护程度方面的作用。

B. 有效保护率(effective rate of protection,ERP)

"有效保护"概念最初是由澳大利亚经济学家M·科登和加拿大经济学家H·约翰逊提出来的。他们将有效保护定义为包括一国工业的投入品进口与最终品进口两者在内的整个工业结构的保护程度。假如这一结构性保护的结果为正,那么,其关税保护是有效的;反之,则是无效的。由此可见,一国的关税政策是否有效,不仅要看其最终产品受保护的程度,而且还要看受保护的那个产业的进口中间产品是否也受到了一定的保护,从而使得该产业的实际保护为正。这也就说明了,许多政策不仅影响产出价格,而且还影响投入价格。有效的关税保护取决于一个产业所面对的实际关税,而实际关税则是由中间产品即投入与最终品即产出的关税共同来决定的。有效保护率就是用来衡量投入和产出政策对价值增值的共同影响的指标。用公式表示为:

$$ERP = \frac{国内加工增值 - 国外加工增值}{国外加工增值} \times 100\%$$

或

$$ERP = \frac{最终品名义保护率 - \frac{中间品价格}{最终品价格} \times 中间品名义保护率}{1 - \frac{中间品价格}{最终品价格}} \times 100\%$$

由上式可以看出，计算服务贸易的实际保护率，需要获取有关服务业的投入—产出系数等信息资料，这些详细的信息资料往往难以获得。另外，实际保护率并没有反映导致产出扭曲的所有政策的效果，所以，影响生产要素价格的因素可能在价值增值中没有得到反映，因而没有被包括在实际保护率的计算中，这其中包含在衡量商品贸易领域保护程度中，广泛采用的国内资源成本（domestic resource costs, DRC）的计算。国内资源成本常以国内生产一单位商品的资源成本（以资源的社会机会成本衡量）与以外部价格衡量的该商品的增加值之间的比例来表示。国内资源成本分析就是试图找出那些一国具有真正比较优势的商品，它可以用来衡量一国保护某一产业的代价以及由其他扭曲（包括市场失灵和政府干预等）造成的福利损失。但计算国内资源成本，需要大量的与要素市场政策和要素产出系数有关的技术信息，这在服务贸易领域是不可行的，也是不现实的。

C. 生产者补贴等值（producer subsidy equivalent, PSE）

生产者补贴等值或生产者补贴等值系数（PSE coefficient）方法最早被经济合作与发展组织用于对其成员国农业政策和农产品贸易的分析报告。随着这一衡量方法在许多国家的运用过程中被改进提高，尤其是在"乌拉圭回合"多边贸易谈判中被政治决策者们广泛接受之后，这一指标正在日益受到重视，并不断完善。生产者补贴等值是用来测算关税和非关税壁垒，以及其他与分析相关的政策变量的保护程度的一种衡量指标。它是对政府各种政策包括支持、税收和补贴等的总体效应进行评估。通常可用两种方法获得生产者补贴等值：一是通过观察政府政策的预期效果；另一是通过观察政策措施引起的国内外价格的变动。

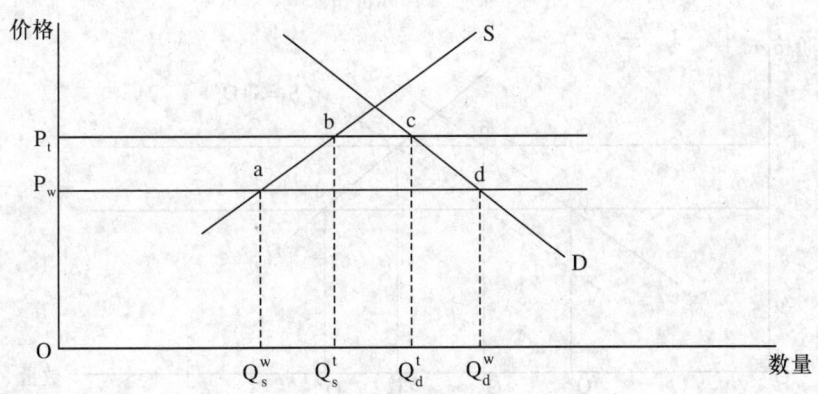

图 7-10 补贴等值下的关税影响

在图 7-10 中，世界价格 P_w 低于国内供给线 S 与需求线 D 的交点，故将从价格更低的世界市场上进口服务。关税的实施使国内价格上升至 P_t，使服务进口减少

$(Q_d^w - Q_d^t)$。关税使国内生产者增加的福利用 P_tP_wab 表示。由于生产者补贴等值的衡量是建立在现有关税水平的生产与消费基础上,因而不能准确地测度生产者福利水平。生产者补贴等值的关税影响体现在关税产品$(P_t - P_w)$和生产数量 Q 两个方面。同样,消费者因关税而导致的福利损失由 P_tP_wdc 表示,消费者补贴等值(consumer subsidy equivalent,CSE)表现在关税产品$(P_t - P_w)$的负数和现有关税水平下的消费量 Q_d^t 两个方面。由此可分别得出作为生产价值比率的生产者补贴等值(PSE)和作为消费价值比率的消费者补贴等值(CSE):

$$PSE = \frac{(P_t - P_w)Q_s^t}{P_tQ_s^t} = \frac{P_t - P_w}{P_t}$$

$$CSE = \frac{(P_w - P_t)Q_d^t}{P_tQ_d^t} = \frac{P_w - P_t}{P_t}$$

可用类似办法导出出口配额这种非关税壁垒的保护效果。在图 7-11 中,世界价格 P_w 低于国内供需线之交点,故进口量为$(Q_d^w - Q_s^w)$。若外国厂商的竞争受到出口配额的限制,比如,一国政府为本国旗船队保留一定数量的货物运输份额,则将有效减少本国航运服务的进口量。这样,国内市场将拉动国内供给线移动,其结果,国内市场价格上升至 P_q,国内航运服务的生产将提高到 Q_s^q,消费将下降到 Q_d^q,国内生产者因市场保护份额而增加了福利,由 P_qP_wab 表示。名义保护系数(nominal protection coefficient,NPC)则为国内价格与世界价格的比率,即:

$$NPC = \frac{国内价格}{国际价格}$$

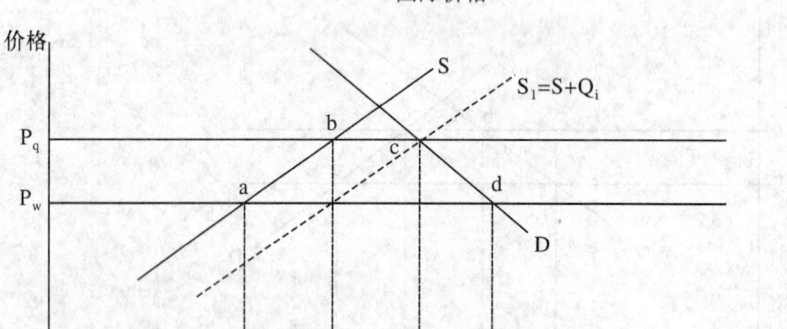

图 7-11 补贴等值下的出口配额影响

与非关税壁垒效果分析的一般结论相同,政府希望为国内服务厂商保留市场份额而对其提供有效保护,以替代作为竞争者的外国厂商,但这样做将提高服务的国内价格。对于消费者,配额的福利损失在图 7-11 中由 P_qP_wdc 表示,等于国内价格与世界价格之差的负数乘以国内消费数量。

生产者补贴等值方法是通过比较国内价格与国外价格的差异来考察一揽子政策的净效果,考虑贸易政策的总体影响,而不仅仅考察单个政策的效果,它测算的是政府政策给予生产者的价值转移量或政府政策对生产者收益的贡献。在不同的时期,不同的国家,甚至不同的领域,生产者补贴等值是不同的。

7.3.3 服务贸易保护政策的效应分析

服务贸易保护政策由关税和非关税措施构成,本节从这两个方面分析服务贸易保护政策的效应。

A. 关税效应分析

服务贸易的关税效应具有其特殊性,这种特殊性主要表现在:在考虑服务市场本身的关税效应的同时,还要考虑与之相联系的商品贸易市场的关税效应。前面的有关章节也已述及,只要商品贸易被关税扭曲,推行服务贸易自由化将对一国福利造成损失。

a. 关税的一般效应:与商品贸易的比较

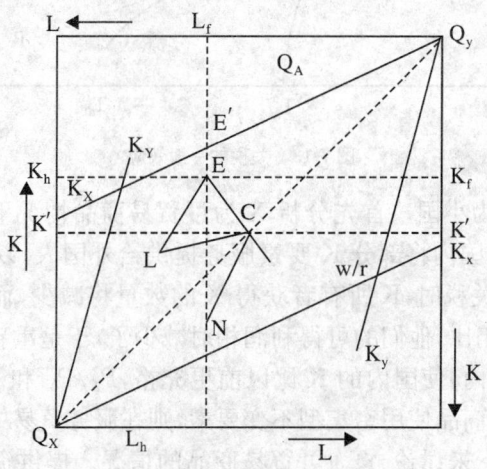

图 7-12 资源配置与国际贸易

这里将分别讨论一国 H 国为小国和大国两种情形。图 7-12 为世界总资本和总劳动在两国间进行分配的埃奇沃斯方框图。K_h 和 L_h 分别表示 H 国以 Q_x 为原点的资本和劳动禀赋。H 国的 K 禀赋相对丰裕,且 Y 为 K 相对密集型商品。在图 7-13 中,$T_hT'_h$ 和 $T_fT'_f$ 分别为 H 国和 F 国的生产可能性曲线。商品自由贸易时两国分别在 C_h 和 C_f 点消费。当 F 国具有同样的贸易三角时,H 国在 C_h 点消费

是因为出口 Q_hB 的 Y,进口 BC_h 的 X。由于假定消费相似,包含在两国消费向量中的 K 和 L 要素必位于对角线 Q_xQ_y 上,且各国生产价值必等于消费价值,故包含于产品中的要素价值等于包含在消费中的要素价值。这样,经过 E 点且以均衡要素价格比率为斜率的直线,将给出在对角线上 C 点处包含要素的两国消费。在图 7-12 中,K_y 和 K_x 分别表示产业 Y 和 X 的资本—劳动力比率,它们分别对应于图 7-13 中在 Q_h 和 Q_f 点上的均衡生产。通过画出与 K_y 平行的 EL 线和与 K_x 平行的 LC 线,就可确定包含于商品贸易中的生产要素:EL 线和 LC 线分别给出图 7-13 中生产 Q_hB 和 BC_h 所需的要素。所以,图 7-12 中的要素流三角 ELC 决定图 7-13 中包含在商品贸易三角中的要素流动。

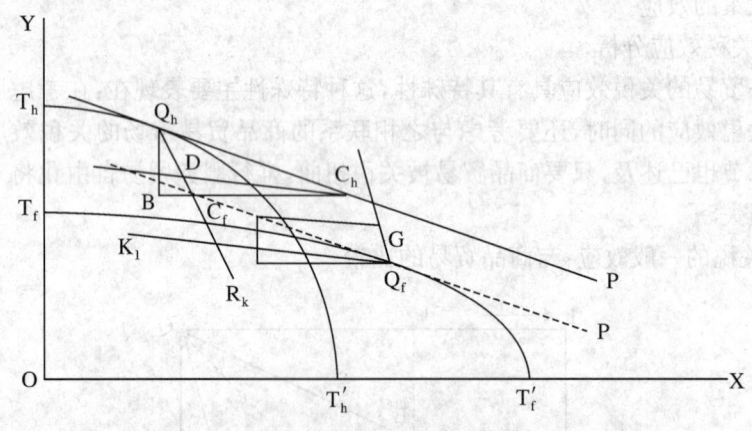

图 7-13 关税的一般效应

(1) 假定 H 国为小国。首先分析 X 为可贸易商品情况下的关税效应。如果 H 国自由贸易,它在国内将部分 K 要素服务提供给外国人,以获得商品 X 的某些收益。当对 X 征收关税时,K 所有者获得 X 的数量将减少,而且与提供这种服务给外国生产者之前相比,他们的可得利润相对减少了,于是重新对要素服务进行配置,并将其撤回至国内,使国内的 K 比以前更充裕,P_X/P_Y 和 W/r 的值都变大了。由此可得出:若进口商品使用密集型不变要素,则在服务贸易中关税将产生一般的商品价格效应。接下来讨论 Y 为可贸易商品的情况。提供资本服务给外国厂商的本国获得一定单位的 Y 商品的收益。当对 Y 征关税时,国内 K 的所有者发现,在国外获取要素服务的价格下降了,因而将更多的要素服务配置回本国,增加了 K 的供给,P_X/P_Y 和 W/r 值上升。因此,如果进口商品使用密集型可变要素服务,那么,关税将降低进口的相对价格。上述两种情况表明,当资本为可变要素时,无论进口何种商品,关税都将提高劳动密集型商品的价格。另外,关税还影响国内要素的收支。无论对 X 还是对 Y 征收关税,K 的收益都将下降,而不变要素 L 的收益将上升,即劳动力都将得益于关税。在贸易自由化情况下,无论进口哪种商品,可变要素资本所有者的境况却会改善。

(2) 假定 H 国为大国。如果贸易条件不变,关税将减小图 7-13 中 H 国的贸易三角,而且,相对于进口价格,K 的国内价格将上升,从而使国内消费者福利有所增加,并有可能超过自由贸易时的水平,这样一般存在最优关税率。根据勒纳对称性原理,对资本服务出口征税与对进口品征税的影响一样。当进口要素服务时,关税则起到对汇回的服务收入征税的作用。这就说明:第一,对外国人获取的资本服务收入征收比国内资本服务收入更高税额的行为,都是变相地征收关税,服务贸易自由化要求减少这种额外税收;第二,如果与服务出口国进行关税战,那么,拥有大量服务进口商的国家可能会对来源于外国的收入保留差别税。这也就是说,国内税收制度可以在一定程度上发挥贸易政策的作用。在交换一种商品以获取一种要素服务的模型中,关税等于对进口商品征收的消费税加上对资本服务征收的国内要素收入税。很明显,要素收入税对贸易流有重要影响。

b. 关税的道德风险效应:格罗斯曼—豪恩模型

关税的积极一面是保护了国内幼稚服务,使之尽快发展,积聚优势,与外国竞争者相抗衡;它的消极一面则是约束了国内消费者自由选择服务厂商,受到保护的国内服务厂商形成了一种惰性,必然会凭借私人信息的隐蔽性提供低成本、低质量的服务,或者缺乏创新动力,躺在保护伞下睡大觉。

格罗斯曼和豪恩通过一个完全竞争的局部均衡模型,分析关税和信息不对称导致的信息壁垒,对服务部门产生道德风险行为的影响。假设一经济竞争过程分两个阶段,只销售和消费一种经验商品。在第一阶段,国内服务消费者必须在国内和国外服务厂商之间进行选择。第一阶段开始时,消费者了解现有厂商销售的外国服务产品的质量水平,但是,如果国内服务产品的质量高于某个最低临界质量水平,国内消费者就难以区分出哪个是国内服务产品。这样,本国的市场进入者将不会提供低于这个最低临界质量水平的服务产品。本国厂商提供高质量服务产品的动机与其成本相联系,低成本厂商试图提供高质量服务,以此提高服务声誉而获得长期利润最大化;相反,高成本厂商可使其在第一阶段的利润最大化,因为它们有动机选择提供低质量服务和向消费者提供不满意服务。这类厂商属于低信誉厂商,其信息一旦被消费者识破,它们在第二阶段的市场上将处于不利地位。然而,需要指出的是,在第一阶段中,国内服务厂商的服务质量一般不为消费者所了解。这样,在服务市场上就出现阿克洛夫"次品市场"(lemons market)模型中讨论的逆向选择(adverse selection)结果,即低质量服务驱逐高质量服务,使服务质量与价格的关系被扭曲。

格罗斯曼—豪恩模型进一步讨论了四种情形下关税的福利效应。① 没有私人投资时暂时性关税保护的情形。由于在第一阶段关税不能甄别国内高质量与低质量服务厂商,因此,关税保护将降低国内服务市场的福利。另外,关税保护不仅难以避免服务厂商的道德风险问题,而且还会诱使服务厂商采取道德风险行动,因为关税不能对服务厂商提供高质量服务给以刺激。相反,它加剧了服务厂商的逆向选择。也就是说,虽然关税保护改善了国内服务厂商进入市场的条件,但不能校正由信息不完全导致的各种贸易扭曲。由于关税在第一阶段提高的价格对国内服务厂商产生同等收益,但这种收益与它们选择提供的服务质量无关,所以,关税不能激励服务厂商提高服务质量,相反却刺激了服务厂商采取道德风险行动。这是国内受关税保护厂商出现道德风险行为的内在基础。② 没有私人投资时永久性关税保护的情形。永久性保护可能提高国内福利,因为在第二阶段中,关税只给名誉好的厂商带来收益,这样可以有效地减少国内受保护厂商的道德风险行为,但不一定能减少逆向选择。在较低的均衡价格即低质量水平条件下,第二阶段的关税保护将促使更多的厂商进入服务市场,但所有新进入者都缺乏应有的效率。因此,即使新进入者都像声誉好的厂商那样经营,国内市场的服务质量也将因它们的进入而下降。③ 有私人投资时暂时性关税保护的情形。与各种质量信号并存的暂时性关税保护可能导致更差的福利收益,因为像第一种情形那样,关税保护与纠正因逆向选择和道德风险而出现的市场失灵之间没有内在联系。另外,暂时性关税保护增加了服务厂商提供服务质量信号的社会成本,这额外的服务投资成本抵消了包含在关税中的补贴效应,因此,进入市场的国内厂商数量与没有政府干预时相同。④ 有私人投资时永久性关税保护的情形。在局部均衡条件下,当政府实施永久性关税保护政策时,国内服务市场的福利可能更糟,因为这种政策导致对服务业的投资过剩,并刺激其他低效率厂商进入服务市场。

总之,如果国内厂商不能有效地对其服务质量发出信号,那么,暂时性的关税保护难以对国内厂商提高服务质量产生刺激,由这种关税引发的边际进入(marginal entry)将减少消费者剩余。如果厂商能够对其高质量服务发出信号,永久性关税保护同样降低国内福利,因为对信号的投资提高了额外资本投资水平。

B. 非关税效应分析

前面已提及,非关税壁垒种类繁多,花样翻新,但它们产生的总体效应则基本相仿。这里主要讨论政府管制、补贴、配额和许可证制度四种最为常见的服务贸易非关税壁垒。

a. 政府管制

以保险市场政府管制为例进行讨论。在图 7-14 中,假定该服务市场是受政

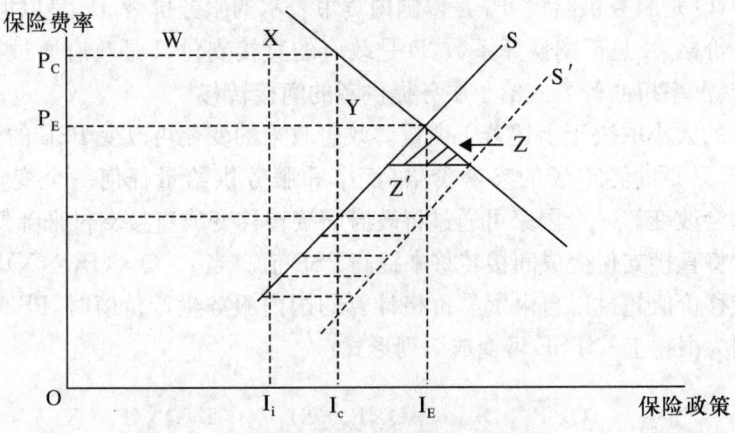

图 7-14 保险市场管制政策选择的福利效应

府保护的保险市场,P_c 代表政府管制的保险费率,P_E 为均衡保险费率,I_c 代表保险服务销售量,I_E 为保险政策的均衡数量;保险公司的租金为(W+X),三角形 Y 为福利损失。这表明,不同政策对国家福利的影响,来自于它对保险市场各种因素的影响。如果允许外国保险公司进入并分享一定的市场份额 $I_i l_c$,而且政府通过对保险费率的管制继续对保险市场进行保护,那么,(Y+X)将是该国总的福利损失,其中,X 为外国保险公司所获。由此可见,当既允许外国服务厂商进入,又对本国服务价格进行管制时,国家福利可能变得更差。如果政府放松对国内保险服务市场的控制,允许更多的竞争厂商进入,那么,保险公司在管制条件下获得的租金将流入购买者即投保人手中,增加竞争将获得更多的福利收益 Y。此外,在竞争性保险市场上,国内保险公司将萌发向外国同行学习的强烈动力和愿望,从而使国内保险公司不断提高技术水平,进行制度创新和管理创新。这些将使国内总供给曲线 S(国内外供给之和)移到 S',此时的国家福利为(Y+Z+部分 Z'),显然大于没有外国厂商进入时国内管制的福利收益 Y。这就说明,政府管制虽保护了国内服务市场,但却因抑制竞争而导致福利损失。

b. 补贴

借助于生产者补贴等值(PSE)可较好地评估政府补贴的效果。在服务贸易领域,生产者补贴等值可定义为政府的各种政策转移给服务提供者的总价值与服务总价值之比,服务总价值等于服务的市场价值加上政府的直接支付,即:

$$PSE = \frac{政府政策转移的总价值}{服务的总价值} = \frac{Q \times (P_d - P_w \times X) + D + I}{Q \times P_d + D}$$

其中，Q是服务供给量，P_d是以国内货币表示的服务价格，P_w是以世界货币表示的服务价格，X是汇率换算系数，D是政府的直接支付，I是政府通过补贴投入、市场支持、汇率扭曲等方式给予服务提供者的间接转移。

PSE的大小取决于上述若干变量。政府政策的变化可改变PSE的大小；政府政策不变，只要世界市场的参考价格、汇率和服务供给量任何一个变量改变了，PSE值就会改变。一个国家可通过将政府间接转移变成直接支付来降低PSE值，也可通过将直接支付变成间接转移来提高PSE值。当$I>Q\times(P_w\times X)$时，即当政府间接转移价值超过以自由贸易价格计算的国内服务生产价值时，PSE就会大于100%，因为根据上式PSE可变成下列形式：

$$PSE=\frac{(Q\times P_d+D)+(I-Q\times P_w\times X)}{Q\times P_d+D}=1+\frac{I-Q\times(P_w\times X)}{Q\times P_d+D}$$

所以，只要$I>Q\times(P_w\times X)$，则PSE>100%。

许多经济学家都试图将PSE方法用于服务贸易保护效应的分析，印度经济学家N·穆克赫吉对美国海运服务业的研究就是一例。美国的大部分进出口货物都是通过海洋运输服务进行的，运输工具包括各种船舶，如班轮、租轮、油轮等，这些船舶通常分为两类：美国旗船队和外国旗船队。美国对海运服务实施的各种非关税措施包括七个类别：财政补贴、信贷优惠、市场保护、资本限制、劳工限制、技术标准和其他措施等。下面借助PSE方法，分析美国政府对海运服务进行补贴的政策效应。

首先，计算美国和外国商船每千吨货物的平均收益。假定美国商船运送的货物总吨位为其海运服务业的可贸易产出量，这些产出的平均收益可以通过美国商船运送进出口货物的总价值除以进出口货物的总吨位取得。据此，可以求得美国商船运送每千吨货物的平均价格。实际上，平均价格取决于货物性质、加工深度、商船类型、运输线路等诸多因素，所以，任何一种平均价格都将是不准确的。在这种情况下，可以根据海运服务业的总收益与美国商船和外国商船的总吨位，分别从出口与进口角度计算出每千吨货物的平均收益。表7-4列出了1980～1987年美国海运服务贸易中美国商船和外国商船运输每千吨货物的平均收益。

其次，估算政策转移的总价值。转移给海运服务业的总价值包括美国海洋管理局因实施各种政策而支出的直接和间接费用，以及计划给予美国海运服务业的各种支持，包括维护与保管费用、直接补贴（如营业差价补贴、造船差价补贴和海运费用差价补贴等）、管理支出、研究与开发费用，以及给予海运学校的财政支持等。

表 7-4

1980~1987 年美国海运服务贸易中美国商船
和外国商船运输每千吨货物的平均收益

单位：美元

年 份	美国商船的平均收益		外国商船的平均收益	
	出 口	进 口	出 口	进 口
1980	1 375.38	1 621.3	360.4	396.8
1981	1 462.7	1 337.5	373.2	448.8
1982	1 414.7	1 384.8	351.2	481.3
1983	1 261.6	1 147.8	343.2	499.0
1984	1 157.1	1 721.3	328.0	548.2
1985	1 004.9	2 236.4	314.5	626.8
1986	942.1	2 332.0	328.6	575.8
1987	842.2	2 137.4	344.9	610.7

最后，计算 PSE 百分比。由于海运服务业既包括出口又包括进口，因此，进出口因素都必须包括在计算 PSE 百分比的公式中。这样，PSE 公式就变为：

$$PSE = \frac{Q_{dx}-(P_{dx}-P_{fx})+Q_{dm}(P_{dm}-P_{fm})+D+I}{(Q_{dx}+Q_{dm})+D}$$

其中，Q_{dx} 和 Q_{dm} 分别表示美国商船运送的进口与出口货物量，两者之和为美国海运服务业的产出量；P_{dx} 和 P_{fx} 分别表示美国商船和外国商船承运出口货物的平均收益；P_{dm} 和 P_{fm} 分别表示美国商船和外国商船承运进口货物的平均收益。据此，可计算出美国海运服务贸易 PSE 百分比，见表 7-5。

表 7-5

美国海运服务贸易的 PSE 百分比

年份	美国商船承运货物总吨位(千吨)		转移的总价值（百万美元）	直接补贴（百万美元）	PSE(%)
	出 口	进 口			
1980	1 269	1 534	630.3	319.7	83.4
1981	1 258	2 142	517.0	333.3	75.2
1982	1 183	1 924	584.9	358.0	76.2

(续表)

年份	美国商船承运货物总吨位(千吨)		转移的总价值 (百万美元)	直接补贴 (百万美元)	PSE(%)
	出口	进口			
1983	1 120	2 523	441.6	309.9	67.2
1984	1 117	1 833	454.6	361.6	73.4
1985	1 190	1 542	426.1	338.0	87.1
1986	1 238	1 599	364.3	308.7	75.5
1987	1 286	1 595	386.9	252.6	73.1
1988			321.4	261.9	—
1989			396.2	264.2	—

表 7-5 反映了美国政府对其海运服务贸易的干预与支持程度。美国政府对海运服务贸易的保护程度随年度不同而不同，呈现较大的波动，这与各年度政策调整和政策执行情况，以及其他变量的扰动有关。保护程度最高的年份分别是 1980 年和 1985 年，PSE 百分比分别达到 83.4％和 87.1％。PSE 百分比的升高，往往与美国政府对海运服务业的支持有关。

c. 配额

在服务贸易领域，配额这种非关税壁垒往往出现在政府制定的各种劳动力限制措施中，它与签证、居留权、工作许可(营业执照)制度、劳工标准和个人汇款等限制措施，共同构成影响劳动力移动的主要政策手段。

当一国劳动力禀赋稀缺，国内市场出现进口劳动力需求时，为保护本国劳动力市场，政府通常使用配额有限制地进口劳动力资源。美国和瑞士都是劳动力禀赋相对稀缺的国家，但它们都成功地借助移民制度进口劳动力以满足国内需求。特别是瑞士的临时性移民制度，严格建立在综合考虑职业、居留期和就业地的劳动力进口配额基础上。这里主要讨论瑞士政府临时性劳务进口配额措施及其产生的效应。

瑞士政府的临时性劳务进口配额，由瑞士联邦政府和地方政府共同管理，联邦政府每年确定不同类别的临时性移民的配额总量，然后由联邦政府和地方政府支配。配额的发放遵循一定的程序。只有当瑞士雇主不能在本国市场上雇佣到合适的劳动力时，政府才会给其外国劳动力的进口配额，条件是在此之前雇主必须向政府提出进口劳动力配额的申请，并证明他们已经因为在国内市场上寻找合适的雇员而付出了各种努力，空缺职位已上报劳工部门，而劳工部门又不能在短期内为其寻找到国内劳动者填补空缺职位，或者国内劳动市场上可雇佣的劳动力在一定时期内,不可能具备工作岗位要求的职业素质或训练。配额一般给四类临时入境的劳工以工作许可权;年度许可(或B类许可)、短期许可、季节性工作许可(或A类许可)和越境许可。年度许可一般给予那些在国家或地方重要工程或厂商中工作的高级专家,被在瑞士的外国大学或研究机构临时聘用的外国专家;接受雇主培训的跨国公司的经理或高级专家;参加技术合作项目专业培训的发展中国家的国民;为了培训或学徒实习而在瑞士受雇的欧盟或欧洲自由贸易协定成员国的年轻国民。1991年,瑞士共发放了1.7万个年度许可配额,其中,0.5万个名额由联邦政府支配,余下的由26个地方政府分配。短期许可一般给予那些进入期限最高为12个月且符合下述条件的申请者;短期职业或学术培训人员、设备工人、建筑队、在教育机构或科研机构受聘的高级专家、宗教使团人员等。地方政府可向外国人发放6个月的短期工作许可证和18个月的短期许可证,但后者须是在外国受过教育且期望进一步提高技能的交流保健职员,或是受瑞士政府资助、在瑞士接受教育课程的中、东欧国家的国民。季节性许可一般给予每年受季节影响明显,或1年中出现1~2次明显雇佣高潮的产业部门的劳工。地方政府的劳动力市场部门确定每个厂商的季节持续时间(最长不超过9个月),且季节性许可只能给予欧盟和欧洲自由贸易区成员国的国民。联邦政府可以给予被地方建筑公司雇佣的工人(公司总部人员除外)、国家项目聘请的工人或可能解决地方劳动市场区域不平衡问题的工人以季节性许可配额。越境许可只发放给那些在瑞士边境地区工作且每天返回其住所的外国国民,后者只有在瑞士边境外居住超过6个月才有资格获此许可。越境许可证有效期1年,每年更换1次。1991年9月,瑞士共发放182 641个越境许可配额。

瑞士政府还根据本国经济增长情况调整劳动力需求,大约每两年定期调整一次配额及其分配比例。不同种类的短期签证与配额体系使瑞士政府在没有大量永久性移民前提下,成功地借助进口劳动力满足了国内需求。

在美国,传统上主张吸引大批永久性移民,但也建立起一套临时性移民制度。这套制度基于对本国劳动力市场的计量和透明的遴选规则,以及申请人的职业与本国该行业劳动市场的状况。1990年修订的移民法引入配额来限制超过本国劳动力市场需求的职业人士的年进入量。20世纪90年代初,每年大约有60万新的临时性外国职员被允许进入美国,这还不包括已获准临时进入的外国学生(其中许多人有权在美国工作)和持有长期签证的临时进入职员的配偶和子女,每年250万短期商务旅行者,以及每日来往的过境劳工(尤其是墨西哥劳工)。这些临时性劳工的流入,不仅在一定程度上缓解了美国劳动市场的压力,而且给美国经济带来了许多长远利益。

d. 许可证

在国际服务贸易中,许可证制度多出现在生产者服务或专业服务领域,如通信、金融、运输、建筑工程、教育、医疗、会计、法律、咨询、数据处理和专业技术服务等部门中。

服务贸易中的许可证制度与商品贸易中的许可证制度一样,是构成各国限制其他国家服务提供者进入本国市场的常见的非关税壁垒之一。然而,服务贸易中的许可证制度涵义比商品贸易中的许可证制度更加多样和复杂,其中的一个原因是,到目前,人们依然没能对服务贸易许可证制度的范围达成共识。在国际服务贸易中,尽管有关开业权或建立权是否属于许可证制度范围的问题仍在争论之中,但从实际效果看,开业权或建立权与许可证制度的效果大致相同。就金融服务贸易来说,开业权或建立权是目前许可证制度下或类似规则下最重要的贸易制度安排,如东道国对外国金融机构提出创建代表或代办处、代理人、分支机构和附属机构的开业权限制等措施。由此可见,在劳动力流动与投资活动中的开业权,几乎发挥着与商品贸易中许可证相同的作用和影响。例如,在欧盟内部两大地区性集团之间、欧洲经济区成员国内部在开业权上享有国民待遇,人员可自由流动。在欧洲协议国家中,某些部门(如银行业)10年内在开业权上不能享有国民待遇。

7.3.4 服务贸易保护政策的比较与选择

A. 关税、补贴和配额

在商品贸易领域中,关税、出口补贴和进口配额的区别是这样的:关税能给政府带来收入,出口补贴却要增加政府的支出。另外,从时间角度看,每一届政府的任期都是有限的,因此,他们总是更乐意选择可以增加即期政府收益的关税政策,把只能在将来才会有收益的出口补贴政策置于其政策篮子的最底层。关税一般优于进口配额。如果一国要使用进口配额政策,那么为了减少这一保护政策的经济扭曲程度,就应当坚定不移地实施进口许可证的拍卖制度,以防止寻租行为的发生。

在服务贸易领域,情况有些不同。从服务进口国角度看,作为一种扩大进口竞争产业产出规模的手段,对服务业产出的补贴一般优于关税。因为,一般认为,在服务领域为本国厂商提供成本优势的政策将优于外国厂商面对成本劣势的政策。关于关税与配额的关系,尽管评估各种数量限制措施非常困难,我们依然可以找出决定其社会成本的两个主要变量,即租金目标和受影响产业的竞争态势。如果国内厂商获取配额租金,且所有受影响的市场完全竞争,那么,关税和配额在静态和效率意义上相同。如果配额租金流向外国厂商,那么,与关税相比,配额在进口竞争产业中其成本则是十分高昂的。

从上面的分析,可以得出结论:从经济成本角度衡量,如果定义 X>Y,则 X 的成本小于 Y,那么,使进口竞争产业的产出规模扩大的政策选择次序应该是:

7　国际服务贸易政策

$$\text{对产出的补贴} > \text{关税} \geq \text{配额}$$

这里,关税效应等于配额效应时,需要具备相同的约束条件,但要达到这样的约束条件,配额的成本可能比关税高得多。

B. 进口限制、开业障碍和管制

进口限制(restrictions on imports)。目前尚难找到限制服务贸易的典型案例,但在实际经济中却存在着这样的大量事实。可以认为,如果政策目标是使本国进口竞争产业的规模大于没有实施任何政策时的规模,那么,最低成本的方法就是给国内服务生产者以补贴。美国政府对本国服务供应商提供的各种行业性补贴或政策性补贴,使其服务厂商具备强大的成本竞争优势,这足以说明补贴可以很好地达到限制服务进口的目的。可以想象得出,由于部门利益,与执行对本国厂商直接补贴的政策相比,许多财政部门更加愿意看到政府执行对外国厂商和本国消费者征税的政策,然而,这又不利于本国总体福利的提高,因为前已述及,在征税与补贴之间,选择后者更有利于本国服务厂商的竞争。

开业障碍(impediment to establishment)。开业权常常涉及政治上的敏感问题,但从经济角度看,则是一种简单的服务销售的进口选择方式。通过开业实体,服务生产者将服务进口问题转变为服务销售问题。如果要达到支持本国进口竞争产业的政策目标,最优方式则是对这些产业进行补贴,次优方式是对在当地开业或通过贸易提供服务的外国服务提供者征税。妨碍外国服务提供者竞争效率的措施(这类措施往往不会给政府带来财政收益)与商品贸易领域不同,对开业权的禁令和数量限制,无论从经济效率角度,还是从财政收益角度,都将难以长期维持下去。

管制(regulation)。政府管制能够使国内服务消费者获得公平的经济利益,或在一定程度上保护消费者利益免受国内服务厂商低质量服务的侵害。理论和实践都表明,这种原本为了保护本国服务消费者(即改善了消费者的逆向选择境况),限制本国服务提供者道德风险的措施,客观上对外国服务提供者的竞争起到了抑制作用。因此,政府必须明确,选择管制目标不仅是基于服务消费者的利益,而且也基于服务提供者的利益。

在上述三者之间,使进口竞争产业产出规模扩大的政策选择顺序是:

$$\text{管制} > \text{进口限制} \geq \text{开业权}$$

当开业权的选择采取"先来先得"或投标原则来确定时,进口限制与开业权的成本几乎一样,而当开业权以政府行政指令形式确定时,开业权成本大于进口限制。

综上所述,各种保护政策交织在一起形成了一个政策选择菜单。在现实经济中,选择和执行何种保护政策并非轻而易举之事。这要求权衡各种保护政策的成本与收益。一般地,选择对本国服务产业进行补贴以提高其成本优势的措施,可能比抑制外国竞争者以削弱其成本优势的政策更有利于本国服务厂商的竞争。在服务贸易日益成为国际竞争新领域和新焦点的时代,采取直接补贴与各种适时的管制措施相结合的服务贸易保护政策体系,可能成为各国政府的理性选择。

本章重要名词

全要素生产率　服务贸易自由化　服务贸易壁垒　关税壁垒　非关税壁垒
市场准入措施　国民待遇措施　名义保护率　有效保护率　生产者补贴等值

本章思考题

1. 简述贸易自由化提高生产率的机制。
2. 以信息服务贸易为例对服务贸易自由化的福利效应进行了分析,请问它的前提假设有哪些?它的结论是什么?
3. 潘查姆斯基将服务贸易自由化对发展中国家的影响概括为哪几个方面?
4. 通过对服务贸易自由化福利效应的分析,你认为发展中国家在对外开放本国服务市场的过程中应注意哪些问题?
5. 简述服务贸易给予厂商或国家竞争优势的基本要素。
6. 何谓"服务贸易补偿论"?
7. 简述发展中国家开放本国服务市场的步骤。
8. GATS对服务贸易壁垒是如何分类的?各种类别的含义是什么?
9. 完善的保护政策衡量指标应具备哪四个特征?请列举出目前衡量贸易政策保护程度的主要指标。
10. 与商品贸易相比较,服务贸易的关税效应具有什么特殊性?并请作图说明服务贸易关税的一般效应。
11. 最为常见的服务贸易非关税壁垒有哪几大类?
12. "对产出的补贴≥关税≥配额"这样的服务贸易政策选择次序是否始终正确?有无反例?若有,请举例说明。

8

国际服务贸易协议

早在18、19世纪,有关国际服务贸易的一些专项协议就已经出现。第二次世界大战之后,随着服务贸易在世界经济、政治中的地位日益提高,以及世界经济一体化、区域集团化的发展,有关国际性和区域性的服务贸易协议不断达成,并逐渐形成一个相对完整的体系。国际服务贸易协议在一定程度上协调了各国的服务贸易政策,促进了国际服务贸易的发展。

8.1 服务贸易的国际性协议:《服务贸易总协定》

8.1.1 《服务贸易总协定》的产生

1986年开始的关贸总协定第八轮谈判——"乌拉圭回合",首次将服务贸易列为三大新议题之一,并展开谈判,目标是为服务贸易自由化,制定各缔约方普遍遵守的国际服务贸易规则。然而,由于服务贸易涉及面广,情况复杂,各国的要求殊异,所以,谈判并非一帆风顺。

A. 美国的主张

美国是服务贸易谈判最积极的倡导者。自1972年美国出现商品贸易逆差以来,该逆差由服务贸易顺差部分地加以弥补。美国在制造业比较优势逐步丧失的同时,服务业发展领先的优势日益突出,所以,它积极倡导服务贸易谈判,试图打开其他国家的服务贸易市场。

早在1974年,美国政府就已根据其外贸法第102节G款的规定,取得在"东京回合"中就服务贸易进行谈判的充分授权。由于当时有更加迫切的问题需要解决,美国才没有急于提出服务贸易的减让谈判。但在"东京回合"取得的一项成果《海关估价和政府采购协议》的有关条文中已对服务部门作了规范。在"东京回合"谈判期间,美国政府继续对服务业和服务贸易加以研究,为此专门成立了"服务贸易咨询委员会",以直接沟通政府与企业之间的联系。到1980年,美国为了就GATT主持下的服务贸易谈判达成所谓的"国际共识",发动了一场公关运动,包括进行学术研究、举办高级研讨会,以及在经合组织中促成一项关于服务贸易的工作计划等,为服务贸易的多边谈判大造国际舆论。在1982年蒙特利尔的关贸总协定部长级会议召开之际,美国提出该会的首要议题是在GATT中确定一项关于服务贸易的工作计划,以便为这一领域的多边谈判准备技术基础。美国的提议遭到发展中国家和少数发达国家的反对,理由是在GATT范畴内讨论服务贸易会产生一个基本假定,即GATT原则应适用于服务贸易,这样的讨论将会导致商品贸易与服务贸易的减让互相联系的假设成立,从而使美国根据《贸易和关税法》及后来的《综合贸易和竞争法》进行跨领域报复行为合法化。但蒙特利尔部长会议最终达成了一项妥协决议,认为对服务贸易感兴趣的缔约方可以就服务贸易问题,包括是否有必要就此进行谈判等问题进行研究,并通过像GATT这样的国际组织交换相关信息。后来,几乎所有的发达国家都提交了相应的研究报告,对美国关于进行服务贸易谈判的动议表示支持。1984年11月召开了GATT第40届年会,决定成立服务贸易谈判工作组以促进有关信息的交流。另外,"乌拉圭回合"筹备委员会也对服务贸易进行了讨论。1986年9月,埃斯特角部长宣言将服务贸易作为三项新议题之一列入"乌拉圭回合"多边贸易谈判程序,从此拉开了服务贸易多边谈判的序幕。在谈判中,美国提出了实现服务贸易全面自由化的具体意见,主要包括:① 确认总协定基本原则不仅适用于商品贸易,同时也适用于服务贸易;② 采取将商品贸易与服务贸易综合起来的"单轨制"谈判方式;③ 拓宽服务贸易谈判的项目和范围,把通信、信息软件的处理等远距离核心服务,以及涉及跨国公司内部交易及其有关的投资、开业权等问题全部包括在内;④ 根据总协定关于"维持现状,逐步退回"的原则及达成的部分协议,逐步实现服务贸易多边自由化;⑤ 为推进服务贸易自由化进程,消除市场壁垒,美国还提出"整体贸易互惠案",即以美国等发达国家在商品贸易某些项目谈判中的让步,来换取发展中国家在服务贸易自由化问题上的让步。

B. 发展中国家的主张

美国的上述主张遭到了发展中国家的反对。发展中国家由于服务业和服务贸易落后,在绝大多数服务贸易领域都维持着各种壁垒,做到服务贸易自由化困难重重。以巴西和印度为代表的发展中国家坚决反对将服务贸易纳入GATT体制,它们不仅认为本国尚未成熟的服务部门属"幼稚产业",经不起发达国家服务部门激烈竞争的冲击,而且指出,服务贸易争端不应与商品贸易谈判联系起来。然而,随着谈判的进行,发展中国家为了换取美国等发达国家在商品贸易上的让步,便在服务贸易谈判中作出一定程度的妥协,使服务贸易在如何纳入GATT多边贸易体系问题上有了突破性进展,即采取"双轨制"的谈判方式,将服务贸易作为与商品贸易并列的议题,由各国就旅游、建筑、金融、保险、电信、专业人员服务等展开具体谈判。

C. 服务贸易谈判的历程和 GATS 的产生

"乌拉圭回合"服务贸易谈判大体经历了三个阶段。

第一阶段是 1986 年 10 月 27 日至 1988 年 11 月。该阶段的谈判重点是关于服务贸易的定义、范围,与服务贸易有关的国际规则或协议等问题。这一阶段各方分歧很大,发展中国家要求对国际服务贸易作比较狭窄的定义,即"居民与非居民进行的跨国境的服务购销活动"。这个定义将跨国公司内部交易和诸如金融、保险、咨询、法律服务等不必跨越国境的交易排除在外。美国等发达国家则坚持较为广泛的定义,将所有涉及不同国民或国土的服务活动纳入国际服务贸易范畴。欧共体提出的折衷意见主张不预先确定谈判范围,而是根据谈判需要对国际服务贸易采取不同定义。多边谈判基本上采纳了欧共体的意见。

第二阶段是 1988 年 12 月至 1990 年 6 月。1988 年 12 月,在加拿大的蒙特利尔举行了中期评审会谈,会谈中,为加速谈判,各国在一定程度上摆脱了对服务贸易定义的纠缠,而将谈判重点集中在透明度、逐步自由化、国民待遇、最惠国待遇、市场准入、发展中国家的更多参与、例外和保障条款,以及国内规章等原则在服务部门的运用方面。1989 年 4 月,服务贸易工作组举行会议,决定开始对电信和建筑部门进行审查,然后又审查运输、旅游、金融和专业服务部门,这样就进入了"部门测试"过程。与此同时,各国代表同意采纳一套服务贸易的准则,以消除服务贸易谈判中的诸多障碍。各国分别提出自己的方案,阐述了自己的立场和观点。1990 年 5 月,中国、印度、喀麦隆、埃及、肯尼亚、尼日利亚和坦桑尼亚七个亚非国家向服务贸易谈判组联合提交了"服务贸易多边框架原则与规则"提案,对最惠国待遇、透明度、发展中国家的更多参与等一般义务与市场准入、国民待遇等特定义务作了区分。后来 GATS 文本结构采纳了"亚非提案"的主张,并承认成员方发展水平的差异,对发展中国家作出了很多保留和例外,这在很大程度上反映了发展中国家的利益和要求。

第三阶段是 1990 年 7~12 月。1990 年 7 月,服务贸易谈判组举行高级官员会议,各方代表对于国民待遇、最惠国待遇等原则在服务贸易领域的适用已达成共识,但在各国开放和不开放服务部门的列举方式上,出现了"肯定列表"和"否定列表"之争。美、加等发达国家提出"否定列表"方式,要求各国将目前无法实施自由化原则的部门清单列在框架协议的附录中作为保留,部门清单一经提出,便不能再增加,要承诺在一定期限内逐步减少不予开放的部门。发展中国家则提出"肯定列表"方式,即各国列出能够开放的部门清单,之后可随时增加开放的部门数量。这对于服务业相对落后的国家来说较为灵活。因为服务贸易范围广泛且不断扩大，发展中国家难以预先将本国不能开放的部门全部列举出来，如果采用"否定列表"方式将会带来难以预料的后果。后来文本采纳了发展中国家的主张，对市场准入和国民待遇等特定义务按"肯定列表"方式加以确定，从而使发展中国家的利益有了一定程度的保障。

毫无疑问，由于各国之间，特别是发达国家与发展中国家之间利益上的矛盾与冲突，谈判的艰难程度可想而知。然而，各方经过妥协和让步，谈判最终还是进行下去了，并且取得了一定成果。在1990年12月3日至7日的布鲁塞尔部长级会议上，服务贸易谈判组修订了"服务贸易总协定多边框架协议草案"文本。1991年4月8日开始的讨论着重围绕三个重点进行：协定的框架、初步承诺表和部门附件。有关协定的谈判主要集中于最惠国待遇条款，最终确定了各缔约方可将选择的部门从最惠国待遇适用范围中免除的程度。1991年6月28日，服务贸易谈判组达成一项《关于最初承担义务谈判准则》的协议，对初步承诺的时间进行了安排。依据该准则，各承诺方要在1991年7月13日之前提交有条件的各项承诺，并详细说明将承担草案文本第三、第四部分中所陈述的义务，同时对影响国际贸易的规则作出解释。各承诺方要求在当年9月20日之前提交最初要求。然而，承诺安排并未如期进行。到1991年11月大多数国家仍没有提交其承诺表。在附件方面，只有海运服务、电信、金融服务和劳工流动等取得了一些进展。

经过进一步谈判，1991年12月20日，关贸总协定总干事提交了一份《实施乌拉圭回合多边贸易谈判成果的最终方案（草案）》，即著名的《邓克尔方案》，从而形成了GATS草案。该草案包括六个部分，35个条款和5个附录，基本确定了该协定的结构。草案由参加谈判的代表团带回各自国内进行讨论。如果各国认为基本可以接受，就将该草案作为进一步谈判的基础；如果各国不同意该草案的主要规定，那么谈判就此结束。倘若如此，将意味着"乌拉圭回合"整体谈判的完结，建立新的多边贸易体系的努力告吹。事实证明，尽管各国都对GATS草案存有或多或少的不同意见，但都不愿承担"乌拉圭回合"失败的责任，因此都表示可以进一步考虑，于是各国进入了关于开放服务市场具体承诺的双边谈判阶段。经过各国继续磋商、谈判，协议草案根据各国的要求又进行了进一步修改。最后，各谈判方终于在1994年4月15日于摩洛哥马拉喀什正式签署了GATS。该文本在总体结构和主要内容上对框架协议草案并无重大变更，只在部分具体规范上有所调整。该协定作为"乌拉圭回合"一揽子协议的组成部分和世界贸易组织对国际贸易秩序的管辖依据之一，于1995年1月1日与世界贸易组织同时生效。

"乌拉圭回合"之后，有关服务贸易的后续谈判主要包括两方面内容：一是部门谈判，即各谈判方根据GATS的要求继续就"自然人跨国流动"、"金融服务"、"基础电信服务"和"海运服务"进行互相开放市场的谈判;二是完善 GATS 有关条款的谈判,主要是就"服务业紧急保障问题"、"服务业补贴问题"和"政府服务采购"等进行谈判,以便确立完善的规则。

8.1.2 《服务贸易总协定》的总体结构及主要内容

A. GATS 的总体结构

GATS 文本由三方面内容组成:一是 GATS 条款;二是 GATS 附件;三是各成员方的具体承诺(市场准入减让表)。这些内容除序言外,由正文六个部分,共 29 个条款、8 个附件和 9 个部长会议决议,以及各成员方的承诺表组成。见表 8-1。

表 8-1

《服务贸易总协定》框架

部 分	条 目	内 容
第一部分 范围和定义	第 1 条	范围和定义
第二部分 一般义务和纪律	第 2 条	最惠国待遇
	第 3 条 第 3 条之二	透明度 机密信息的披露
	第 4 条	发展中国家的更多参与
	第 5 条 第 5 条之二	经济一体化 劳动力市场一体化协定
	第 6 条	国内法规
	第 7 条	承认
	第 8 条	垄断和专营服务提供者
	第 9 条	商业惯例
	第 10 条	紧急保障措施
	第 11 条	支付和转移
	第 12 条	保障国际收支的限制
	第 13 条	政府采购
	第 14 条 第14条之二	一般例外 安全例外
	第 15 条	补贴
第三部分 具体承诺	第 16 条	市场准入
	第 17 条	国民待遇
	第 18 条	附加承诺

(续表)

部　　分	条　目	内　　容
第四部分　逐步自由化	第19条	具体承诺的谈判
	第20条	具体承诺减让表
	第21条	减让表的修改
第五部分　机构条款	第22条	磋商
	第23条	争端解决与执行
	第24条	服务贸易理事会
	第25条	技术合作
	第26条	与其他国际组织的关系
第六部分　最后条款	第27条	利益的拒绝给予
	第28条	定义
	第29条	附件
附件		关于第2条豁免的附件
		关于本协定项下提供服务的自然人流动的附件
		关于空运服务的附件
		关于金融服务的附件、关于金融服务的第二附件
		关于海运服务谈判的附件
		关于电信服务的附件
		关于基础电信谈判的附件

资料来源：石广生主编：《中国加入世界贸易组织知识读本（二）——乌拉圭回合多边贸易谈判结果：法律文件》，人民出版社2002年版。

条款部分包括一个序言和六个部分共29条，明确了制定服务贸易各项原则和多边规则的基本宗旨，规定了适用于所有成员方的基本权利和义务。

附件是GATS不可分割的部分，它涉及"最惠国待遇豁免"、"自然人提供服务活动"、"航空运输服务"、"金融服务"、"海运服务谈判"、"电信服务"和"基础电信谈判"等内容。这些附录旨在处理特定服务部门及服务提供方式的特殊问题。

此外，"乌拉圭回合"一揽子协议中与GATS有关的文件还包括9个部长决议，如关于制度安排决议、关于争端解决程序决议、关于第14条(6)款"安全例外"

的决议、关于服务贸易与环境决议,以及有关基础电信、金融服务、专家服务、自然人流动和海运的谈判决议等。

根据GATS第20条的规定,每一成员方都应制定一项承担一定义务的计划表,详细说明市场准入和国民待遇的范围、条件、限制及适用时间框架等。各成员方的承诺计划表附于GATS之后,作为其组成部分。目前各成员方大多已向世界贸易组织秘书处提交了服务贸易的开放承诺表,根据其服务业的发展现状列出了其开放的具体服务部门。世界贸易组织秘书处已按成员方组别,即发达国家、欠发达国家和经济转型国家分类,将成员方对各服务行业的开放情况整理汇总,并予以公布。

B. GATS文本的主要内容

前面已经提到,GATS文本包括一个序言以及六个部分,六个部分(共29条)分别为:适用范围和定义、一般义务和纪律、具体承诺、逐步自由化、机构条款、最后条款。

a. 序言

序言希望各成员方认识到服务贸易对世界经济增长和发展日益增加的重要性;希望建立一个服务贸易原则和规则的多边框架,以期在透明和逐步自由化的条件下扩大此类贸易,并以此为手段促进所有贸易伙伴的经济增长和发展中国家的发展;期望在给予国家政策目标应有尊重的同时,通过连续回合的多边谈判,在互利基础上促进所有参加方的利益,并保证权利和义务的总体平衡,以便实现服务贸易自由化水平的逐步提高;认识到各成员为实现国家政策目标,有权对其领土内的服务提供进行管理和采用新的法规,同时认识到由于不同国家服务法规发展程度方面存在的不平衡,发展中国家特别需要行使此权利;期望便利发展中国家更多地参与服务贸易和扩大服务出口,特别是通过增强其国内服务能力、效率和竞争力;特别考虑到最不发达国家由于特殊的经济状况及其在发展、贸易和财政方面的需要而存在的严重困难。

b. 六个部分的主要内容

服务贸易总协定的文本包括六个部分,第一部分为范围和定义,第二部分为一般义务和纪律,第三部分为具体承诺,第四部分为逐步自由化,第五部分为机构条款,第六部分为最后条款。

1) 范围和定义

本协定适用于各成员影响服务贸易的措施。就本协定而言:

(a) "成员的措施",指(i)中央、地区或地方政府和主管机关所采取的措施;及(ii)由中央、地区或地方政府或主管机关授权行使权力的非政府机构所采取的措施。在履行本协定项下的义务和承诺时,每一成员应采取其所能采取的合理措施,以保证其领土内的地区、地方政府和主管机关以及非政府机构遵守这些义务和承诺。

(b)"服务"包括任何部门的任何服务,但在行使政府职权时提供的服务除外。

(c)"行使政府职权时提供的服务",指既不依据商业基础提供,也不与一个或多个服务提供者竞争的任何服务。

就本协定而言,服务贸易定义为:

(a) 自一成员领土向任何其他成员领土提供服务[即过境交付(cross-border supply)];

(b) 在一成员领土内向任何其他成员的服务消费者提供服务[即境外消费(consumption abroad)];

(c) 一成员的服务提供者通过在任何其他成员领土内的商业存在提供服务[即商业存在(commercial presence)];

(d) 一成员的服务提供者通过在任何其他成员领土内的自然人存在提供服务[即人员流动(movement of personnel)]。

2) 第二部分——一般义务和纪律

一般义务和纪律适用于所有部门,是 GATS 的核心内容,是成员方各项权利和义务的基础;各成员方在各服务部门,均应统一实施。具体包括:最惠国待遇、透明度、机密信息的披露、发展中国家的更多参与、(区域)经济一体化、劳动力市场一体化协定、国内法规(国内规章合理性义务)、承认(提供服务者任职资格相互承认的义务)、垄断和专营服务提供者(反竞争行为约束的义务)、商业惯例(反竞争行为约束的义务)、紧急保障措施、支付和转移、保障国际收支的限制、政府采购、一般例外(和安全例外)以及补贴等条款。以下依次进行讨论。

(1) 最惠国待遇。服务贸易的最惠国待遇原则基本上与商品贸易一致,即每一方给予任何其他参加方的服务或服务提供者的待遇,应立即无条件地以不低于这样的待遇方式给予任何其他参加方相同的服务或服务提供者。但服务贸易的最惠国待遇有两个例外:一是任一参加方与其相邻边境地区交换,并限于当地生产和消费的服务所提供或授予的利益;二是一参加方在谈判中可提出要求免除最惠国待遇义务的部门与措施。但这种免除最惠国待遇的年限不能超过 10 年。最惠国待遇是无条件的,但考虑实际情况,GATS 第 2 条第 2 款规定了最惠国待遇责任的若干例外,这些例外见于免除第 2 条义务的附件。在免除最惠国待遇义务方面,允许缔约方在不超过 10 年的时间内享受免除义务,不过要求 5 年后进行一次审查。最惠国待遇也不适用于第 5 条"经济一体化"和第 8 条"政府采购"。在许多参加方开放其国内市场的前提下,采用无条件最惠国待遇将给许多部门带来出口机会。

(2) 透明度。每一参加方必须把影响协定实施的有关法律、法规、行政命令及其他决定、规则和习惯做法,无论是由中央或地方政府作出的,还是由政府授权的非政府组织作出的,都应最迟在它们生效前予以公布。任何参加方也必须公布其签字参加的所有影响服务贸易的其他国际协定。透明度的一个例外附则是,对于任何一参加方,那些一旦公布即会妨碍其法律的实施,或对公共利益不利,或将损害具体企业的正当商业利益的机密资料,可以不予公布。

(3) 发展中国家的更多参与。发展中国家服务业发展水平较低,因此应该帮助它们提高服务业的效率和竞争力,特别是在获得商业性技术方面给予特别的支持,如对它们提供有利的市场准入条件。发达国家在GATS生效的两年内必须建立联系点,以便发展中国家及时、有效地获得各种服务市场准入材料。所有这些规定使发展中国家获得对其服务业发展现状不平衡的承认,并获得发达国家对其义务的承担,即发达国家将采取措施加强发展中国家的国内服务部门,发展中国家自身将通过向外国服务提供者附加条件以换取市场准入。GATS第19条第2款规定,全部或个别服务部门贸易自由化的进程将取决于缔约方各自的国家政策目标与发展水平。对发展中国家给予了适当的灵活性,比如少开放一些部门、放宽较少类型的交易、根据发展情况逐步扩大市场准入程度等。在协定中纳入这一条相当重要,因为它承认了发展中国家采取的旨在加强其服务能力等措施的合法性。如向外国服务提供者附加技术转让或网络进入条件,或雇员要求,或运用其他的国家政策措施来达到这一目标,包括向它们的服务部门提供补贴。在规定外国服务提供者市场准入方面,一些发展中国家在其具体承担义务计划安排中对市场准入附加了条件,例如,有关商业存在类型的限制或要求,有的国家规定了合资企业要求,或通过商业存在传递服务的一般授权标准,这些标准在一定程度上保证了竞争性服务部门的发展;关于培训和就业的最低要求,有的国家规定一定数目的主管应是本国国民,应承担当地雇员的培训和国内分包者的就业;关于当地成分要求,在私营电影放映中国产影片或广告应占的一定的百分比(80%);关于附加税和各种税率,仅适用于国内生产者的免除进口关税的免税制;关于技术的取得,外国服务提供者应采用适当的先进技术、设备和管理经验,并根据义务转让技术和把经验传授给国内人员;有关经营的资料,外国服务提供者须及时、精确地提供经营报告,包括技术、财务、经济和管理数据,等等。此外,协定第四条还规定了有利于商业和技术方面取得服务,提供信息的联系点的设立,专业资格的登记、认可和获得,以及服务技术获得的可能性。这种联系点的设立将有助于发展中国家获得进入市场所需的有关信息。然而,这些国家必须建立必要的制度和行政框架来管理这些信息,并使信息及时地处于服务提供者的留意之下。值得注意的是,第4条第1款的陈述:"根据本协定第三、第四部分有关规定,通过不同缔约方协商的具体承担义务增加发展中国家在世界服务贸易中的参与:(i) 通过发展中国家国内服务能力、效率和竞争力的提高,特别是在获得商业性技术方面;(ii)改善它们对分配渠道和信息网络的进入;(iii)各服务部门市场准入的自由化和对它们有利的提供出口服务的方式。"印度在其关于商业存在的承担义务中附加了一项条件,即在与印度公共部门企业或政府承办企业合办的合资企业中,提供最佳技术转让的外国服务提供者将给予优惠待遇。

(4) 经济一体化。GATS第5条"经济一体化"规定了成员方实施无歧视待遇的义务,该条类似于关贸总协定第24条,要求在服务贸易协定中安排具有实质性意义的部门的减让和在成员方之间实质性地消除所有歧视。该款规定,在履行诸如GATS条款下可接受的条件方面,发展中国家享有灵活性。这些条件包括实质性部门的涵盖范围(为满足这一条件,协定不准用演绎方法排除任何服务提供方式),及不存在第17条"国民待遇"意义上的所有歧视。此外,根据第5条第6款规定,在仅涉及发展中国家经济一体化协议的情况下,为多边协定成员方自然人所拥有或所控制的法人可望被赋予更多的优惠待遇。现有的经济一体化协定如《欧洲联盟》、《欧洲经济区》、《澳大利亚—新西兰进一步密切经济关系贸易协定》、《北美自由贸易协定》、《南方共同市场》、《智利—墨西哥经济关系贸易协定》、《加勒比海共同体》、《拉丁美洲的一体化联盟》、《安第斯集团》、《海湾合作委员会》、《非洲经济共同体》、《阿拉伯马格里布联盟》、《西非国家经济共同体》等都将服务贸易纳入其中。大多数发展中国家的一体化协定大体上包括服务贸易自由化,但还没有通过采取放宽资本和劳动力流动这些手段来实施这一目标。在这些协定下,由于服务贸易受到区别对待和严加管制,要想在服务贸易自由化方面取得进展相当困难。因此,服务贸易的重点仍将放在发展和增强成员国之间的基础设施网络上。

(5) 国内法规。任何参加方应在合理、公正、客观的基础上实施有关影响服务贸易的国内规定。在不违背一国宪法结构和法律制度的前提下,每一参加方应尽快坚持使用或指定切实可行的司法、仲裁、行政手段或程序,对有关提供服务的行政决定作出迅速的审查并给予公正的判定。如果一参加方在已承担义务的部门对外开放,就应该对于外国服务商的申请按照国内法律和规定全面考虑,毫不拖延地把考虑的结果通知申请人,并提供有关申请方面的资料,各参加方有关的资格审查条件和程序,技术标准和许可证等,不能造成不必要的贸易壁垒。在参加方全体监督与检查下,资格与服务能力的审查应该客观而透明,在确保服务质量时不能造成不必要的负担,实施许可证不能造成贸易限制。

(6) 对服务者任职资格的承认。服务贸易涉及领域非常广泛,服务质量往往取决于服务提供者的学历、职称和从事专业的经历、经验及能力、语言水平等。各国都比较注重对这些任职条件实施限制,结果造成对服务贸易自由化的阻碍。因此,协定要求签约各方相互承认对方的各种任职条件,并最终按照国际统一标准加以合作。

（7）垄断与专营服务提供者。协定并不反对创建和维护垄断服务，但任一参加方在进行垄断经营时，不应违背最惠国待遇原则和服务贸易谈判中所承诺的义务。如果违背，贸易对方可向成员方全体提出请求，要求给予制裁。

（8）紧急保障措施。协定规定，在协定生效3年后，在非歧视原则的基础上完成保障措施的谈判并加以实施。实际上在众多的服务贸易部门很难制定具体的保障措施，而只能在实施过程中逐步充实。如果某一参加方发生严重的国际收支困难，可以在已承担义务的服务贸易中实施限制措施。但各国在实施以国际收支平衡为由的保障措施时，应当是非歧视性的，并要求与国际货币基金组织协商一致。当该国国际收支状况一旦改善，就应逐步取消相应的保障措施。某一参加方在实施或修改任何保障措施时，都应及时通知成员方全体。发展中国家强调在多边框架内的任何保障条款应允许其采取保障行动，一则是出于保障国际收支平衡的需要；二则是为了对付由于所有权集中、市场主宰和限制性商业习惯做法而出现的局面（由于在市场准入条件刚刚议妥时，这种出现的可能性不可预见），及由此造成的对贸易的消极影响。除此之外，任何保障条款还应准许其设立服务部门、保护幼稚产业以及纠正服务产业结构等。该领域谈判各方所面临的困难之一，就是这样的责任将涉及对进口渗透和服务进口（几乎没有措施标准对这种服务进口进行约束）冲击经济的裁决。有必要探索上述这些困难及保障条款对服务贸易的潜在适用性。由于最初的承担义务谈判与服务贸易总协定谈判是在同一时期进行的，这种谈判进行的方式使得对保障条款问题的考虑进一步复杂化。然而，在制订保障条款时，主要关注点是避免纳入GATT第19条中经实践证明行不通或在GATS框架中被滥用的条款。应当指出的是，乌拉圭回合《保障协定》的确解决了GATT第19条的许多弊端。《保障协定》还规定，适用保障措施的缔约各方应努力保持同等的减让水平，为达到这一目标，成员方可商定采取一切适当的贸易补偿手段。

（9）政府采购。GATS第13条第1款作了如下陈述："本协定第2、第16、第17条不适用为了政府使用目的而不是商业转售目的或提供服务用作商业转售之目的，约束政府机构采购服务的法律、法规及要求。"有关政府采购的规则将留待今后的谈判来完成，谈判将在世界贸易组织协议生效后2年内结束。在政府采购领域，缺乏规则会导致服务贸易中的许多不确定，并且会在服务贸易中造成贸易扭曲。

收录在《建立世界贸易组织协定》附件四中的《政府采购协定》是《东京回合准则》的翻版。然而，由于该协定是一项多边协定，因此它将只适用本协定的签字国。本协定第一次将这一领域中的国际竞争范围延伸到服务，包括建筑服务的采购。因为，国民待遇和非歧视待遇是政府采购规则的基石，在规定范围内的政府采购方面,对外国供应商及外国产品和服务所提供的优惠待遇不得低于其国内供应商及产品和服务。向发展中国家提供特殊的差别待遇是另一项条款,其目的是:适当考虑发展中国家的发展、资金和贸易要求,以保障它们的国际收支平衡;促进其国内工业的建立或发展;支持完全依赖或严重依赖政府采购的工业单位;通过发展中国家之间的区域性或全球性安排鼓励其经济的发展。为实施这一目标,发达国家应适当考虑实体采购产品或发展中国家感兴趣的服务出口。此外,某些排除在国民待遇规则之外的可相互接受的条款可授予发展中国家。这个被扩展了的协定将影响今后服务贸易总协定主持下的有关政府采购的计划。鉴于美国财政和国内税务机构对 GATS 第17条"国民待遇"干预税收表示关注,美国建议在其减让安排中纳入一项有关各种直接税制形式的国民待遇横向限制。"乌拉圭回合"多边贸易谈判的其他各方认为将这样的例外授予国民待遇,会使美国所作的计划安排变得毫无意义。为迎合财政部的关注,协定第14条(d)下附了一条脚注,详细说明了旨在公平或有效地征收直接税的措施类型并对直接税作出定义。不过,这些措施的清单仅仅是解说性的。此外,脚注说明正当的措施一般也要求符合第14条,即这些措施不得对贸易构成变相限制,脚注中的任何规定并不有意影响或左右成员国之间的按照双边税收协议条文进行裁决的有关税收的任何问题。原则上,本例外条款并不一定意味着接受一 GATS 缔约方所采取的任何税收措施,不管这些措施是否包含在例外条款之中。因此,可采用任何税收措施来解决争端。

(10) 协定一般纪律和责任的例外。各参加方在下列情况下,可以免除对协定的义务:对公共道德或维持公共秩序进行必要的保护;对人类、牲畜或植物的生命和健康进行必要的保护;为防止瞒骗和欺诈的习惯做法和处理服务合同违约而采取的措施;为保护、处理和防止扩散个人资料中的个人隐私,以及保护个人记录和账户秘密而采取的措施;不公布与国家安全有关的信息资料;有关直接或间接供给军事机构使用的服务行为;处理有关裂变材料或提炼裂变材料而采取的措施;处理战时或国际关系中其他紧急状况而采取的措施;为维护国际和平与安全而采取的措施;因避免双重征税,国际协定的签约国采取的差别待遇,不视为违背最惠国待遇原则。对上述例外条款,要求参加方在实施时,不能因不同国家而采取不同措施,即不构成歧视,同时不能对服务贸易造成武断的变相的限制。由于欧共体在声像部门谈判中遇到麻烦和美国对国民税收的强烈要价,GATS 第14条"一般例外"在乌拉圭回合行将结束之际成为着重讨论的问题,欧共体建议将文化例外的内容纳入 GATS 第14条,或将关于文化独特性的语言纳入协定的某些其他条款(第19条"逐步自由化"、第15条"补贴"和免除第2条义务的附录)。最后,由于其他参加方发表了保留意见,欧共体只得将有关声像部门协议纳入其最惠国义务免除,并且不将该部门纳入其承担义务计划安排中。

(11) 补贴。补贴往往是形成贸易扭曲的重要原因。在服务贸易方面,各参加方对服务有时实施各种补贴,但总协定目前还缺乏一种完整的规则来禁止对服务贸易的各种补贴,目前只提出以下思路:通过多边谈判,加速制定一套完整的关于服务贸易的补贴与反补贴规则;对是否造成服务贸易扭曲的补贴,要经过研究区别对待;由于服务业在发展中国家发展水平较低,因此,要对发展中国家(地区)的补贴给予有差别的灵活的考虑;对于因补贴而受损的成员方要求,要进行磋商,适当解决。

　　一些发展中国家的提案规定了发达国家应减少并停止补贴,现时在发展中国家使用补贴方面给予了灵活性。总协定还规定,将来的谈判或纪律应承认补贴在发展中国家的发展计划中所起的作用,并考虑缔约方,尤其是发展中国家缔约方在这一领域中灵活性的需要。有关严格纪律的谈判被延期了,因为各国作出这些义务承诺前,首先需要对贸易影响作出评估。然而,对于许多服务,要想获得有关市场份额和价格的足够数据相当困难,而且"产量单位"以及"单位成本"的概念很难适用于众多的服务部门。其他的问题还有服务"原产地"的识别以及国内外公司的界定等。从目前各成员方的具体做法可以看出,普遍给予国内服务提供者的所有补贴将不赋予外国的服务提供者。美国的计划安排列入具体种类的补贴,即联邦海外私人投资公司保险和贷款保证对侨民、外国企业或设立在美国的外国控制的企业不适用,贸易和发展局的金融资助仅限于美国公民或法律允许在美国长期居留的非美国公民和其主要商业场所在美国的个人;或者根据美国法律成立或合法开办的私人拥有的商业企业或合资企业和主要商业场所在美国的企业,而且超过50％的利润股权由属于美国公民的个人实际拥有;或者在美国成立或合法开办3年以上,前3年当中每年均从事类似的服务;在美国招聘的全时固定员工中,有一半以上应是美国公民,并在美国有实际履行合同能力。美国计划安排所准许的补贴还包括联邦小企业行政贷款,不过这些贷款仅限于美国公民或100％由美国拥有的公司,公司的经理都是美国公民。欧共体也在它的计划安排中规定了补贴,据规定,补贴对非共同体公司在一(欧共体)成员方领土上开设的分支机构不加约束,补贴的享受仅限于建立在成员方领土上或一个特别地理地区的法人;用于研究与开发的补贴不加约束;公共部门内的服务提供或其补贴并不与国民待遇相抵触;就自然人获得补贴而言,补贴获得的可能性仅限于欧共体成员方的国民。另外一些国家如日本、加拿大、北欧国家和韩国则将"对研究和开发补贴不受约束"的条目列入国民待遇限制。韩国还规定,包括税收受益在内的补贴享受限于开办在那儿的公司,或根据有关法律限于当地居民。

　　对服务出口的补贴在涵义上是十分广泛的。给予本国母公司的补贴会给其在外国的子公司创造竞争优势,这也就等于间接地给予国外的子公司以补贴。有利于外国消费者在一国购买服务的特别做法也属于补贴范畴。在服务部门多样化和贸易发生方式多样化的情况下,处理补贴问题最好在具体部门的基础上进行,因为要想出一个通常方法来识别补贴的贸易影响是极其困难的。

(12) 垄断。GATS 第八条收录了有关垄断经营的条款:"每个成员方就确保在其领土内任何服务的垄断提供者,在相关市场提供垄断服务方面不采取与本协定第 2 条规定的责任和具体承担义务不相符的行动。"有关处理限制性商业习惯做法和私营公司的其他反竞争性习惯做法的类似条款未收录在第 8 条内。第 8 条也没有规定具体的义务来消除这些习惯做法。

"俱乐部安排",是承担结算、支付和清算或报价交易责任的集团或联盟,是限制性商业习惯做法针对外国人包括外国银行的潜在手段。确保这种安排不歧视外国银行的必要性在《金融服务承担义务谅解协议》中关于"国民待遇"的第三节里已得到详细说明。不过还不清楚为什么有关"俱乐部安排"习惯做法的义务,应限定于愿意根据《谅解协议》来安排其承担义务的各方。对于若干服务部门,国际贸易已被反竞争习惯做法扭曲,这使得在缺乏严厉纪律约束的情况下,较脆弱的发展中国家很难把这些部门纳入其承担义务的计划安排中。正如发展中国家提交的提案所预见的那样,一项控制反竞争性习惯做法的明确义务(这项义务规定,各方应采取包括立法和其他一切可能的措施,在其所管辖的范围内确保服务提供者不采取不公平的贸易习惯做法)和为控制反竞争性行为消极影响的国际标准和纪律,以及强化这种标准和纪律的多边机制,能够维护服务贸易的进一步自由化。目前,正在就是否将竞争策略纳入新一轮多边谈判的议事日程展开讨论。

3) 第三部分——具体承诺

GATS 第三部分"具体承诺"包括第 16 条"市场准入"、第 17 条"国民待遇"和第 18 条"附加承诺"。该部分规定了一参加方在承担具体的服务市场开放义务时所应遵循的一些原则。

(1) 市场准入。根据第 16 条规定,当一参加方承担对某个部门的市场准入义务时,它给予其他参加方的服务和服务提供者的待遇,应不低于其在具体义务承诺表中所承诺的待遇,包括期限和其他限制条件。这意味着对于其他参加方以商业存在形式进入的服务或服务提供者,承诺该部门具体开放义务的参加方应在其境内承担义务,即从该参加方境内向任何参加方境内提供服务的市场准入义务。如果跨越国境的资本流动是该项服务的主要部分,那么该参加方有义务允许这类资本流动。如果一参加方允许外国服务提供者在其境内开业,那么,它就有义务允许有关的资本转移至其境内。任何一个参加方,对作出承担义务的服务部门或分部门,除了在其承担义务的计划表中列出外,不能维持或采用下述限制措施:采用数量配额、垄断、专营服务等方式来限制国外服务提供者的数量;采用数量配额或要求测定经济需求的方式限制外国服务交易的总金额或资产额;采用配额或要求测定经济需求的方式,以限制服务交易的总量或用数量单位表示的服务提供总产出量,或对外国服务机构所必须雇佣的自然人的数量进行限制;对外国服务提供者通过特定的法人实体或合营企业提供服务的方式进行限制或要求的措施;对外国资本的参加限定其最高股份额,或对个人的或累计的外国资本投资额进行限制的措施。关于发展中国家提出的具体承担义务,GATS采纳了"肯定清单"方式,将能够开放的部门、下属部门和交易列入目录。文本把市场准入和国民待遇的概念划分开来,并在承担义务计划安排中为市场准入和国民待遇设立单独的栏目,因为根据总协定,市场准入和国民待遇条款不属于一般责任,但可作为个别部门和分部门议定的承担义务进行交流。市场准入承担义务将根据服务贸易的定义进行谈判,外国的提供者不得接受第四条"发展中国家更多的参与"所描述的一般责任,作为市场准入的一个条件。总协定规定,缔约方可以在它们占有比较优势的那些部门或下属部门寻找自由化,并在自由化最符合其经济、社会和发展利益的部门给予减让(与GATT中的情况相似)。这种方式意味着,与GATT的商品贸易的情况一样,谈判是从自己的强势部门开始并扩展到其他部门的。

(2)国民待遇。国民待遇在总协定中不是适用所有部门,而是针对每一参加方在承诺义务的计划表中所列的部门。根据规定,每一参加方应在其承担义务的计划表所列的部门或分部门中,根据该表所述条件和资格,给予其他参加方的服务和服务提供者以不低于给予其本国相同的服务和服务提供者的待遇。当然,如果外国服务提供者本身竞争力较弱,而在享受同等竞争条件时受到损失,不能要求给予赔偿。总协定的国民待遇是从实施的结果来评估的,不管其给予外国服务或服务提供者的待遇形式是否与本国同类服务和服务提供者相同,只要实施的结果相同就可以了。任何参加方对国民待遇措施的修改如果有利于本国服务企业,不管形式上相同或不同,都是违背国民待遇原则的。在总协定中,每个行业规定的国民待遇条款不尽相同,而且一般都要通过谈判才能享受,所以各国在谈判中给予其他参加方国民待遇时,都附加有条件。这是服务贸易国民待遇与商品贸易国民待遇的根本区别。"国民待遇"第3款规定"如果一缔约方修改其服务与服务提供者的竞争条件,以有利于该缔约方的服务与服务提供者,则形式上相同的待遇或形式上不同的待遇,应被认为对其他参加方的服务和服务提供者不利",这一规定包含了"公平竞争机会"的原则。本款会引起许多争议。一缔约方可能会利用公平竞争机会的概念来努力扩大给予其供应者的市场准入。这一概念也会被用作联系市场准入和国民待遇的手段,造成对国内政策的干扰。如银行业,赞同这一概念的观点认为,对一引起市场准入进行限制,只会让银行在与国内机构的竞争中处于不利的地位。值得注意的是,一些国家对外汇的管制,长期以来一直被OECD国家视为对外国银行竞争机会平等的一个潜在障碍。1979年,由美国财政部作的第一次国民待遇调查指出,"外汇兑换控制的应用将会影响外国银行的经营,这些外国银行比起它们在国内的同等银行来说,更多地更直接地参与了外资借贷。"1990年对一些国家银行系统的调查,其注意力是放在一些实例上,这些实例表明,外汇兑换控制妨碍了银行发挥其竞争力和改革金融产品的能力。国民待遇问题的另一个重点是对其他缔约方专业资格的承认。韩国的"附加承担义务表"中规定,在韩国法律下取得许可证的与韩国建筑师共同履行合同的外国建筑师的服务提供自1996年1月1日起实施。在本国法律下取得许可证的外国建筑师在通过考试(六门课目考两门)后可取得韩国的建筑师许可证。新西兰、澳大利亚、加拿大、马来西亚、日本、韩国、泰国和新加坡等国家在海运服务部门规定了附加承担义务,列出在合理和非歧视性条件下可取得的服务,及向国际海运提供者提出的条件清单。美国在法律服务方面规定了一项附加承担义务:司法诉讼咨询服务的服务提供者必须是有资格的律师。该附加承担义务涉及外国律师与国内律师合作关系的可能性、当地律师的雇请、公司名称的使用,以及律师工作范围的详细情况。对于特定的专业服务,马来西亚在附加承担义务栏目中规定,在有关自然人供应方式方面,要进行资格考试以确定提供服务的竞争能力,考试所用文字为英文。每个参加方在服务贸易自由化过程中,对自己愿承担的义务和免除的条件,均在世界贸易组织制定的统一计划安排表中详细列出,其中包括:承担市场准入的义务;国民待遇义务;采取有关的附加条件;完成承担义务的时间框架;承担义务的生效日期。如果某一参加方由于承担以上义务而使自己未享受到本该享受的协定所赋予的利益,可以要求修改其承诺义务计划表或要求有关方面给予补偿。

4)第四部分——逐步自由化

在服务贸易领域逐步实现自由化,是非常务实的,这一点对于发展中国家和地区尤为重要。总协定第19条第2款体现了第4条(发展中国家的更多参与)的精神。依据这一条款,发展中国家不应该被要求承担与其发展目标和技术目标相抵触的自由化方式,而且发展中国家的逐步自由化应根据它们的市场竞争能力和服务出口的实际水平来掌握,而不应由假想的市场机会来评价。总协定第19条第3款则说明,在确立今后谈判准则之前应根据总协定的目标,包括第4条第1款所规定的内容,对国际服务贸易的情况进行评估。本条文有积极的重要意义。评估应该采用恰当的数据资料,特别是在全球范围和部门水平上确定服务贸易在国际经济、国家集团、各个国家中的重要性,密切注视部门的发展,尤其是有关服务贸易总协定的影响,以及说明服务和货物的关系,及各部门中贸易、生产、投资和就业之间的关系。

在国际服务贸易中,维持竞争地位所需的信息网络和分配渠道在许多服务行业中十分显著。信息技术本身是一种服务,同时也是促进许多其他服务活动国际化的一个必不可少的要素。当代的信息技术以电子计算机网络为载体,发达国家间已达成多种网络协议。英国电信公司提供与欧洲设施连接的 Primex 网络,法国电信公司提供 Transpac 网络。私营公司也提供增值网络服务,如美国长途(电信)媒体 MIC 公司,该公司提供广泛的网络服务;著名的 Internet 网络提供全球服务,包括电子数据交换(EDI)、电子邮件及潜在的私人网络等。信息技术和跨境的数据流动用于建立服务网络和分配渠道,这可能会成为发展中国家进入市场的一大壁垒。不过,在公共电信设施应用于市场和分配服务部门,特别是当全体用户共享网络存取和共同分担网络费用时,市场准入壁垒可能被大大地削弱。在服务贸易及其在提供对商品贸易必不可少的服务方面,对这种网络的存取可能是决定性的。增加国际市场运输服务生产能力所需的系统,及基础设施分配的极度不平衡,是发展中国家增加其服务出口的一大障碍,特别是在金融、声像、软件、专业和旅游等服务部门。旅游业传统上被认为是对发展中国家最有利的服务部门,这主要是由于国际收支显示发展中国家在旅游业有着巨大的贸易顺差。但全球的旅游收入则被有能力的国家所控制,计算机预订系统是体现信息网络重要性的一个突出例子,甚至大航空公司也觉得需要与之连接,以最大限度地扩大信息网络(即计算机预订系统,该系统本身已成为重要的收益来源)和分配渠道如航线等带来的利润。在航空运输领域,拓展分配渠道只能靠艰苦的双边谈判,而利益却要取决于连接和共享现有的渠道和信息网络。计算机预订系统的反竞争行为在欧共体和美国已成为特别法规的内容,同时也成为国际民航组织的一项行为守则。在媒体服务方面,允许电影制片商控制影片的播映时间——影片制作价值的一个重要参数,同时为其制作的影片和技术确保市场。发展中国家服务提供者的竞争地位将通过发展公共研究和开发网来得到提高。例如,通过欧洲的 Esprit 网达到世界水平。有效的技术转让有助于提高服务能力。

关于最不发达国家,总协定绪言、第 4 条第 3 款、第 19 条第 3 款及《关于有利于最不发达国家的措施决议》中规定,应特殊考虑它们的严重困难,只要求它们承担与其自身发展、金融和贸易需要或管理和机构能力相适应的义务和减让。值得注意的是,对最不发达国家而言,履行总协定一般纪律和责任本身就是承担一种重大的义务。尽管最不发达国家经济上存在严重困难,大多数国家还是提交了承担义务计划安排。

5) 第五部分——机构条款

总协定第五部分主要阐述争端解决问题,这一部分的内容与商品贸易总协定的争端解决程序规定相似。首先,当一参加方就影响规定执行的任何事项向另一参加方提出时,该参加方应给予合作。其次,如果争端双方通过协商不能达成协议,可向参加方全体提出,请求仲裁。再次,参加方全体通过仲裁后,应得到有效的实施,如果一参加方不能有效地执行仲裁,则通过所有参加方"联合行动"对之进行制裁。在执行协定的过程中,其他措施的执行决定也是通过"联合行动"作出的。最后,在技术合作方面,各参加方应该通过建立的联系点进行合作,对发展中国家提供的技术援助,应在总协定秘书处监督下,在多边的水平上进行。总协定第22条和第23条分别为"磋商"和"争端解决和实施"。值得注意的是,服务贸易减让谈判引进了一个服务特有的要素"商业存在",该要素明确对商业的权利人和代表人行使争端解决条款。总协定第28条中关于"法人"的定义将为这个方面提供一些准则。该定义特别规定,如果一法人有超过50%的资本股权被一缔约方的自然人实际拥有,则由该缔约方的自然人所"拥有"。有必要指出的是,商业存在中的许多出价还不足50%,这意味着所建立的法人将被视为国内的。

6) 第六部分——最终条款

总协定的第六部分主要规定了加入和接受规则,并指出了协定的不适用状况及利益的否定和协定的退出。参加协定谈判的国家或地区政府应把自己承担义务的计划表列入协定附录。今后新加入协定的须通过谈判,经所有参加方同意,方能成为正式成员。如果一国政府新加入协定,原先的签约方可以宣布与其互不适用本协定,但须提出充分的理由。一参加方可以拒绝把协议的利益给予非协定签字国(地区)的服务提供者或者对其不适用本协定的签字国(地区),或者一个具有法人资格的服务提供者(如果它的最终所有权与控制权掌握在非本协定成员国手中)。总协定生效后,任何参加方随时都可以申请退出。

c. 附件

在总协定文本之外,还有个第29条"附件",附件系本协议的整体组成部分,附件充实和补充了协议的若干重要内容。这些附件是:① 关于第2条豁免的附件;② 关于本协定项下提供服务的自然人流动的附件;③ 关于空运服务的附件;④ 关于金融服务的附件、关于金融服务的第二附件;⑤ 关于海运服务谈判的附件;⑥ 关于电信服务的附件;⑦ 关于基础电信谈判的附件。

1) 关于第2条豁免的附件

无限制寻求第2条"最惠国待遇"第2款规定的义务免除可能会缩小总协定的适用范围。此附件详细列出了一缔约方在协议生效时免除第2条第1款义务的条件。义务免除不仅涉及现行措施,而且还涉及拟作现行措施的将来措施。例如,欧共体免除清单中所列的几项义务免除指的是未来措施,比如基于现有的或将来的欧共体与这些缔约方及有关国家之间的双边协定,适用于所有部门长期措施的免除项目,其中规定:① 法人的开办权及自然人设立机构的权利;② 放弃自然人提供服务工作许可的请求。关于弃权准许,规定"在特殊情况下,部长级会议可以根据本协定或任何的多边贸易协定取消一缔约方的义务",其先决条件是任何决定应得到3/4的成员通过。大会或总理事会应每年对弃权这一项进行检查。

发达国家列入的最惠国待遇义务免除要比发展中国家多。在1993年12月15日之前无法对它们要求的免除义务进行鉴别的发展中国家,将不得不履行总协定所规定的苛刻的条件。据统计,自1993年12月15日以来,已有77个国家提出了关于最惠国待遇义务免除的项目。在最惠国原则适用方面,互惠制在许多国家的有关外国银行市场准入的规定中继续存在。如果一缔约方的银行在另一缔约方国内没有被给予相同的机会,那么,该缔约方可以根据互惠制原则拒绝给予另一缔约方银行的市场准入。这些原则虽然与最惠国待遇原则相冲突,但是,在一些国家最初提案中被列为要遵守的规章制度的一部分。比如,金融服务后续谈判的目标就是要从各缔约方管理外国银行的规章制度中完全消除互惠制。该附件本应详细说明一缔约方在总协定生效之日起可以免除第2条第1款中义务的条件,但是,附件除了提到服务贸易理事会应对准允5年以上的免除义务加以审查以外,没有涉及这方面的内容。在检查中,总理事会要检查产生免除义务的条件是否依然存在,并且决定下次检查的日期。问题是,目前还缺乏一个经多边同意的关于寻求免除义务合法性的准则,这就可能导致义务免除附件的滥用。而且,许多免除义务的提出主要是为了在谈判中取得优势,这将会逐渐损害协定的作用和可信性。为此,世界贸易组织的一些专家建议,在各成员方考虑免除义务的数目和范围之间有必要达成一种平衡,要延长一些类型的免除义务必须交纳一定的款项,要么取消提案,要么向其他国家寻求补偿让步。

关于免除的终止,附件第六节规定:"原则上,这些豁免不能超过10年,无论如何,它们应受到贸易自由化谈判的制约。"这表明,10年的期限不是一成不变的,还可以延长。实际上,附件没有对免除义务的内容设定规则或附加条件,而且最惠国待遇免除义务计划中所列的大多数免除义务项目是没有规定期限的。例如,欧共体所提出的28条免除义务项目中,有26条没有规定期限,另外,美国所提出的所有免除义务项目也都是无期限的。

2) 关于本协定项下提供服务的自然人流动的附件

由阿根廷、哥伦比亚、古巴、埃及、印度、墨西哥、巴基斯坦和秘鲁提出的这项附件,其目的是设立与人员流动有关的纪律。附件指出,有关各种类型自然人的减让是可以协商的;自然人流动供应形式涉及缔约方的服务提供者和受雇于另一缔约方服务提供者的一缔约方的自然人。由于发达国家没有在它们的具体承担义务中纳入对发展中国家有利的种类,也没有认识到承担较高水平的有关自然人流动义务,对在总协定下实现利益平衡的重要性,所以,《有关自然人流动谈判的部长决议》规定,有关以提供服务为目的的自然人流动进一步自由化的谈判,将在"乌拉圭回合"多边贸易谈判结束后继续进行,旨在使各参与方达到更高的承担义务水平。该《决议》规定,成立一个谈判小组来落实谈判,并在《建立世界贸易组织协定》生效后6个月内制定一份最终报告。

在资本及劳动力待遇之间存在着一些不平衡。附件规定,缔约方可按本协定,根据各类自然人提供服务的活动,谈判具体承担的义务。此类具体义务涉及自然人进入和暂时停留时所应承担的具体义务。附件第4款规定"本协议不应阻止一缔约方采取措施以控制自然人进入其境内或暂时停留其境内,包括那些必须保卫其边界的完整和保证自然人有秩序地通过其边界的措施,这样的措施是以不适用于取消或损害任何承担具体义务的缔约方的利益为前提的"。类似的限制不适用于资金的流动。本协定不存在针对外国直接投资的限制,但是发展中国家及一些发达国家的计划安排表明,如同有关自然人流动承担义务受移民限制一样,有关商业存在的承担义务也是受现有法规限制的。必须强调的是,自然人流动对发展中国家的服务贸易非常重要,尤其对其劳动密集型服务部门。

关于自然人流动,有一些问题需要解决。附件规定,总协定不适用于影响自然人谋求进入一缔约方就业市场的措施,也不适用于关于公民、居民或永久性就业措施。服务贸易小组委员会对缔约方国内管理制度中的措施识别方式提出疑问:怎样将一自然人谋求进入就业市场与以提供服务为目的的进入和暂时停留区别开来? 这种区别可根据上述自然人在进入之前是否有服务提供合同,或者是否与服务提供者订有雇佣合同而定,另外还需要区分永久就业和临时就业。

3) 关于空运服务的附件

航空运输服务附件适用于影响航空运输服务及其辅助服务的各项措施。但交通权和影响交通权谈判的直接相关活动不包括在总协定范围之内。但这一附件适用于飞机维修保养服务、空中运输营销服务和计算机贮存系统服务。附件的运作至少每5年评审一次。澳大利亚、马来西亚、新西兰、北欧国家和新加坡提议,为了能使评审有效地、有充分准备地进行,有必要建立航空运输服务工作组来收集和汇编相关的信息,包括航空部门中有关统计和方式方面的信息。在这一方面,一项部长决议曾被列入议事日程,但没被采用。

航天服务不仅仅局限于运输服务。航天服务部门对于正在实行"军转民"的国家相当重要。涉及的服务由卫星和空间站提供,包括:① 人员运输,即工作于轨道工作站的人员;② 气象,以及主要涉及环境、地图绘制、地球表面的物理监测;③ 研究与开发;④ 导航控制;⑤ 预防自然灾害;⑥ 教育。在航天运输服务方面,美国、欧洲是传统的发射服务经营者。新的成员,像中国、印度、巴西、以色列、澳大利亚和俄罗斯等不断涌现。传统的发射服务经营者并不欢迎经营者队伍扩大,但随着卫星技术的进一步普及,新成员不断加入进来。美国和欧洲认为,由于新进入者得到了补贴,所以它们的出价及有关条件是无比诱人的。对此,美国和欧洲凭借保护商品贸易的方法,如自动出口限制,来限制该服务部门的国际市场准入。美国及欧洲航天机械管理当局不情愿把发射服务列入更一般的贸易谈判。其他一些国家最初把这个部门的承诺列入它们的具体承担义务,但后来又都收回了。

卫星发射服务市场可分为"预先指定"和"公开"两种。在"预先指定"市场,外来供应者没有机会竞争发射合同。在一些情况下,如军事卫星发射等,这属于国家安全例外部分,要竞争此类发射服务显然很难(GATS第14条副则)。"预先指定"市场的另一组成部分是政府使用卫星的发射,此类发射属于政府采购例外(协定第13条)。然而,当此类卫星被转为商用时(类似于政府购进后再转售),就相当于给予发射者相关的垄断权,因此,必须受到GATS第8条的约束。第二种市场是"公开"市场。原则上,卫星的主人可自由挑选提供最好服务、价格最便宜的发射者,但仍要受到GATS意义上的一系列贸易壁垒的制约。卫星发射服务中政府行为影响最大,其所造成的贸易壁垒或扭曲有三种类型。第一种壁垒指客户(即"发射"服务的进口方)拒绝给予卫星出口许可证,发射者不能进入市场。为防止发射方(即出口方)获取先进的技术,这些规定被证明是必要的。然而,在大多数情况下,拒绝发放签证只是出于保护主义目的,或是保护国内的发射服务,或是保护已经在轨道上的卫星的主人免受不必要的竞争。这些规定将受到来自有关国家关于卫星发射服务市场准入和国民待遇原则两方面的联合攻击。第二种壁垒是政府提供特别补贴,吸引国内外的客户使用它们的发射服务(即出口补贴)。采取的形式有政府保险担保或政府资助的出口信贷。如上所述,GATS在补贴问题上是软弱无力的。GATS第15条中没有规定任何准则或有效的纪律,只是简单地阐述受到补贴不利影响的一方要求与另一方进行磋商的请求"应得到同情考虑",还规定缔约方全体"应举行谈判来制定一项必要的多边纪律,避免因补贴而产生的贸易扭曲的影响"。第三种壁垒是关于反补贴行动,比如美国对中国附加出口限制,原因是中国以"不公平"或"倾销"的价格提供发射服务。由于GATS并没有制定任何鉴定补贴或"不公平"价格的标准(没有制定有关补贴的任何细则),因此也就无法找到解决这个问题的依据。有关补贴纪律和政府采购的早期谈判对卫星发射服务是很重要的。此外,对商用卫星的范围,须作出明确的界定。

与乌拉圭回合谈判平行,美国和欧洲已经花了几年的时间,努力建设它们所谓的"交通规则",以此来确定发射服务的公平价格,减少它们之间的摩擦。不可否认,现在占领着市场的所有这些发射器都继承了由政府预算资助的设计,而且后来的许多改进所需经费都直接或间接地由政府支付。在这方面,美国就有好几个例子涉及间接补助,美国政府机构定购大量的发射项目,致使私有的发射器研制商对发射器系统的更新和改造进行投资成为可能。在欧洲,著名的阿丽亚娜航天公司,提供阿丽亚娜发射服务。该公司与欧洲宇航局签订了一项正式协议,协议明确规定,不要求该公司偿还欧洲宇航局预付的研制费用(将火箭更新为阿丽亚娜3型、4型、5型所需的费用),直到公司的财务情况被认为可能。协议还规定,欧洲宇航局的航天器通常按预定的价格由阿丽亚娜火箭发射。欧洲宇航局的其他成员国家将受到同样的待遇。

4) 关于金融服务的附件和金融服务的第二附件

有关金融服务的乌拉圭回合谈判是极其艰难的。所以,迄今为止,涉及金融服务方面承担义务的谈判没能取得令人满意的结果,其主要原因不仅仅在于金融服务的特殊性,更重要的是由于这个部门中互惠原则广泛应用所产生的障碍。互惠本身是与最惠国原则不相符的。然而,长期以来,互惠制一直是参加乌拉圭回合谈判的一些国家及发展中国家法律和法规的一部分。在由13个发展中国家(阿根廷、巴西、中国、印度、印度尼西亚、马来西亚、墨西哥、菲律宾、韩国、新加坡、泰国、土耳其、委内瑞拉)组成的集团中,其法律普遍存在着一些互惠条款。许多欧共体国家,如丹麦、法国、希腊、爱尔兰、意大利、荷兰、西班牙和英国也是如此。美国几个州涉及外国银行市场准入的法律条款中,互惠制就是其中的一条。该条款同样适用于处理联邦政府债券的某些活动。在承担义务谈判各个阶段提交的提案中,各缔约方都把注意力放在这些互惠政策上,并且普遍表示,一旦它们对其他缔约方提案的质量表示满意,它们愿意放弃这些互惠政策。但这种满意程度是很难达到的。实际上,美国的提案包括了一个适用于其他国家的双重方案,根据这个方案,一些早已存在的外国银行才被准许进入其市场,今后的准入要依据自由化承担义务而定。最后产生的各缔约方不同的待遇将在该国最惠国待遇免除清单中说明。其他缔约方宁愿继续就承担义务进行谈判,以期达成一个更能让人接受的结果。承担义务谈判期间意见不统一之处,不仅包括不同国家自由化的进度,而且还包括它们银行业市场的现有开放程度。某些受到来自OECD主要国家强大压力的发展中国家已经表示,原则上它们接受自由化的目标,但同时它们还表示要对自由化的发展速度进行严密监控。谈判中大家的分歧毫无疑问反映了人们的观念以及谈判立场的实际差异。因此,缔约方要达成一套互相可接受的承担义务是困难的。

对国家及国际级别的银行进行严格监督的制度有着严重的薄弱环节,这一点已在过去10年的经历中暴露出来,其中的突出事件是1991年国际信贷商业银行的倒闭。近期,OECD国家普遍采取步骤,向更为严厉的审慎政策过渡,这符合1992年7月巴塞尔银行管理委员会发表的有关国际银行监督最低标准声明。这项声明评价了国际银行监督的状况和国际信贷商业银行倒闭暴露出来的弱点,主要围绕四项原则。第一,所有的国际银行或银行集团应在强化的基础上接受本国管理机构的充分监督。第二,跨境银行机构的建立应提前征得银行所在国和其本国监督机构的同意。第三，本国的监督机构有权从它们银行的境外金融机构收集信息。第四，如果东道国认为上述三个标准中有任何一个没有得到满足，则可以施加限制措施以满足其审慎的要求，包括禁止银行机构的建立。

金融服务附件规定，缔约方有权采取审慎措施，包括保护投资者、储蓄者、投保人或金融服务提供者、信托义务拥有人的保护，或者保证金融系统完整和稳定的措施。附件收录了一个有关确认任何其他国家所采取的审慎措施的章节，另一个章节是有关金融服务的定义，包括其组成部分——保险业、银行业及相关的服务。通过协调或其他办法取得的对其他国家审慎措施的认可，可以建立在与有关国家达成的协议或安排的基础上，或者可以自动地被认可。对于其他有利益关系的缔约方，应提供足够的机会来谈判加入这样的协定或安排，或谈判达成类似的文件。金融服务附件受到马来西亚等国提交的提案的影响。需说明的是，总协定及其附件没有直接对审慎措施作出处理，但是有理由认为协定的内容是趋向这个方面的。关于国内法规，附件的第二节（a）规定："不应当阻止一缔约方采取基于审慎理由的措施"，而且"这些措施与协定不一致的地方，不能作为逃避缔约方按本协议所承诺的责任与义务的借口"。根据争端解决决议，第四节是为专家小组解决审慎问题和其他金融事务争端而制定的。条款规定，专家小组"应具备必要的处理有关的具体金融服务争端的专门技能"。但没有对此类专家小组的权限作具体规定。

有关金融服务的第二个附件规定，"尽管有第 2 条和免除第 2 条义务附件第 1、2 款的规定，一成员方在世界贸易组织协定生效起 4 个月后的 60 天内，应将有关金融服务与本协议第 2 条第 1 款不一致的措施列入附录"。第二个附件还规定在世界贸易组织协定生效起 4 个月后的 60 天内，任何缔约方可以不顾 GATS"第 21 条"的规定，对计划安排中所列的全部或部分金融服务承担义务进行改进、修改或撤销，但要进行赔偿性调整。《金融服务承诺的谅解协议》基于 OECD 国家建立一个有关金融服务承诺制定程序的打算，此打算的依据是确保最低程度的自由化和一定程度的一致性相结合的方针。与 GATS 第三部分相比，这个谅解协议包括了更繁重的自由化义务。它使得乌拉圭回合谈判的参与方可以选择性地承担与金融服务有关的义务。此《谅解协议》是在美国、欧共体的提案以及加拿大、日本、瑞典和瑞士的联合提案基础上达成的，不过也受到发展中国家立场的左右。发展中国家成功地阻止了一项自主的金融服务协议的采纳，因为此项协议把金融服务部门排除在关于服务的整体协议之外，并要求所有的参加方立即作出承诺来实施金融服务自由化。本谅解协议规定选择性方案的应用应建立在以下的谅解之上："不与协定中的条款相冲突"、"不损害任何参加方根据协定第三部分的处理方法计划承诺的权利"；"影响具体承担义务应以最惠国待遇原则为基础"；"不以一缔约方按总协定所承担义务的自由化的程度而推论"。因此,对不愿在此谅解协议基础上根据GATS来制定承担义务的国家来说,谅解协议似乎并没有成为潜在问题的根源。根据最惠国原则,在谅解协议基础上作出的承担义务适用于所有总协定缔约国。没有按谅解协议作出承诺的缔约方仍然可以从作出承诺国家的金融服务自由化中获得好处。根据谅解协议规定的程序而提交的承担义务的语言表达,要比GATS的原则更明确有力,并且在一些情况下更胜一筹。谅解协议涉及以下主要内容,规定了一项停滞承担义务,即任何对谅解协议中承担义务的限制应局限于现有的不符合规定的措施;对于市场准入,谅解协议规定了现有垄断权利的计划安排,并要求缔约方努力消除或缩小它们的范围。每一缔约方还应该确保在公共机构采购和获得金融服务方面享受最惠国待遇和国民待遇;规定允许非居民的金融服务提供者按所给予的市场准入和国民待遇条款,从事下列类型的跨境贸易:非人寿保险、分保及转分保、辅助性保险服务、金融信息的提供与转换、金融数据处理咨询和有关银行业的其他辅助性服务和其他金融服务,但不包括人寿保险或中介服务。每一缔约方应给予其他缔约方金融服务提供者在其境内设立机构并扩展商业存在的权利,包括通过购买现有的企业;要求各缔约方应允许在其境内的其他缔约方的金融服务提供者,在其境内提供任何新的金融服务;有关人员暂时入境的承诺涉及高级管理人员,诸如计算机服务、电信服务和会计服务方面的专家,以及与商业存在有联系的保险和法律专家。有关谅解协议国民待遇的第三节条款也相当严格。每一缔约方应允许在其境内已设立机构的其他缔约方的金融服务供应者进入由公共机构经营的支付和清算系统,利用正常的商业途径参与官方的资金提供与再筹集。此外,为了向其他缔约方金融服务供应者提供与缔约方金融服务供应者同等的金融服务,一缔约方在要求取得成员资格或进入任何有权订立法规的机构、证券或期货交易市场、清算机构、或任何其他组织及协会时,或当一缔约方向这些资格成员提供或间接提供金融服务特权或利益时,缔约方应确保这些机构给予居住在其境内的任何其他缔约方的金融服务供应者以国民待遇。

5)关于海运服务谈判的附件

该附件规定,本部门内的最惠国义务免除只有在《海运服务谈判的部长决议》实施之日起才生效,或者,如果谈判失败,在海运服务谈判组提交最终报告之日生效。在谈判结果实施之前,缔约方可以自由改进、修改或撤销所有或部分其在该部门所作的承诺而不需要给予补偿。部长决议规定,谈判组在决议生效日起1个月后开始进行工作,并最晚在1996年6月之前结束谈判。该协定第2条以及第2条义务免除附件第一节和第二节将中止对本部门的适用,因此,没有必要列出最惠国待遇义务免除清单。所有参加方不应采用影响海运服务贸易的任何措施,也不应利用它们的谈判地位及其影响,除非对其他国家实施的措施作出反应以及为了维持或改进有关海运服务的义务免除。海运谈判组已召开了两次会议,并在1994年秋季再次召开会议,讨论并改进1993年8月欧共体非正式散发的海运承诺示范减让表。该减让表由三大支柱组成,这三大支柱为国际航运、辅助服务和对港口设施的准入和使用。

6) 关于电信服务的附件

该附件确认了电信服务部门的双重职能,特别是电信作为一种传递手段。附件的目的,是要确保按合理的和无歧视性原则和条件,让服务提供者进入和使用公共电信传送网络及其服务,服务的提供包括在其承担义务计划表中。之所以需要这样的附件,是因为电信对于大多数服务的传递,如金融服务的传递,起着战略性作用。因此,在不包括减让表中议定的承担义务的情况下,附件本身并不会在任何部门,包括电信部门导致自由化。电信部门双重职能的确认,很大程度上是由于发展中国家的坚决要求,以及由印度、埃及、喀麦隆和尼日利亚提交的两项提案。附件确保了作为传递手段的电信服务的使用条件,不会削弱计划表中所订的市场准入承担义务,这些承担义务受到提供给广大公众使用的现有电信能力的限制。因此,除了在它们各自计划表中所规定的以外,并没有责任批准其他缔约方设立、建设、获取、租借、经营或提供电信传送网络或服务,或要求缔约方建立不是广泛地向公众提供服务的设施。附件第五节(g)规定,"一个发展中国家缔约方根据其发展水平,在进入和使用公共电信传送网及服务方面可以给予必要合理的条件来加强其国内电信设施和服务能力,并增强其参与国际电信服务贸易的能力。这些条件应在缔约方承担义务计划表中详细列出。"迄今为止,只有泰国在它的计划表中列入这些条件(即建设—经营—转让要求)。附件第六节规定了通过国际电信联盟、联合国发展计划署、世界银行等机构的发展计划进行技术合作,以及利用有关国际电信服务和信息技术的信息。早先草案中有一项关于电信服务定价条款,大意是,电信服务的价格应根据成本来制定。但由于发展中国家的反对,该条款未列入电信附件。这一条款可能已阻止了发展中国家通过交叉补贴来为现代化电信服务的扩展筹措资金。本附件还在第五节(b)中规定了用户的权利,这将给发展中国家带来额外费用和困难,并削弱它们控制电信网络的能力。第五节(c)有关跨境数据流动,这意味着发展中国家不能采取措施来加强其资料的贮存,例如,通过保证使用本地数据库或者复制送往国外的数据。尽管上述责任只适用于承担义务计划表中所包括的各部门,但还不清楚在有关"跨境"供应方式的承担义务还没有作出时,上述责任是否也同样适用。上述条款对发展中国家利益产生的不利影响可通过第五节(g)中的特别安排来减缓。

7) 关于基础电信谈判的附件

该附件包括有关这个分部门中市场准入和国民待遇谈判。制定该附件是为了对美国的关注给予照顾性考虑,美国希望把这个分部门排斥在最惠国待遇范围之外,原因在于美国已经将基础电信部门私有化,而大多数国家仍然把该部门留给邮电部经营。这样,最惠国基础上的任何减让都会使美国丧失与这些国家就市场准入问题进行谈判的能力。

1992年召开的非正式会议讨论了在"乌拉圭回合"多边贸易谈判结束之后,延长基础电信自由谈判的可能性和清楚反映计划表中基础电信承担义务的反映方式。要处理的三个问题是:关于自由化的范围及定义、规章问题和实际补偿。上述讨论的结果产生了一项非正式的"关于基础电信承担义务的示范计划表",用以帮助澄清和解决一些技术事宜,并指导谈判的进行。这次技术实践得出的一个结论是,为了准确把握所有相关限定,应补充计划表的标题来表示所提供服务的地理范围、相关技术、有关的传递方式,以及终端使用等。参与方认为,增加上述描述将是使总协定第16条和第17条(分别关于市场准入和国民待遇)适应部门规章复杂性的最好方法。到1995年年底为止,已有48个缔约国对增值电信服务作出了承诺。根据《基础电信谈判部长决议》,成立了该分部门的谈判组。在《决议》和本附件的谈判期间,确定谈判时间框架和停滞承担义务是最具争议性的问题。就时间框架来说,一些缔约方提出谈判不超过18个月,而其他缔约方要求长达3年。最后达成的折衷方案是这些谈判必须在1996年4月30日之前完成。有关承担义务暂停方面,缔约方一致同意,在谈判结果实施以前,任何缔约方不得采用与最惠国待遇抵触的措施,以提高其谈判地位和影响基础电信贸易。因此,在基础电信谈判结束之前,这些义务免除不适用于最惠国待遇义务,即使已被列入最惠国义务免除清单。22个国家参加了这些谈判。谈判组需讨论的措施类型涉及许可证的发放、批准和标准及程序。美国的上述关注中有些将在第4条第4款有关工作计划的条文中被采纳。第6条第4款规定,服务贸易委员会应致力于建立有关资格条件和程序、技术标准和许可证要求的一切必要纪律,旨在确保此类措施不致成为不必要的贸易壁垒。这项工作可望在《建立世界贸易组织协定》生效之后得以开展。谈判组在讨论中提出的另一个问题是关于预防反竞争做法的保障措施。这些措施将确保基础电信的垄断和占优势的供应者,不会利用它们的支配地位来扭曲市场和削弱竞争者提供已作出承诺的网络和服务的能力。其他问题还包括可能会影响供应者建立设施能力或通行权的措施,以及有必要在这方面作出安排的限制;《贸易技术壁垒协定》和影响基础电信贸易的有关标准的措施之间的关系;新的基础电信服务的待遇和此类服务所采用的列表方式;赢得进入电信市场和取得提供相关网络或服务必要的许可证的经济情况调查或公益标准,这是澄清第六条的应用性和责任的需要;基础电信承担义务表的要求等。

8.1.3 《服务贸易总协定》的重要意义

GATS的制定是自关贸总协定成立以来在推动世界贸易自由化发展问题上的一个重大突破,它将服务贸易纳入多边体制,标志着多边贸易体制渐趋完善。GATS对全球服务贸易发展的促进作用是毋庸置疑的。

首先,它是国际服务贸易迈向自由化的重要里程碑。在GATS签订之前,GATT对于国际贸易自由化的推进和努力主要集中于商品贸易领域,对服务贸易一直未进行过统一规范。GATS的诞生为服务贸易的逐步自由化第一次提供了体制上的安排与保障,对于建立和发展服务贸易多边规范是一项重大突破。它确立了通过各成员方连续不断的多边谈判,促进各国服务市场开放和发展中国家服务贸易增长的宗旨,使各成员方有了进一步谈判的基础,得以向服务贸易自由化方向不断迈进。服务市场的逐步开放将会带来更多的贸易机会,有助于建立更为稳定的贸易往来关系。这对于国际服务贸易的进一步增长具有不可低估的作用。

其次,协定对发展中国家给予了适当的照顾。GATS有不少条文涉及发展中国家。鉴于发展中国家在世界服务贸易中的劣势地位,这些条文为发展中国家提高对国际服务贸易的参与程度、加强本国服务业的竞争力、扩大服务贸易出口提供了较大的优惠,特别是在国民待遇、最惠国待遇、透明度、市场准入、逐步自由化,以及在经济技术援助方面,都对发展中国家作了照顾性的特别规定。这比当初GATT成立时给予发展中国家的优惠条件要好得多。将一般义务与特定义务分开规范也是采纳了发展中国家集团"亚非提案"的主张。这些都表明,通过长期斗争和不懈努力,发展中国家的谈判地位已上升到新的高度。

再次,它有利于促进各国在服务贸易方面的合作与交流。GATS不仅对国际服务贸易的扩大和发展起了巨大的推动作用,而且使各成员方从对服务市场的保护和对立转向逐步开放和对话,倾向于不断加强合作与交流。特别是在透明度条款和发展中国家更多参与条款中关于提供信息、建立联系点的规定,更有利于各成员方在服务贸易领域的信息交流和技术转让。另外,定期谈判制度的建立,也为成员方提供了不断磋商和对话的机制和机会。这使得各成员方在服务贸易方面更乐意采取积极合作的态度,从客观上促进了全球服务贸易的发展与繁荣。

另外,GATS将一般义务与特定义务分开规范的做法,使成员方在服务贸易领域既要遵守共同的原则和普遍的义务,又可根据本国服务业发展的实际情况安排服务市场开放的步骤,使本国服务业和经济发展不致受到严重冲击。协定考虑到成员方的发展水平和经济转轨国家的情况,制定了服务贸易谈判所应遵循的方针:谈判应在部门指示单的基础上进行,所达成的义务和保留应建立在适当分解的水平上,如关于部门目录、部门与下属部门等;给予发展中国家适当的灵活性,但必须约束在"严格限制的水平上"分阶段实施。这些都体现了规则的原则性和灵活性的有机统一,从而,既可以推动各成员方在具体服务部门的谈判中专家迅速进入实质性阶段,也便于体现各成员方的利益和要求。

8.2 服务贸易的区域性协议

8.2.1 欧洲联盟的服务贸易协议

欧盟服务贸易的发展面临两大问题:一是为形成内部统一大市场,各成员国之间服务市场彼此开放的问题;二是如何以整体力量占领国际服务贸易市场的问题。这两大问题的实质就是欧盟服务贸易的内部自由化和外部自由化问题。于是,有关服务贸易的协议主要涉及两个内容:一是成员国间在各服务部门的互相开放和规则的统一;二是欧盟作为整体对其他国家开放服务市场以及利益协调。

A. 欧盟内部统一市场的服务贸易协议

a. 欧盟内部统一市场的总体目标

欧盟内部统一大市场的建立就是为了使商品、人员、服务和资本得以在成员国间自由流通。服务市场的内部自由化是建设统一大市场的重要方面。

早在20世纪60年代末,欧共体就已取消了成员国之间的关税,为商品的自由流通打下了基础,但在服务的自由流通方面步伐缓慢,直到1985年欧共体执委会在建立内部市场的白皮书中重申要取消阻碍四大流通的限制时,服务贸易市场的一体化建设才再次启动,总体目标是实现服务的自由流通,在成员国之间适用服务相互承认与统一化原则。

应当指出的是,欧盟服务贸易内部市场统一化是一个过程,情况殊异的各国为调整和适应大市场而付出的代价也各不相同,要实现利益与义务的均衡并非易事。然而,可以肯定的是,通过成员国之间相互开放服务市场,并在管理和监督机制上实现一体化,欧盟服务业经过协调和重组,在世界服务贸易中的整体优势将会得到加强。

b. 有关协议的主要内容

作为欧盟赖以存在的基本条约——《罗马条约》,其第三部分"共同体政策"中专门有一章"服务",规定了应逐步废止成员国国民在共同体内自由提供服务的限制。该部分适用于通常以取得报酬为对等条件而提供的服务,要求自条约生效起,各成员国一般不得在提供服务方面对已实现的自由化采取新的限制,并规定理事会在委员会建议及与经社委员会和欧洲议会协商后制定一个总计划。服务贸易内部市场自由化的建议及决定,应优先考虑直接影响生产成本或有助于商品交易的服务。在自由提供服务的限制尚未取消期间,各成员国施行限制应坚持无歧视原则,即不分服务提供者的国籍或住址。值得一提的是,欧盟内部统一市场的服务贸易协议大多以指令形式出现。

1) 金融服务贸易协议

这里的金融服务包括银行、保险和证券服务。欧盟统一大市场的建立将使各成员国间彼此开放金融服务市场,推动各成员国金融机构的竞争和调整。

(1) 银行业。到1973年,欧共体理事会就发布指令,取消自由设立企业和自由提供有关银行和其他金融机构服务的限制,规定各成员国不能因申请者是非本国居民而拒绝批准新信贷机构设立的原则,但该指令并未得到实际执行。1977年12月12日,欧共体理事会通过了"关于协调有关从事信贷机构业务的法律、规则和行政规章的理事会指令"(这里所说的"信贷机构",是指经营从公众接受存款或其他应偿还的资金和为自己的利益发放贷款的企业,不包括未接受存款的投资公司),即一般所称的"第一项银行业指令"。该指令提出"母国控制原则",即由特定信贷机构总部的所在成员国主管机构对该信贷机构在各成员国经营的各分支机构实行全面监督。该指令还规定,信贷机构应具有"适当的、符合最低标准"的自有资金,并建立由来自成员国银行监督机构的3个代表组成的顾问委员会。但该指令并未规定实行银行业统一许可制和相互承认制度,即并未要求成员国自动允许在其他成员国取得合法营业执照的信贷机构在其境内设立分支机构,也不反对成员国对设在其境内的非欧共体信贷机构采取保护主义和歧视性措施。尽管如此,该指令作为欧共体协调银行服务法规的第一步,具有不可替代的作用。1989年12月15日,欧共体又通过了"关于协调有关从事信贷机构业务的法律、规则和行政规章以及77/780号欧共体指令的第二项理事会指令",即第二项银行业指令。该指令作为共同体新银行法的核心,主要目标是制定各成员国银行监督制度,特别是协调准许营业的条件,消除共同体银行服务活动和设立分支机构的内部障碍,创建单一的银行业市场。

具体而言,该指令确定了以下几方面的制度:

第一,单一银行执照制度和相互承认原则。这是指在一成员国取得营业执照的信贷机构可在其他成员国设立分支机构,并可自由地向企业和个人提供服务,无需取得东道国的许可。第二项银行业指令并未建立欧共体统一的银行执照,而是适用相互承认原则,要求各成员国承认其他成员国颁发的银行执照,从而使各成员国颁发的银行执照在整个欧共体范围内有效。该指令的附录中列出了"银行业务项目表",明确了相互承认原则的适用范围。欧共体允许成员国银行从事全面金融服务,但并未对投资银行和商业银行的业务活动加以区分。成员国对银行业在适用相互承认原则的同时仍需适用母国管制原则,一成员国银行在其他成员国的经营活动仍仅受制于其母国的银行业法规,即在母国银行业执照允许的业务活动范围内提供银行服务。根据这一原则,如果一银行的母国金融法规比东道国宽松,它便有可能在东道国进行东道国法律所禁止,但其母国法律所允许的业务,只要该项业务列于上述"银行业务项目表"中。相反,如果该银行的母国金融监控较严,则其在东道国也只能从事母国法律所允许的业务活动。另外,相互承认原则只适用于欧共体成员国信贷机构的分支机构,而不包括子公司。因为子公司作为独立的法律实体,在东道国提供银行服务不能依其母公司的营业执照,而需独立申请银行执照。

第二,各成员国银行法规的协调。为便于单一银行执照制度和相互承认原则的实施,第二项银行业指令还对各成员国的银行法规进行了协调,主要涉及银行营业条件、资本充足性、会计规则、跨国提供服务与设立分支机构等方面。首先,关于营业条件。该指令规定信贷机构为取得营业批准,必须符合以下条件:拥有500万欧洲货币单位的原始资本;向银行主管机构提供有关申请银行营业执照,或取得原有信贷机构股权的主要股东认同等必要资料;由两个以上信誉优良、经验丰富的人士管理。除此之外,母国主管机构还可规定其他要求。另外,若信贷机构参与非银行业公司的股权投资,很可能因非银行公司陷入财务困境而影响正常营业,而且股权参与本身也使信贷机构资产长期冻结,因此,该指令对信贷机构取得或保留在非信贷或非金融机构的股权参与规定了两项限制:一是信贷机构在一个非信贷或非金融机构中拥有的股权,不得超过其符合资本充足要求的资金数额的10%;二是这类股权参与总额不得超过其自有资金的50%。其次,关于跨国提供服务与设立分支机构。该指令规定,成员国的信贷机构如不准备通过设立分支机构而在另一成员国提供银行服务,必须先将有关具体情况通知其母国主管机构,母国主管机构应在1个月内通知东道国。指令并未规定有关信贷机构提供跨国服务的程序性要求,而由东道国法律来规定。成员国信贷机构如准备在另一成员国设立分支机构,应向其母国主管机构提供以下资料:准备设立分支机构所在的成员国;经营计划;在东道国的地址;负责管理分支机构的人员名单。母国主管机构在3个月之内应向东道国主管机构提供上述资料,并附该信贷机构的自有资金、清偿比率说明,有的东道国还要求包括分支机构的存款保证计划。东道国主管机构收到资料后,可用2个月时间做有关监督准备,并制定该信贷机构应遵守的必要条件。在2个月期满后,或期满前接到东道国主管机构通知时,该分支机构即可设立并开始营业。再次,关于自有资金和清偿比率。在衡量信贷机构资本充足性时,必须考虑其自有资金和清偿比率。1989年12月18日,理事会通过该项指令。据此,信贷机构通过参考其自有资金数额限制其全部的风险调整资产和资产负债表外项目。欧共体所有信贷机构均须适用清偿比率,只有某些特殊机构例外。最后,关于会计规则。会计规则方面的协调主要是为了加强对银行业的监督管理。1983年6月13日,理事会颁布了关于在综合基础上监督信贷机构的指令,将对各个金融机构的监督扩大为对银行集团的监督,包括对银行集团海内外分支机构及其累积的全部信贷风险的监督。1986年12月,理事会又颁布了关于银行及其他金融机构年度账目和综合账目的指令,将适用于合股公司年度账目的一般规定移植于银行业,要求信贷机构和金融机构应在各财务年度末以资产负债表、利润表和现金流量表及有关附件的形式,公布其经济和财务状况。为了保证年度账目的可比性,该指令还规定了资产负债表的格式和内容,利润表的项目、术语以及评价原则的协调。这个指令标志着欧共体银行业会计规则得到了协调。1989年2月13日,理事会又颁布了关于信贷机构和设立于一成员国,而总部在该成员国之外的金融分支机构,公布其年度财务文件的责任的指令,通过要求公布会计资料加强对信贷机构和金融分支机构的监督。另外,欧共体委员会还于1986年12月22日提出了关于监督和管制信贷机构大额开支的建议,及关于实行欧共体内存款保证计划的建议,以进一步协调各成员国对银行业务的监督。

(2) 保险业。欧盟在保险业方面的目标主要是创建单一保险市场,使设立于一成员国的保险公司可在另一成员国完全自由地设立分公司,保险企业(无论其法律形式如何)无须通过设立分公司即可在欧盟范围内经营其全部保险业务;保险单签发人在价格、产品性质和提供的服务等方面遵守基本一致的监督规则,开展公平竞争。

早在1964年8月,EEC(European Economic Community,欧洲经济共同体)理事会通过一项指令,撤销对设立企业和提供再保险和再恢复(retrocession)服务的限制。保险业大体可分为一般保险业(又称非人寿保险业)和人寿保险业。非人寿保险业自由化起步较早,1975年2月1日生效的一项关于撤销非人寿保险业中开业自由限制的指令,确立了承保人在东道国享有与该国居民同等的设立保险企业的权利。1973年7月24日,理事会通过了关于协调有关从事非人寿保险业务的法律、法规和行政规章的第一项指令,即第一项非人寿保险指令,规定了非人寿保险企业的法律形式,对保险企业的保险活动及其直接从事的经营活动的限制(如一企业不能同时经营保险和银行业务),以及各种保险均应受国家监督的要求。该指令还对技术性储备金(technical reserve)、偿付准备金和保证基金等作出了规定,将体现技术性储备金财产的监督责任,转移给设立保险企业(总部、分公司或代表处)的所在国。储备金额主要由未到期保险金和权利请求确定,所在国应确保保险金是"充分"的。偿付准备金高于技术性储备金,保证基金标准则根据一些具体规则确定,确保保险企业保留规定的偿付准备金和保证基金的责任归属于总部所在国。指令还规定了在其他成员国设立新保险企业和分公司的程序。如果申请人遵守该规定,就可获得批准。拟设立分公司的保险企业应提供由其总部所在国颁发的偿付准备金证明,其他成员国应予接受。另外,指令还提供了保险企业经营失误时监督主管机构可采取的各种措施,直至撤销批准。各成员国监督主管机构通过日常业务和常设会议进行密切合作。该指令的协调性规则改善了保险企业进入各成员国市场的条件,但它并未带来任何"实质性管制"(如保险单条件、保险金比率、表格用语等)的协调。该指令于1976年2月1日生效。1986年12月4日,欧洲法院关于保险业的一项判决极大地推进了欧洲单一保险市场的建立。该案为委员会诉丹麦、法国、联邦德国和爱尔兰案。这些成员国对来自其他成员国的保险公司维持着一定的审批限制,欧洲法院认为其中部分是正当的,而部分则违反了自由设立企业的规定,因而是非法的。当然,保险作为敏感性领域,为保护投保人或被保险人,投保风险所在国可对保险人规定某些设立条件,包括技术性储备金的构成、资产的本地化,及一般和特别的保险单条件等。也就是说,保护消费者的理由一般是可以得到承认的。但这种保护的需要程度在不同情况下各不相同,甚至完全可能不需要。这一案例开辟了大型产业风险保险市场自由化的道路,加快了欧共体非人寿保险统一市场的建设步伐。在这一案例影响下,1988年6月22日,理事会通过了关于协调有关非人寿保险的法律、法规和行政规章的第二项指令,即第二项非人寿保险指令,于1990年7月生效。该指令规定了两种独立的制度,对于"大风险",根据"母国控制原则",由保险公司设立国管理;对于"普通风险",风险所在国可根据一定条件,适用审批要求和实行欧洲法院设计的有关管制。1993年1月1日以后,大风险包括:运输风险;信贷和担保人资格风险;火灾和一般财产损害以及金钱损失,其范围限于投保人或其所属公司集团符合以下三项条件中的两项,即拥有250名雇员、营业额达1280万欧洲货币单位、资产总额为620万欧洲货币单位。在指令生效之日起至1992年12月31日的过渡期内,上述金额限制大致可增加一倍。指令还为希腊、爱尔兰和葡萄牙提供了特殊的临时安排,即其过渡期可延至1999年1月1日。这项指令旨在使欧共体内部建立非人寿保险的统一市场,但应看到,它毕竟只要求在"大风险"范围内适用"母国控制原则"和"相互承认原则",而对于"普通风险",仍适用风险所在国的管理监督规则,这无疑需要各国进一步协调。

在人寿保险领域,1979年3月5日,理事会通过了关于协调有关从事直接人寿保险业务的法律、法规和行政规章的指令,该指令于1981年9月5日生效。由于人寿保险的内容和界限在各国不同,在多数形式中,人寿保险仅在有限范围内涉及风险,权利请示产生于多数保障单,且有类似投资的特征。该指令承认了这些特征,还规定了人寿保险与非人寿保险不得混合经营。但在比利时、卢森堡和英国,已存在一些兼营两种保险业务的混合保险公司,它们仍可保持其经营,但须严守对两类业务分别管理并建立各自的偿付准备金的规则。混合保险公司可在另一成员国设立新的分公司或代表处,但限于经营非人寿保险业务,如要经营人寿保险业务,则须设立具有独立法律资格的子公司。1988年12月,欧共体委员会提交了关于在人寿保险领域服务实行自由化的提案。根据该提案,所有欧共体公民可根据其意愿在其居住国以外的成员国取得人寿保险单,但必须遵守该国现行的保护和监管制度,这表示"母国控制原则"已在人寿保险领域开始实行。但如果根据投保人意愿在居住国以外的成员国达成保险协议,适用的将是风险所在国的规则。该指令已于1991年由理事会通过。1994年7月1日,理事会对保险业的第三项指令实施,旨在使所有的人身保险和非人身保险,包括大的风险投保都受到本国的批准和监管。这样,任何成员国的保险公司都可以在欧盟范围内出售其保险单。该指令在监管方面也有所变化,防止成员国控制各种业务的参数,如价格或保险单条件。这就使得一些成员国官方丧失控制,如德国和意大利就不得不取消现有制度下对汽车责任保险的最低保险费规定。

在保险代理和经纪活动方面,有一项1978年6月生效的关于促进有效实施设立自由和提供保险代理经纪活动自由的理事会指令,要求各成员国通过调整保险代理和经纪活动的规则,在最近合理期限内承认保险代理人和经纪人的充分资格。这已在很大程度上被许可证、证书及其他正式资格文件的相互承认方式所取代。在财务监督方面,1986年12月,欧共体委员会作出了关于保险企业财务的提案,将保险业视为一个整体,但并未将适用范围限于特定的保险种类。同时提交的关于保险企业年度账目和统一账目指令的提案是为了适应保险业的需要,考虑到专业企业可进行的或单一企业可同时参与的非人寿保险、人寿保险和再保险活动的不同需要,使潜在的保险买主及其专业顾问无论处于欧共体何处,均可取得设立于欧共体各地的保险企业,以标准、综合的形式表现的财务情况资料。委员会还作出了一项有关保险企业强制性结业的提案,目的是制定适用于因撤销批准或企业资不抵债等情况导致强制性结业的规则。该指令授予所有保险企业债权人在这种情况下享有平等待遇的权利。这可以打消一成员国居民与总部在另一成员国的保险企业签订合同时的顾虑。依据程序统一和普遍效力的双重原则,在资不抵债的情况下,对直接保险投保人和其他保险单签发人的保护,可通过设立相当于技术性储备金的独立资产基金来保障。

另外,欧盟还有数项关于汽车保险的指令,这对于欧盟内人员自由流动尤为重要。1971年1月1日,关于协调各成员国有关汽车使用方面民事责任保险,以及履行此种责任保险义务法律的第一项指令生效。该指令取消了汽车司机驱车前往某一成员国须携带绿色保险卡的要求。藉此,在各成员国的第三方保险的合法性扩及整个欧共体。1988年12月生效的关于协调各成员国有关汽车使用方面民事责任保险法律的第二项指令对上述内容作了补充,以协调各成员国保险单的不同保险范围,确保公路事故无论发生在哪个成员国,受害者都可得到尽可能相同的待遇。欧共体委员会同时提交的关于自由提供汽车保险服务的指令提案,旨在将欧洲法院在 1986 年判例中确立的原则(即大风险适用"母国控制原则"和"相互适用原则")扩及强制性的第三方汽车保险和综合保险,使"母国控制原则"完全适用于主要工商企业的汽车保险。保险公司在风险所在国无须请求批准,可根据其母国规则继续投入其预算拨款。但该指令仍未解决下列问题:为未投保的或所有者不明的汽车肇事的受害者支付赔偿金的国家基金的运作、保卡制度的运作以及公路事故的受害者利益的保证等。

目前,欧盟在保险业方面的内部壁垒已大大削减,但对跨境服务仍有限制。这主要是由于各国生活条件不同,影响到索赔范围、交付方式、税收、法律条款、文化差异等诸方面。另外,欧盟对分保约束较少,自 1964 年 2 月以来,理事会没有特定的关于分保的立法,也没有要求各成员国取消其本国对开业权和影响提供分保服务的法规条款。但必须肯定的是,放宽保险业将进一步为其他金融业,尤其是银行进入保险业开辟道路。预计法国银行将出售 35% 的人身保险,德国银行也要有不到 5% 的份额出售。要采用新的业务合作方法,不仅要从观念上加以推动,还需规定管理参数,以及足够的集团资本和对付不良风险的保障措施。所有这些都要求欧盟的保险业规则作进一步的调整。

(3)证券业。证券市场日益国际化的趋势,为欧盟建立统一的证券市场提供了契机。统一大市场关于证券业方面的法律规范旨在消除成员国之间不同的证券发行和交易法律制度所产生的障碍,建立具有较大灵活性并对投资者提供同等保护的单一证券市场。

从 20 世纪 70 年代开始,欧共体就进行有关成员国批准上市证券和信息披露方面规则的协调。如 1979 年 3 月 5 日,EEC 理事会通过了有关协调上市证券准入条件的指令,即欧共体 79/279 号指令,规定了证券发行商必须具备的条件,包括最低发行价格、公司存续时期、自由谈判能力、充分的分配以及为投资者提供适当的信息等。各成员国可基于此制定较为严格的要求。在信息披露方面,1980 年 3 月 17 日,理事会通过了有关协调为上市证券准入而公布的上市项目的制订、审查和分类要求的指令,即欧共体 80/390 号指令,规定当股票、债券和股权证书被允许上市交易时应提供的信息。1982 年 2 月 15 日通过的欧共体 82/181 号指令则要求上市公司按期公布其盈亏情况的半年报告。

适用于银行业的单一执照制度、母国控制原则和相互承认原则也一样适用于证券业。一成员国证券公司在其他成员国设立分公司或提供跨国服务,原则上由证券公司的母国主管机构行使有关批准、监督和管理职能,不需要向东道国主管机构申办批准手续,其母国主管机构颁发的营业执照作为"单一执照"可通用于整个欧盟范围。在一成员国合法开业的证券公司,可在欧盟范围内自由开设分支机构,并可经营本国法律所允许的一切业务。东道国管理机构要像承认本国的法律一样,承认证券公司母国有关证券服务业经营的法律。证券公司可以经营的业务有股票经纪、证券交易、参与股票发行与提供有关服务、资金管理、套期保值、证券管理与咨询、向企业提供资本结构、产业战略和有关问题的咨询,以及企业兼并与收购的咨询和服务等。

2) 运输服务贸易协议

运输服务业是欧盟经济发展的基础,其增加值占欧盟 GDP 的 7%。由于各成员国对这一领域管理十分严格,所以运输服务统一大市场的建立既有必要,又有难度。运输服务业具体包括内河和海洋航运、航空运输及陆运。

(1) 内河和海洋航运。欧盟的内河和海洋航运在世界上占有重要地位,目前欧盟成员国拥有的商船队占世界商船队总数的 1/3,其中希腊是最大的海运国,占世界总载重吨位的 17.5% 强。为使欧盟内河和海洋航运自由化,实现各运输企业在欧盟范围内的公平竞争,自 20 世纪 80 年代中期以来,逐渐形成了共同海运制度,理事会已通过数项法规和指令,如关于协调取得内河运送货物和旅客的承运人证书条件的指令(第 94/359 号指令),对内河航运进行结构性改善的法规(第 94/610 号法规及第 95/200 号法规),成员国间内河运送货物和旅客的共同规则(第 95/167 号法规),关于使用共同体港口和在各成员国管辖的内河上航行方面执行有关船舶安全、防止污染和船上生活和工作条件的国际标准的指令(第 94/501 号指令),关于班轮运输公司协议、决定和统一行动类型的法规(第 92/479 号法规)等。这些文件反映了以下三个基本原则:(i) 成员国间提供内河和海洋航运服务自由化,逐步取消现存的海运货物份额安排,清除各成员国在内河和海洋航运服务方面设置的种种障碍;(ii) 使有关证书的申请、核发程序和条件以及其他的有关标准统一化,这就需要各成员国对本国的有关法规进行协调;(iii) 维护公平竞争,制止在内河和海洋航运方面的不正当竞争行为(包括垄断和价格协定等),保护欧盟船队不受来自第三国的不公平低价倾销行为影响。此外,各成员国对于在其领海悬挂本国旗的航船都给予补贴,以补偿与不同国家(如发展中国家和低工资水平的欧洲国家)注册登记有关的成本差异。针对比利时、法国、德国、希腊、爱尔兰、意大利和丹麦仍规定本国国民的船舶悬挂本国旗的做法,20 世纪 90 年代初委员会要求这些国家加以改变。目前只有德国责令其国民的班轮在德国驻留时必须悬挂德国国旗。

(2) 航空运输。欧盟原来关于内部航空运输服务的法律规范主要分为两类:一类是成员国之间有关航空费用、运载量和航空路线的双边协定;另一类是有关航空运输机的双边或多边协定,从而限制了自由提供空运服务和航机自由竞争。航空运输统一大市场的目标就是取消这些限制,实现空运自由化,降低航空成本,增强欧盟航空业的国际竞争力。为此采取了对内协调和对外限制政策。一方面,国际航空权仍由各成员国和第三国之间的双边协议进行管辖,保持竞争;另一方面,在共同市场中的开业权仅给予欧盟成员国。自1987年以来,欧盟开始逐步开放航空领域,经过为期10年的航空领域自由化进程,欧盟宣布自1997年4月1日起完全开放天空,各国航空公司可在各成员国之间自由从事航空客货运输业务,可自行制订服务价格,还可开通到其他国家的航班等。早在20世纪80年代,理事会就已通过了多个有关航空运输的指令,如保护竞争法令授权执行委员会调查可能发生的违法行为,并予罚款;对机票价格的规定统一了成员国间各航线的机票价格;在座位分配方面,重新规定两个成员国间缔结双边协定来决定班机座位数在两国间如何分配。1988年7月26日,又通过三个法令,包括对班机运载量、收入划分的统一规定和协调及对航空运输服务所征收关税的磋商,对空运服务建立计算机管理系统,以及有关加油、航空包裹和邮件运送及提供空中食物的规定等。近年来为推进各成员国在航空运输方面的协调和合作,理事会又通过一些新的法规和指令,如关于协调民用航空领域技术性要求和行政程序的法规(第91/3922号法规,该法规使小型商用飞机及小型、大型旋翼机的证书要求一致化)、关于航空运输计算机管理系统的联合行动的法规(第93/3652号法规)、关于共同体机场地面管理市场准入的指令(第94/590号指令)等。这些文件的宗旨亦主要是扩大各成员国空运服务的市场开放程度,消除阻碍成员国间提供空运服务的限制,以及加强成员国间的协调与合作。空运服务在欧盟范围内的联合将为其航空业注入新的活力。另外,欧盟在航空业的竞争政策方面也有所加强。自20世纪80年代中期实施共同政策以来,委员会便一直加紧对涉及公司兼并和控股参与等反竞争行为进行约束,并反对成员国政府的歧视性政策。但同时由于内部措施的放宽和外部竞争的加剧,促使欧盟航空业进行调整,技术合作得到进一步加强。现在航空公司通过联合订票、维修保养和制订航线计划进行技术合作,不仅大大节约了成本,而且促进了对主要业务参数(如运载量和运费)的更广泛安排。委员会的立法确保了一些协议的开放度、透明度、非强制性和非歧视性。另外,为防止那些对欧盟内部市场起腐蚀作用的垄断控制,理事会还规定了透明的和非歧视性的裁定程序(如公开招标),并在1994年11月宣布了关于统辖各成员国补贴其航空业的一系列原则。该补贴原则一方面承认补贴是全面调整计划的一部分;另一方面也强调只有当为了实施调整计划时,方能使用补贴手段,不得为了增加航空公司的负载量而损害其在欧盟或区域性分支市场内的竞争对手,不得出于反竞争目的,也不得有损于欧盟在航空业实施的自由化规则,补贴必须是透明的,并能够得到控制。

(3) 陆运。为了促进欧盟范围内陆运服务的自由化,委员会制定了一系列建议,以逐步消除陆运货物配额限制,使各成员国允许非本国车辆在本国运送货物和乘客。最主要的法令是1988年6月21日在欧共体运输部长会议上通过的一项法令,规定至1991年1月1日,各成员国均须取消与他国订立的双边陆运货物配额,同时共同体每年将增加配额数量,并以一种统一的许可证允许货物在共同体内自由运载而不再受各国的配额检查。1992年,理事会还通过关于汽车运送旅客共同规则的法规(第92/684号法规),以统一各成员国对于以汽车提供国际性客运服务的有关规则,简化这类运输所需程序,使用欧盟统一的许可证。另外,近几年理事会又陆续通过一些新规则,如关于驾驶执照的指令(第91/439号指令),关于统一公路运输危险物品检查程序的指令(第94/340号指令),关于铁路运输许可证的指令和关于铁路设施业务量分配及收取设施费用的指令(第94/316号指令),关于两轮或三轮机动车辆最大速率、转矩和发动机功率的指令(第94/321号指令),关于非居民承运人在成员国内经营货运服务条件的法规(第93/3118号法规),关于铁路运输危险物品的指令(第94/573号指令),关于货物和旅客公路运输经营者市场准入和互相承认文凭、证书和其他资格证明的指令(第93/586号指令)等。

3) 电信服务贸易协议

电信服务是欧盟信息行业中的最大部门,占整个信息行业营业额的27%。近年来,信息技术的国际竞争日益加剧,新型传送方式(如卫星移动通信)的出现,加上欧盟内部市场和对外政策的需要,在电信服务领域逐步采用更加开放和灵活的方式运作,这使得电信业增长,1988~1993年期间的年增长率为7%。但各种技术上和机制上的限制仍然存在,如缺少先进的服务和高容量的租赁线路,以及收费居高不下等。传统的电信垄断经营往往受到各国国家安全政策和社会、产业等政策的支持。各成员国对政府垄断电信经营采用各种跨地区补贴,将长途电话和电信收益分别转到当地电话和传统的邮政服务中去。这种补贴机制无疑是各国电信服务迈向自由化的一大障碍。

建立电信服务统一大市场的目标是为电信设备和电信服务创造一个更加自由、更加灵活的市场环境。为此应限制各成员国电信管理机构对本国电信服务的垄断,尽管在原则上欧盟委员会承认这种垄断的国家特殊利益的合法性。委员会区分了基础性电信服务和竞争性电信服务,指出前者仍可由各成员国垄断经营,但对其内容应作严格的分析和定期检查,目前仅包括电话服务。竞争性电信服务则包括其他所有的电信服务,应对外开放,自由竞争。

1987年,委员会公布了"关于电信业的绿皮书",之后又发布了有关贯彻绿皮书的文件,建议各成员国将电信业由国家垄断逐步转向以竞争为导向,并使国家和企业在电信管理的功能上实行明确的分工,即要求各国逐步放宽所有的终端市场和设备市场,确保设备鉴定的相互认可,将管理职能和经营职能完全分开,确定计价收费和成本之间的主要环节,对新的服务采取平衡措施。在有关基础服务(电话、传真、电传等)的垄断协议与欧盟条约有关条款不矛盾的情况下,绿皮书提出了一种国际准入义务,对用户和服务提供者确保一致的、客观的、透明的、非歧视性的市场准入条件,并放开所有的增值电信服务。最近,委员会有关电信基础设施自由化的绿皮书以电信服务提供者自由选择传送方式为前提,要求各成员国立即取消对进入"选择性"网络(如有线电视、电气或铁道设备装置)提供电信服务的限制,公共有声传送例外。目前,绿皮书的规定已得到实施,各成员国的增值电信服务、数据服务和终端设备(包括卫星地面站)市场都已开放,不再由各国垄断经营。对于基础电信网络,大多数成员国仍保持着垄断经营,不具有经营职能的国家电信部仍负责电话服务的计价收费和发放许可证。在网络准入方面,1990年,欧共体开放的网络指令允许专营的公共网络继续运行,但要求准入条件必须是客观的、透明的、非歧视性的。理事会1992年的一项指令要求各成员国保证在公共网络中至少提供一条租赁线路,以符合协调的技术性能。在电信网络的互相连接上,欧盟要求各成员国的任何限制必须与欧盟法律规定相一致,并由各成员国制定为国内法规。现某些成员国对此已制订了具体规则。目前欧盟正在着手制定整个欧盟范围内适用的规则。另外,电信市场的一体化还要求技术协调化和基础设施的现代化,包括数据联网服务的采用,终端设备的互相认可,以及对技术衔接和对各种设备与服务制订共同的欧洲标准。为此1988年成立了欧洲电信标准协会,统管共同欧洲标准的制订。该协会有权在协调范围内规定对用户的技术要求,防止损害网络,确保共同操作使用。1993年9月采用了首套共同技术规则(包括数据网络)。符合该规则要求的电信设备可在欧盟范围内自由销售和使用。目前,欧盟就设备鉴定的相互认可问题与澳大利亚、加拿大、日本、新西兰、瑞士、美国、以色列、韩国和新加坡进行谈判。

总的来说,欧盟将进一步缩小各成员国之间规则的差异。1993年6月,理事会决议规定,自1998年1月1日起全部放宽电信服务,包括公共有声传送。面对电信网络自由化的现实,委员会认为需要通过公共协商来制订具体的保障措施,保证以成本为导向的非歧视市场准入的实施以及电信网络的互相连接。目前理事会授权委员会正制订具体的法规框架,包括使欧盟的服务提供者有效进入外国市场。委员会对90/388号指令进行了修改,允许供应商在已开放的电信领域利用有线网络进行传送,并制订了保障措施,防止具有垄断经营权的公司给予内部补贴。欧盟委员会还提出其他协议,以促进欧盟电信业的协调和市场一体化,提高技术和基础设施水平,如建议在各成员国有关当局之间建立数据通信网络,在全面网络基础上建立跨欧洲的国际用户拨号电话网络,以及建立多媒体适用的广泛网络等。

B. 欧盟对外服务贸易的有关协议

欧盟在服务贸易方面虽较发达，但逊于美国，并受到日本以及韩国、新加坡等新兴工业国家的挑战。鉴于此，欧盟在推进服务贸易内部大市场的自由化和统一化的同时，对外偏重保护性，以防其他国家侵入统一大市场，占据过大份额。

欧盟对其他国家的服务贸易政策并不统一，对来自不同国家的服务提供者给予的待遇亦有所不同。目前在服务贸易方面欧盟对外有两个特惠协议；一是在欧洲经济区(如挪威、冰岛、列支敦士登)里可自由提供跨境服务，在开业权方面享有国民待遇，人员可自由流动，用共同规则实施监督，银行和保险公司可在外国设立分支机构等；二是在欧洲协议国家(保加利亚、捷克、匈牙利、波兰、罗马尼亚、斯洛伐克)中，逐步放宽跨境服务，人员可临时流动，10年之内上述6国的金融服务业在开业权方面不享有国民待遇，在东道国有权雇佣本国国民作为主要人员，对国外分支机构继续采取慎重规则等。对其他世界贸易组织成员方，欧盟统一参加谈判，统一作出承诺。比如，在 GATS 的制定及全球金融服务、基础电信和海运服务谈判中，欧盟就是整体作出承诺的。

a. 对外金融服务贸易协议

欧盟有关金融服务的法律规范在调整对外关系方面一直体现着对等原则。1988年10月，欧共体委员会在名为《欧洲—世界的伙伴》的文件中宣布，非成员国公司要想获得统一大市场的利益，其所在国就须保证向欧共体公司提供对等的，至少是非歧视的机会。1989年第二项银行业指令也规定，如果一个国家未向欧共体银行提供国民待遇，则欧共体亦不向该国金融机构签发许可证。欧共体将向来自那些自愿或通过双边、多边协议开放或准备开放其市场的国家的企业提供统一大市场所带来的利益，不过这并不要求严格意义上的可能导致限制贸易自由化的对等互惠。欧共体承认在经济水平悬殊的国家之间强调严格的对待互惠，将造成实质上的不平等、不公正，因此可能根据不同情况作出某些妥协。

1) 对外银行业

根据第二项银行业指令，非欧共体国家(以下简称"第三国")信贷机构设立于欧共体成员国的子公司，由于取得了该成员国的银行执照，因而可与其他欧共体信贷机构一样从"单一银行执照"制度中得到在欧共体范围内自由设立分公司和提供服务的好处，如果不具有欧共体成员国的银行执照则无此权利。对于第三国信贷机构能否在欧共体内设立子公司或取得欧共体信贷机构的股权，该指令仍明确适用"互惠原则"，如第三国存在对欧共体信贷机构的歧视待遇，即欧共体信贷机构未能享有国民待遇，未得到同样的竞争机会和"有效的市场准入"，委员会可发起谈判，进行补救，但理事会并不直接参与。另外，委员会也可决定成员国应一般地限制或中止第三国的母公司在欧共体设立子公司或取得欧共体信贷机构股份的申请。该决定须经理事会批准,有效期最长为3个月。然而,委员会无权终止成员国在特定情况下批准上述申请,也就是说,成员国保留这方面的主动权力。

2) 对外保险业

欧盟对第三国保险企业在欧盟内设立分公司的问题早有规定。1973年第一项非人寿保险指令和1979年第一项人寿保险指令均规定,成员国可根据其批准程序同意设立此类分公司。这种批准程序一般可同样适用于本国保险企业的设立程序或更为严格。由于欧盟无法对第三国保险企业总部保持的偿付准备金进行控制,设立于欧盟的这类企业的各分公司应保持自己的偿付准备金,而且还应保持保证基金并通过转为证券的资产予以体现。从第一项非人寿保险指令规定看,欧盟主要是根据互惠条件向第三国开放有关的保险服务,使第三国保险机构取得欧盟内部保险机构的待遇。但通过总协定体系下的谈判,尤其是1995年全球金融服务谈判,欧盟承诺给予第三国保险机构全面最惠国待遇基础上的国民待遇。

3) 对外证券业

欧盟的相互承认指令阐明对非成员国发行商的相互承认方式是任意性的。如果欧盟与第三国有互惠安排,并且第三国法规给予欧盟投资者以平等的保护,欧盟可能根据与第三国的协议,相互承认根据第三国法规制定和审查的公开发行证券说明书。这样就便利了非成员国证券在欧盟市场的发行。欧盟对非成员国证券机构的市场准入也基本上是互惠的国民待遇,同样地,在全球金融服务谈判后,欧盟放宽了这一限制,承诺在全面最惠国待遇基础上给予国民待遇。

b. 对外运输服务贸易协议

1) 海运服务

在国际上没有制定共同规则的情况下,欧盟设立了商业性海运保护机制,允许成员国对别国的"特别行为"立即作出反应。欧盟的海运监管机制早在20世纪70年代后期就已建立,在1986年制订了这方面的共同反倾销政策。为反对国际货运班轮中的不正当定价,理事会第86/4057号规则制定了关于价格承诺或补偿税款的有约束力的程序,并规定在共同体船东和共同体利益受到重大损害或损害威胁时,可采取必要的保障行动。另外,第85/4058号规则规定当其他国家用货载分摊方式限制或威胁共同体运输货物进入该国时,共同体可采取协调行为;若协调不成,则可采取外交措施或诸如配额、税收方面的反措施。某些成员国保留其反对不公正或歧视性海运做法的法规。

2) 航空运输服务

欧盟与美国就"互开天空"问题一直在进行谈判。欧盟委员会和大多数成员国认为,美国所提建议"对欧洲完全不合理不公平",因为美国的建议赋予美国航空运输企业以无限权利,可经营抵达欧洲,自欧洲始发和在欧洲国家之间运行空中航线,而没有给予欧盟国家的航空公司以对等的市场准入条件来经营美国国内航线,只是开了几个有限的门户。目前,美国不再限于谋求与不同成员国达成双边协议,1997年4月1日,欧盟内部航空市场一体化使得美国试图与欧盟整体达成多边开放天空协议。欧盟在对总协定的航空运输承诺中,对计算机订票和空运服务列出了最惠国待遇例外表,涉及计算机守则中规定的互惠条款。如果第三国对欧盟航空公司不提供同等待遇,欧盟将解除对该国航空公司自动订票的义务。欧盟认为,运用计算机订票的多边规则不充分,例外是必要的。

c. 电信业的对外协议

欧盟电信业受到美国电信业的竞争压力,因而在其对外开放方面一直有所保留。在进行电信服务谈判时,欧盟承诺开放各种先进的电信服务,包括增值电信服务、电子邮件、有声邮政、运行中的信息和基数的更正、电子数据互换、代码和规程的更换等。因葡萄牙的电信设施不是欧盟基础网络的一部分,欧盟的承诺表中还包括葡萄牙限制市场准入问题。1996年,欧盟通过了电信自由化计划,要求各成员国开放诸如有线网络等"另类基础建设"市场,自1997年7月1日起,各成员国政府要说明本国如何保障消费者获得开放电信市场的"全域通用服务",然后,从1998年1月1日起开放基本电话服务市场,结束欧盟各国国营电信事业垄断的历史。在1997年2月15日达成的全球基础电信协议生效后,欧盟也将在语音电话、数据传输、电传、电报、文传、移动电话、移动数据传输和个人通信等方面开放市场。欧盟在电信业政府采购方面也有相应规定。1990年9月,通过了一项协调电信、水、能源、运输等部门政府采购的指令,规定仅采购那些订有互惠条件的商品,但对采购其他种类商品也适用相同规定。根据这一原则,如果第三国不从法律上承诺给予欧盟供应商有效的市场准入,则欧盟的采购实体必须拒绝接受该国50%以上的投标或拒绝给予低于3%的价格优惠。这些都主要是针对合同价值高的政府采购。指令所适用的电信业政府采购合同价值在60万欧洲货币单位以上,对普通商品政府采购合同价值在20万欧洲货币单位以上就适用该规定。该指令对所有提供公共电信网络和服务的公司都适用,而不论其所有制情况如何,从事有效竞争的除外。

d. 视听服务业的对外协议

20世纪80年代以来,欧盟各国政府纷纷取消了对电台和电视台的垄断权,通过发放商业播放许可证,使广播电视业出现了一股私有化、商业化浪潮。到1990年,欧盟成员国的电视频道从原来的36个增加到125个,这就需要大量的节目来填充。在这一过程中,最具竞争力的美国视听业引起了欧盟的担忧。1991年,美国视听产品占据欧洲所有电影片播放市场的近80%,美国戏剧和喜剧片也占欧洲市场的一半。因此,欧盟认识到必须对视听产品的进口设置一定壁垒,方能保护其视听产业。欧盟使用的最重要的保护方式是影视配额制度和补贴制度。影视配额制度是根据1989年理事会第89/552号《无边界电视指令》建立的。它要求所有成员国的电视台在每天播放的节目中,欧洲原产的电视节目不得少于50%,个别国家还采取了更严格的标准。法国还对电台播放歌曲作出规定,1994年2月通过一项法律,对所有广播电台实施法语歌曲播出数量最低限额制,要求在法国各电台播出的歌曲中,法语歌曲必须达到40%。这项法律从1996年1月1日起由法国最高视听委员会负责实施。如果电台不遵守最低限额,该委员会有权中断这家电台的广播,或处以罚款。这种名为"保护欧洲传统文化"的制度实为限制美国影视产品对欧盟市场的冲击。影视补贴制度几乎被欧盟各国所采用,已有数十年历史。在1996~2000年期间,媒介将有4亿欧洲货币单位的基金。其中法国的补贴计划是,对电影的票房收入征收11%的税,然后在一个国家委员会的监督下,补贴到电影制作中去。法国对录像带的销售和出租也征收同样的特别税。这种补贴制度成功地保护了法国电影业,使法国成为欧洲电影业最强的国家。

欧盟在乌拉圭回合谈判中没有就视听业的市场准入和国民待遇作出任何承诺,而是将其列为最惠国待遇的例外,以保护欧洲影视产品对本地市场的占领。欧盟承认总协定的主要规定,如透明度、逐步自由化等适用于视听服务业。

8.2.2 北美自由贸易区的服务贸易协议

A.《北美自由贸易协定》(NAFTA)的产生

面对西欧、亚太地区经济一体化蓬勃发展的趋势,北美也不甘示弱。在美国的极力推动下,北美地区经济一体化不断向前发展。1987年10月,美、加正式签署《美加自由贸易协定》,与此同时,美、墨之间也开始进行磋商。美、加、墨三国谈判自1991年6月正式开始,经过14个月的协商,终于在1992年8月12日达成协议。是年10月7日,三国首脑草签《北美自由贸易协定》,于1994年1月1日正式生效。该协定共19章,有2000多页。其主要目标是:在15年之内取消三国之间的所有关税和贸易障碍,实现商品、服务、劳动力和资本的自由流动,以及劳工、环保标准与法律的一体化,使美、加、墨发展为世界上最大的贸易集团,实现整个地区经济的最大增长。

B.《北美自由贸易协定》中有关服务贸易的内容

北美自由贸易区的服务贸易协议主要体现在NAFTA中,NAFTA第一章"目标"就将"消除贸易壁垒,促进成员国之间商品和服务的流动"作为协定的第一项一般目标。以后又有数个章节涉及三国之间服务贸易的自由化安排问题。

(1)第9章"与标准有关的措施"。这一章内容适用于成员国间商品和服务贸易中与标准有关的各项措施。该章承认标准对确保安全、保护人类和动植物的生命和健康、保护环境和消费者等具有重要性,成员国为达到以上目标,可建立其认为适当的标准,并可禁止不符标准的商品和服务进口。与标准有关的措施要遵循国民待遇和最惠国待遇原则,不得成为成员国贸易的不必要障碍。成员国应在这一领域不断合作和磋商,彼此相互承认。一成员国在采用或修改其技术规则时应公布并通知其他成员国,说明受影响的商品和服务,以及该规则与国际标准不一致之处。成员国须指定一个联邦一级的政府机构实施所制定的标准,并设立一个联络点对其他成员国及其国民的有关问题作出解答,提供有关文件等。NAFTA 设立了一个与标准有关的措施委员会,监督、执行、协调各国的有关措施,鼓励合作和磋商。该委员会每年至少须召开一次会议,委员会可设立分会和工作组,该章规定特别应设立的分会中涉及服务贸易的有陆上运输标准分会和电信标准分会等。当成员国就特定领域的标准进行磋商时,委员会要向分会征询非约束性的技术建议。

(2) 第 10 章"政府采购"。这一章规定了成员国政府机构、部门(国防部门除外)和国有企业对货物和服务的采购合同程序,使成员国政府采购体制自由化,为所有成员国的供应商提供公平、非歧视的、可预见的和透明的政府采购机会。政府机构对商品和服务(除建筑外)超过 5 万美元的采购和超过 650 万美元的建筑合同均受此约束,国有企业相对应的金额分别为 25 万美元和 800 万美元。美、加之间联邦机构的采购,商品超过 2.5 万美元,服务超过 5 万美元就应受此约束。上述金额均为实际值,每两年按美国最终产品的生产者价格指数和通货膨胀率调整一次,再兑换为其他成员国货币。加拿大的兑换汇率每两年调整一次,根据至 9 月 30 日为止的两年的平均汇率进行。墨西哥每 6 个月调整一次,按每年 6 月 1 日和 12 月 1 日的汇率进行。但各成员国政府采购服务的清单均将运输、公共设施和电信列为例外。在建筑服务方面,加拿大将挖土和运输部的建筑合同列为例外,美国亦将挖土列为例外。另外,金融机构或存款机构的收购、金融机构的清算和管理服务以及政府债券的承销则不属于政府采购。该章还规定 NAFTA 关于政府采购规定的适用优先于 GATT 政府采购协议。

(3) 第 12 章"跨境服务贸易"。这一章建立了旨在使跨境服务贸易自由化的规则和原则框架。它规定该协定适用于成员国所维持的影响跨境服务贸易的各种措施,包括与服务的提供、购买、支付、使用、销售、交付有关的措施。跨境服务贸易的自由化并不一定要求一成员国的服务提供者必须在另一成员国境内实际出现才能提供相关服务,也可能是服务提供者与消费者分处两国,借助通信、计算机等各种手段进行的服务活动。该章不适用于下列服务和活动:① 金融服务、与能源和基础石油化工有关的服务;② 航空服务及其支持服务(除航空器维修服务和特种航空服务);③ 跨境劳工贸易、政府采购、政府补贴、成员国政府所进行的与法律执行、收入保障、社会福利和国家安全有关的活动。

跨境服务贸易也采用 GATT 的国民待遇和最惠国待遇两大原则。根据国民待遇原则，一成员国应给予另一成员国的服务提供者以不低于其给予本国的服务提供者的待遇。在最惠国待遇原则下，一成员国应给予另一成员国的服务提供者以不低于其在相同情况下给予其他成员国或非成员国服务提供者的待遇。尽管成员国彼此承诺给予对方服务提供者以国民待遇和最惠国待遇，但第 12 章也明确了成员国可对某些服务部门或服务活动不给予这些待遇，主要包括：① 成员国在协定生效后两年内在附件中列明的联邦、州或省级的免除国民待遇和最惠国待遇的措施或服务活动；② 墨西哥不予开放的投资领域包括石油、电力、卫星通信、电信、邮政、铁路、铸币、海运，以及墨西哥依其在协定生效时的外商投资法规作出保留的一切活动；③ 因在协定生效前成员国签署的涉及航空、渔业、海运活动（包括救助），以及电信等服务的双边或多边协定而免除最惠国待遇的服务活动；④ 成员国可对特定服务部门维持数量限制，如墨西哥对金融服务就有市场份额的限制，可采用配额、垄断或其他数量限制方式；⑤ 成员国可对法律服务、娱乐、广播、运输等特殊服务部门，采取特定的许可证和执业要求，而这可能会与国民待遇原则不相一致。

第 12 章还指出，一成员国对其他成员国国民的许可和证书要求不应构成对服务贸易不必要的壁垒，成员国必须保证这种要求基于客观、透明的标准，不对服务的提供者造成不必要的负担，且不得限制跨境提供服务。一成员国并无义务承认另一成员国对其国民签发的许可证和证书，但当其授予此种义务时，该成员国须给予其他成员国的服务提供者以出示证书的机会。各成员国同意在两年内取消在承认其他成员国国民的许可证和证书时，对他们在本国的公民权或永久居留权要求，并为此举行定期磋商。协定引入了一个附件，对专业服务提供者（特别是律师和民用建筑师）的许可证和证书作出规定。该附件说明了许可证和证书的申请过程，为确定共同接受的专业标准和临时许可作了规范。成员国可允许外国律师对其被授权执业的国家的法律开展业务和提供咨询。各成员国同意在一年以内，就有关向另一成员国境内的工程师给予临时许可的问题作进一步磋商。

如果由另一成员国服务提供者所提供的服务，是由一个非成员国的实体所拥有或控制，而一成员国与此非成员国未建立外交关系或实施了反对该国的特定措施，则该成员国可拒绝给予该服务提供者第 12 章项下的利益。如为一项在该成员国未行注册的船舶设备所提供的运输服务，该成员国也可拒绝给予上述利益。如果提供服务的实体是由与任何成员国并无实质商贸联系的一个非成员国所拥有或控制，则要履行有关的通知和磋商程序。

（4）第 13 章"通信服务"。该章专门对通信服务业作了规范，明确了政府需实施的一系列政策目标,以及政府行为和规则的特定限制等。该章适用于与进入和使用公共网络有关的措施、与提供增值电信服务有关的措施联结终端与公共网络的标准等,而进入和使用公共网络则是核心。除非保证人们为使用和进入成员国的公共网络而经营广播电台和线路,该章不适用于广播或电视节目的线路分布。此外,该章不涉及私人网络的经营,也不阻止公共网络服务之间的交叉补贴。第13章以总协定关于通信的附件为范本。该附件大大促进了增值电信的自由化,但未将基础电信包括其中。NAFTA因谈判方远比GATS少,利益关系的协调阻力也相对较小,因而走得比GATS更远,在基础电信领域已有所涉及,如在进入公共网络(提供诸如当地电话等基础电信服务)方面强调了用户权利,而不仅限于服务提供者的利益。该章还明确了政府需坚持的三项基本原则:第一项是鼓励信息自由流动。各成员国应保证信息向其他成员国流动的自由,这一自由包括完全在一公司内部运行的网络中的信息流动以及获取那些可被读入或储入机器中的信息。由于信息流动往往事关国家安全,对公民权利也颇有影响,因而该章也同时规定了例外条款,允许政府为国家安全、保守秘密和保护用户隐秘交流之需,而对信息的自由流动进行限制。第二项是非歧视原则。第三项为透明度原则,要求各成员国对使用和进入公共网络有关信息的规定要公开、透明。

前已述及,进入和使用公共网络是核心,因为这方面的限制是政府维持歧视性措施的主要方式。如果要求外国公司为进入和使用公共网络,必须在该国设立机构或取得专门许可,所需的时间及投入即可形成一种壁垒。该章声明公共电信网络在成员国间开放使用,允许在成员国间转让终端、使用专用线、设立专用通信业务和增值电信业务等。成员国保证允许其他成员国的服务提供者在其境内或跨境使用其公共网络,并给予合理的、非歧视的待遇,包括在价格、成本、费用控制方面。另外,成员国也允许其他成员国的人购买或租用私人线路,将设备与这些线路联结,将私人线路与公共网络联结,进行信息的转换、处理,以及允许用户选择经营守则等。成员国对公共网络的定价由提供这些服务的直接成本决定,而私人租用线路可以平价取得。该章保证了广播公司和通信线路系统经营者对公共网络的进入和使用权(经营者为进行无线电缆布缆或电视节目安排而采取的措施除外)。政府对进入和使用公共网络要求的唯一条件,只能是为保证普通传输的公共服务责任或保护网络技术一体化所必需的。

该章并不影响成员国对信息和用户的保密资料和隐私的保护,或采取特定措施保护其公共网络或服务的技术完整性,包括限制这种服务的转售或分割使用,要求特定的技术标准,限制私人线路和公共系统的连接,以及采用许可、批准和登记程序等。各成员国政府不得对其他成员国的增值电信服务提供者实施不合理的管制,如延长申请期、给予歧视性待遇、对普通传输服务提供者施加特定要求,或以其他方式损害增值电信服务提供者进入市场及存续的利益。成员国有关增值电信服务的许可、批准、登记和通知程序应为透明的、非歧视的,不应要求其他成员国的服务提供者提交过多的资料来证明其资信能力和遵守标准的能力。增值电信服务提供者也不必满足公共电信服务提供者需达到的条件,如向社会公众提供,价格以合理成本计价,并纳关税,将网络与特定用户连接,或遵守有关与公共网络连接的标准。但是,各成员国有权决定哪些实体可成为普通传输服务提供者,并指定本国基础电信服务的垄断经营者。同时,各成员国还可采用限制企业进行反竞争行为的竞争性保护措施,例如,在增值电信服务提供者进行反竞争行为或某成员国的增值电信产业存在垄断时,可向其服务提供者征税,维持电信服务垄断的成员国应保证垄断不构成反竞争行为,如在提供公共网络服务或增值电信服务中的交叉补贴,或掠夺性、歧视性的行为等。为防止这些反竞争行为,该国应采取特定措施,包括会计要求、对技术要求的及时公开以及结构分化要求等。

该章还强调了电信业国际标准的重要性,对采用公共网络所使用的终端和其他设备的标准作了规定,仅允许各成员国为制止对公共网络及其用户的损害和妨碍,为制止电磁干扰及设备故障,或为保证为其他用户的相容性采取必要的与标准有关的措施。这一规定是美国政策的反映。在美国,只要不损害网络及其用户,可对公共网络附加任何设备。该章还规定在NAFTA与标准有关的措施委员会下设立一个电信标准分委员会,以协调设备授权程序,为其首要任务进行工作。各成员国亦承诺促进电信标准的全球化和技术信息的交流,并与国际电信联盟和国际标准化组织进行合作。尽管本章规范了3个成员国间在通信服务领域的诸多重要事项,但仍有未尽之处,最主要的是未包括基础电信服务。基础电信服务,主要是终端对终端电话线路服务,构成了通信网络的基础,并占据通信服务业产值的大部分,3国均对此作出了保留。NAFTA承认成员国可保持基础电信业务方面的垄断。另外,NAFTA也不适用于广播和无线电缆布缆及电视节目安排。鉴于这些领域商业收入颇为可观,对各国来说也相当重要,第1 309条明显表现出将来达成基础电信服务方面协议的可能性,要求各成员国在促进所有电信服务自由化方面进行磋商。

NAFTA关于通信服务的规定,对美、加、墨3国的电信业都将产生巨大的影响。美、加电信业,尤其是美国电信公司,将从墨西哥的市场开放中获得巨大的商业利益。在原来的墨西哥市场,美国电信公司受到来自于欧洲公司的激烈竞争。在NAFTA之下,因美、墨之间降低或消除壁垒而使美国公司地位大为改善。根据NAFTA规定,墨西哥应实施统一的通信设备证书制度,使美、加公司可不再为向墨出口而进行耗时的再次申请程序。墨西哥还须放开对电信公司外资股权的限制。当然,墨西哥自身也有得益。NAFTA将加速墨西哥通信业现代化的进程,为墨西哥农村6.4万多个社区带来电话服务。墨西哥对通信服务迅速扩大的需求可从其市场开放中获得满足。与其他服务贸易领域相似，NAFTA关于通信方面的规定，在很大程度上使美国和加拿大得以保持现状，无需对其各自的法律和政策作重大变更，而要求墨西哥作出较大幅度的调整，并在1995年之前使增值电信自由化。

NAFTA在通信服务领域确立了非歧视和信息自由流动原则，与各国的具体措施相结合，将使3国彼此扩大市场准入，协同有关技术和程序，推动3国通信服务业的发展进入一个新阶段。当然，3国都还面临着许多具体工作。美国的跨部门工作小组正继续在有关领域进行论证，并与其他两国的工作小组协调，以落实三方承诺。企业界的反应也很积极，在NAFTA具体规定的执行方面给予了有力的配合。所有这一切都充分反映了通信产业在当今国际经济贸易中的重要地位及其对未来的深远意义。

（5）第14章"金融服务"。该章专门对金融服务进行了规范。它适用于成员国对其他成员国金融机构维持的措施、对非成员国投资者在本国金融机构投资的措施以及跨境金融服务，包括银行、保险和证券服务方面有关的措施，不适用于一成员国关于退休金计划或社会保障制度所采取的行动，或为政府账户或其担保以及涉及政府金融资源的使用而采取的行动。

该章采用了GATT的自由化原则，如国民待遇和最惠国待遇原则等，有关例外载入各国的附件中。另外，3国还成立了一个金融服务委员会来监督该章的实施，包括争端解决和磋商。根据国民待遇原则，一成员国应给予其他成员国的投资者和金融服务提供者以不低于其给予本国服务提供者的待遇，包括金融机构在其境内开业、收购、扩展业务、经营管理等诸方面的权利。在最惠国待遇原则下，一成员国应给予另一成员国的投资者和金融服务提供者以不低于其在相同情况下给予其他成员国或非成员国投资者、投资和金融服务提供者的待遇。在透明度原则下，一成员国应尽可能事先公布（以官方公报形式，书面通知或其他合理方式）将要采用的涉及另一成员国金融服务提供者的措施，并应给予受影响的成员国以机会来评价此措施。另外，3国将说明审议金融服务开业申请的程序，包括指出申请人应提供的确切资料以及与申请有关的信息，且应在申请提交之日起120天内作出决定。另外，除非附件所载的例外，一成员国不得对另一成员国国民提供其在协定生效时被允许提供的跨境金融服务采用或维持限制。3国同意一成员国的金融服务提供者可在另一成员国境内设立实体，包括分支机构等。但协定并不阻止一成员国采取合理措施保护投资人、存款人和金融机构对其负有信托义务的其他人，也不阻止成员国为保持金融机构、服务提供者及成员国的金融体系的完整性和稳定性而采取合理措施。

成员国对国民待遇和最惠国待遇在金融服务方面的运用有权提出保留,具体承诺和保留在附件中列明,其中主要涉及墨西哥逐步开放其金额服务市场的承诺,也包括美、加有关金融服务的承诺和保留。

墨西哥对其他成员国金融机构在该国设立金融机构的许可从协定生效起至2000年要受特定市场份额比例限制。过渡期满,墨西哥有保留行使安全例外措施的权利,以对其国内银行和证券部门提供暂时保护。墨西哥对过渡期满时的具体承诺和保留包括:① 银行和证券业。对外国银行业总市场份额限制由最初的8%提高到15%,证券业从10%提高到20%。一家银行或证券商的市场份额则分别以1.5%和4%为限。在过渡期内限额应逐月等比例地提高到最终限额。② 保险。与墨保险商合资的加、美保险商可在1994年将其股权提高到30%,到2000年则提高到100%,且不再维持一家保险商的最高市场份额限制。在协定生效时占墨保险商股份50%的加、美保险商可在1996年之前将其股份提高到100%。加、美保险商可在墨西哥设立分支机构,分支机构在墨的总市场份额不超过6%,此限额在1999年提高到12%;每一分支机构的市场份额不超过1.5%,此限额在2000年取消。③ 财务公司。允许加、美财务公司在墨开业,提供借贷和信用卡服务,但此类公司的总资产不超过墨所有银行和财务公司总资产的3%。④ 保理和租赁公司。除单个公司的市场份额不受限制外,加、美保理和租赁公司受到与证券业类似的市场份额限制。

加拿大和美国的具体承诺和保留为:美、加自由贸易协定的金融服务条款适用于美、加之间的金融服务。墨西哥可免除加拿大对非居民所作的限制。美国对墨西哥金融服务的唯一承诺仅限于银行涉足证券业务。如果一家墨西哥金融集团收购了一家在美国营业的墨西哥银行,且该银行在1992年1月1日之前就已在美国营业,而证券机构在1992年6月30日前在美国营业,那么,该金融集团仍可继续其在美国的证券机构的营业。但该证券机构不得收购其他证券机构或扩展其业务范围。

(6)第16章"商务人员的临时进入"。这对一成员国的商务人员临时进入另一成员国境内从事商贸活动作出了规定,以便在互惠基础上通过建立一致的、客观的、协调的标准和程序,便利商务人员的临时进入。成员国应互相提供有关其对商务人员进入的措施的信息,并在协定生效后一年内对商务人员临时进入的要求给予解释。另一成员国国民提出公民身份证明、从事某种国际性商务活动的证明和不会进入当地劳动力市场的证明(这要求证明酬金系从成员国境外支付且该商务人员的营业地点保留在境外),可得到一成员国临时进入的许可。有此资格的商务人员包括:① 商人和投资者,即在两个成员国之间从事商品和服务贸易,或已经或将要投入相当数额资本和关键性技术服务以建立、扩展其经营;② 公司内部流动人员,即被一企业所雇佣再进入另一成员国境内为该企业的关联机构或分支机构服务的人员;③ 专业人员,即从事一定专业水平的经营活动,通常至少需要学士学位或学历加 3 年从业经验,或者执业许可证等。

本章重要名词

服务贸易总协定　一般义务　具体承诺　肯定列表　否定列表　国民待遇　最惠国待遇　透明度　北美自由贸易协定

本章思考题

1. 在国际服务贸易定义的问题上,发达国家和发展中国家曾经存在的分歧是什么？为什么会产生这种分歧？
2. 简述 GATS 和 GATT 在国民待遇原则、最惠国待遇原则等问题上存在的主要区别。
3. GATS 文本由哪些部分组成？GATS 包括多少个附录？它们分别是什么？
4. 何谓"俱乐部安排"？
5. 简述 GATS 的加入和退出机制。
6. GATS 对全球服务贸易的发展有哪些重要意义？
7. 试讨论 GATS 存有哪些缺陷？
8. 全球还有哪些主要的区域性服务贸易协议？并请指出它们各自的适用区域和正式生效日期。
9. 结合 GATS 的相关条款和中国的入世承诺,请以"入世对中国××服务业的影响"为题,写一篇 2 000 字左右的小论文。

9

世界贸易组织体制与国际服务贸易

按照关贸总协定(GATT)"乌拉圭回合"多边贸易谈判马拉喀什协议的规定,总部设在日内瓦的世界贸易组织于 1995 年 1 月 1 日正式成立运行。于是世界贸易组织(WTO)就取代 GATT 而成为管理国际贸易的主要组织,GATS 及其附属协议自然而然地成为该组织管辖的条约之一。与 GATT 相比,世界贸易组织不再仅仅是一个条约性组织,而是有着更完善的组织结构和管理机制,因此它更有能力管理比商品贸易更为复杂的服务贸易。

9.1 世界贸易组织体制简介

9.1.1 世界贸易组织体制的特点

与关税及贸易总协定体制相比,世界贸易组织体制具有以下三大特点。

首先,制度安排的正式性。关贸总协定是缔约国之间的契约性文件,并且一直是根据 1947 年的"临时适用议定书"进行活动的;它非常松散,缺乏牢靠的法律基础和组织基础。世界贸易组织体制则不同,它不仅在法律上实现了临时适用性向正式适用性的转变,而且还在世界贸易组织协定的基础上建立起一整套的组织机构,包括世界贸易组织本身,下属权力、行政、"司法"和监督等机构。作为正式的国际组织,世界贸易组织是国际法主体,其职员和成员的代表享有与联合国专门机构同等的特权和豁免权等待遇。但世界贸易组织不是联合国的专门机构,不隶属于联合国。

其次,协定内容的广泛性。GATT 体制以关税减让为起点,逐步建立起一套有关商品贸易的关税和非关税措施的国际贸易规则。世界贸易组织体制则不仅涵盖原有的"乌拉圭回合"新设定的议题规则,包括服务贸易总协定、关于知识产权的协定以及与贸易有关的投资措施等。同时还首次设立有关其成员贸易政策的定期审议机制,以实现对各成员国贸易体制的多边监督。另外,世界贸易组织体制还建立了一个较完善的、适用于所有协议的争端解决机制,以确保多边贸易规则的遵守和执行。

最后,体制本身的统一性。这种统一性体现为各成员国在加入世界贸易组织的同时也一并加入世界贸易组织的所有协定,即所谓的"一揽子加入"(single undertaking)。GATS体制大体上是以GATT文本为主协议,以"东京回合"达成的非关税方面的9个守则和多边纺织品协定为附属协议的两层结构。附属协议允许各国包括缔约方和非缔约方根据各自的评价标准,以"点菜式"的方式有选择地加入GATT,从而破坏了GATT体制的完整性和统一性,这一缺点正好为世界贸易组织体制所避免,不能不说是一大进步。

当然,世界贸易组织体制并非十全十美,无可挑剔。它仍然存在着一些内在缺陷和棘手问题,包括文本和附件的协调统一问题,灰色区域问题,保障措施以及农产品、纺织品补贴等问题。尤其引人注意的是服务贸易问题将成为世界贸易组织体制中最重要的问题之一。

9.1.2 世界贸易组织体制的内容和机构

A. 世界贸易组织协定

世界贸易组织协定构成世界贸易组织体制的基本内容。世界贸易组织协定包括其本身文本16项条款和4个附件(见图9-1)。文本本身并未涉及规范和处理多边贸易关系的实质性原则,只是就世界贸易组织的结构、决策过程、成员资格、接受加入和生效等程序性问题作了原则性规定。4个附件则涉及有关多边贸易关系的协调和贸易争端的解决以及贸易竞争规则的规范等实质性规定。4个附件包括13个多边商品贸易协议、服务贸易协议、与贸易有关的知识产权保护协议、争端解决规则和程序谅解、贸易政策审议机制以及4个单项贸易协议。通常把4个附件所包括的21个协议分成两大类。一类称为"多边贸易协议"(Multilateral Trade Agreement),包括附录1、2、3的全部内容。它们是经"乌拉圭回合"谈判修订、制定的多边贸易新体制的主体,各成员国只能一揽子签署参加,不能选择参加。这体现了世界贸易组织体制的统一性。另一类协议称为"次多边贸易协议"(Plurilateral Trade Agreement),指的是未经"乌拉圭回合"谈判的GATT体制中的4个"东京回合"守则,即附件4的内容,这些协议可以由各成员国或非成员国选择参加。

B. 世界贸易组织的机构

世界贸易组织的机构包括有四个层次。第一层是成员国部长级大会,每2年

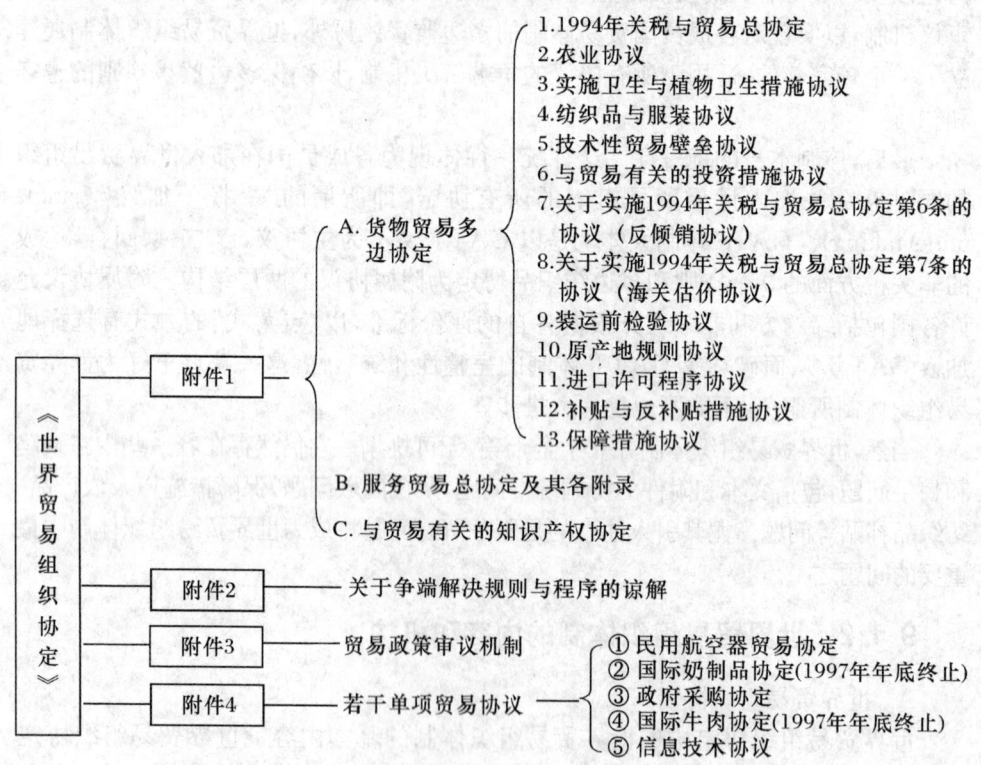

图 9-1　世界贸易组织的法律框架

召开一次,是世界贸易组织的最高权力机构;第二层是各成员国代表组成的总理事会,在部长大会间歇期行使部长大会职权和世界贸易组织协定规定的其他职权,包括履行争端解决机构和贸易政策审议机构的职责等;第三层包括 3 个专门理事会即商品贸易理事会、服务贸易理事会和与贸易有关的知识产权理事会,以及总理事会下设的 4 个委员会,即贸易与环境委员会,贸易与发展委员会,预算、财政和管理委员会和国际收支限制措施委员会;第四层是上述 3 个专门理事会下设的专门小组和专门委员会,如图 9-2 所示。

另外,世界贸易组织还设立一个由总干事领导的秘书处,总干事由部长大会任命并确定其责任、服务条件和任期。总干事任命秘书处职员,并依据部长大会的规定确定他们的责任与服务条件。总干事和秘书处的职责具有国际性,他们在履行职责时,不寻求或接受除世界贸易组织以外的任何政府或当局的指示,他们被要求制止任何可能影响其作为国际官员地位的行为。

9 世界贸易组织体制与国际服务贸易

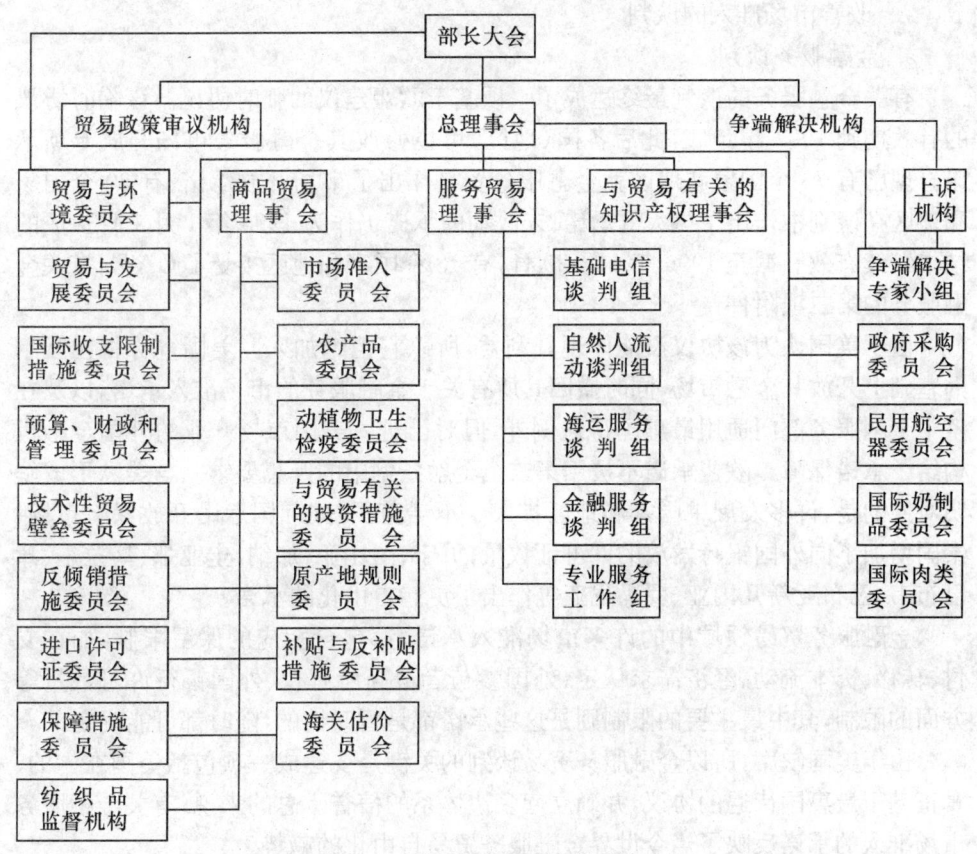

图 9-2　世界贸易组织的组织结构

9.2　世界贸易组织体制下的服务贸易谈判

历史上,关贸总协定累计进行了 8 轮多边贸易谈判。前 6 轮谈判主要是围绕各国商品贸易的关税减让进行的。第 7 轮"东京回合"的谈判重心转移到各国商品贸易的非关税壁垒问题,到了第 8 轮"乌拉圭回合"谈判,服务贸易才开始成为关注的主题之一。"乌拉圭回合"谈判的一个重要成果,就是达成了 GATS。该协定于 1995 年 1 月 1 日与世界贸易组织同时生效。

从 1995 年 1 月开始,在服务贸易理事会指导下,服务贸易谈判主要集中在两个方面:试图在金融服务、基础电信、海上运输服务和自然人流动等领域改善市场准入;通过在保障措施、补贴和政府采购等方面的谈判,以及对国内管制约束适时解释来完善框架协议。

A. 改善市场准入的谈判

a. 金融服务谈判

有关金融服务的谈判最终达成了一项基于欧盟建议的临时协议。该临时协议的有效期到 1997 年年底,此后各国(地区)可以修改其金融服务市场开放专项承诺。现已有 73 个国家和地区就金融服务贸易作出了市场开放承诺;有 30 个国家和地区在谈判中作出了更大的承诺;未改动的承诺仍作为 1995 年 1 月 1 日达成的结果继续有效。截至 1996 年 6 月 30 日,有 18 个国家和地区接受了 GATS 有关金融服务的第二项附件。

由于美国认为该协议没能体现其利益,所以它拒绝加入。美国宣称将在互惠的基础上开放其金融市场,同时撤回其所有关于金融服务的市场准入承诺,以及在整个金融服务部门适用最惠国待遇例外,但对已进入美国市场开业的外国金融机构给予承诺保障。欧盟承诺不援用第二个金融条例中的互惠要求。与美欧形成鲜明对照的是,许多发展中国家和地区扩大了承诺范围,如韩国承诺开放保险市场;泰国增加了向外国银行发放的许可证数量;贝宁、冈比亚、加纳、圭亚那、乌拉圭、津巴布韦、巴布亚新几内亚、罗马尼亚等作出了更趋自由化的承诺。

金融服务贸易领域中的许多市场准入承诺,都包含相应的保留限制,如在支付、转移、资本流动、经济需求认定、外国参与者最高所有权、外国银行许可数量等方面的限制,其中最主要的限制则是这些承诺都是暂时性的,随时都可能改变。

由于美国缺席,所以金融服务贸易谈判的关键是要达成一项包括美国在内的、真正基于最惠国待遇的协议,并确立起多边体系的信誉。总的来说,有关金融服务市场准入的承诺反映了当今世界金融服务贸易自由化的趋势。

b. 基础电信服务谈判

基础电信服务谈判与金融服务谈判类似,也是美国从中作梗。美国认为国家垄断经营的基础电信服务,在自由化的市场上具有不公正的竞争优势,而美国的市场则是非垄断的。它要坚持互惠原则,以期保护国内电信市场免受国外潜在竞争者的竞争威胁。

电信服务最后阶段的谈判大多是非正式进行的,主要在美国、日本、欧盟和加拿大之间进行。主要是以下问题导致谈判破裂:约束国际通信网络"搭便车"的方法,国际通信线路的租用条件,卫星线路和电缆线路的通信连接、许可要求和费率等。此外,还有一些亟待解决的棘手问题:与竞争政策有关的事项,总体规则与特定规则的协调,管理机构与服务提供者的关系,反倾销规则与竞争规则的协调等。

基础电信服务谈判组已通过了 GATS 第四附件草案和基础电信服务开放承诺决议草案。该附件草案条款的最后接受日期为 1997 年 12 月 30 日,1998 年 1 月 1 日连同有关承诺生效。该附件草案的第四段规定:"在 1997 年 4 月 1~30 日期间,任一成员方都可以补充和修改其承诺表及列举最惠国待遇例外事项。"欧盟建议将接受的修改承诺的日期从 1997 年 4 月 1~30 日提前至 1997 年 1 月 15 日至 2 月 15 日,并增加以下文字:"未列举最惠国待遇例外事项的成员方可在该期间加以列举。"谈判组已接受了该建议。在这一个月的时间里,各谈判方可重新调整其立场,补充、修改或撤回原先承诺。上述决议还规定,建立一个基础电信工作小组向世界贸易组织服务贸易理事会通报情况和主持有关修改开放承诺的谈判,该小组已于 1996 年 7 月 30 日开始工作。基础电信服务开放承诺决议要求各方在附件生效之前"维持现状",即各方应全力保持其现有法规的一致性,不采取任何与其谈判承诺相抵触的措施。

c. 海运服务谈判

根据"海运服务贸易谈判部长决议"和"海运服务谈判补充决议",成员国在 1994 年 4 月至 1996 年 6 月 28 日期间进行了一系列谈判,其目标是就国际海运、海运辅助服务、港口设施使用、在约定期间取消限制等问题达成协议。1996 年 6 月 28 日,海运服务谈判组决定中止谈判,并根据 GATS 第 14 条的规定在适当时候以现有承诺或进一步承诺为基础重开谈判。谈判中断期间,各谈判方将行使基于"海运服务谈判补充文件"第 3 款的权利,对其先前作出的承诺不作任何补偿地全部或部分修改或撤回,并就最惠国待遇的例外事项作出最后决断。上述"决议"还达成了"维持现状"的谅解,即为了维护和提高海运服务贸易自由化,各方均不得采取任何新的措施来限制海运服务贸易或改善其谈判地位,但为对付其他国家的不当措施而采取的行动除外。一些谈判方对暂缓执行 GATS 第 2 条表示批评,认为这意味着在下轮谈判结束之前将不可能在海运服务领域运用最惠国待遇。在决定中断谈判时,仅有 24 个国家和地区提交了有条件的承诺。海运服务谈判之所以未能成功,主要还是因为美国拒绝作出任何承诺,美国认为有关各方所作出的承诺,未能有效地体现最起码的自由度,并强调唯一可接受的承诺是经合组织成员国所提出的"不保护任何运输行业"的方案。在所提交的承诺中只在一项上作出了实质性让步,其他都是基于联合国班轮守则和含有最惠国待遇保留。对此,各谈判方都一致认为,谈判已进入关键阶段,一旦失败,将对世界贸易组织体制产生消极影响。此外,发展中国家和地区也着重指出,GATS 第 14 条所确定的"发展中国家逐步自由化原则"是该协定的核心。

d. 有关自然人流动的谈判

在"乌拉圭回合"承诺时间表中,作为第 4 类供给方式的自然人流动主要限于两种类型:① 作为"主要职员"的公司内部调动,如与东道国商业存在相联系的经理和技术人员的流动;② 商务访问者,他们作为短期访问者,一般不被东道国以薪雇佣。自然人流动谈判小组成立于 1994 年 5 月,其目的是主持有关谈判,以改进有关承诺,使独立的访问供应商在没有商业存在的前提下能够在海外工作。有关谈判工作在1995年7月28日结束。奥地利、加拿大、欧盟及其成员国、印度、挪威和瑞士六个成员方提交了有关自然人流动的更高水平的承诺。它们旨在确保合格专业人士、计算机专家和其他各种类型专家的市场准入,允许他们以个人身份接受暂时性合约,能够在海外工作,不与东道国的任何商业存在发生联系。

B. 完善框架协议的谈判

完善框架协议是世界贸易组织新体制下的重要工作。现已成立服务贸易总协定规则工作组,以主持有关保障措施、补贴和政府采购三个领域的谈判。

a. 服务业紧急保障问题

GATS第10条第1款规定:"基于无歧视原则的紧急保障措施问题需以多边谈判方式进行。谈判结果应在世界贸易组织协定生效后不迟于3年内付诸实施。"该条第2款还规定,"上述谈判结果生效3年以后各方可以修改或撤回承诺,并向理事会报告。"

对于保障条款的确立问题,争议颇多。持肯定态度的人认为:制定保障条款将会激励有关各方作出更积极、更务实的有关服务贸易自由化承诺。例如,在自然人跨国流动方面取消"经济需求认定要求"、允许更多的服务部门入境开业、减少市场准入和国民待遇上的限制等。客观地讲,因有关承诺造成产业损害,采取临时性保障措施有时也是不无裨益的。比如,对于发展中国家,服务贸易自由化对其影响是不可想象的,有了保障条款,发展中国家就有了一定的回旋余地,从而可以促使其十分放心地作出进一步的承诺。对保障条款的确立持怀疑观点的人认为:第一,确立保障条款纯属多此一举,因为各方对服务贸易总协定所作出的具体承诺中都已含有保障因素,又如,只就有限的服务部门作出承诺、限制性的服务市场准入等;第二,确立保障条款不仅不利于服务贸易自由化,相反,将为贸易保护主义提供契机和借口,因为保障条款的引入意味着承诺的可变性和贸易政策的不确定性。大多数发展中国家和地区则强调,这种保障措施在运用于服务贸易领域时存在一定困难,这些困难包括服务贸易得以进行的方式的多样性、国内服务业遭受损害程度的判定、服务进口方政府当局处置权的随意性等。现在的问题是,制定保障条款是否有必要,如果没有必要,就无须讨论,无须谈判了;如果有必要,那么什么样的保障条款是可取的。这些都是无法回避的实际问题。

下一步有关紧急保障问题谈判的重点,将是对可以实施保障措施的各种情况加以具体界定。发展中国家和地区要求对以下两种情况作出界定:① 因履行GATS所规定的开放义务而导致服务进口的大量增加,结果使国内有关服务提供者要求采取保障行为以补救所遭受的损害,即出现了第14条所界定的情况;② 政府为了达到某些政策目标,采取的维护国内服务业生存的行动,即对国内服务业保持最低控制的政府行为。

缺乏有效的有关服务的生产、贸易和投资方面的统计数据，是造成GATS未能确立紧急保障机制的一个主因。实际上，有关"产业损害"的认定标准，包括进口规模和市场份额、生产能力、盈亏状况、就业情况等，既能适用于货物生产者，也同样能适用于服务提供者。服务业遭受损害毫无疑问地会延缓其发展。"损害"认定中还有一项困难，就是如何对待境内服务业中的外国所有或控制的服务企业，比如，导致服务进口增加的原因，可能是本国服务企业被国外机构所收购，也可能是外国所有或控制的服务企业市场占有率迅速提高，或国外服务提供者入境数量激增等。GATS已就金融服务保障问题作了谨慎的规定，如在金融服务附件中就对反竞争行为、垄断性服务供应，以及居民和动植物健康保护等问题作了一般性规定，但未就反倾销和反补贴问题作出规定，这将有待于今后按第10条和第15条继续进行谈判。应当明确，如何确立影响商业存在承诺的紧急保障认定标准，还需在今后的有关"多边投资规范"的谈判中加以解决。

b. 服务业补贴问题

GATS第15条规定："成员方认识到，在某种情况下补贴对服务贸易可能会引出不正常的结果。鉴于要制定一项必要的多边纪律以避免这类曲解服务贸易的影响，成员方应举行多边谈判。这类谈判也应提出适当的反补贴程序。谈判应认识到补贴对发展中国家发展计划的作用，并重视成员方、特别是发展中国家成员方在这一领域中所需的灵活性。谈判的目的，所有成员方应交换由其提供给本国服务提供者有关服务补贴的所有资料。任何成员方如认为另一成员方的补贴使其受到损害时，可就此事要求与该成员方进行磋商，这种要求应给予同情并考虑。"

区别不同的服务业补贴非常重要。一般的服务业补贴包括地区补助和少数民族补助在内的，旨在实现各项社会目标的宏观性补贴，缓和市场衰弱的补贴，确保某些服务行业或服务提供者的商业优势的补贴等。现实表明，各国政府实施的服务业补贴措施有扩张的趋势，特别是在高技术服务领域，区域平衡发展方面，运输和通信服务领域等。实施补贴的政策工具日趋多样化，包括生产要素的使用优惠、税收减免、利率补贴信贷、信贷担保、国有资产投入等。实施补贴的具体政策目标包括加强基础设施、确立竞争能力、提高服务质量、促进新型服务业的建立、援助呈衰弱迹象的服务业、鼓励R&D之类的特殊经济活动、平衡地区间的经济发展机会、改善国际收支状况、增加就业和转移收入等。

在"乌拉圭回合"服务贸易谈判过程中，各国对补贴措施的实施，以及对补贴的约束问题争论不休。一些发展中国家和地区要求发达国家在服务业补贴方面"维持现状"、"逐步退回"。美国和欧盟则要求取消所有对别国的服务贸易利益形成严重损害或损害威胁的补贴措施。对于服务业补贴的约束，发展中国家要求参照商品贸易的做法，即发展中国家以较大的灵活性来使用补贴，提高其国内服务供应能力,对发达国家的服务业补贴措施则应给予严格的纪律约束;发达国家强调服务业补贴问题的复杂性,特别是反映在补贴的界定和补贴量的衡量方面,从而使得对服务业补贴的约束变得极为困难。

如何解决服务业补贴问题?确实存在一定的困难。首先,是缺乏分类统计数据。对于相当多的服务行业,要想获得有关市场份额、价格、单位产品和单位成本等方面的充分信息是很难的。另外,在认定服务的"原产地"、区分国内服务供应和国外服务供应方面也存在较大的信息障碍。其次,服务行业繁多,服务贸易方式多样化。这就意味着同样的补贴措施会因服务贸易方式的不同而出现差异,或出现不同的解释。比如,向企业提供补贴,如对外资机构提供税收优惠,可以被认定为服务出口补贴;母公司所在国对母公司的补贴,会加强其海外子公司竞争优势;为购买本国服务的消费者提供特定的优惠,也可能会起到出口补贴的作用。

针对计算因补贴而产生的价格差异和认定国服务业损害方面的困难,一些国家和地区建议运用争端解决程序或竞争法规来制约服务贸易倾销,不赞成采取单方面的反补贴行动。在存在贸易扭曲性补贴的情况下,多边监督机构应根据有关各方的可比数据和有关补贴的公认定义,运用统一的计算标准来审议服务业补贴与反补贴问题。

c. 政府服务采购问题

GATS 第 13 条第 1 款规定:"本协议第 2 条(最惠国待遇)、第 16 条(市场准入)、第 17 条(国民待遇)的规定,不适用于作为政治目的为政府服务机构采购用的法律、法规和规程,且购买该项服务不是为了商业转销或提供服务用作商业销售的目的。"

国际服务贸易中政府采购问题的焦点,在于各方为攫取一己之利都倾向于保留并利用上述例外。由此引发出了诸多问题:GATS 的这些例外能否与政府采购多边协议一样有效?或者是否要采取"削足适履"的做法修改政府采购多边协议的规则,以达到与 GATS 的例外规定相一致的目的?在后一种情况下,政府采购协议的签约方是将有关利益按照最惠国待遇的原则给予所有签约方,还是构筑双重承诺结构?能否确立同时适用于商品贸易和服务贸易的政府采购多边规则?如何确保与政府采购有关的所有法律和程序的充分透明?

必须明确的是,GATS 与 GATT 关于政府采购的规定存在着一定差异:GATS 就国民待遇义务确立了一系列例外;GATT 则未将国民待遇作为一种义务;在 GATS 框架下,市场准入和国民待遇是可以谈判的,即各方通过谈判以肯定的方式提交承诺表。最惠国待遇和无歧视待遇是政府采购协议的核心,在服务贸易领域,还同时确立了针对发展中国家的特殊差别待遇。

对于政府采购问题,一些发达国家认为缺少约束政府采购的多边规则是国际贸易体制的一大缺陷,应该确立同时适用于商品贸易和服务贸易的政府采购多边协议。根据发达国家的观点,该项协议应具有高度的透明度,禁止制定实施基于运作或产品的特殊技术要求,基于服务合同的履行能力明确参与采购招标活动的资格要求,授予采购合同的明确标准,为保证市场进入的竞争性而确立政府采购决策的审议制度等。发达国家还指出,国民待遇本身并不能保证服务的市场进入,为使国民待遇真正具有效力,还应确立政府采购方面的程序性规则和强有力的实施机制。主张政府采购自由化者则建议对各种服务类政府采购的经济影响和现行的政府采购法规进行审议,以解决为实现市场开放应确立什么样的要求、如何简化程序、什么样的规则才能适应市场竞争等问题。

GATS规则审议工作组还将讨论以下问题:为什么大部分国家和地区还未加入政府采购协议?工作组的职责范围有多大?哪些政府采购规则可以多边化?确立具有广泛适用性的政府采购规则的可能性有多大?GATS的现有规则(如第三条的"透明度")如何适用于尚未具体化的政府服务采购程序?政府服务采购自由化将会产生何种影响?GATS框架下有关政府采购的承诺可依据第18条"附加承担义务"的规定进行谈判。比如,通过谈判就国民待遇在哪些方面适用于具体的服务部门作出承诺;有关的承诺应列出在服务采购方面承担国民待遇义务的政府机构名录;由于在许多情况下政府采购涉及多种商品和服务项目,故有必要就有关服务采购在采购总额中所占比例达成谅解,等等。

C. 下一阶段的服务贸易谈判

GATS第19条第1款规定:"为实现本协议的目标,从世界贸易组织协定生效之日起不迟于5年内,所有成员方应就旨在使服务贸易自由化逐步达到较高水平问题,进行连续的多轮谈判,并在以后定期举行。这些谈判应引向为减少或取消对服务贸易各项措施在有效进入市场方面的不利影响。上述程序应在互利的基础上,本着为促进所有成员方的利益,并谋求达到权利和义务的全面平衡。"第2款强调,"贸易自由化的进程应取决于各成员方相应的国家政策目标,以及各成员方包括它的整体和个别服务部门的发展水平,对各个发展中国家成员方在少开放一些部门、放宽较少类型的交易和逐步扩大市场准入程度等方面,应根据它们的发展情况给予适当的灵活性,并当其有可能向外国服务提供者给予市场准入时,把重点放在这种准入条件方面,旨在达到本协议第四条(发展中国家更多的参与)所述的目标上。"

由上可知,GATS已对今后新的服务贸易谈判定了基调,给出了大致的思路、原则和框架。然而,每一轮服务贸易谈判的进行都是基于一定的谈判方案,谈判方案的选定则是基于根据GATS的目标,对服务贸易所作的全面评价和部门评价。毋庸讳言,今后的服务贸易谈判仍将继续受到发展中国家和发达国家两大集团的影响。

　　对于发展中国家,妨碍其有效参与《服务贸易总协定》以及"乌拉圭回合"承诺表谈判的因素主要是:① 由于缺乏有关服务的生产和贸易的统计数据,大多数发展中国家对自身的服务贸易发展及其规模知之甚少,难以对其利益所在作出评判。解决这一问题的关键在于完善服务贸易统计资料,改进国际收支平衡表,以便更准确、更全面地反映各服务部门的贸易情况。这方面的工作已取得了一定进展,但仍有很大不足。由 IMF 制定的新的国际收支平衡表主要有以下几个缺陷。首先,对于大多数发展中国家来说,该表过于复杂,操作成本高昂;其次,该表仍然基于 IMF 对"服务贸易"的定义,即"不同国家的居民间的交易",这一定义与 GATS 中的定义不符,其差别在于前者缺少了有关"商业存在"的统计。② 发展中国家大都对其他国家的法律法规比较陌生,对本国服务出口潜力胸中无数,因而难以界定对其服务出口形成障碍的贸易壁垒。联合国贸发会议关于服务贸易措施的统计数据,政府间的互相交流与查询等都可以增加这方面的信息。为乌拉圭回合服务贸易特定行业后续谈判确立的查询机制应适用于其他服务行业,并应着重考虑发展中国家的利益。有关各项具体服务贸易的发生原因、技术进步、技术障碍和非政策性障碍(如与电信服务入网有关的障碍)的解决等研究,都将进一步完善并加强这类信息资料。

　　后续的服务贸易谈判可能会在以下两个方面受到某些发达国家要求的影响:① 修改服务贸易总协定,以"否定承诺方式"取代"肯定承诺方式"。否定承诺方式即市场准入承诺是以"排除不适用市场开放原则和国民待遇原则的情况"的形式提出的。许多发达国家都偏好这种承诺方式,认为这能形成更透明、更具操作性的贸易自由化机制。这种承诺最早由 OECD 所采用,该组织各成员均列明各自在市场自由化方面的保留,随后北美自由贸易区也采取了这种承诺方式,以确立投资、跨境服务贸易和金融服务贸易的自由化,但"自然人流动"的服务贸易形式仍采用肯定承诺方式。"乌拉圭回合"多边贸易谈判曾考虑采用否定承诺方式,但因某些政治的和技术的原因而放弃。首先,否定性承诺意味着任何一项未将例外考虑在内的法律法规,都将自动地被认为与其承诺遵守的规则不符,发展中国家很难保证其各项立法都能避免导致其承担非预见性义务的疏漏与错误。其次,否定性承诺还意味着任何新的立法都可能被认为是违反承诺的,除非新的立法能表明符合相关的否定性承诺。另外,从文字表述上,否定性承诺表冗长得让人无法接受。尽管如此,建议实行否定性承诺的最主要理由是有关的保留和例外会在将来的某一天被取消。然而,否定性承诺有悖于 GATT 推行的通过多边谈判达成互惠减让的做法。否定性承诺方式通常被用于区域性贸易协定,其中各成员方都接受商品贸易和服务贸易的全面自由化,尤其是将生产要素自由流动作为协定的核心目标。一些国家已提出,服务贸易中的否定性承诺也许可以适用于旨在彻底实现贸易自由化的协定。倘若如此,所有与世界贸易组织相一致的现行措施,如关税、补贴等,都将合乎逻辑地被修改为否定性的义务承诺。② 在 GATS 框架内达成多边投资协议并制定该条款。多边投资协议是就国际投资领域的所有问题确立相应的规则,以取代众多的双边投资协议。据称,该协议的达成将使流向发展中国家的国际投资量大为增加。多边投资协议含有"商业存在"和"国民待遇"这一核心内容,即将其作为服务贸易自由化义务承诺谈判的基本原则。对此一些发展中国家重申,GATS 有关市场准入和国民待遇的条款都不是义务的设定,而仅仅是规定应按优势互补和利益义务全面平衡原则互作减让。商业存在和自然人流动等服务提供方式实际上则表现为围绕着服务贸易的生产要素流动,其中也包含着政治格局的因素。将"生产要素自由流动"纳入 GATS,对于许多国家来说可能在政治上是不可接受的。只有在保持劳动与其他生产要素对等均衡的基本前提下,就投资自由化作出承诺的建议才有可能被普遍接受。然而,要保持对等均衡谈何容易。也有人认为这种争论毫无意义,因为投资和自然人流动可以与世界贸易组织的有关规定相一致。尽管 GATS 规则与 OECD 倡导的投资协议谈判所提及的规则之间存在着矛盾与交叉,但两者仍有可能实现共存。GATS 可继续致力于构筑与投资者市场准入有关的承诺体系即解决商业存在和国民待遇问题;直接与产权、财产保护、税收、私营企业和政府机构的争议有关的问题,可由另一独立机制来加以解决。这一独立机制应充分考虑到发展中国家所关心的利益,即贸易规则不应适用于产权保护。但是,值得注意的是,基于 GATS 的承诺极有可能被扩展到商品贸易和自然人流动方面。

发展中国家在今后的贸易谈判中所能获得的利益,仍将取决于其整体的和单个的谈判地位。GATS 所采用的肯定承诺方式既有利于那些旨在促成稳定的投资环境以吸引外资的国家,它们可以在名目繁多的服务业领域承诺给予国民待遇和商业存在权;同时又使得那些受外资青睐的国家获利,它们可通过谈判选择某些服务行业给予市场准入和国民待遇,以换取其他国家的对等优惠。第九届贸易与发展会议的最后文件指出,联合国贸发会议在商品贸易和服务贸易领域的主要作用,是通过推动发展中国家有效参与国际贸易体系来努力扩大贸易自由化和经济全球化、促进世界经济持续增长。服务贸易自由化对此目标的实现将起重要作用。必须认识到,发展中国家逐步实现服务贸易自由化,对其国内服务产业效率的提高非常必要,但自由化进程应与国民经济整体发展战略和扶持措施相结合,以促进发展中国家服务业的成长和提高其在国内外市场上的竞争能力。发展中国家积极参与经济全球化进程,提高对国际服务贸易的参与度是一个重要方面,其主要的参与方式是进入相关的信息网络和市场渠道,以及人员跨境自由流动。因此,问题并不在于发展中国家的服务贸易自由化承诺,而是在于妥善地设定一项能够使发展中国家在未来的互惠减让谈判中获得实际利益,并拥有充分政策选择余地的谈判策略。

本章重要名词

世界贸易组织　一揽子加入

本章思考题

1. 简述世界贸易组织体制的特点。
2. 世界贸易组织协定包括哪些附件?这些附件所包括的协议又可怎样分类?
3. 简述世界贸易组织机构的组成。
4. 从1995年1月开始,服务贸易谈判主要试图在哪些领域改善市场准入?
5. 简述对服务业紧急保障问题存在的争议。
6. 简述解决服务业补贴问题时存在的现实困难。
7. GATS与GATT关于政府采购的规定存在着哪些差异?

10

中国服务贸易政策与管理体制

国际服务贸易发展的大潮滚滚向前,中国怎样才能站稳潮头,应付变局? 这是一个需要从多方面进行回答的问题。加强服务贸易的制度建设,是其中的一个重要方面。本章首先介绍中国参与国际服务贸易谈判的大致情况;其次阐述中国服务贸易管理体制的基本现状、存在问题以及改进措施;最后,有重点地介绍中国服务业的行业开放及其相关的法律法规。对于中国服务贸易管制体制的把握,不仅可以更好地总结经验,开拓未来,更重要的是,能够做到"知己知彼,百战不殆"。

10.1 中国参与服务贸易谈判

在"乌拉圭回合"谈判期间,中国参加了整个过程,而且参与了制定 GATS。谈判中,因中国是发展中国家,所以,属于发展中国家的谈判集团中。

1990 年 5 月 4 日,中国联合印度、喀麦隆、埃及、肯尼亚、尼日利亚、坦桑尼亚等发展中国家向服务贸易谈判组提交了对 GATS 文本结构具有重大影响的"亚非提案"。1990 年年底,服务贸易谈判进入市场准入初步承诺谈判阶段。根据谈判规则,只有已经提出开放本国服务市场初步承诺开价单的国家,才有资格向其他国家提出要价单,也才有资格参加初步承诺谈判,成为 GATS 的成员方。据此,1991 年 7 月,中国第一次向世界贸易组织秘书处提交初步承诺开价单,对银行、航运、旅游、近海石油勘探、专业服务和广告等 6 个行业的市场开放作出了初步承诺。随后,这些部门的谈判代表分别于 1992 年 1 月、3 月和 10 月,先后三次组团赴日内瓦 GATT 总部,参加与各国的具体磋商。中国驻日内瓦代表团除参加国内的组团外,还跟踪和参加了 2 月和 6 月的初步承诺谈判。期间,中国代表分别与美国、欧共体、加拿大、日本、芬兰、印尼、瑞典、挪威、韩国和斯里兰卡等十多个国家和地区进行谈判或接触,大致摸清了对方的初步要价。1992 年 10 月,中国外经贸部(现为商务部)又组织了由 15 个部门(外经贸部、建设部、交通部、机电部、财政部、商业部、广播电影电视部、中国人民银行、中国银行、国家旅游局、外国专家局、国家工商管理局、中国远洋运输总公司、中国石油开发公司和中国长城工业公司)组成的谈判组,参与市场准入初步承诺的第四次谈判。这次谈判,中国又把保险、陆上石油服务、商业零售、建筑工程和计算机服务等领域列入初步承诺开价单。1993年4月,中国又将开价单作了调整,初步承诺开放以下服务市场:银行、保险、旅游(酒店、餐馆)、远洋、内河、公路运输、建筑工程、广告、计算机服务(软件、系统设计、数据处理、设备保养与维修等)、陆上石油服务、近海石油勘探、专业服务(法律、会计、牙科、技术检测与分析、科技咨询、教育、翻译、地质、地球物理和其他科学勘探、地下水调查等)、租赁等部门。1993年9月,中国再次修改初步承诺开价单,进一步加大服务业对外开放程度,并于同年11月,提交了服务贸易减让表草案。中国对其中绝大多数行业部门规定了以商业存在(主要是设立中外合资、合作企业)的方式提供市场准入机会,个别的专业服务项目允许具有一定资格的自然人进入。中国现有的有关外商投资企业的法律法规运用于从事服务业的外商投资企业,特定行业有特别的法令。承诺单中宣布公用事业、交通运输、房地产、信托投资、租赁等五个行业限制设立外商独资企业,印刷、出版、广播、电视和电影、邮电通信以及中国政府另有规定的其他行业则禁止设立外商独资企业。此外,承诺开价单还对税收、外汇管制、土地所有权和自然人短期居留制度作了说明。

依据GATS有关规定,中国政府在初步承诺中阐明,中国的初步承诺开价单是有条件的,承诺是否有效将取决于服务贸易多边框架的谈判结果,以及其他参加方所作的初步承诺,特别是将取决于对中国有重大利益的服务部门的谈判结果。中国将根据服务贸易谈判的具体情况,对初步承诺开价单作出适当的增删或修改,并保留撤回初步承诺和进行技术性修改的权利。

10.2 中国服务贸易管理体制

中国服务业和服务贸易发展的低水平和以往重视不够等原因,造成中国目前服务贸易管理体制的现状——法制不健全和管理滞后。具体表现在以下几个方面:① 管理体制不顺,中央和地方有关服务贸易的政策和规章不协调。全国缺乏统一的协调管理部门。② 有关服务贸易及服务业行业部门的法律法规不完善,有些行业及其贸易甚至是无法可依,这样,关于国际服务贸易发展的政策就缺乏透明度,不利于服务贸易进出口的健康发展。③ 对外国服务业和服务贸易发展的有关情况没有系统的分析和研究,对它们的做法和要价缺乏了解或知之甚少,这对发展中国对外服务贸易是极为不利的。④ 服务业和服务贸易统计存在很大问题。由于历史原因,中国的产业划分同市场经济国家不同,服务业的涵义、统计口径以及划分标准与国际惯例不一致。这不仅会影响对外交流和政策决策，更不利于中国服务领域与国际市场接轨。⑤目前对服务贸易的管理处于各自为政的状态，各有关职能部门多头、交叉管理，条块分割。比如，对外商在中国投资开办服务贸易企业，像过境汽车运输、航空客票销售代理、教育培训、印刷、翻译服务、报关行、评估机构等只需国家有关行业主管部门审批立项，然后再按不同级别的审批权限进行审批；对广告企业、会计师事务所、航空运输企业、音像制品复制、加工及出版企业、进出口商检、建筑业、医院、殡葬业等，不仅要取得国家行业主管部门的同意，还必须报外经贸部审批合同和章程；租赁、国际货运代理、投资性公司和咨询企业只需报外经贸部审批；对石油勘探开发项目，地方均无权审批，此类项目只有审批合同一个程序，一律报外经贸部审批；商业零售业应先报国务院批准；对于旅游饭店，其项目建议书和可行性研究报告由省（市）计委、旅游局、外经贸部门联合上报国家上述三部（委、局），国家旅游局和外经贸部分别向国家计委出具意见，最后由国家计委下批文。不论金额大小，合同、章程均由地方自行审批；金融业，包括银行、保险、财务公司等，一律由中国人民银行审批，外经贸部不参与审批，也不颁发外商投资企业批准证书。虽然外经贸部承担了中国国际服务贸易的某些管理和协调职能，但这种协调的局限性很大，难以在体制上保证承诺执行的一致性和各服务部门的协同性。⑥服务业各行业部门只局限于管理直属系统，有些服务部门对直属系统实行保护主义，造成行业垄断，不利于该行业的对外开放和竞争力的提高。

随着服务业和服务贸易的快速发展，上述法规不健全和管理滞后的状况将会暴露出越来越多的弊端，这无疑将影响中国的服务业和服务贸易的发展。因此，迅速建立中国服务贸易的管理机制，加强对服务贸易的宏观管理和协调不仅十分必要，而且刻不容缓。

国家应尽快将服务贸易的发展与管理列入议事日程，进行专门研究，拟定有关战略和政策措施。最终目标是统一政策，协调一致对外，确保服务贸易顺利发展，以利于中国的现代化建设。

首先，明确国家统一的服务贸易管理机构。可以参考其他国家做法，结合自身情况来设立这样的机构，以统筹规划并及时修正服务贸易的发展战略，统一服务业进出口政策，协调对外谈判立场，牵头组织有关谈判，监督检查双边、多边服务贸易协议的实施，协调对外服务贸易业务重大事宜等。其组成人员除主管官员外，还可聘请一些贸易、法律及各服务部门的专家作为顾问，使管理决策更为科学合理，管理方式更为先进高效。

其次，尽快建立健全有关服务业、服务贸易的法律、法规。服务贸易涉及诸多部门，因此，应抓紧有关方面和领域的立法工作。可喜的是，到目前为止，已有许多服务部门或行业出台了相关法律、法规，但这远远不够，还需进一步加强、完善，以适应形势的变化。

另外,国家还应着手建立服务贸易管理的组织机构和协调机制,比如,建立常设的服务贸易谈判小组,从事服务贸易的国际谈判与磋商;组建中国国际服务贸易促进会或总商会等等。

总之,建立和完善服务贸易管理体制,不仅是中国服务业和服务贸易发展的需要,也是中国整体经济发展的需要。因此,这是一个十分重要的问题。

10.3 中国的服务业开放和服务贸易立法

10.3.1 中国的服务业开放

根据改革开放的需要和在加入世界贸易组织谈判中的承诺,近年来,中国服务业对外开放的程度迅速提高,到1995年年底,中国已承诺36个服务部门实行对外开放,这些部门的实际开放程度比承诺的更大,一些拥有较多经济利益或尚处于幼稚阶段的服务产业,如金融、保险、商业零售、旅游、民用航空、交通运输、广告服务、邮电通信、建筑设计、法律服务、会计服务、咨询服务等部门均已不同程度地对外开放;一些连发达国家也未允许开放的服务部门,像声像服务(欧盟不开放)、海运服务(美国不开放),中国也在尝试地进行有限度的开放。毋庸讳言,中国要迅速融入世界贸易组织新体制背景下的世界贸易自由化浪潮,扩大对外经贸联系,就不可能紧闭国内服务市场,而应有步骤、有区别地渐进式开放。中国服务业开放的这一战略,不仅是出于中国的实际利益,而且也是基于中国服务业发展的现状。

当然,履行GATS规定的各项义务,开放服务市场有利于加速中国服务贸易的发展,但也不可避免地会给中国服务业带来挑战,甚至是威胁。开放服务市场的意义主要表现在以下几方面:① 可以引入国际竞争机制,刺激中国服务业尽快成长、发展。多年来,在许多服务领域一直实行国家垄断经营,市场观念淡漠,服务质量和效率低下。允许外国服务和服务提供者进入,有利于打破国内市场的垄断格局,强化服务企业之间的竞争,促进中国服务企业改进经营管理,提高服务质量和服务效率,增强自身市场竞争力。② 可以扩大服务贸易出口。服务市场的开放是双向对等的。我们通过递交承诺开价单宣布本国开放的服务部门,可以向参加服务贸易谈判的其他国家进行要价,要求对方也对中国的服务部门提供市场准入,这有利于促进中国优势服务部门走向国际市场,改善出口结构,扭转中国服务贸易逆差的状况。③ 有利于改善投资环境,扩大外资规模。服务市场的开放可以直接和间接地吸引外资。直接引资是吸引服务业的外国投资者到中国投资,如外国银行、保险公司、广告商、连锁商店等将资金投入中国从事的相应服务行业。间接引资是指通过引进国外服务业而扩大其他行业外资的投入,因为许多服务部门与制造业具有较强的连带关系,制造业投资对有关服务业具有一定依赖性。允许国外服务业进入中国,将会带动制造业领域更多的外商投资。所以,渐进地开放服务市场将推动中国外资利用走向全方位、高层次和纵深化。④ 有助于引进国外新型服务种类、先进的服务技术和营销理念,借以发挥示范作用,带动国内相关服务行业的发展,克服中国服务业发展的"瓶颈"约束。先进的服务管理技术与管理理念,以及知识、技术密集型服务的引入,可以优化服务业产业结构,提高服务产业素质,不断地培育服务领域里的比较优势。

然而,服务业对外开放,奏响的并非都是福音,也会带来几分隐忧。首先,外国服务业的进入会挤占中国服务市场。由于中国服务业较为落后,在资金、技术、服务质量、营销手段等方面与国外服务业企业有明显差距。一旦外国具有较强竞争力的服务企业进入,就会迫使中国竞争力低下的服务企业退出市场,或者为它们所控制。其次,过度开放服务市场至少会在短期内造成中国服务贸易逆差,引起国际收支不平衡。在中国服务市场开放的初期,尽管实行进口替代战略,也会增加服务进口。中国目前总体贸易是顺差的,但其中服务贸易逆差,商品贸易顺差。服务进口的大量增加甚至可能完全抵消商品贸易的顺差,从而会扭转中国目前贸易顺差的状况,造成国际收支不平衡,影响国民经济的稳定发展。再次,不加选择地开放服务市场,会给中国的国家安全、伦理道德带来严重影响。由于服务领域的特殊性,许多服务部门对一国的国民经济、社会文化、伦理道德甚至国家安全至关重要。例如,金融业是一国的经济命脉,邮电、通信关系到国家安全,视听服务业与一国的文化传统、社会伦理密切相关。倘若不加限制、不加防范地开放这些敏感的服务行业,一旦这些部门为外国所控制,其后果将不堪设想。

由上可见,服务市场的开放利弊并存,对此,必须综合考虑,谨慎权衡。尽管服务业的对外开放会带来一些负效应,但不能因噎废食。逐步开放服务市场,实行服务贸易自由化,是各国都在认真考虑并实施的行动,也是世界贸易发展的大趋势。在中国服务业尚不发达的形势下,开放市场所面临的压力可想而知。如何化压力为动力,化挑战为契机,趋利避害,使服务市场的开放真正成为中国服务业发展的推动力,是需要认真研究的课题。

10.3.2 中国的服务贸易立法

长期以来,中国服务业和服务贸易发展滞后,服务贸易立法工作更未得到应有重视,直到近几年才逐步走上正常轨道。1994年7月1日开始生效的《中华人民共和国对外贸易法》第四章规定了服务贸易,明确了国家促进国际服务贸易的逐步发展,中国根据所缔结或参加的国际条约、协定中所作的承诺,给予其他缔约方、参加方市场准入和国民待遇等基本原则。该法是中国外贸领域的基本法,对具体行业的法律法规的制订具有指导作用。近几年已先后颁布实施的服务贸易领域的重要法律法规有《商业银行法》、《保险法》、《海商法》、《广告法》、《民用航空法》、《注册会计师法》、《律师法》、《外资金融机构管理条例》等。这些法律法规对规范中国服务市场发挥了积极作用。然而,结合目前情况,服务贸易立法仍有许多不足。首先,法律法规数量不足。虽然,近年已推出了一些服务贸易的重要法律法规,但比起现有的服务贸易存在形式,这些立法面只覆盖了相当狭窄的部分。服务贸易立法体系还远未建立起来,有不少领域仍处于立法空白状态。因此,服务贸易立法任重道远。其次,规范有待改进。在已有的立法中,有些法律法规的指导原则、立法精神、内容及技巧方面与国际规范还存在较大差距。有的服务部门尚未打破国家垄断局面,或尚未建立市场化经营模式,于是,有关法规、规章就从保护垄断、限制竞争出发,规定了一些与国际规范相冲突的内容,如在旅游、运输等服务性收费方面都规定对外国人征收比中国人高的费用等;还有的法律法规内容陈旧,未反映国际立法的现状和最新趋势,也不适合服务贸易发展的新特点。还有,许多法律法规条文抽象、模糊,缺乏可操作性,在实施过程中往往被任意解释,严重损害了法律的权威性,因此,有待于进一步改进、完善。最后,法律法规之间相互冲突。由于目前中国服务贸易的交叉、多头管理和条块分割,因此,各部门在制定有关法律法规时往往从本部门利益出发,为自己设定权利,较少顾及甚至视而不见其他部门,从而使不同法规之间存在漏洞和矛盾,引起冲突,这同样损害了法律法规的权威性和执行力,对此必须加以克服和避免。

由此看来,中国服务贸易立法状况令人担忧,加强服务贸易立法乃当务之急,它既是中国发展服务贸易的客观要求,也是履行 GATS 透明度要求的必要措施,同时还是中国市场经济法制建设的重要环节。鉴于此,有必要在《对外贸易法》"服务贸易"条款的指导下,建立不同层次、内容齐备的服务贸易法律体系。这样的法律体系是"金字塔"形的(见图 10-1),顶尖应该是根本大法《对外贸易法》,这个项目已经完成。接下来是各服务贸易领域的基本法律,这方面已取得了一定进展,但还不够,还应该随着服务贸易的发展,加紧制定新的服务贸易各领域的基本法律。第三层是基本法律的实施细则。各服务贸易领域的基本法律所规定的制度和原则在实施中往往会遇到许多具体问题,需制定实施细则加以明确。目前,中国已颁行的各服务贸易领域的基本法律几乎都等待着实施细则出台,以便妥善执行。在第三层中还有一项,就是单项法规。服务贸易涉及问题复杂,各领域开放程度和措施不一,故需要大量单项法规对某些特定问题作出专门规定。这方面的工作甚是欠缺,需要加强。

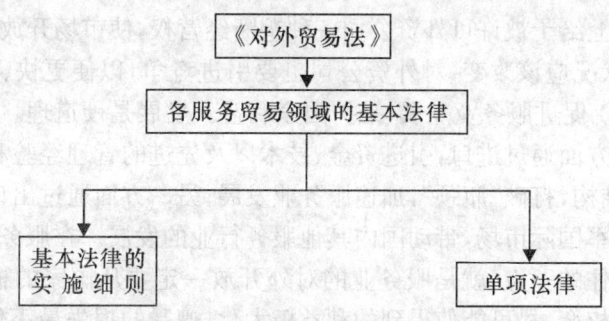

图 10-1 中国服务贸易法律体系与框架

服务贸易立法是一项系统工程,不可能一蹴而就。由于服务贸易涉及面广,再加上服务市场开放采取梯度推进战略,因此,服务贸易立法必将是一个内容不断丰富、体系不断完备的渐进过程。在这个过程中,应该遵循以下原则:① 尊重国际惯例,充分利用 GATS 中的保障和例外条款,以及给予发展中国家的特殊优惠待遇。GATS 是第一个全球性服务贸易协定,中国服务贸易立法应以此为基础,在原则精神和具体内容上与国际规范接轨,根据开放步骤,作出立法统筹安排。在贯彻 GATS"逐步自由化"原则过程中,首先,应对列入承诺开价单的服务部门中服务经营者的服务水平、经营规模、服务方式和技术等搞清楚,以便对外资进入这些服务部门的程度、条件、限制和保留作出明确规定。其次,要防止外商进行服务业直接投资时"撇脂"(skimming cream)行为的发生。优先开放高新技术服务、生产者服务、支农服务和基础建设性服务,鼓励外资进入中西部地区、边远偏僻地区,鼓励外资进入一些公共服务部门或承担一些经营难度较大、赢利较少的项目。另外,在制定有关服务贸易的市场保护措施时,要注意符合 GATS 保障条款、例外条款以及对发展中国家的照顾性条款的规定。对涉及国家安全、环境污染、违反伦理道德的服务行业不予开放;在外国服务进入对国内服务业造成重大损害或威胁时,应采取紧急限制措施;对 GATS 明文规定的有关发展中国家过渡期、信息提供等条款,应通过相应立法来加以运用。② 打破垄断,建立公平、竞争、高效的市场体系。近年来,虽然在海运、金融、保险、商业、律师业等领域,通过体制改革和有关立法在一定程度上打破了传统的国家垄断经营模式,基本确立了市场化经营原则,但仍有不少领域,像邮电、通信等部门,仍为国家垄断经营,多种经济成分共存的市场竞争机制尚未形成,其竞争力难以与国外同行业中的领先者匹敌。如果未做好充分准备就开放,后果将很严重。因此应首先在国内市场上打破垄断,通过建立竞争机制提高服务质量,丰富服务内容,增强中国服务业抵御外来竞争的能力。目前,中国为控制服务市场开放程度,对外资进入某些服务领域实行特别审批制,限定外资公司进入数量,这实际上给予被许可外资公司一种垄断经营权,使市场开放形成了新的市场垄断。这一状况应该改变,对外资公司也要引进竞争,以便更快、更好地建立目标市场体系。③ 促进服务业发展,维护国家利益。发展是硬道理。开放服务市场是为了发展,一方面通过进口,引进资金、技术以及先进的管理经验和营销手段,优化服务业产业结构,打破"瓶颈",加速服务业发展;另一方面通过出口,培育优势服务行业,使之进军国际市场,带动国内其他服务行业的发展。在服务贸易立法过程中,尤其需要记住的一点,就是服务业的对外开放一定要从国家的根本利益出发,兴利除弊,综合权衡,尽可能使得到的利益极大化,遭受的损失最小化。只有这样,我们才能立于不败之地,也才能使中国服务业和服务贸易蓬勃发展,使中国向服务贸易大国的目标挺进。

10.3.3 中国具体服务行业的对外开放与法律法规

A. 金融业

随着金融改革的不断深化,中国目前已形成了中央银行负责宏观调控、各家商业银行参与市场竞争、政策性银行从商业盈利性业务中分离、多种形式金融机构并存的格局,金融机构的数量、业务量和从业人员都有了很大增长,在开拓海外业务方面也卓有成效。

中国金融服务业的对外开放始于1982年深圳引入南洋商业银行。自那时起,一些外资金融机构纷纷在北京和经济特区设立常驻代表机构。1985年,中国颁布了《经济特区外资银行中外合资银行管理条例》,允许在经济特区设立外资银行分行和中外合资银行,后来又将范围扩大到沿海的13个开放城市。1994年2月发布了《外资金融机构管理条例》,明确了在中国设立外资金融机构的条件、程序、业务范围和监督管理等事项,使外资金融机构在中国的设立和开展业务更为统一和规范。截至1997年6月底,已有540家外资金融机构在我国设立了代表处,外资经营性金融机构达162家,其中外国银行分行为134家,分布在我国24个沿海城市,中外合资银行7家,外资独资银行5家,另有外资财务公司6家,外资保险公司8家,合资投资银行1家,中外合资投资银行1家。其中,1995年8月在北京开业的我国第一家提供全面服务的国际投资银行——中国国际金融有限公司,主要由中国建设银行、美国摩根斯坦利集团、新加坡政府投资公司、中国经济技术投资担保公司和香港名力集团联合组建,持有提供全面服务的投资银行许可证,既办理外汇业务,也办理人民币业务,主要业务范围包括境内外股票证券的承销,境内外股票、债券的自营和代理买卖,基金的发起和管理,直接投资,企业管理、兼并和收购,项目融资等业务,外汇买卖,外汇资产管理和同业拆借等。该公司的开业标志着我国国内资本市场向国际化方向的迈进。

中国宣布1996年12月1日起,实现人民币经常性项目下的自由兑换,从而符合国际货币基金组织协定第八条义务的规定,对扩大我国对外经贸发展无疑是一大促进。紧接着经国务院批准,中国人民银行发布了《上海浦东外资金融机构经营人民币业务试点暂行管理办法》,开始审批设在上海浦东符合条件的外资金融机构经营人民币业务。至1997年4月,已有美国花旗银行、香港汇丰银行、东京三菱银行、日本兴业银行等9家外资银行设在上海浦东的分行获准从事人民币业务,可经营人民币的存款、贷款、结算、担保以及国债和金融证券投资等业务,从而与中资银行享有实质上相同的待遇,处于平等的竞争地位。

由于中国金融机构刚走上市场化经营的道路,与外国金融机构在经营策略、服务质量和业务品种等方面还有不小的差距,况且进入中国的外资金融机构多为跨国金融企业,资金实力雄厚,电信设备先进,赢利收入可观,分支机构遍布全球,又不必承担我国金融机构的政策性业务,加上中国还有待形成规范的人民币同业拆放市场、全国性的票据清算中心和健全的外汇市场机制,因此,现阶段金融业不可能完全对外开放,而只能是一定范围内有条件的开放。如要求外资银行限于沿海开放城市,包括深圳、汕头、珠海、厦门、海口、上海、大连、天津、青岛、南京、宁波、福州、广州、北京、沈阳、西安、石家庄、合肥、苏州、无锡、成都、重庆、武汉和昆明。鉴于中国当前金融业发展水平与发达国家相比有较大差距,更不可能全面开放人民币业务,现仅选择上海浦东作为试点,批准达到条件的少数外资金融机构经营人民币业务。

在中国开业的外资金融机构必须符合一定条件。《外资金融机构管理条例》规定,设在中国的外国银行分行要有总行拨给的不少于1亿元人民币等值的自由兑换货币的营运资金,外国银行总行提出申请前一年年末的总资产不少于200亿美元,该外国银行在中国已有两年以上常驻办事处的经历,申请者所在国家或地区有完善的金融监管制度。设立外资银行或者外资财务公司,则要求在中国境内设立常驻办事处两年以上,提出申请前一年年末总资产不少于100亿美元,申请者所在国家或地区有完善的金融监管制度,外资银行的最低注册资本为3亿元人民币等值的自由兑换货币,它们实收资本不低于其注册资本50%。该条例第四章还规定了详细的监管办法,如外国银行分行的营运资金的40%应以中国人民银行指定的生息资产形式存在,外资金融机构从中国境内吸收的存款不得超过其总资产的40%,外资金融机构应当聘用至少1名中国公民为高层管理人员,并应聘用中国注册会计师,经所在地区的中国人民银行分行认可等。《上海浦东外资金融机构经营人民币业务试点暂行管理办法》规定,外资金融机构如要申请经营人民币业务必须具备以下几个条件:① 在中国开业3年以上,无违法或不良记录,且在提出申请前连续两年赢利;② 申请前1年外国银行分行境内外汇月末平均余额在1.5亿美元以上,合资银行、合资财务公司、独资银行、独资财务公司境内外汇月末平均余额在1亿美元以上,境内外汇占其外汇总资产的比例在50％以上。同时还规定外资金融机构的人民币负债不得超过其外汇总负债的35％,并执行中国中央银行对中资金融机构的有关管理规定。这些规定不仅使我国能够引入资本充足、信誉卓著、管理先进的外国金融机构,也便于我国实现对外资金融机构的有效监控,而且也是世界各国对外国金融机构通常的做法。

B. 保险业

中国保险事业是在十几年的改革开放中迅速发展起来的,自1979年以来,保费收入年平均增幅达40％以上,数倍于国民经济的增速,但人均保险费、总保费占国民经济收入的比例还很低,与其他国家相比差距甚大。当然,这也显示出中国保险市场巨大的潜力。1992年,中国人民银行颁布了《上海外国保险机构暂行管理办法》,允许外国保险公司申请在华设立分公司和中外合资保险公司。同年9月,美国国际集团所属的美国友邦保险公司获准在上海成立分公司。1994年7月,日本东京海上火灾保险公司也在上海设立了分公司。至1996年,中国保险业开放地域包括上海、广州、深圳、北京、天津、大连等。有关规定要求提出申请的外国保险机构必须有30年以上的成立时间,在中国有3年以上办事处经历,提出申请前一年年末资产总额在50亿美元以上,外资保险机构方可在中国开展境内外商投资企业财产保险业务、外国个人付费人身保险业务和上述两项业务的再保险业务。同时外资保险公司也须遵守我国1995年6月30日通过的《保险法》的各项规定。现在,中国已有近30家保险公司,其中全国性的3家(即中国人民保险公司、中国太平洋保险公司和中国平安保险公司),另外还有20多家区域性和地区性、专业性的保险公司,以及4家外资保险公司,1996年11月在上海成立了我国第一家中外合资人寿保险公司——中加合资中宏人寿保险有限公司,还有更多的国际性大保险公司将目光投向我国,准备开拓我国巨大的保险市场。可见内外资保险公司并存的局面已经形成,今后的竞争将日趋激烈。

C. 海运业

海运业在中国对外贸易活动中扮演着十分重要的角色,中国90％的外贸进出口货物是靠海运完成的。近年来,我国对外贸易一直保持增长势头,增大了对海运的需求,加上世界航运重心的东移和1997年香港的回归,中国在世界航运市场中的地位愈加重要。中国海运船队按实力已列世界第七位,其总吨位超过2 000万载重吨,并且与世界上160多个国家和地区的600多个港口通商;中国对外开放的港口已超过100个,可供停泊万吨级以上的深水码头有100多个。

海运业已列入承诺开放的部门,并已逐步对外开放。自1992年年初,美国总统轮船公司在中国成立独资公司展开直接揽货业务以来,美国、日本、德国等许多国家的船运公司也先后进入中国海运市场。目前中国已有60家左右的中外合资船运公司,9家外国独资的船运公司从事国际航运业务,还有120余家中外合资货运代理公司从事国际货运代理。目前,中国不仅允许外国船舶公司进入中国市场铺设网点,取消货载保留,而且在港口收费上对中外船舶一视同仁。

上海在全国航运业中开放步伐较大。在国家宣布要把上海建成国际航运中心后,排名全球前三位,同时又是世界上最早发明和使用集装箱运输的著名跨国公司美国海陆联运公司率先进入并开辟的上海至美国西海岸的定期定班集装箱运输干线。世界各大船务公司也纷纷表示要与上海港建立合作或联运。1996年11月,上海航运交易所成立,以吸引世界著名的轮船公司在上海设立分支机构。上海在建立国际航运中心过程中将开展多层面的国际交流与合作,可以与国外共同投资建设港口和航运基础设施,也可以合资、合作经营国际航线。

为了规范我国海运市场,明确海运活动中的各种权利与义务,我国于1992年11月7日颁布了《海商法》,对海运船舶有关的事宜(如船舶、船员)、各种形式的海上运输合同(包括海上货物运输合同、海上旅客运输合同、船舶租用合同、海上拖航合同等),以及海上保险合同、有关的海事活动(如船舶碰撞、海难救助、共同海损、海事赔偿责任)等,作出了明确规定,为中外航运企业提供了良好的法律保障。这部法律借鉴了国际通行的《海牙规则》的原则,对有关海事活动的安排和当事人责任的规范既符合国际惯例,又适应我国发展海洋运输事业的实际需要,对于较好地调整海上运输关系、船舶关系,维护当事人各方的权益,促进海上运输和经济贸易发展,是不可缺少的。对于涉及海运的某些特定领域,我国有关部门还颁布了《国际班轮运输规定》、《国际船舶代理管理规定》、《海上国际集装箱运输管理规定》、《国际货物运输代理业管理规定》等。

在中国对外开放海运业的过程中,外国海运企业的大举进军带来了先进的管理经验和优质的服务,当然也不可避免地加剧了竞争。在参与世界航运市场竞争时,中国海运业还面临着种种问题:如航运市场不畅,船队结构不合理,平均吨位小,老、旧船所占比例较大,运输效率低,运力不足且浪费;港口集装箱专用泊位能力较小,集疏运道路条件较差,常出现道路堵塞和压港现象;口岸有关管理机构之间工作衔接、配合不够,联检执法手续繁杂,收费名目繁多且不合理;航运管理手段也较落后,目前大量运输单证仍停留在手工操作上,流转速度慢,货物运输信息跟踪管理不够。如果不加限制地让外国船运公司涌入我国,极有可能扰乱我国海运市场,因此,中国对外国船运公司进入我国营业规定了一些条件。外经贸部、交通部于1996年3月发布的《关于外国船运公司在华设立独资船务公司有关问题的通知》规定,外国船公司在中国设立独资船务公司,必须具备15年以上的航运资历,在拟设独资船务公司的城市设航运代表处满3年,其班轮船舶至少每月挂靠拟设独资船务公司的城市港口一次,独资船务公司的注册资本不得低于100万美元。

D. 旅游业

旅游业作为一个完整的产业,随着旅游消费的平民化和大众化,其地位日益重要。中国从建国时起到改革开放前,由于国际国内政治风云和国民经济形势的限制,旅游业一直处于缓慢发展阶段。改革开放后我国旅游业进入全面大发展时期,国际旅游接待人数外汇收入迅速增长,旅游产业粗具规模。但在开发层次、管理水平和旅游资源保护方面,中国还存在许多诸如滥建旅游开发区,交通设施落后,入境手续繁琐,服务质量不尽如人意等问题,影响了中国旅游业对外国游客的吸引力。目前中国接待的外国旅游者的人数、旅游业创汇以及旅游产品的品种、质量与旅游资源大国的地位很不相称,与世界上旅游业发达的美国、欧洲国家,以及亚洲新兴国家如韩国、泰国、新加坡等相比,都有不少差距。

中国已将旅游服务业列入向服务贸易谈判组递交的开价承诺单。旅游服务业的对外开放在1978年以后已逐步展开。在此之前,中国饭店旅馆业基本上都由国家统一规划、统一设计、统一施工、统一管理,旅行社亦由国家垄断经营。改革开放以来,中国不仅允许外商来华通过合资、合作的形式新建、改造旅游餐馆设施,还允许外商直接或间接地管理饭店。如国际知名的假日酒店集团、希尔顿饭店集团、喜来登饭店集团等,在我国许多大城市都已建造了高级涉外旅游饭店,经营情况均为良好。在旅游景点的开发与建设,特别是人造景观的建造方面,也已有外资涉足。如上海等地就已引进外资建设了数个大型旅游娱乐公园。另外,在大连金石滩、青岛石老人、无锡太湖、杭州之江、上海横沙岛、福建武夷山和湄州岛、广州南湖、北海银滩、昆明滇池、三亚牙龙湾等国家级旅游度假区内,我国已允许合资建立旅行社,直接组织国际旅游。1997年2月,由深圳市旅游(集团)公司与日本名铁观光株式会社、中国香港民胜旅运有限公司合资兴办的我国首家中外合资旅行社——华名国际旅业有限公司在深圳成立,这标志着我国旅游服务市场对外开放的一次突破。另外,中国还允许外资开发旅游设施,经营出租汽车、旅游零售等旅游项目。这些主要是中国对外国服务提供者以商业存在方式提供旅游服务的市场准入情况,而对中国游客,即服务消费者到境外旅游,从而接受外国服务提供者的旅游服务,进行跨境旅游消费不作限制。

中国旅游界还大大发展国际间的旅游合作关系,包括进一步密切同世界旅游组织的关系,加入太平洋亚洲旅游协会(PATA),与世界旅游理事会(WTTC)等国际旅游组织及中国香港、澳门、台湾地区的有关社团或机构发展业务联系,与30多个国家签订旅游合作协定或建立会晤制度,还与外国一些与旅游有关的经济组织、工商企业建立业务联系。

由于旅游业投入少、产出高,是高附加值的产业,中国又有着极其丰富且具有特色的人文和自然旅游资源,如果全面对外开放必将引起大量海外旅行社群雄并起,形成互相竞争的格局。它们资本实力雄厚,促销手段先进,服务质量和管理水平都较高,国外游客容易认同,从而对国内旅游企业构成极大的威胁和冲击,因此,中国目前对旅游服务的开放也是有范围、有条件的。外商投资兴建旅游饭店属特殊审批项目,而度假区外的旅行社则属于禁止性项目,目前不允许举办。从根本上说,中国旅游业只有通过自身改善营销方式和管理模式,提高服务质量和工作效率,才能改变不利的竞争地位,迎接今后旅游业更加开放的挑战,并为打入他国旅游服务市场做好准备。

中国旅游业立法较为薄弱。旅游业跨部门多,牵涉面广,受制约因素多。在相当长的时期内,中国不仅没有一部统一的旅游大法,而且全国绝大多数省(市、自治区)也没有地方性的旅游法规,致使中国旅游领域问题层出不穷,旅客投诉接连不断。要解决这一矛盾,必须有一个内容完备、科学、操作性和针对性强的旅游业综合性法律。从1982年起,国家旅游局就开始着手起草该法,后几易其稿,至今尚未出台。这一方面是因为旅游业覆盖面广,行业界定模糊,难于规范;另一方面有关部门管理职能交叉,利益有所冲突,相关法规衔接复杂,需要进一步协调和理顺。尽管有这些困难,但出台旅游法已是大势所趋。

目前,中国对旅游服务业的专项法规主要包括1996年10月15日国务院发布的《旅行社管理条例》,同年11月28日国家旅游局发布的《旅行社管理条例实施细则》。它们对旅行社的设立条件、申报审批程序、业务经营规则、旅游者的权益保护,以及对旅行社的监督检查等进行了明确规定。《条例》和《实施细则》适用于中国境内设立的旅行社和外国旅行社在中国境内设立的常驻机构。中国旅行社按经营业务范围,分为国际旅行社和国内旅行社。前者可经营入境旅游业务、出境旅游业务和国内旅游业务,后者则只可经营国内旅游业务。设立国际旅行社,须具备150万元人民币以上注册资本;经营入境旅游业务的,须向旅游行政管理部门交纳60万元人民币的质量保证金;经营出境旅游业务的,须交纳100万元人民币的质量保证金。设立国内旅行社则需有30万元人民币以上的注册资本,并须向旅游行政管理部门交纳10万元人民币的质量保证金。无论国际旅行社还是国内旅行社,均应有固定的营业场所和必要的营业设施,以及经培训并持有省、自治区、直辖市以上人民政府旅游行政管理部门颁发的资格证书的经营人员。外国旅行社在中国设立常驻机构必须经国务院旅游行政管理部门批准,并且只能从事旅游咨询、联络、宣传等非经营性活动,不得经营招徕、接待等旅游业务,包括不得从事订房、订餐和订交通客票等经营性业务。申请中外合资、合作经营旅行社的,则应按国务院有关规定报经批准,办理成立手续后方可在规定区域营业。旅行社在经营活动中应当遵循自愿、平等、公平、诚实、信用的原则,遵守商业道德并接受旅游行政管理部门对其服务质量、旅游安全、对外报价、财务账目、外汇收支等经营情况的监督检查。此外,国家旅游局颁布的《旅行社质量保证金暂行规定》、《旅行社质量保证金暂行办法》、《关于旅客意外保险的暂行规定》、《旅行社经理资格认证管理规定》,以及《关于外国旅行社在中国设立旅游常驻机构的审批管理办法》等,对旅游服务管理中的不同方面的问题作出了规定,以进一步实施《旅行社管理条例》。

E. 建筑工程服务业

建筑工程服务是中国的优势服务部门。自1979年开始,中国的工程公司以劳务合作、包工发料、招标投标等方式对外承揽建筑工程项目,至今为止不仅在世界各地完成了为数可观的工程建设项目,显示了中国建筑工程服务的国际竞争力,而且也为中国赢得了巨额外汇收入。这些项目大多属于大型新建工程项目,包括机场、港口、发电站、医院、旅店等,许多项目规模大、内容复杂,并与技术服务有直接关系,既有商品买卖,也有技术转让,还有劳务输出,是一种综合性贸易活动。中国建筑工程服务出口的主要市场包括中东、亚太、非洲、欧洲等地区。

在中国建筑工程服务走向世界的同时,中国自身的建筑工程服务市场也逐步对外开放。自20世纪80年代初开始,日本大成株式会社总承包世界贷款的云南鲁布革水电站项目至今,已有美国、日本、法国、德国、芬兰、意大利、韩国、新加坡、马来西亚等十多个国家和地区的近千家建筑企业,到我国进行工程总承包或分包。仅上海一地就设有70多家外国建筑企业的办事处。世界最大的225家国际承包商中已有数十家以不同方式、不同规模进入中国,包括美国的柏克德、福陆丹尼尔,日本的大林组、清水、大成、竹中工务,英国的特法佳等。

中国在服务贸易开价承诺表中也列有建筑工程服务,目前已从允许外国建筑企业到中国承包工程发展到允许外国建筑企业来华设立中外合资或合作建筑企业,经营土木建筑工程、线路、管路、设备安装,工程建筑装饰、装修,工程的新建、扩建、改建等活动。具体而言,中国建筑工程服务领域对外开放的方式有:允许外国投资者在中国境内以合资或合作的形式设立工程承包公司、房地产开发公司、建设监理单位等;允许外国监理工程师对在中国境内建造的三资工程以及国外贷款工程进行监理;允许外国承包商及其他企业在中国派驻代表机构。

为了对进入中国的外国建筑企业实行必要的管理,使中国建筑工程服务市场的开放有序、健康地进行,中国有关部门已颁布了一些专门规定,包括建设部在1994年3月颁布的《在中国承包工程的外国企业的资质管理办法》及其实施细则,建设部和外经贸部于1995年联合发布的《关于设立外商投资建筑企业若干规定实施意见》等,对外商投资建筑企业的设立、资质等级核定以及承包工程的范围、资金等管理作出了一整套规定。根据上述规定,设立外商投资建筑企业须具备一定条件,具体包括:① 申请设立外商投资建筑企业的中方,必须是取得二级以上资质证书的建筑企业;外方必须是具有较高技术、管理水平,有良好信誉,并取得企业法人资格的建筑企业。② 一级建筑施工企业的注册资本不低于1 000万美元;二级建筑施工企业的注册资本不低于500万美元;三级建筑施工企业的注册资本不低于160万美元。一级建筑装饰装修企业的注册资本不低于200万美元;二级建筑装饰装修企业的注册资本不低于150万美元;三级建筑装饰装修企业的注册资本不低于60万美元。另外,还要求设立外商投资建筑企业能够引进或采用国际先进的建筑技术和设备,能够在工程建设和经营管理等方面培训中方职员。外商投资建筑企业设立的审定、审批,分别由建设部、外经贸部审批,目前暂不允许设立外商独资的建筑企业。此外,国务院在1995年9月发布的《注册建筑师条例》规定了注册建筑师的考试、注册与执业、权利与义务,以及法律责任等事项,其中指出外国人申请参加中国注册建筑师全国统一考试和注册,以及外国建筑师申请在中国境内从事注册建筑师业务,按照对等原则办理。

F. 律师服务业

律师服务业属于新兴的专业服务业。自1992年始,中国允许外国律师事务所经司法部批准在我国境内设立办事处,并向国家工商行政管理局申请登记。司法部与国家工商行政管理局联合发布了《关于外国律师事务所在中国境内设立办事处的暂行规定》,明确了外国律师事务所在中国可进行的业务范围等事项。到1996年6月底,中国已批准设立71家外国律师事务所办事处,开放的试点城市已有15个,包括北京、上海、深圳、广州、海口、苏州、天津、大连、青岛、宁波、烟台、厦门、珠海、福州、杭州等。仅上海就有20家外国律师事务所设有办事处。已批准设立的办事处期限为5年,经批准可以延长。它们可为顾客提供该国法律、国际协定和惯例的咨询,可代表外国顾客进行该外国法律、国际协定和惯例的咨询,可代表外国顾客在中国境内委托中国律师事务所从事法律活动,可代表中国顾客在该外国处理有关法律事务。但是,外国律师不能作为中国居民的代理人出现在中国的法庭上,不允许解释任何中国法律,外国律师不能在中国以个人身份从事法律服务,只可作为法律专家举办讲座或学术活动。

中国在引进外国律师事务所的同时,也注重中外律师的交流。自1986年中华全国律师协会成立以来,已接待30多个国家和地区的100多个律师组织,并与英国律师公会、英国大律师公会、日中法律家交流协会、泰国律师院、香港律师会、新加坡律师公会、加拿大律师协会、法国巴黎律师公会等签订了交流协议,以便互派律师团考察访问,共同举办研讨会、讲习班,以及为中国培养青年律师等。目前,全国已有150多家中国律师事务所与境外律师事务所建立了业务协作及交流关系,经常互派律师进行研讨学习。此外,我国也有律师事务所走出国门,到其他国家开拓业务。1993年7月,总部设在北京的君合律师事务所在纽约开设分所,是中国律师事务所在国外设立机构的首例。此后,黑龙江黑河律师事务所、深圳信达律师事务所、上海段和段律师事务所、北京经纬律师事务所、北京信利律师事务所、北京天达律师事务所等经司法部同意,分别到俄罗斯、美国、新加坡、日本申请设立分支机构,大部分已获所到国家的批准并进行营业。

G. 会计服务业

会计服务业也属于专业服务业。自1981年新中国第一家会计师事务所诞生以来,随着中国经济体制改革的深化,国有企业的改革,国外会计财务制度的引进,以及证券市场的发展,中国会计服务业得到了迅速发展。特别是B股市场的出现和境外融资业务的开发,要求中国企业的财务报表遵守国际准则,加速了中国会计服务业与国际的接轨。截至1996年年底,我国已拥有注册会计师5.8万多人,非执业会计师6.6万多人,会计师事务所达6 700家。

与此同时,中国会计服务市场也已逐步对外开放。中国目前允许年收入达到2 000万美元、人员在200名以上的外国会计师事务所在中国的发达地区设立办事处。现已有15个外国会计师事务所分别在北京、上海、福州、广州、深圳、沈阳、大连设立了35个办事处,它们从事的业务主要包括为外国客户来华投资和开展业务提供会计、税务方面的咨询服务,以及为国内有关单位提供关于外商资信、国际税务等方面的服务。此外,中国还允许外国会计师事务所以合资、合作形式从事审计业务。目前中国已批准9家外国会计师事务所分别在北京、上海和深圳成立了中外合作会计师事务所。虽然中外合作会计师事务所在我国还很有限,但由于这种事务所同时拥有中外籍注册会计师,其业务范围亦可相对扩大,因此,现仍有不少中、外会计师事务所提出成立合作会计师事务所的申请。中国还允许国际会计师事务所接受中国的会计师事务所正式成为浩华国际会计师事务所在中国的首家成员所。现中国已有4家会计师事务所成为国际会计公司的成员所。使用国际会计的名称,有利于提高中国会计师事务所的国际声誉和开拓国际业务。另外,中国注册会计师协会也已于1996年10月加入了亚太会计师联合会,在1997年5月被国际会计师联合会批准为其成员。中国已于1994年9月首次对外国公民开放注册会计师考试,允许外国公民在对等原则下参加我国的注册会计师考试,迄今已有12个国家和地区的近4 000人次报名参加了考试,有相当数量的会计人士通过,取得了中国注册会计师协会非执业会员资格,并将有一批境外人士取得中国执业注册会计师资格。

对于外国会计师事务所和会计专业人员进入我国会计服务市场,中国财政部已发布了有关规定,包括1996年1月4日发布的《外国会计师事务所常驻代表处管理办法》、《中外合作会计师事务所管理暂行办法》和1996年1月22日发布的《关于允许国际会计师事务所在中国发展多个成员所的通知》等。

H. 航空运输业

新中国成立以来,中国的航空工业和航空运输业历经艰苦创业,取得了令人鼓舞的成就,特别是改革开放以来,中国民航业进入了一个崭新的发展阶段,其发展速度既高于世界民航发展的平均水平,也高于中国国民经济和交通运输业的发展速度。随着中国经济和对外贸易的迅速增长,国际交往的不断加深,以及旅游事业的兴旺,国际、国内航空运输需求大增,民航航线网络日益扩大,在飞机购置、机场建设等方面也进行了很大投入。尽管我国民航业发展迅速,但由于起点低,基础差,建设资金不足,规模仍较小,且发展很不平衡,京、沪、穗等主要航线和通往旅游城市、开放城市的航线,运力不能满足需求。另外,机场配套设施普遍较差,计算机系统功能尚不健全。然而,中国民航运输市场潜力很大,前景十分广阔。

民航业是一个科学技术密集型的产业,如果不与世界民航市场接轨,将难取得较大发展。因此,我国虽未将航空运输列入初步承诺开价单,但实际上已走上对外开放的道路。1979年,中国新时期第一家中外合资企业——首都机场配餐公司成立,使往返北京的中外航班配餐达到国际标准。中国又先后在北京、广州、厦门等城市与外商合资兴建数家飞机维修公司,并向几十家国外航空维修企业颁发了维修许可证以承接中国民用飞机零部件的维修。中国还与国外签订了关于航空电子设备维修和培训的合同,由外方派教师前来中国提供培训服务。1997年5月,由中国航空器材进出口总公司和空中客车工业公司合作建立的我国第一家集培训和零部件支援为一体的多功能的飞机售后服务中心——华欧航空培训及支援中心在北京空港开发区揭幕。该中心配有计算机辅助教室、操作程序培训器、客舱服务员培训器等先进设备,为培训我国各类航空人员创造了良好的条件。

此外,中国还放宽了雇佣外籍驾驶员的规定。除了配餐业和航空维修业,中国还引进外资参与对航路的改造和新机场的修建,允许外商以合资、合作方式在我国境内投资建设民用机场(军民使用机场除外)、飞行区(包括跑道、滑行道、停机坪),但中方出资应在企业注册资本中占51％以上,董事长、总经理由中方人员担任。建设民用机场飞行区及候机楼(贵宾室的建设及管理除外)、货运仓库、地面服务、飞机维修、航空食品、宾馆、餐厅、航空油料等机场配套项目将予以优先考虑,其中候机楼建设项目,中方出资应在51％以上,董事长、总经理由中方人员担任。投资建设民用机场飞行区的外商投资企业经批准可适当扩展其经营范围。通用航空为限制外商投资项目,其中工业航空必须由国有资产占控股或主导地位,农、林业航空不允许外商经营。空中交通管制系统由国家投资和管理,不吸收外商投资或参与管理。另外,中国在航空客票销售代理、航空运输企业及通用航空方面均已允许外商投资。外国航空运输企业与中国航空运输企业以合资或合作方式设立的航空运输企业,外商在该企业的注册资本或实收资本中所占的比例不得超过35％,其代表在董事会的表决权不得超过25％,董事长、总经理均由中方人员担任。外商投资设立的航空运输企业,在各项税收方面与国内同类企业享受同等待遇。1995年11月,中国正式批准美国航空投资有限公司入股海南省航空公司,占其注册资本的25％,海南省航空公司由此成为中国第一家中外合资航空公司。另外,南方航空公司和东方航空公司将加快赴美上市的步伐。

中国航空业的立法近年来也逐步受到重视。1995年10月,中国颁布了第一部规范民用航空的基本法律《民用航空法》,内容包括民用航空器国籍、权利、适航管理、航空人员、民用机场、空中航行、公共航空运输企业、公共航空运输、通用航空、搜寻援救和事故调查、对地面第三人损害的赔偿责任、对外国民用航空器的特别规定、涉外关系的法律适用及法律责任等,其中对于旅客和货物托运人的利益保护、赔偿责任制度、延误的依法处理等事项,都直接借鉴了国际公约和国际通行做法,使该法规范与国际接轨,同时也有利于中国民航企业参与国际竞争。另外,1996年4月,国家发布的《中国民航旅客、行李国内运输规则》。还对航班的延误或取消的安排作出了规定,1996年7月,国务院发布的《民用航空安全保卫条例》对民用机场、民用航空营运的安全保卫、安全检查等作出了明确规定。

总之,近几年中国已在开放航空运输服务方面迈出不小的步伐,在航空运输有关的法规建设方面也有了较大进展。当然,中国航空业在经营管理水平、技术装备和基础设施方面同发达国家航空业有巨大差距,特别是发达国家航空业日益向联合和巨型化发展,会使中国航空运输业在对外开放过程中承受很大压力。但是机遇与挑战同在,只要做好积极准备,采取谨慎有序的开放策略,就一定能有效地推动中国航空运输业走向现代化和国际化。

I. 商业零售业

在中国向服务贸易谈判组递交的初步开价承诺单中虽然未列入商业服务业,但在实践中中国已部分对外资开放了商业零售业,商业批发目前尚属禁止项目。

1978年以前,中国商业零售市场被全民所有制商业所垄断。改革开放以来,特别是1992年邓小平同志南方谈话后,商业改革步伐大大加快,目前已初步形成以国有商业为主导、多种经济成分商业并存和共同发展的新体系,除粮食、棉花等少数品种尚未放开,其他商品均已放开了市场和价格,社会商品零售总额和社会商业网点迅速增长。

商业零售业的对外开放始于1992年,国务院同意北京、上海、天津、大连、青岛、广州6个城市和5个经济特区试办中外合资或合作经营的商业零售企业。目前在这些地区已成立了不少外商投资零售商店,如上海第一八佰伴有限公司、北京燕莎友谊商场、天津华信商厦有限公司、深圳沃尔玛购物广场等大型商业零售中心。迄今中国已正式批准的零售业合资合作项目有16个,另外还有其他方式的外商投资商业零售企业。一种是各地政府批准的没有进出口权的外商投资零售企业,如马来西亚金狮集团和日本伊势丹集团在各地兴办的零售企业等,目前这种方式的外资零售企业已达到40～50家;另一种是一些生产型外商投资企业通过在中国再投资,与国内企业联营举办的零售企业,如香港协和集团在北京、上海、沈阳、成都、西安、厦门等地开办的商场属此情形。此外,还有许多国际大型连锁超市把目光瞄准中国,希望来华兴办连锁商店和配送中心。我国目前已批准两家中外合资连锁商业企业试点,尚不准备扩大试点。

外商投资的商业零售企业不仅带来了国外雄厚的资金和花色繁多、质量优良的商品,也带来了发达的促销导购策略、现代化的销售手段(如自动售货机、电子订货系统等)、先进的管理营销方式和组织形式(如大型超市、物流配送中心等),对中国零售商业提高经营档次、改进设施和改善购物环境、繁荣商业市场不无裨益。与之相比,中国自身的商业零售企业中多数在技术设施和购物环境上不能满足市场需要,销售手段单一,经营规模小,组织化程度低,如果全面开放零售业,国外大公司无疑将给我国零售商业带来争夺市场的巨大压力,使我国零售商业的发展面临障碍,而且零售商业又是高投资低回报率的行业,因此中国当前对商业零售业的开放是有限制的。外商投资成立商业零售企业属于特殊审批项目,应先报国务院批准。《国务院关于商业零售领域利用外资问题的批复》规定,投资方式只可合资合作,不允许外商独资经营。凡批准设立的中外合资零售企业都拥有一定的进出口经营权,进口商品限于本企业零售的百货商品,总量不超过当年销售总额的30%。有关连锁商店的管理条例规定,在合资连锁商店的投资比例上,中方须控股,经营年限不超过30年。总之,外商投资举办商业零售业项目仍处于试点阶段,还有待于进一步探索和发展。

通过以上对于若干关键服务行业基本情况的介绍,我们可以大致了解到中国服务业的对外开放与立法现状。有关部门急需要做的,则是如何更好地总结经验,开拓未来,使中国的服务贸易政策与管理体制迈上一个新的台阶。

本章思考题

1. 简述中国目前服务贸易管理体制滞后的具体表现。
2. 你认为应该怎样建立和完善中国的服务贸易管理体制?
3. 简述中国开放服务市场的重要意义及其潜在问题。
4. 中国的服务贸易立法目前还存在哪些不足?应怎样加以改进?
5. 简述中国的服务贸易立法应该遵循的基本原则。
6. 简述外资金融机构在中国开业所须符合的条件。并请简要谈谈我国政府设立这些市场准入条件的目的。

7. 在参与世界航运市场竞争时,中国海运业还面临哪些问题?
8. 简述中国会计服务行业的市场对外开放状况。
9. 你认为中国目前具备较强或较弱国际竞争力的服务行业分别有哪些?并给出理由。

11 国际服务贸易的发展趋势与产业概述

产业是源，贸易是流，源远才能流长。正是服务业的大发展，推动着服务贸易的快速增长。服务贸易的行业部门复杂多样，千差万别，探究各关键行业部门的具体情况，意味着不但要"见森林"，还要"见树木"，只有这样才能完整地把握服务贸易及其产业基础。当然，对各行业部门的具体研究，是技术类、管理类其他课程的任务。本章在对国际服务贸易的发展趋势和特征作总体概述的基础上，分别对发达国家、发展中国家和中国服务贸易的产业状况做出概述，并简要指出国际服务贸易发展的动因及前景。

11.1 国际服务贸易的发展趋势和特征

伴随着世界产业结构升级和国际产业转移，服务贸易作为服务经济发展的标志之一，已经成为国际贸易和投资中越来越重要的组成部分。近些年来，国际服务贸易呈现以下新的发展趋势和特征：国际服务贸易持续快速增长；国际服务贸易结构加速调整升级；国际服务贸易的区域性不平衡继续存在；全球服务外包迅猛发展；通过商业存在实现的服务贸易规模日益扩大；跨国并购业务向服务业集中的趋势不断增强。

11.1.1 国际服务贸易持续快速增长

自20世纪80年代以来，国际服务贸易进入快速发展时期。1980～2006年，全球服务贸易总额从7 674亿美元扩大到53 304亿美元，期间增长了6.9倍。服务贸易总额占全球贸易总额的份额从1980年的15.7%上升至2006年的17.9%。特别是2003年以来，全球服务贸易加速增长，服务出口与进口均保持了两位数的年均增长率（见表11-1）。世界服务贸易之所以有这样的表现，原因主要包括以下几方面:信息技术革命降低了信息传递、获取和处理成本,也使一些原本不能转移或贸易的服务产品有了转移或贸易的条件;密集和通畅的网络连接打破了贸易的空间限制,推动了远程办公、远程服务等业务方式;在世界贸易组织制度框架及多边贸易体制下,各国在服务领域的开放度不断提高,服务贸易壁垒逐步降低,使跨境经济活动的制度交易成本大大降低。

表 11-1

国际服务贸易发展情况

年份 项目	金额(亿美元)			年 增 长 率 (%)						
	1980	2000	2006	2000~2006	2000	2001	2002	2003	2004	2005	2006
服务出口	3 650	14 928	27 108	10	6.2	0.35	7.3	14.6	20	10.9	10.6
服务进口	4 024	14 766	26 196	9.6	6.5	1.2	5.9	14	18.9	10.6	10.3

资料来源:WTO International Trade Statistics Database(2001,2002,2003,2004,2005),p. 3;World Trade Report 2006,p. 7,1980 年和 2006 年数据来自 WTO International Trade Statistics Database。

未来几年中,伴随着世界产业结构的调整与升级,国际产业转移的重心将继续向服务业调整,服务业国际投资日益扩大,离岸服务外包不断兴起。可以预计,国际服务贸易将持续保持快速增长的态势。

11.1.2 国际服务贸易结构加速调整升级

自 20 世纪 80 年代以来,由于新兴服务行业的不断兴起,服务贸易的交易内容日趋扩大,服务品种不断增加,服务贸易结构发生了很大变化,逐渐由传统的以自然资源或劳动密集型为基础的服务贸易,转向以知识、技术密集型或资本密集型为基础的现代服务贸易。在全球服务贸易出口构成中,1980 年,国际运输服务贸易占 36.8%,国际旅游服务贸易占 28.4%,其他服务贸易(这里的其他服务包括九个部门:通信,建筑,计算机和信息,保险,金融,版税和许可证费用,其他商业服务,个人、文化和休闲服务,政府服务。下同)占 34.8%。2006 年,国际运输服务贸易比重下降到 23.1%,国际旅游服务贸易的比重下降到 27.2%,其他服务贸易的比重则上升至 49.7%。在全球服务贸易进口构成中,1980 年,国际运输服务贸易占 41.7%,国际旅游服务贸易占 26.9%,其他服务贸易占 31.4%。2006 年,国际运输服务贸易比重下降到 28.5%,国际旅游服务贸易的比重下降到26.4%,其他服务贸易的比重则上升至45.1%(见表11-2)。从图11-1和图11-2中①,我们可以更清楚地看到这一变化趋势。在这些资本密集型、技术密集型或知识密集型的服务贸易中,发达国家仍然是绝对的主体,在金融、保险、专利许可、计算机和信息服务贸易方面发展迅速。发展中国家发展较快的服务贸易则为旅游、建筑工程承包、劳务输出、海上运输等。

可以预计,随着服务创新活动的日益活跃,服务产品、服务种类、服务方式等将有大幅度增加,未来服务贸易结构将继续向知识、技术密集化方向发展。

表11-2

全球(商务)服务贸易部门构成

年份 项目	出口额 (亿美元) 2006	比重(%) 1980	比重(%) 2006	进口额 (亿美元) 2006	比重(%) 1980	比重(%) 2006
全球服务贸易总额	27 108	100	100	26 196	100	100
其中:运输服务	6 259	36.8	23.1	7 463	41.7	28.5
旅游服务	7 371	28.4	27.2	6 921	26.9	26.4
其他服务	13 477	34.8	49.7	11 811	31.4	45.1

资料来源:WTO International Trade Statistics Database。

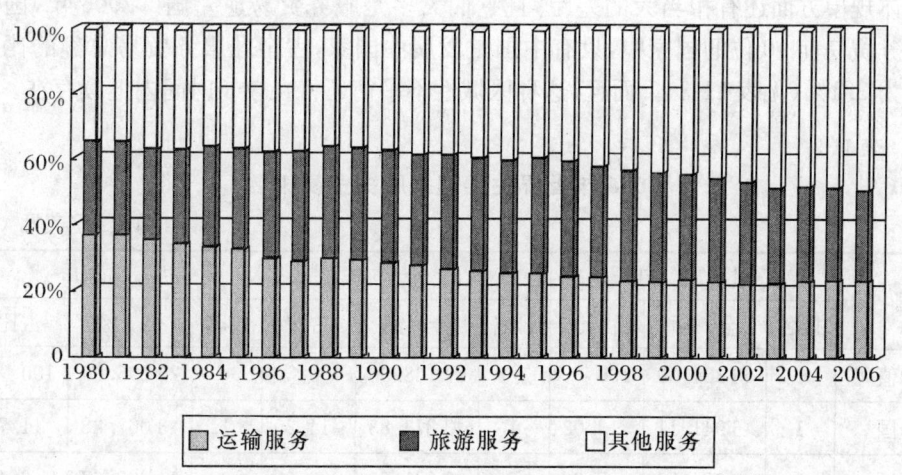

图11-1 1980~2006年全球服务贸易出口结构变化

---

① 根据 WTO International Trade Statistics Database 数据计算。

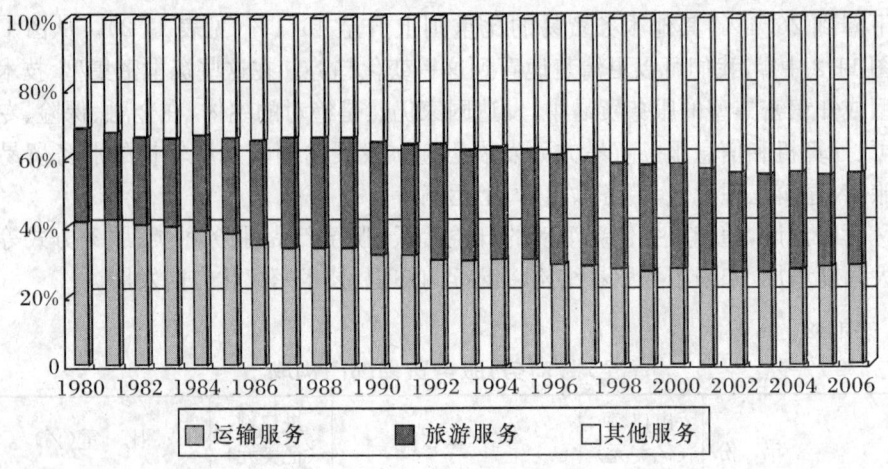

图 11-2　1980～2006 年全球服务贸易进口结构变化

11.1.3　国际服务贸易的区域性不平衡继续存在

由于发展阶段和发展水平的不同,各国在服务贸易规模和竞争力方面差异悬殊。发达国家仍占国际服务贸易的绝对主导地位,占全球服务进出口总额的 3/4 以上,其中,美、英、德三国就占了全球服务贸易总额的近 30%。近年来,虽然发展中国家和地区在国际服务贸易中的地位趋于上升,但与发达国家相比,在服务贸易整体规模方面还有相当大的差距,且它们大多是服务贸易逆差国。2006 年,国际服务贸易前 10 位的国家中,只有中国是发展中国家,占全球服务贸易总额的比重仅为 3.1%(见表 11-3)。而且,这种区域性不平衡还将在较长时间内继续存在。

表 11-3

2006 年世界主要国家服务贸易排名

单位:亿美元

国家	进出口			出口			进口		
	排名	金额	占比	排名	金额	占比	排名	金额	占比
总值	—	53 304.00	100	—	27 108.00	100	—	26 196.00	100
美国	1	6 941.11	13.02	1	3 873.83	14.29	1	3 067.28	11.71
英国	2	3 924.70	7.36	2	2 231.03	8.23	3	1 693.67	6.47
德国	3	3 787.34	7.11	3	1 642.35	6.01	2	2 144.99	8.19
日本	4	2 641.70	4.96		1 213.95	4.48	4	1 427.75	5.45

(续表)

国家	进出口			出口			进口		
	排名	金额	占比	排名	金额	占比	排名	金额	占比
法国	5	2 203.68	4.13	5	1 123.53	4.14	5	1 080.15	4.12
意大利	6	2 013.92	3.78	6	1 004.76	3.71	6	1 009.16	3.85
西班牙	7	1 768.41	3.32	7	1 002.63	3.70	10	765.78	2.92
中国	8	1 650.00	3.10	8	870.00	3.21	7	780.00	2.98
荷兰	9	1 595.02	2.99	9	816.90	3.01	8	778.12	2.97
爱尔兰	10	1 437.40	2.70	11	664.52	2.45	9	772.88	2.95
印度	11	1 423.32	2.67	10	728.00	2.69	11	695.32	2.65

资料来源：WTO International Trade Statistics Database，中国数据系估算，来自中华人民共和国商务部网站。

11.1.4 全球服务外包迅猛发展

20世纪90年代之后，随着经济一体化、专业分工的日益细化，以及市场竞争程度的不断提高，促使越来越多的企业纷纷将非核心服务活动外包给其他企业，以降低成本、优化产业链、提升企业核心竞争力。作为一种新的国际商务模式，全球服务外包进入快速发展时期，已成为国际服务产业转移的重要形式，以及一些国家扩大服务贸易出口的重要途径。

据分析机构Gartner公司预测，世界服务外包市场将以年均8.2%的速度增长，2003年世界服务外包额为2 201亿美元，2007年将达到3 063亿美元。2002年仅有1%的美国公司愿意将部分业务外包给其他国家的公司，但到了2004年，愿意选择离岸外包的公司已经增加到50%以上。欧洲500强中也有近一半的公司计划在近年将更多的服务业务外包到海外。当前，全球扩张最快的国际服务外包领域是：电脑信息、人力资源管理、媒体公关管理、客户服务和市场营销。从行业角度来说，软件与信息服务业和金融业是国际外包最集中、表现最突出的行业。据估计，目前全球有80%的跨国企业使用信息技术外包的方式来节省经费。金融研究和服务公司Tower Group的调查表明，从20世纪80年代以来，发达国家出现了新一轮金融服务外包浪潮。全球最大的15家金融服务企业将扩大信息技术项目的外包业务，金额也将从2004年的16亿美元上升到2008年的38.9亿美元，平均年增长率为34%。据预测，在未来5年里，美国金融业价值3 560

亿美元、占整个行业成本15%的业务将被离岸外包。从国际服务外包的主体来看，发包方主要是美国、欧洲、日本的跨国公司和国际机构，其中，美国约占2/3，欧盟和日本占近1/3。大公司是外包活动的主角，也有不少中小企业产生了外包的意向。早年服务外包的承接方大多为美国、欧洲和日本境内的第三方服务机构。近些年来，由于成本优势和日益提高的服务质量，发展中国家逐渐成为国际服务外包的主要承接地。其中，亚洲的承接国家最多，约占45%，印度是亚洲最主要的承接国，其次是中国和东盟；美国输出外包的主要承接地是印度和菲律宾；欧洲的主要承接地为爱尔兰、以色列和捷克等国家；拉美的主要承接地是巴西。目前，俄罗斯、南非、加纳、尼日利亚、肯尼亚、越南、柬埔寨等国家也相继加入了承接国际服务外包的竞争行列。

尽管服务外包发展迅速，但还远未进入成熟的发展阶段，目前国际外包业务只占全部业务流程的1%~2%，世界最大的1000家公司中，约有2/3的企业尚未向其他国家外包任何商务业务，而且，多数服务外包仅仅处于国际产业重组的起始阶段，还有相当大的发展空间。未来几年中，国际服务外包无论在规模，还是在广度，均会有很大的突破。

11.1.5 通过商业存在实现的服务贸易规模日益扩大

在跨国公司新一轮产业调整中，资本向服务业转移的趋势越来越明显。20世纪90年代以来，FDI总额的一半以上流向了服务业。根据联合国贸易与发展会议发布的《2006年世界投资报告》，2004~2005年，外国直接投资多数仍流入服务业，尤其是金融、通信、房地产业等，流入制造业的份额进一步下降。1990年，服务业外国直接投资流入存量占全世界外国直接投资流入存量的49.27%，流出存量占46.59%，到2004年，服务业FDI流入存量上升到62.83%，流出存量上升至68.73%（见表11-4）。截至2005年年底，服务业在全球FDI总存量中占60%。再从国际直接投资流量来看，1990年，服务业对外直接投资流入量超过第一、第二产业的总和，比重达到50.1%；2005年服务业对外直接投资流入量占世界对外直接投资总流量比重进一步上升，约为70%。

FDI加速向服务业转移，使得通过商业存在实现的服务贸易规模日益扩大。据世界贸易组织估计，目前通过商业存在实现的服务贸易大约是跨境提供的1.5倍。同时，越来越多的服务离岸外包也带动了服务业跨国投资的发展，服务业转移由制造业追随型加速向服务业自主扩张型转变，众多跨国公司开始在全球范围内建立服务供应网络。美国《财富》杂志2006年评选的世界500强中，以服务业为主的跨国公司占到五成左右，营业收入也占近一半。

表 11-4

外国直接投资存量产业分布

单位：%

部门/产业	1990年			2004年		
	发达国家	发展中国家	世界	发达国家	发展中国家	世界
A. 外国直接投资流入存量	100	100	100	100	100	100
初级部门	9.68	7.42	9.26	3.67	7.62	4.7
制造业	40.65	45.16	41.47	32.97	30.84	32.47
服务业	49.67	47.42	49.27	63.36	61.54	62.83
B. 外国直接投资流出存量	100	100	100	100	100	100
初级部门	9.03	1.87	8.81	4.67	1.31	4.39
制造业	44.33	53.19	44.59	28.05	14.04	26.88
服务业	46.64	44.94	46.59	67.28	84.64	68.73

资料来源：根据 UNCTAD, World Investment Report 2006, pp.266~267 数据计算。

11.1.6 跨国并购业务向服务业集中的趋势不断增强

20世纪80年代末以来，全球跨国并购业务由传统制造业向服务业集中的趋势也不断增强。以全球服务业跨国并购出售额为例，1987年全球服务业并购出售额为213.21亿美元，占全球并购额的比重为28.6%，1990年为46.4%，1995年为50.2%。2000年服务业并购出售额达到8 423.42亿美元，占全球并购额的比重为73.6%。2001~2003年全球服务业并购出售额及占比下降，2004年并购金额有所回升，服务业并购出售额占全球并购额的比重为62.7%[1]。2005年发生在初级部门的跨国并购显著增加，占比达16%，接近1987年的历史最高点，但服务业仍然是跨国并购最主要的领域，并购出售额为3 939.66亿美元，占全球并购额的比重为55%[2]（见图11-3）。

2000年2月15日，服务贸易理事会特别会议正式启动了服务贸易新一轮谈判。2001年年底，多哈新一轮谈判启动，服务贸易谈判并入了"多哈发展议程"谈判。但由于多哈谈判于2006年7月27日被无限期中止，服务贸易谈判，包括

---

[1] UNCTAD Statistical databases on-line, http://stats.unctad.org/fdi/.
[2] UNCTAD World Investment Report 2006, p.7, p.15.

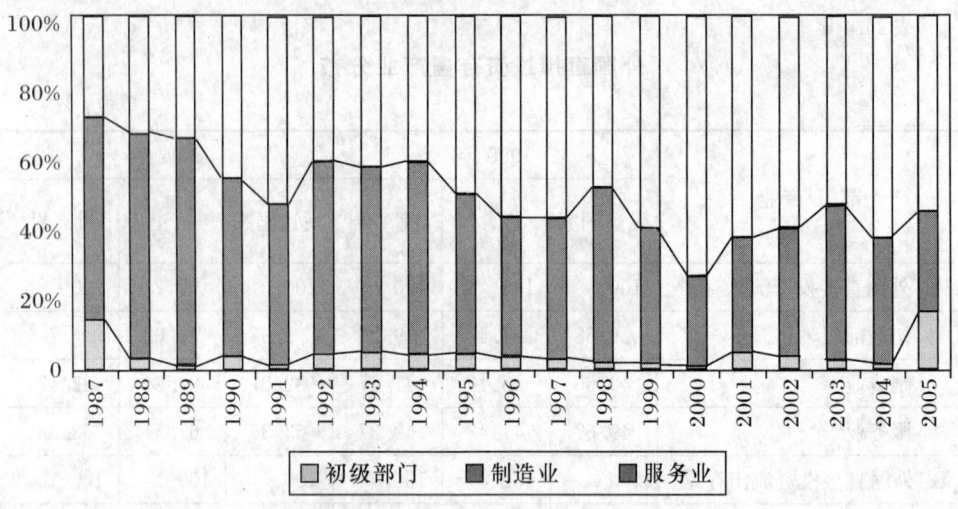

图 11-3　跨国并购(出售额)的部门分布

市场准入和规则谈判也全部停顿,这对世界服务贸易发展会产生一定影响。但是,总体向上的发展趋势将继续保持,国际服务贸易在各国经济中的地位还将不断上升。

11.2　发达国家服务贸易的产业概述

迄今为止,西方发达国家在世界服务贸易中仍处于支配地位。1996 年,在全球近 200 个国家和地区中,在服务贸易排名中位居前 25 名的国家(地区)的服务贸易额高达总额的 80%。2005 年服务贸易出口排名前 25 名的国家(地区)占世界服务贸易出口总额的 81.2%;服务贸易进口排名前 25 名的国家(地区)占世界服务贸易进口总额的 78.8%,这 25 个国家(地区)主要是发达国家(地区)。

1994 年,世界服务贸易排在前 10 位的国家(地区)有 9 个是发达国家(地区),仅有中国香港地区跻身第 10 位。排在前 9 位的发达国家服务出口占 1994 年世界服务出口的 60%。其中,排在第 1 位的美国占 17%,欧盟合计占 45.7%。直到目前,这一格局基本未变。2005 年,世界服务贸易出口排在前 10 位的国家(地区)有 8 个是发达国家(地区),中国跻身第 9 位,中国香港第 10 位。8 个发达国家(地区)的服务贸易出口额占世界服务贸易出口总额的 48.9%;服务贸易进口前 10 位的国家(地区)有 9 个是发达国家(地区),仅有中国跻身第 7 位。9 个发达国家(地区)的服务贸易进口额占世界服务贸易进口总额的 49.8%。强有力的贸易地位建基于发达的产业。服务业在发达国家经济中具有极其重要的地位。从整体来看,发达国家具有巨额的服务贸易顺差,早在1980年,顺差就已达285亿美元。在海外投资、保险、银行业务、租赁、工程咨询、专利与许可证贸易方面,西方发达国家的出口是最为成功的。事实上,多数发达国家,如美国、英国、法国、意大利、西班牙等,长期以来都是服务贸易的净出口国。可以预料,今后随着西方发达国家继续由工业经济向服务业经济过渡,对外服务贸易对其国民经济的发展将具有更大的意义。

在科学技术方面长期领先并拥有高度发达的服务业的美国,在服务贸易中始终独占鳌头。20世纪80年代后,美国的服务贸易,特别是服务出口更是如日中天,规模和顺差急剧扩大。1981年以来,美国的服务贸易出口占世界服务出口份额始终保持在15%左右。美国的服务贸易出口在其整个外贸出口中具有举足轻重的作用。近年来服务出口约占其全部出口总值的近1/3。从2005年数据看,旅游、运输、版税和特许费、其他商务服务是美国服务出口创汇的主要部门。见表11-5、图11-4。

表11-5

美国经常项目下的服务进出口结构变化(1991~2005年)

		1991年		1995年		2000年		2005年	
		绝对额(百万美元)	相对比重(%)	绝对额(百万美元)	相对比重(%)	绝对额(百万美元)	相对比重(%)	绝对额(百万美元)	相对比重(%)
出口	整体服务贸易	162 594	100.00	217 316.4	100.00	295 968.1	100.00	376 786.5	100.00
	运输	38 484	23.67	44 990	20.70	50 490	17.06	63 175	16.77
	旅游	56 615.5	34.82	74 829.2	34.43	97 943.3	33.09	102 014.6	27.07
	通信服务	3 484	2.14	3 537	1.63	4 128	1.39	5 033.1	1.34
	建筑服务	1 478	0.91	2 550	1.17	673	0.23	423	0.11
	保险服务	491	0.30	1 249.4	0.57	3 631	1.23	6 831.3	1.81
	金融服务	5 012	3.08	7 029	3.23	19 826	6.70	34 081	9.05
	计算机和信息服务	2 180	1.34	2 418	1.11	6 822	2.30	8 239	2.19
	版税和特许费	17 819	10.96	30 289	13.94	43 233	14.61	57 410	15.24
	其他商务服务	20 159.5	12.40	26 716.8	12.29	42 624.3	14.40	66 237.1	17.58
	个人、文化和娱乐服务	2 033	1.25	4 855	2.23	8 719	2.95	10 575	2.81
	别处未提及的政府服务	14 838	9.13	18 853	8.68	17 878.5	6.04	22 767.4	6.04

(续表)

		1991年		1995年		2000年		2005年	
		绝对额(百万美元)	相对比重(%)	绝对额(百万美元)	相对比重(%)	绝对额(百万美元)	相对比重(%)	绝对额(百万美元)	相对比重(%)
出口	整体服务贸易	118 041	100.00	141 400.6	100.00	223 740.1	100.00	314 578.6	100.00
	运输	34 987	29.64	41 697	29.49	65 699	29.36	88 173	28.03
	旅游	36 141	30.62	46 378.6	32.80	67 199	30.03	73 761	23.45
	通信服务	7 014	5.94	7 787	5.51	5 926.1	2.65	5 291.7	1.68
	建筑服务	315	0.27	345	0.24	184	0.08	253	0.08
	保险服务	2 467	2.09	5 125.6	3.62	11 283.6	5.04	28 483.7	9.05
	金融服务	2 669	2.26	2 472	1.75	12 040	5.38	12 349	3.93
	计算机和信息服务	167	0.14	286	0.20	4 435	1.98	8 969	2.85
	版税和特许费	4 035	3.42	6 919	4.89	16 468	7.36	24 501	7.79
	其他商务服务	12 004	10.17	17 890.4	12.65	24 424.5	10.92	38 309.9	12.18
	个人、文化和娱乐服务	123	0.10	316	0.22	222	0.10	1 080	0.34
	别处未提及的政府服务	18 119	15.35	12 184	8.62	15 858.9	7.09	33 407.3	10.62

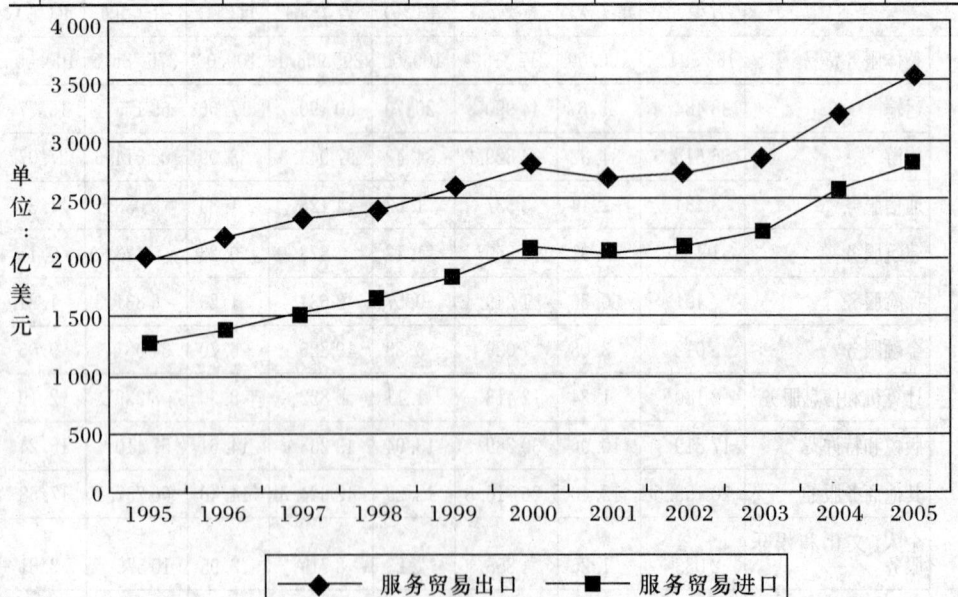

图11-4 美国服务贸易进出口情况(1995～2005年)

仅以国际旅游收入为例。1984年,美国旅游创汇114亿美元,这还不包括当年美国25亿美元的国际客运收入。同年,美国从日本、德国、法国、西班牙、瑞士和瑞典等国的旅游者身上获得的外汇等于向上述国家的公司出口制成品的全部收入。第二世界大战后,美国每年都能从服务贸易中取得大量盈余。不言而喻,长期以来巨额的服务贸易盈余,不仅在较大程度上抵消了商品贸易的巨额赤字,改善和加强了国际收支地位,而且为国内劳动力市场创造了大量的就业机会,从而有力地支撑着美国经济的增长和对外经济关系的发展。由于20世纪80年代以来,美国国内储蓄与投资不足(如1980、1985、1990年和1994年美国国内投资总额占GDP比重分别为20%、19%、16%和16%,国内储蓄总额占GDP比重分别为19%、16%、15%和15%,均低于其他发达国家)、美元坚挺、劳动生产率增长相对缓慢等原因,美国商品的国际竞争力日趋下降,从而导致商品贸易连年出现逆差,且逆差数额急剧扩大。1989年逆差为280.23亿美元,1995年增至1 734.24亿美元,扩大了5.19倍;此一时期累计逆差高达16 644.75亿美元,同期服务贸易顺差累计为4 051.45亿美元,抵消了商品贸易逆差的24.34%,其中1995年服务贸易顺差则抵消了该年商品贸易赤字的39.42%。1993~1995年,美国对欧盟服务贸易盈余几乎将双边商品贸易逆差全部抵消,对日服务贸易盈余也将双边商品贸易逆差分别抵消了22.92%、22.32%和28.17%。大量服务贸易顺差的存在,在一定程度上改善了美国的国际收支状况。

美国服务出口的扩大促进了国内服务业的发展,国内服务业的发展反过来又进一步促进了服务出口的扩大,两者之间形成了良性的互动关系;两者的结合又大大促进了美国的经济增长。如果说20世纪80年代以前,美国商品出口是促进其经济增长的重要引擎的话,那么80年代以后随着美国经济服务化的进一步发展和服务出口规模、顺差数额的不断扩大,服务出口则成了带动其经济增长的一个重要发动机。1980~1990年间美国GDP年均增长率为3%,高于除加拿大、日本外的其他西方主要发达国家;1990~1994年GDP年均增长率为2.5%,在西方主要发达国家中高居榜首。这主要是因为,美国服务业增长较快,1980~1990年服务业增长率为3.1%,1992年增长幅度达3.2%,与制造业的增长已并驾齐驱,从而对经济作出了较大贡献。比如,1987年美国GDP比上年增长3%,其中服务业对GDP增长的贡献达1.9%,占63.3%。虽然美国服务出口占服务业产值的比重不大,但由于出口的乘数效应,服务出口对美国经济增长的推动作用实际上是不小的。

根据1991年的统计,美国的服务业主要包括24个部门,这些部门在美国服务出口中起着举足轻重的作用,详情如图11-5所示。

美国服务贸易特别是服务出口取得如此巨大的成功,原因是多方面的:既得益于美国自身在知识、技术和资本密集型服务行业创造和积累的比较优势,又得益于经济国际化、全球化的蓬勃发展和以信息技术为代表的新技术革命的发展这一机

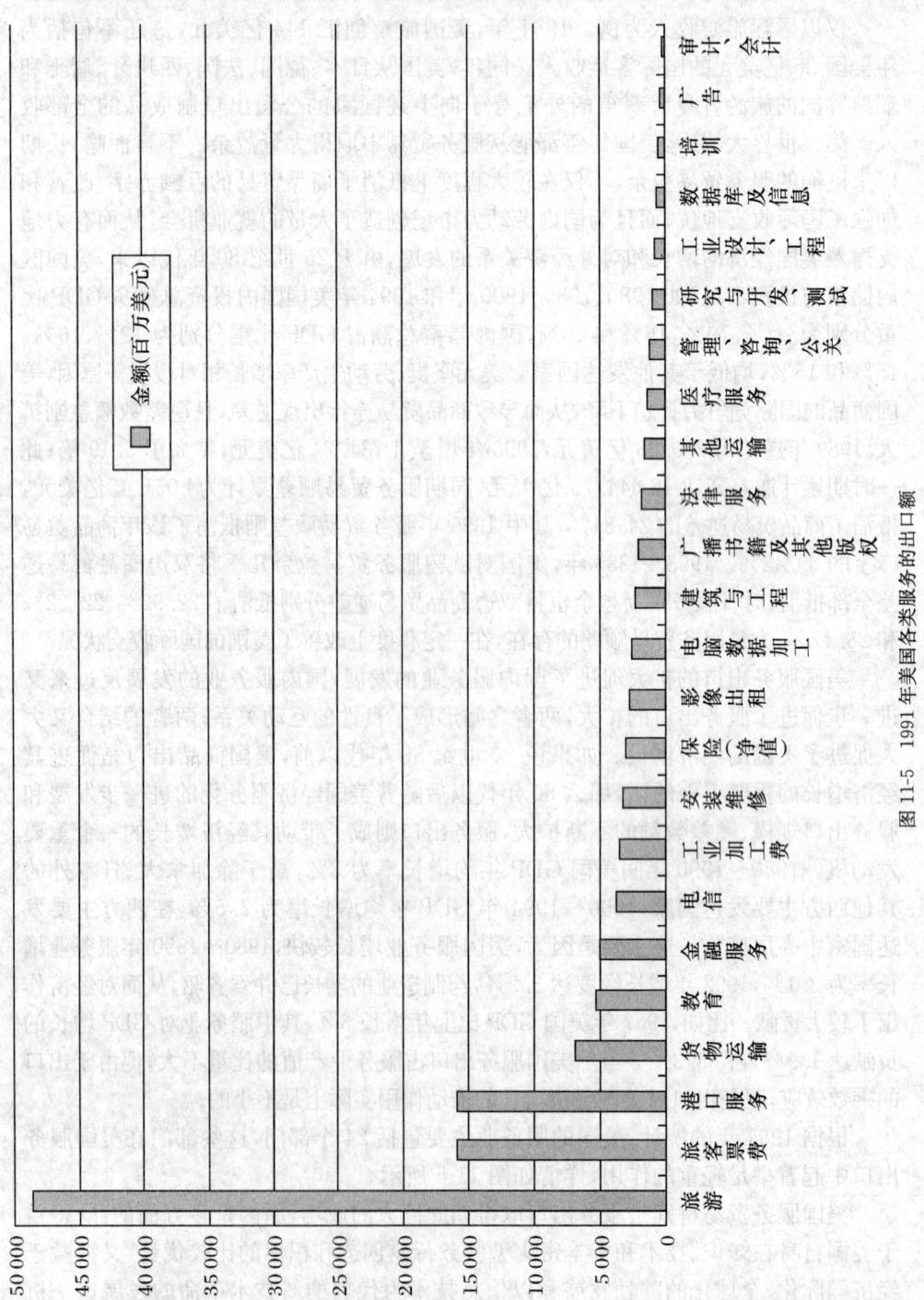

图 11-5 1991年美国各类服务的出口额

遇；既应归功于美国企业的市场扩张努力，又与美国政府政策的推动和"护航"分不开。可以预料，今后美国服务出口的发展将有一个良好的前景，出口规模和顺差将会继续扩大。这主要是因为，首先，美国具有服务贸易比较优势，有很强的国际竞争力。美国每年 R&D 费用一直占 GDP 的 2% 强，教育支出占 GDP 的比例（1991年为 7%）高于所有其他发达国家，科技力量和高等教育水平居世界之首，信息技术和信息网络处于领先地位，国内市场规模庞大，自由竞争度很高。这些都意味着美国在服务贸易领域具有明显的竞争优势。其次，美国服务出口有很大的增长空间。1995 年，美国服务业产值占其 GDP 的 51.65%，该年服务出口（含军事销售合同下的转移和政府杂项收入）为 2 105.9 亿美元，占其产值（即出口强度）的 5.62%，占 GDP 的 2.90%；商品产值占 GDP 的 36.76%，该年商品（不含军备）出口为 5 759.41 亿美元，出口强度达 22.2%，占 GDP 的 7.49%。假定 1995 年的服务出口达到其产值 10%，出口额即高达 3 746.5 亿美元。另外，据统计，美国人均服务消费比西方其他 6 大经济强国高出 40%。如果今后 5 年这些国家的人均服务消费升至美国的水平，那么，只要其服务进口的一半来自美国，美国服务出口每年就可高达 5 500 亿美元，这还未包括对其他地区的出口。若按 1995 年服务贸易顺差占服务出口的比例 32.46% 计算，5 年之后的年服务贸易顺差将达到 1 785.4 亿美元，远远大于 1995 年 683.6 亿美元的规模。由此可见，美国服务出口具有巨大潜力。再次，GATS 的签订和实施，为美国迎来了服务贸易逐步自由化的良好国际经济环境。据伦敦经济学院和世界贸易组织的研究，在"乌拉圭回合"服务贸易谈判覆盖的 149 种服务活动中，参与方的市场准入承诺程度如下：发达国家为 64%，经济转轨国家为 52%，发展中国家为 16%；如果将不属于最后承诺范围的视听、邮政、基础电信、运输几类服务排除在外，承诺程度则分别升为 82%、66% 和 19%；在美国比较优势显著的职业服务、计算机和相关服务、线上信息和数据库服务、金融服务等领域，参与方总体承诺水平在 50% 以上。在美国同样具有较大比较优势的研究与开发、租赁、市场研究、广告、管理咨询、电子邮件和电子数据交换、分销、工程设计、环保服务等领域，作为美国服务出口主要市场的欧盟、加拿大、日本等发达国家几乎全部承诺对外开放；即使是 77 个发展中国家参与方，也分别有 1/2、1/3 和 1/4 的国家和地区承诺开放保险市场、银行和其他金融服务市场，以及计算机和相关服务市场。所有这些对美国今后服务出口来说，无疑是一个极为有利的条件。另外，2005 年建立美洲自由贸易区谈判的完成（1994 年 12 月，美洲 34 国迈阿密首脑会议决定），亚太经济合作组织成员国于 2010～2020 年前实现贸易、投资自由化（1994 年 11 月《茂物宣言》），也将作为重要成员的美国的服务出口提供一个巨大的区域性市场。最后，美国政府利用政治力量，推行"服务优先"的出口发展战略，将为其服务出口提供有力的保障和动力。早在 20 世纪 70 年代，美国政界和经济界就已认识到,美国国际贸易的比较优势已从商品领域转向服务领域,扩展服务出口对美国实现经济增长和增加就业的宏观经济目标极为重要。而当时,其服务出口面临外国设置的重重壁垒,于是,政府开始了旨在促使外国打开服务市场的一系列努力。1974年,美国国会通过的《贸易法》首次提出,国际贸易既包括商品贸易,又包括服务贸易。该法案第301条款授权总统对阻碍美国商务扩张的外国进行报复。参议院金融委员会还特意指出,"商务"一词包含与商品贸易有关的服务。1973～1979年,在美国推动下进行的"东京回合"多边贸易谈判达成的重要成果之———政府采购、标准和补贴三个规范,初步涉及了用于商品贸易的运输、保险、检验等服务的自由化问题。鉴于70年代美国新增加的2 000万个就业机会中有85%在服务业,因此服务业已成为美国的主导和有国际竞争力的产业,服务贸易盈余在一定程度上抵消了商品贸易逆差等事实,里根上台后将服务贸易置于优先地位,成立了服务咨询委员会来协调政府和产业界在服务贸易问题上的立场。1984年,美国国会通过的《贸易与关税法》和1988年通过的《综合贸易和竞争法》都明确授权总统就服务贸易、投资和知识产权进行谈判,并对不向美国让步的国家和地区进行报复,以迫使其开放服务市场。在尚未建立起服务贸易国际规则框架的情况下,美国力图通过双边谈判解决服务市场准入和不公平竞争问题。比如,1975～1988年,美国曾11次援引《1974年贸易法》第301条款处理服务贸易争端,涉及空运、海运、广告、广播、电影发行、建筑和工程、保险等部门。美国通过双边主义、区域主义策略的运用,凭借政治经济实力施压,各个击破。如迫使日本、韩国等国开放保险市场、建筑市场,迫使东南亚国家开放航空市场,迫使发展中国家开放潜力巨大的保险、电信、金融、专业服务等市场。积极与加拿大、墨西哥进行自由贸易谈判,先后签订了美加自由贸易协定、北美自由贸易协定,将实现集团内服务的自由流动作为重要内容,产生了服务贸易创造的良好效应。如1989年1月1日,美加自由贸易协定生效前的1986年和1987年两年,美国对加拿大的私人服务出口分别只有66.58亿美元、77.45亿美元,占当年美国私人服务出口总额的8.67%和8.93%。该协定生效后,美国在服务贸易方面的明显竞争优势得到发挥,特别是计算机和基于通信网络的信息服务、金融服务、旅游服务等最具活力的领域受益显著。如1989～1991年,美向加出口私人服务增至131.95亿美元、160.56亿美元和178.03亿美元,分别占美国当年私人服务出口总额的11.20%、11.73%和11.71%,份额有较大幅度提高。北美自由贸易协定的达成(1992年8月12日)和生效(1994年1月1日)又为美国对墨西哥服务出口排除了障碍。1993年和1994年,美向墨出口服务84.27亿美元和88.14亿美元。可见,美国积极寻求的双边和区域服务贸易自由化为其服务出口带来了切身利益。1995年6月,美国商务部公布了克林顿向国会提出的《国家出口战略》体系中极为重要的战略举措——"服务先行"出口发展战略,并决定在继续依靠欧、日等传统服务出口市场的同时,积极在墨西哥、阿根廷、巴西、中国经济区、印度、印尼、韩国、波兰、土耳其和南非十大新兴市场开拓新的贸易机会,特别要重点支持环保、信息、能源、交通运输、卫生保健、金融等关键领域服务出口的发展。为了促进和扩大服务出口,美国政府的其他许多部门,如贸易谈判代表办公室、财政部、运输部、国务院、能源部、旅游管理局、进出口银行、国际开发署等,与制造业和服务业密切合作,为其提供有关市场、外国经贸法规等信息和咨询服务,并为它们与外商接触牵线搭桥,帮助它们打入国际服务市场,提高在全球服务市场中的占有率。

当然,美国的服务出口也不会一帆风顺,它将面临着来自欧盟、日本和新兴工业化国家与地区的竞争和挑战。根据IMF统计,早在1984年,欧共体服务出口(含内部贸易)在世界运输、旅游和其他私人服务三类私人服务出口中的份额就分别高达39%、43%和48%,几倍于美国的14%、12%和9%的份额。到1992年,根据GATT统计,仅法、德两国的服务贸易份额就达16.7%,超过了美国的16.2%。根据世界贸易组织统计,2005年,欧盟25国(不含内部贸易)服务贸易出口额达4 803亿美元,占全球服务贸易出口总额的27.1%;服务贸易进口额4 224亿美元,占全球服务贸易进口总额的24.4%。

随着欧共体内部统一大市场的建成和欧洲联盟经济进一步向一体化方向的发展,服务实现区内无障碍自由流动,越来越多的服务进口将转向内部供给。以银行和保险业为例,据研究,在统一市场建成前后其产值和对外贸易会发生以下变化,见表11-6。

表11-6

欧盟统一市场建成前后银行和保险业产值及贸易情况

市场类型 项目	产 值		从非成员国进口	
	短 期	长 期	短 期	长 期
分割的市场(建成前)	0.3	0.7	−1.0	−0.8
一体化的市场(建成后)	1.5	13.5	−6.4	−3.2

资料来源:余玉苗:《论80年代以来美国服务贸易出口的扩张和前景》,载《经济评论》1997年第6期。

由上可知,欧共体内部统一市场的建成会导致金融服务贸易发生转向,从区外的进口在短期和长期内都会下降,这是一体化所产生的贸易转移效应;从贸易创造效应看,统一市场建成后,金融服务业产值无论在短期还是在长期内都有很大增长。

日本服务出口虽然在1992年只占世界服务贸易的5%,且有480亿美元的巨额逆差,但自1986年以来其服务业海外投资年均增长23.5%,高科技服务业海外投资年均增长49%,分别高于美国的17.14%和35%,可谓潜力巨大。而且,日本已将金融和人力资源集中于服务业,雄心勃勃地期望成为重要的服务出口国,特别是期望在金融、保险、建筑和工程、房地产、咨询、电影和出版、休闲娱乐、旅游、时装设计等领域的出口获得较大增长。2005年,日本服务贸易出口1 079亿美元,居世界第5位,在全球服务贸易出口总额中的比重为4.5%;服务贸易进口1 326亿美元,居世界第4位,在全球服务贸易进口总额中的比重达5.6%。日本会成为未来服务贸易强有力的竞争者。

值得注意的是,正是由于西方发达国家在服务出口方面拥有巨大的优势,所以,它们极力主张服务贸易自由化。1978年后,美国相继成立了国际服务贸易委员会和服务政策委员会,及时向美国贸易管理局提出政策建议,推动服务贸易在世界市场上更自由地进行。在"乌拉圭回合"的谈判中,美国和其他一些发达国家力图将服务业纳入"关贸总协定"中,以减少在建立国外分支机构和利润回流等方面的障碍。此外,经济合作与发展组织也通过一项"经常性服务贸易自由化准则",旨在消除服务贸易方面的非关税壁垒。

尽管如此,目前在服务贸易方面由于缺少国际规则,世界各国都在不同程度上存在着非关税壁垒和大量复杂的规定和措施,以此来保护本国的国家安全、本国的服务业和本国的文化及价值观传统。作为世界上最发达国家的美国也不例外。美国一向标榜其为自由贸易、市场开放的国家,然而在服务市场准入方面也仍存在着大量的限制、壁垒和不公平做法。

11.3 发展中国家服务贸易的产业概述

发展中国家,广义上是指除经济发达国家之外的世界上其余一切国家(地区)。目前世界上200多个国家(地区)中,有170多个属于发展中国家(地区)。它们之间的社会经济状况存在着很大差异,发展阶段参差不齐。

总体上看,发展中国家的国际服务贸易规模与西方发达国家相比虽然仍比较小,但近20年来,它们的服务贸易已经有了明显上升。在1975~1984年间,发展中国家的服务出口额平均每年递增27%,1984年在世界服务贸易出口总额中所占比例达到20%,该年发展中国家在世界货物出口总值中所占的份额只有12%。进入20世纪90年代以后,发展中国家服务出口增长明显加快。亚洲特别是东亚和印度的服务贸易发展尤为迅速。亚洲在世界服务出口中所占的比重已从1990年的9.6%上升到2005年的21.7%。2000~2005年,亚洲服务贸易出口年均增长

11%,拉丁美洲年均增长8%,非洲年均增长13%。2005年,拉丁美洲和非洲服务贸易出口分别占世界服务贸易出口总额的2.8%和2.4%。

发展中国家在世界服务出口总值中的份额上升主要是由其海外投资收入、运输服务收入和旅游创汇的迅速增加所致。在1970~1980年间,发展中国家这三项对外服务贸易收入分别增长了17.3倍、8.7倍和5.6倍。

发展中国家的国际服务贸易虽然有了相当大的增长,但它们在服务项目上的进口却比出口增加得更快。至1980年,发展中国家的服务贸易逆差已经高达824亿美元,其中约70%是石油输出国的逆差。此外,高债务的发展中国家,比如,巴西、墨西哥和阿根廷等也出现了较大的服务贸易逆差,这主要是由对生产要素服务的支出,即对所欠债务的付息造成的。相比之下,非要素服务收支在这些国家的服务贸易中所起作用较小。1980年,墨西哥、巴西和阿根廷对外国资本的利息和利润支付分别占其服务贸易进口支出的52%、64%和49%;到1984年,则分别达到71%、77%和69%。印度等少数发展中国家近年来在对外服务贸易方面却通常出现盈余。

20世纪70年代以来,发展中国家服务出口的领域有了新的扩大。如新加坡在医疗保健、数据处理、金融服务等领域竞争力较强,1983年服务贸易出口额为172亿美元,有57亿美元的顺差。发展中国家在旅游和建筑等劳动密集型服务中拥有潜在比较优势。80年代初中期,加勒比海、拉丁美洲和地中海地区的国家就已成功地开发了旅游业;印度和韩国在输出工程劳务方面也大获成功。如1981~1983年,韩国充分发挥其劳动力成本低廉、工人组织严密的优势,利用中东地区进行大规模基础设施建设的良机,积极扩大建筑服务出口,在世界建筑服务市场中的份额连续3年超过11%。中东大规模建设结束、市场骤然缩小后,韩国又努力开拓东南亚、北美和太平洋地区工程承包市场,1996年承包额超过了100亿美元。目前,韩国已成为世界建筑工程承包服务的主要出口国之一。印度在这方面的进展也较快,至1982年年底,印度公司在国外承包了近500项建筑工程,价值达48.8亿美元。据估计,1990年该国通过海外建筑承包活动获得的外汇已达到177亿美元的水平。而且,国际工程项目越来越大的倾向和技术革命加速发展的趋势,也促使发展中国家尽力发挥较为廉价的熟练劳动力的优势参与国际竞争。现在,通过国际电信网络与外国公司相连接的数据处理中心和工程设计单位,已经纷纷在印度与韩国等地出现。与此同时,少数发展中国家甚至能以劳动力的相对优势在民用航空等资本密集型产业中取得有力的竞争地位。新加坡航空公司的效率居世界前列,并不是因为它拥有资金方面的优势,而主要是由于它的劳动力成本较低,服务质量较好。

广大发展中国家日益认识到服务部门与国际服务贸易对其经济发展和国际收

支的重要作用。服务部门包括一个国家基础结构的许多部分，如运输、通信、金融、保险与医疗、教育等部门。服务贸易逆差的扩大是大多数发展中国家面临的一个紧迫问题。在此局面下，发展中国家一方面正在振兴本国的服务业并积极推进服务出口；另一方面也加强了对国内新兴服务业的保护，采取了一些抵制服务贸易自由化的措施。

具体地说，绝大多数发展中国家抵制服务贸易自由化有以下几个方面的原因。

第一，发展中国家一旦放弃对本国服务部门的保护，其国内一些新建的重要基础产业，如银行、保险、电信、航空等产业就会直接暴露于发达国家强有力的竞争面前，本国公司的业务就很容易被发达国家的跨国机构夺走或控制，从而给整个国民经济的发展带来灾难性的影响。

第二，服务贸易自由化还会从多方面影响发展中国家的就业，它不但会迫使一部分劳动力从受到国外竞争压力而萎缩的服务业中游离出来，而且还会给其他产业带来联动作用。例如，若对电子装备较多的电信业和银行业实行贸易自由化政策，国内电子行业的就业也会受到影响。

第三，数据处理服务的大量进口将加深发展中国家对发达国家的依赖，甚至影响到本国的安全，因为这类服务意味着本国的信息资料将大量外流到发达国家加工处理，这就容易导致某些潜在的危险。

第四，对于许多发展中国家来说，西方发达国家的企业进入到本国的新闻媒介、艺术和娱乐等服务业后，还会带来社会和文化方面的后果，因而有可能损害本国的长期利益。

第五，作为一个整体，发展中国家在国际服务贸易中连年出现逆差，尤其在知识和技术密集的服务方面更是日益处于净进口国的地位。仅在1980～1984年间，它们用于进口此类高技术服务的支出便增加了一倍。这种局面使得许多发展中国家认识到，它们目前在国际服务贸易中仍处于较为不利的境地，如果接受自由化，其国际收支将受到更严重的影响。

因此，对服务贸易进行国家调节，是当代国际服务贸易中的一种新趋势。为了维护本国服务部门的正常发展和提高它们的国际竞争能力，大多数发展中国家对其国内的一些关键性的服务业都采取了某些必要的保护性措施。在不少发展中国家，银行业和保险业是由本国资本所控制的，外国分支机构基本上不能介入。例如，秘鲁就禁止外国保险公司向本国渗入；阿尔及利亚、土耳其和坦桑尼亚等国都禁止外国机构在境内开设银行；还有几种服务部门，如运输、教育和医疗保险服务等，在多数发展中国家也都属政府严格控制之列。一些国家的政府还专门对许可证与专利进口的数量、价格及方式进行审核。印度、韩国、尼日利亚和安第斯条约国对技术输入都有管制条款,并确定付款的最高水平。总之,这些保护性的贸易政策对维护有关发展中国家的长期利益和阻止其对外服务贸易逆差的扩大起了较大的积极作用。

11.4 中国服务贸易的产业概述

一国对外服务贸易的状况直接取决于本国服务业发展的状况,所以,分析一国服务贸易,首先要了解该国服务业的总体态势。

总的来说,中国的服务业与服务贸易起步晚,基础差,但发展速度(从产值结构和就业结构看)较快。见图11-6和图11-7。

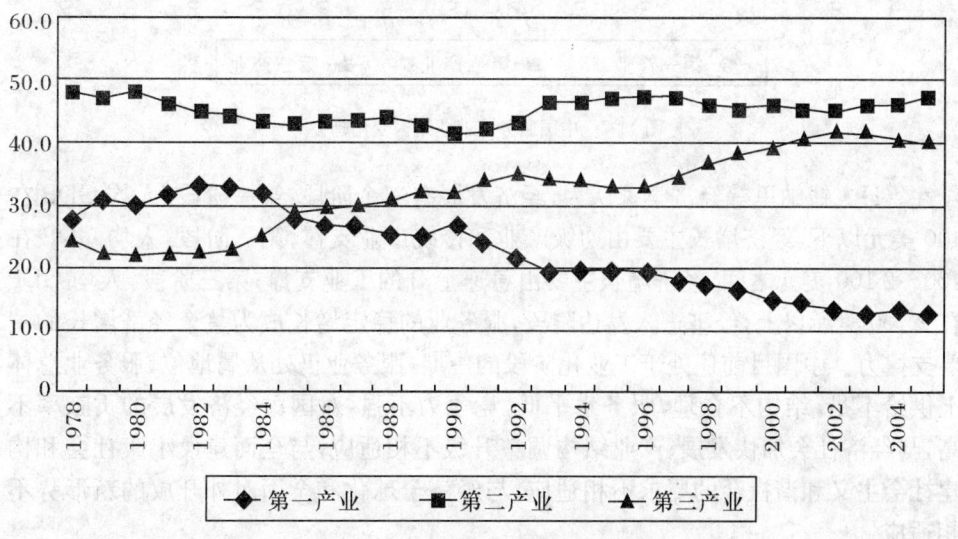

图 11-6 中国服务业增加值结构变化趋势

中华人民共和国成立后的20世纪50、60年代,国内服务业启动迅速,发展活跃。1952年,服务业就业人数为1 881万人,占全部就业人数的9.1%,到1965年,服务业就业人数增加到2 886万人,占总就业人数的10.2%。随着改革开放政策的实施,中国服务业空前繁荣,取得了长足的发展。服务业就业人数及产值占总就业人数及GDP的比重逐年上升。近年来,中国服务业除了像商业、餐饮业等传统行业有较大发展外,金融、保险、邮电通信等新兴行业增长很快。有些专项服务项目,如卫星发射,也取得了令人瞩目的成就。

然而,中国目前仍处于主要依靠工业支撑经济增长的发展阶段,服务业目前还难以成为经济增长的主要动力。从世界经验来看,各国经济发展都具有明显的阶

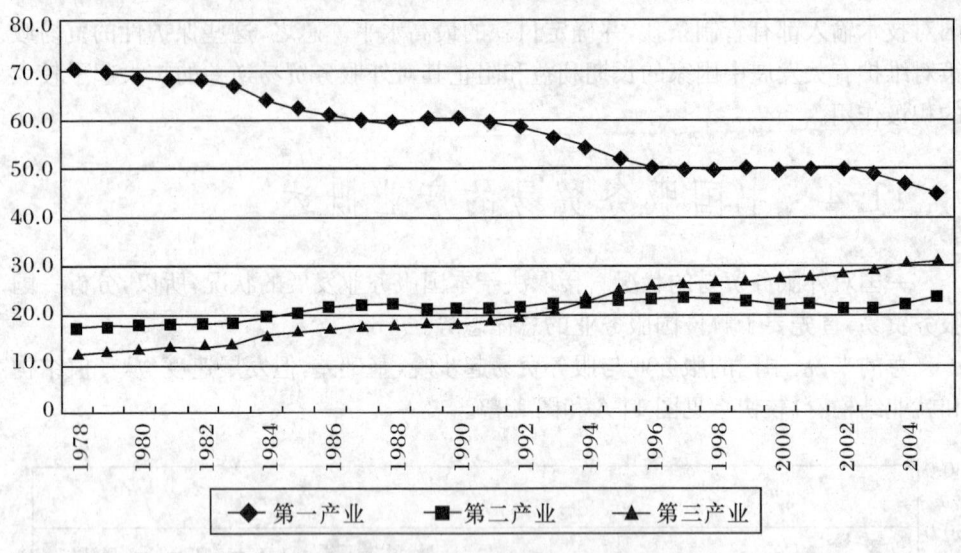

图 11-7　中国服务业就业结构变化趋势

段性。H·钱纳里等经济学家认为,经济发展有三个阶段:第一阶段,人均 GDP 在 400 美元以下,经济增长主要由初级产业和传统产业支撑;第二阶段,人均 GDP 在 400~2 100 美元之间,经济增长主要由急速上升的工业支撑;第三阶段,人均 GDP 在 2 100 美元以上,经济进入发达阶段,服务业的稳定增长成为整个经济增长的主要支撑力。中国目前还处于工业化阶段的中期,服务业仍处从属地位,服务业总体上供给不足,结构不合理,服务水平低,竞争力不强,对国民经济发展的贡献率不高,与经济社会加快发展、产业结构调整升级不相适应,与全面建设小康社会和构建社会主义和谐社会的要求不相适应,与经济全球化和全面对外开放的新形势不相适应。

另外,目前中国服务业的负载过重,大大影响了其发展速度和发展质量。在一些发展中国家存在着服务业劳动力过度膨胀现象。中国也存在这种情况,农业剩余劳动力近乎无限的供给,国有工业企业改革和政府机构改革溢出的大量富余人员,使中国服务业面临着前所未有的就业压力。在这种压力面前,中国服务业必然会粗放式地发展,而不是主要靠劳动力质量的提高来推动。我们认为,服务业的大发展(包括质与量两方面)是经济现代化的标志,而不是剩余劳动力的"蓄水池",切不可为了解决农业和工业问题,而盲目地牺牲服务业。

中国服务业的稳步增长,促进了中国服务业与国际的接轨,推动了中国国际服务贸易的发展。改革开放以来,中国服务贸易发展迅速,服务贸易进出口总额从 1982 年的 43.5 亿美元增长到 2006 年的 1 870 亿美元,24 年增长了 43 倍。1982

年,中国服务贸易占世界服务贸易的比重不足0.6%,居世界第34位;2006年,这一比重提高到3.51%,居世界第7位。其中,服务贸易出口额由24.8亿美元提高到2006年的870亿美元,增长了35倍;在全球服务贸易出口总额中的比重由0.7%上升到3.21%,国际排名由1980年的第28位上升到2006年的第8位。进口由18.7亿美元提高到1 000亿美元,增长了53倍;在全球服务贸易进口总额中的比重由0.5%提高到3.82%,国际排名由1980年的第40位上升到2006年的第7位。图11-8是根据世界贸易组织统计的1995~2005年中国服务贸易进出口情况①,从中可以看出,中国服务贸易保持着良好的增长态势,但始终是服务贸易净进口国。

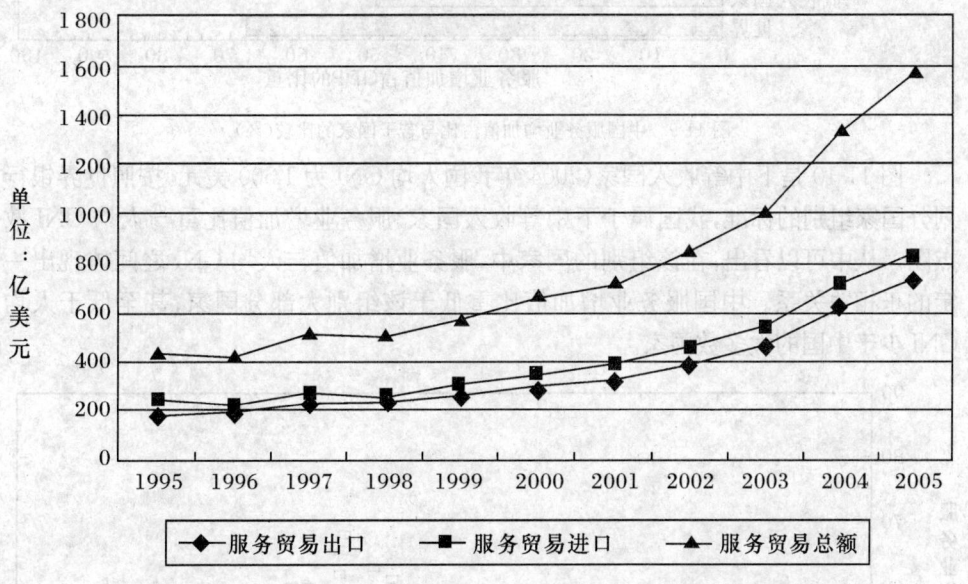

图11-8 中国服务贸易进出口情况(1995~2005年)

然而,由于种种原因,中国与世界发达国家甚至与一些发展中国家相比,在服务业和服务贸易总体发展水平上仍存在很大差距。从世界平均水平来看,2004年服务业增加值占GDP的比重为68%,低收入国家为49%,中等收入国家为53%(其中,下中等收入国家为46%,上中等收入国家为62%),高收入国家为72%。在所有组别国家中,中国服务业增加值占GDP的比重最低,接近下中等收入国家的平均水平(见图11-9)。

---

① 数据来源:WTO International Trade Statistics Database 2006。

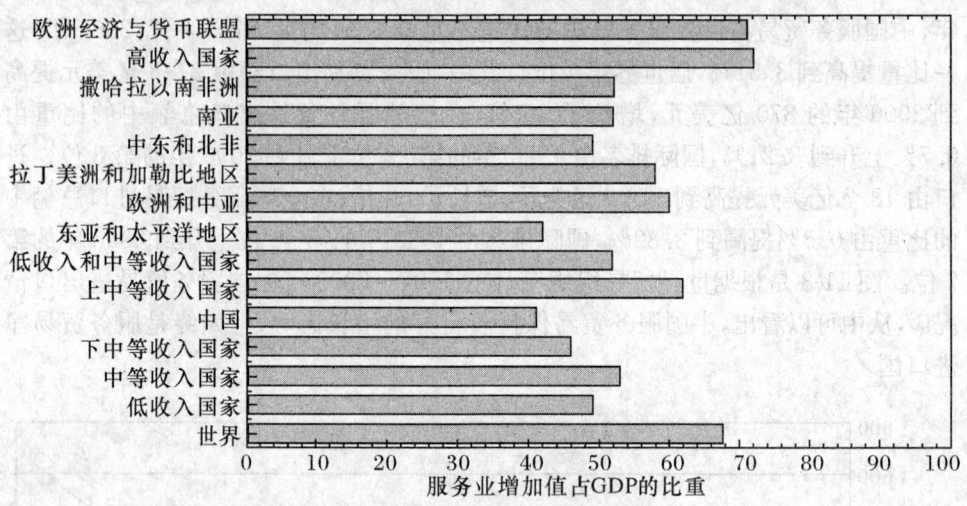

图 11-9　中国服务业增加值占比与若干国家的比较(%)

图 11-10 是下中等收入国家(2004 年我国人均 GNI 为 1 500 美元,按照世界银行划分国家组别的标准,我国属于下中等收入国家)服务业增加值比重与人均 GNI 散点图。从中可以看出,在该组别的国家中,服务业增加值与人均 GNI 之间体现出一定的正相关关系。中国服务业增加值比重低于该组别大部分国家,甚至低于人均 GNI 少于中国的大多数国家。

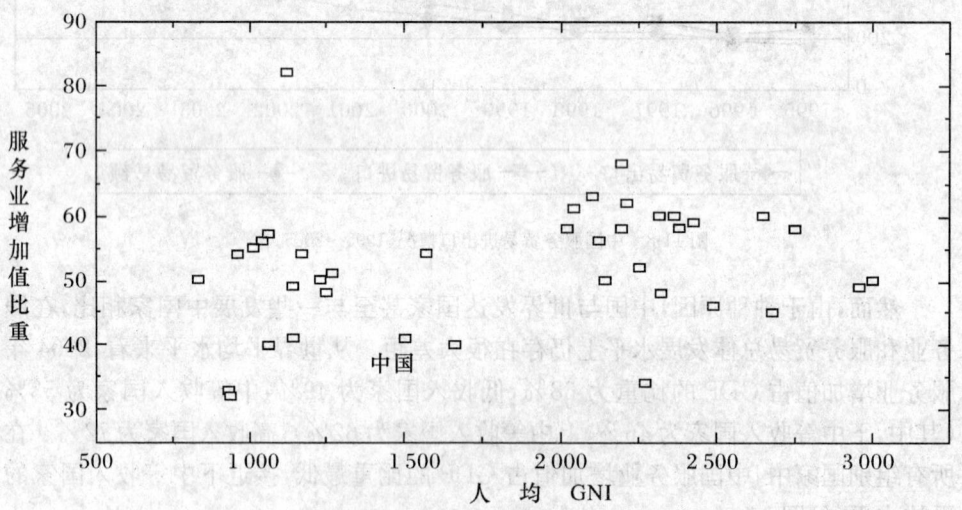

图 11-10　下中等收入国家服务业增加值比重与人均 GNI 散点图

从就业情况来看,与世界其他国家相比,中国服务业就业人员占全社会就业人员的比重也明显偏低。截至 2004 年年底,中国服务业就业人员占全社会就业人员的比重仅为30.6%,远远低于高收入国家和上中等收入国家平均水平(高收入国家为68.5%,上中等收入国家为56%),即使与发展水平和我国相当的下中等收入国家平均47.3%的水平相比,也相差了16.7个百分点。这表明,目前中国服务业吸纳就业的差距还比较大,服务业扩大就业的潜力尚未充分发挥。

2005年,中国服务业增加值占GDP的比重为39.9%。2006年,由于制造业增加值的增长率继续快于服务业,因此,服务业增加值占GDP的比重回落到39.5%。2005年,服务业就业占全部就业的比重为31.4%。这两个指标都低于发展中国家的平均水平。

在服务贸易方面,中国服务贸易的发展和总体贸易发展与经济增长具有很强的不对称性。中国总的出口贸易无论是绝对值还是相对值,都以惊人的速度增加,在世界排名也逐次上升,但服务贸易的绝对值与相对值都很小。1994年,中国服务出口收入221.04亿美元,占世界份额仅为1%,比总的出口贸易占世界份额2.9%相差50%以上,位居第22位,比总的贸易居世界第11位也相差甚远。2006年,中国服务出口占贸易出口总额的比重也只有8.2%,远低于全球平均18.3%的水平;货物贸易出口占世界货物贸易出口额的8%,而服务出口仅占3.2%,不到货物贸易的一半,这说明中国服务出口的比较优势不如货物出口。从20世纪90年代初,中国就是服务贸易净进口国。2006年,中国服务贸易逆差虽较2005年有所减少,但仍达89.1亿美元。

同时,我国服务贸易结构也并不合理,服务贸易优势部门主要集中在海运、旅游等比较传统的领域,旅游和运输服务的出口占中国服务出口一半以上,而金融、保险、计算机信息服务、技术咨询、专有权利和特许、广告宣传和电影音像等知识密集型、技术密集型高附加值服务产业,发展速度相对缓慢,比重仍然很低。服务贸易顺差也主要集中在旅游和劳务输出两个领域(见表11-7)。

表11-7

2005年中国服务贸易结构

单位:千美元

项目	差额	出口	比率(%)	进口	比率(%)
服务	−9 391 392	74 404 098	100.00	83 795 490	100.00
运输	−13 021 024	15 426 523	20.73	28 447 547	33.95
旅游	7 536 930	29 296 000	39.37	21 759 070	25.97
通信服务	−118 173	485 231	0.65	603 404	0.72
建筑服务	973 567	2 592 949	3.48	1 619 382	1.93

(续表)

项　目	差　额	出　口	比率(%)	进　口	比率(%)
保险服务	−6 650 142	549 418	0.74	7 199 559	8.59
金融服务	−14 244	145 231	0.19	159 476	0.19
计算机和信息服务	217 676	1 840 184	2.47	1 622 509	1.94
专有权利使用费和特许费	−5 163 852	157 402	0.21	5 321 254	6.35
咨询	−861 408	5 322 132	7.15	6 183 540	7.38
广告、宣传	360 521	1 075 729	1.45	715 208	0.85
电影、音像	−20 096	133 859	0.18	153 954	0.18
其他商业服务	7 497 029	16 884 780	22.69	9 387 752	11.20
别处未提及的政府服务	−128 175	494 661	0.66	622 836	0.74

资料来源：根据 2005 年中国国际收支平衡表整理计算。

表 11-8 是根据历年中国国际收支平衡表整理计算的服务贸易比较优势指数（简称 TC 指数）①。从中可以看出，在 10 年时间里，中国服务贸易总体 TC 数均小于 0，在 −0.14～−0.05 之间波动，服务贸易总体状况处于比较劣势。虽然有部分行业体现出了一定的竞争力，但它们多为传统的劳动或资源密集型行业，而目前国际上这些行业的技术和资本含量越来越高，劳动生产率增长也很快，中国的传统优势能否继续保持困难重重；专有权利使用费和特许费、保险、金融、咨询等技术密集和知识密集型的高附加值服务业劣势明显，国际竞争力还很低，反映出我国服务业总体技术水平和知识含量的欠缺，这些行业在中国服务业全面开放后面临着巨大挑战。因此，如何进一步发展中国的服务贸易，是必须认真研究的课题。

国际服务贸易的发展趋势给中国服务业的发展提供了许多难得的机遇，必须很好地抓住，利用这一机遇，使中国的服务业有一个较大的发展，也使中国的对外服务贸易上一个台阶。

---

① 服务贸易比较优势指数是行业结构国际竞争力分析的一种有力工具，总体上能够反映出计算对象的比较优势状况，大致反映一个国家某行业或某产品的国际竞争力和市场定位。TC 指数＝（出口−进口）/（出口＋进口），其数值在 −1 和 1 之间，数值越大就越具有竞争优势。

表 11-8

中国服务贸易比较优势指数

年份 项目	1997	1998	1999	2000	2001	2002	2003	2004	2005	2006
服务贸易总体	-0.10	-0.09	-0.08	-0.08	-0.08	-0.08	-0.14	-0.07	-0.06	-0.05
运输	-0.55	-0.57	-0.53	-0.48	-0.42	-0.41	-0.40	-0.34	-0.30	-0.24
旅游	0.09	0.16	0.13	0.11	0.12	0.14	0.01	0.15	0.15	0.17
通信服务	-0.03	0.60	0.51	0.70	-0.09	0.08	0.26	-0.03	-0.11	-0.02
建筑服务	-0.34	-0.31	-0.22	-0.25	-0.01	0.13	0.04	0.05	0.23	0.15
保险服务	-0.71	-0.64	-0.81	-0.92	-0.85	-0.88	-0.88	-0.88	-0.86	-0.88
金融服务	-0.84	-0.72	0.29	-0.11	0.12	-0.28	-0.19	-0.19	-0.05	-0.72
计算机和信息服务	-0.06	-0.43	0.09	0.15	0.15	-0.28	-0.04	0.13	0.06	0.26
专有权利使用费和特许费	-0.82	-0.74	-0.83	-0.88	-0.89	-0.92	-0.94	-0.90	-0.94	-0.94
咨询	-0.15	-0.19	-0.30	-0.29	-0.26	-0.34	-0.29	-0.20	-0.07	-0.03
广告、宣传	-0.01	-0.11	0.04	0.04	-0.04	-0.03	0.08	0.10	0.20	0.20
电影、音像	-0.63	-0.44	-0.67	-0.54	-0.27	-0.53	-0.36	-0.62	-0.07	0.06
其他商业服务	0.19	0.07	-0.18	0.07	0.12	0.28	0.31	0.31	0.29	0.27
别处未提及的政府服务	-0.58	-0.85	-0.76	0.24	0.30	-0.11	-0.13	-0.17	-0.11	0.07

资料来源：根据历年中国国际收支平衡表整理计算。

11.5 国际服务贸易发展的动因及前景

国际服务贸易的迅猛发展是新技术革命引起的国际分工深化和产业结构调整的必然结果，具体原因是多方面的。

第一，世界产业结构服务化促进了国际服务贸易的发展。二战以来，世界经济结构调整步伐加快，传统制造业比重相对下降，服务业迅速发展，导致其在发达国家经济中的地位不断提高，服务业占国民总产出和就业的比重大体在60%以上。发展中国家服务业虽起步较晚，但自20世纪60、70年代以来也有了长足的发展，在产出和就业中的比重也呈上升态势,特别是新兴工业化国家和地区的经济服务化取得重大突破,服务业在其产出和就业中的比重均开始超过制造业而成为最大的产业。在经济全球化和区域经济一体化的影响下,经济服务化有力地推动着世界服务贸易的发展。

第二,世界经济和商品贸易的迅速发展构成国际服务贸易发展的重要动力。世界服务贸易首先是伴随世界商品贸易的发展而发展起来的。随着世界商品贸易的发展,与其相关的服务贸易也同时发展起来了。

第三,科学技术进步大大推动了国际服务贸易的发展。科技进步极大地提高了交通、通信和信息处理能力,为信息、咨询和以技术服务为核心的各类专业服务贸易提供了可能。世界服务贸易的核心是技术服务贸易,这与国际间的技术、产品和产业梯度扩展紧密相关。新技术不仅为追加服务提供了新的贸易机会,而且使核心服务贸易特别是高新技术服务贸易得到更快的发展。

第四,跨国公司成为国际服务贸易的主体。跨国公司国际化经营活动的开展带来了资本、技术、人才的国际性流动,与其相关或为其服务的服务贸易,特别是生产者服务的贸易就随之迅速发展。

第五,发展中国家采取开放政策,积极参与服务贸易,从而推动了国际服务贸易的发展。

此外,不同国家各种服务业的比较优势差异,世界经济中区域经济一体化组织的建立,各国在金融、税收、法律方面的优惠和保护措施等,都对国际服务贸易的发展起到促进作用。

世界经济、贸易的稳定增长将成为服务贸易发展的基本动力。从目前到 21 世纪头 10 年,世界经济年均增长率预计为 3% 左右。世界商品贸易在今后 10 多年间将保持较快的增长,预计年均增长率可达 6% 左右,2010 年可达 10 万亿美元,这些无疑将大大推动服务贸易的发展。

世界经济信息化将进一步刺激国际服务贸易的发展。在全球科技产业化浪潮中,信息技术的迅速发展增强了服务活动及其过程的可贸易性,产生了大量新的服务贸易门类,刺激了整个世界服务贸易的发展,同时也将使世界服务业产业结构进一步朝着技术、知识密集型的方向发展,与信息高速公路等高新技术有关的服务业和以高新技术为手段的服务贸易将会得到更为迅速的发展。跨国投资将继续刺激相关服务贸易的发展。

随着世界经济一体化进程的加速,世界范围的产业结构调整和转移进一步升级,导致跨国直接投资继续以高于世界经济和商品贸易的速度增长。1995 年全球对外直接投资额已达 2 350 亿美元。到 2010 年全球对外直接投资总存量预计将达到 5 万亿美元,继续成为推动生产国际化和全球贸易发展的火车头,与跨国投资和经营活动有关的国际金融、保险、运输、通信、信息咨询、专利权等知识产权的服务贸易将会得到迅速发展。与生产集中化的趋势相适应，大型跨国公司在国际服务贸易中也将越来越占有支配性地位。

随着世界贸易组织推进 GATS 的实施，世界各国服务市场的开放将进一步扩大，成为刺激世界服务贸易发展的新动力。

预测今后的趋势是，美国等发达国家将继续保持优势，发展中国家和地区整体地位将继续趋于上升，一些新兴工业化国家和地区将向服务贸易大国、地区跃进。在未来 5～10 年中，美国在世界服务业的绝对优势不大可能被动摇，在知识产权和其他民间服务贸易领域的竞争力近期有上升的势头，在中长期也仍将具备较强的国际竞争力；另外，发达国家间服务贸易显著不平衡的状况可能会有一定改观，德国等服务贸易逆差大国在不少领域竞争力会有明显增强。在未来世界服务贸易格局中，发展中国家和地区在旅游、运输等传统服务贸易领域和其他新的服务贸易领域所占份额会有所增加，但在知识产权等新的服务贸易领域仍将处于比较劣势，并在整体上处于逆差状态；发展中国家和地区服务贸易不平衡态势会进一步加剧，新兴工业化国家和地区继续呈强势增长，地位明显上升，从而将出现一批新的服务贸易大国和地区。

预计，到 2010 年世界服务贸易占全球商品贸易的比重将从 20 世纪末的 1/3 上升到 1/2，世界服务贸易额将从 20 世纪末的近 2 万亿美元提高到 5 万亿美元，2000～2010 年间世界服务贸易年均增长将接近 10%。

本章思考题

1. 简述国际服务贸易发展的趋势和特征。
2. 简述美国服务贸易取得巨大成功的主要原因。
3. 简述美国"服务先行"出口发展战略的具体内容。
4. 为什么大多数发展中国家会抵制服务贸易自由化？
5. 简述中国服务业发展的若干特点。
6. 论述世界服务贸易迅猛发展的具体原因及其未来前景。

服务部门分类表

本分类表是由世界贸易组织秘书处提供的。秘书处在其1991年5月24日的包含分类表草案的非正式通知中说明，它将在参与者讨论结果的基础上提出一份修改的版本，而且服务部门分类表的进一步修改将根据服务谈判的进程。

一、商业服务

A. 专业服务

a) 法律服务

b) 会计、审计和簿记服务

c) 税收服务

d) 建筑服务

e) 工程服务

f) 综合工程服务

g) 城市规划与风景建筑物服务

h) 医疗与牙科服务

i) 兽医服务

j) 助产士、护士、理疗医生、护理人员提供的服务

k) 其他

B. 计算机及其有关服务

a) 与计算机硬件装配有关的咨询服务

b) 软件执行服务

c) 数据处理服务

d) 数据库服务

e) 其他

C. 研究与开发服务

a) 自然科学的研究与开发服务

b) 社会科学与人文科学的研究与开发服务
　　c) 交叉科学的研究与开发服务
D. 房地产服务
　　a) 产权所有或租赁
　　b) 基于费用或合同的房地产服务
E. 无经纪人介入的租赁服务
　　a) 与船舶有关的
　　b) 与飞机有关的
　　c) 与其他运输工具有关的
　　d) 与其他机械设备有关的
　　e) 其他
F. 其他商业服务
　　a) 广告服务
　　b) 市场调研与民意测验服务
　　c) 管理咨询服务
　　d) 与咨询人员有关的服务
　　e) 技术测验与分析服务
　　f) 与农业、狩猎、林业有关的服务
　　g) 渔业所发生的服务
　　h) 采矿业所发生的服务
　　i) 制造业所发生的服务
　　j) 能源分配发生的服务
　　k) 人员安排与供给服务
　　l) 调查和保安服务
　　m) 相关的科学和技术咨询服务
　　n) 设备的维修（不包括船舶、飞机及其他运输工具）
　　o) 建筑物清洗服务
　　p) 照相服务
　　q) 包装服务
　　r) 印刷、出版
　　s) 会议服务
　　t) 其他

二、通信服务
A. 邮政服务

B. 快件服务
C. 电信服务
a) 声频电话服务
b) 集束切换数据传输服务
c) 线路切换数据传输服务
d) 电传服务
e) 电报服务
f) 传真服务
g) 私人租用电路服务
h) 电子邮递
i) 语音邮件
j) 在线信息与数据检索
k) 电子数据交换
l) 增值传真服务(包括存贮与传递、存贮与检索)
m) 编码和协议转换服务
n) 有线信息或数据处理(包括交易处理)
o) 其他
D. 视听服务
a) 电影与录像带的生产与批发服务
b) 电影放映服务
c) 无线电与电视服务
d) 无线电与电视传输服务
e) 录音服务
f) 其他
E. 其他
三、建筑及有关工程服务
a) 建筑物的一般建筑工作
b) 民用工程的一般建筑工作
c) 安装与装配工作
d) 建筑物的完善与装饰工作
e) 其他
四、销售服务
a) 经纪人服务
b) 批发贸易服务

c) 零售服务
d) 特许权
e) 其他

五、教育服务
a) 初等教育服务
b) 中等教育服务
c) 高等教育服务
d) 成人教育
e) 其他教育服务

六、环境服务
a) 污水处理服务
b) 废物处理服务
c) 卫生及其相关服务
d) 其他

七、金融服务
A. 所有保险及与保险有关的服务
a) 生命、事故与健康保险服务
b) 非生命保险服务
c) 再保险与交还
d) 与保险有关的辅助服务（包括经纪和代理服务）

B. 银行及其他金融服务（保险除外）
a) 公众存款及其他可偿还资金的承兑
b) 所有类型的贷款，尤其包括用户信用、抵押信用、商业交易的代理与融资
c) 金融租赁
d) 所有支付与汇款服务
e) 保证与承诺
f) 户主账户或顾客账户的交易形式（不论是柜台兑换或者其他形式）
——货币市场的票据（存款的支票、发票、证书等）
——外汇
——衍生性产品（包括但不限于期货和期权）
——汇率和利率票据（包括诸如互换信贷、远期汇率协议等）
——可转让证券
——其他可转让票据及金融资产（包括条块金银）
g) 参与各种证券的发行，包括作为代理商的承包和安排（无论是公共的或私

人的)以及与证券发行有关的服务措施

　　h) 代理借贷款的经纪人

　　i) 资产管理,诸如现金或有价证券管理,所有形式的集体投资管理、养老金管理、存款保管及信托服务

　　j) 金融资产的结账与清算服务,包括证券、衍生性产品及其他可转让票据

　　k) 咨询服务及其他辅助性金融服务,包括信用查询与分析、投资与有价证券研究与咨询、收购通知及公司战略调整介绍等

　　l) 其他金融服务提供者所提出的关于金融信息、金融数据处理及其有关软件的供给及转让

C. 其他

八、健康与社会服务

　　a) 医院服务

　　b) 其他人类健康服务

　　c) 社会服务

　　d) 其他

九、与旅游有关的服务

　　a) 宾馆与饭店(包括供应饭菜)

　　b) 旅行社及旅游经纪人服务社

　　c) 导游服务

　　d) 其他

十、娱乐、文化与体育服务

　　a) 娱乐服务(包括剧场、乐队与杂技表演等)

　　b) 新闻机构服务

　　c) 图书馆、档案馆、博物馆及其他文化服务

　　d) 体育及其他娱乐服务

十一、运输服务

A. 海运服务

　　a) 客运

　　b) 货运

　　c) 船舶包租

　　d) 船舶的维护与修理

　　e) 推船与拖船服务

　　f) 海运的支持服务

B. 内河航运

a) 客运
　　b) 货运
　　c) 船舶包租
　　d) 船舶的维护与修理
　　e) 推船与拖船服务
　　f) 内河航运的支持服务
　C. 空运服务
　　a) 客运
　　b) 货运
　　c) 包机出租
　　d) 飞机的维修
　　e) 客运的支持服务
　D. 空间运输
　E. 铁路运输服务
　　a) 客运
　　b) 货运
　　c) 机车的推与托服务
　　d) 铁路运输设备的维修
　　e) 铁路运输的支持服务
　F. 公路运输服务
　　a) 客运
　　b) 货运
　　c) 包车出租
　　d) 公路运输设备的维修
　　e) 公路运输的支持服务
　G. 管道运输
　　a) 燃料运输
　　b) 其他物资运输
　H. 所有运输方式的辅助性服务
　　a) 货物处理服务
　　b) 存贮与仓库服务
　　c) 货运代理服务
　　d) 其他
　I. 其他运输服务
十二、其他服务

中英文术语索引

A

absent factor	缺席要素	13
additional service trade	追加服务贸易	17
adverse selection	逆向选择	179

B

Balance of Payment, BOP	国际收支平衡表	137
balancing or settlement account	平衡或结算项目	18

C

capital account	资本项目	18
commercial presence	商业存在	12
consumer subsidy equivalent, CSE	消费者补贴等值	176
consumption abroad	境外消费	196
cross-border movement of services and payments	服务和支付的过境移动性	14
cross-border supply	过境交付	13
current account	经常项目	18

D

discreteness of transactions	交易连续性	14
disembodied services	被分离生产要素服务	13
domestic resource costs, DRC	国内资源成本	175

E

economic goods	经济物品	1

EDI	电子数据交换	205
effective rate of protection，ERP	有效保护率	174
embodied service	物化服务	4
errors and omissions	错误和遗漏	18
European Economic Community，EEC	欧洲经济共同体	219

F

foreign affiliates trade，FAT	外国附属机构贸易	24
foreign direct investment，FDI	对外直接投资	13
franchise	特许经营	79
free goods	自由物品	1

G

General Agreement on Tariffs and Trade，GATT	关税及贸易总协定	15
General Agreements on Trade in Services，GATS	服务贸易总协定	12
GDP	国内生产总值	8
goods	商品或货物	1
growth accounting	增长核算法	130
growth residuals	成长剩余	130

H

human capital	人力资本	129

I

ideal variety equivalents，IVE	理想品种当量	120
impediment to establishment	开业障碍	187
IMF	国际货币基金组织	17
internalization-special advantage	内部化优势	83
invisible trade	无形贸易	17

L

law of diminishing return	报酬递减规律	130

learning curve	学习曲线	132
lemons market	次品市场	179
Leontief's Paradox	里昂惕夫之谜	133
limited duration	时间有限性	14
locational choice advantage	区位优势	82
long-term capital	长期资本项目	18

M

marginal entry	边际进入	180
marginal rate of transformation, MRT	边际转换率	155
market access	市场准入	13
moral hazard	败德行为	45
movement of personnel	人员流动	14
multi-national corporation, MNCs	跨国公司	23
Multilateral Trade Agreement	多边贸易协议	239

N

NAFTA	北美自由贸易协定	230
negative externalities	负的外部性	59
niche economy	壁龛式经济	127
nominal protection coefficient, NPC	名义保护系数	176
nominal rate of protection, NRP	名义保护率	173
numeraire country	基准国	107
net export ratio, NER	净出口比率	139

O

OECD	经济合作与发展组织	17
official reserves	官方储备	18
OLI paradigm	三优势模式	87
ownership-special advantages	所有权优势	80

P

PATA	太平洋亚洲旅游协会	262

Plurilateral Trade Agreement	次多边贸易协议	239
producer subsidy equivalent, PSE	生产者补贴等值	175
production blocks and service links	生产区段和服务链	108
production possibility set	生产可能性集合	152
PSE coefficient	生产者补贴等值或生产者补贴等值系数	175

R

regulation	管制	187
restrictions on imports	进口限制	187
retrocession	再恢复	219
revealed comparative advantage, RCA	显性比较优势	97
R&D	研究与开发	83

S

separated services	被分离服务	13
service	服务	1
service trade	服务贸易	18
service trade as absent factors	含有缺席要素的服务贸易	99
service trade as factor movements	要素移动的服务贸易	98
short-term capital	短期资本项目	18
SIC	标准产业分类	9
single undertaking	一揽子加入	239
skimming cream	撇脂	257
Solow residuals	索洛剩余	130
specificity of purpose	目的具体性	14
spillovers effect	外溢效应	132

T

technical reserve	技术性储备金	219
the eclectic theory of international production	国际生产折衷理论	80
The System of National Accounts, SNA	国民核算体系	127
The System of Material Product Balance, MPS	物质产品平衡表体系	127
total factor of production, TFP	全要素生产率	150
trade in factor services	要素服务贸易	18

trade in non-factor services 非要素服务贸易 18

U

uniform density 均匀密度 120
unilateral transfer 单方面转让 18

V

varieties 变体 133
visible trade 商品/有形贸易 18

W

World Trade Organization, WTO 世界贸易组织 10
WTTC 世界旅游理事会 262

参 考 文 献

一、英文部分

1. E. Helpaman and P. Krugman: *Trade Policy and Market Structure*, the MIT Press, 1998.

2. R. Rowthorn and J. Wells: *De-Industrialization and Foreign Trade*, Cambridge Uni. Press, 1987.

3. D. McKee: *Growth, Development, and the Service Economy in the Third World*, Praeger Publisher, 1988.

4. J. Heskett: *Managing in the Service Economy*, Harvard Business School Press, 1986.

5. K. Goncalves: *Service Marketing—A Strategic Approach*, Prentice-Hall, Inc. 1998.

6. W. Baumol, J. Panzar and K. Willig: *Contestable Market and the Theory of Industry Structure* (Revised Edition), Harcourt Brace Jovanovich, Inc, 1988.

7. Amin Rajan: *Services—The Second Industrial Revolution*, Institute of Manpower Studies, 1987.

8. O. Giarini: *The Emerging Service Economy*, Services World Forum 1987, Geneva, Pergamon Press, 1987.

9. N. Grimwade: *International Trade Policy—A Contemporary Analysis*, Routledge, 1996.

10. J. Markusen: *Trade in Producer Services—Issues Involving Returns to Scale and the International Division of Labour*, The Institute for Research on Public Policy, 1986.

11. D. Riddle: *Service-led Growth—the Role of the Service Sector in World Development*, Praeger Publishers, 1986.

12. T. Hill: *On Goods and Services*, the Review of Income and Wealth series 23, 1977.

13. R. Inman: *Managing the Service Economy—Prospects and Problems*, Cambridge Uni. Press, 1985.

14. C. Lee, S. Naya: *Trade and Investment in Services*, Vestview Press, 1988.

15. B. Hoekman and M. Kostecki: *The Political Economy of the World Trading System from GATT to WTO*, Oxford Uni. Press, 1995.

16. R. Schmenner: *Service Operations Management*, Prentice-Hall International, Inc. 1995.

17. Aaditya MATTOO: *National Treatment in the GATS—Corner-stone or Paradora's*

Box? Journal of World Trade, Vol. 31, No. 1, Feb. 1997.

18. C. Marrewijk, J. Stibora and A. Vaal: *Services Tradability, Trade Liberalization and Foreign Direct Investment*, Economica(1996)63, pp. 611~631.

19. P. Kotler: *Marketing Management——Analysis, Planning, Implementation and Control*, 9th edition, Prentice-Hall International, Inc. 1997.

20. J. Dunning: *Explaining International Production*, Unwin Hyman, 1988.

21. J. Dunning: *Multinational, Technology and Competitiveness*, Unwin Hyman, 1988.

22. W. Baumol: Macroeconomics of Unbalanced Growth: The Aatomy of Urban Crisis, American Economic Review, June 1967, 57, pp. 415~426.

23. W. Baumol, S. Blackman and E. Wolff: Unbalanced Growth Revisited: Asymptotic Stagnancy and New Evidence, American Economic Review, September 1985, 75(4), pp. 806~817.

二、中文部分

1. 赫伯特·G·格鲁伯,迈克尔·A·沃克:《服务业的增长:原因与影响》,陈彪如译,上海三联书店1993年版。
2. E·赫尔普曼,P·克鲁格曼:《市场结构和对外贸易》,尹翔硕等译,上海三联书店1993年版。
3. 联合国跨国公司中心:《服务业的对外直接投资与跨国公司》,叶刚等译,上海财经大学出版社1996年版。
4. 公文俊平:《服务业经济化——日本服务业新时代》,雨谷译,新华出版社1987年版。
5. 饭盛信男:《经济改革与第三产业》,王名等译,经济管理出版社1988年版。
6. 井原哲夫:《服务经济学》,李桂山等译,中国展望出版社1986年版。
7. M·B·沙洛特科夫:《非生产领域经济学》,蒋家俊等译,上海译文出版社1985年版。
8. 亚当·斯密:《国民财富的性质与原因的研究》,商务印书馆1981年版。
9. J·S·穆勒:《政治经济学原理》,商务印书馆1991年版。
10. T·W·舒尔茨:《制度与人的价值的不断提高》,载《财产权利与制度变迁》,上海三联书店1991年版。
11. T·W·舒尔茨:《论人力资本投资》,北京经济学院出版社1990年版。
12. 大卫·李嘉图:《政治经济学与赋税原理》,商务印书馆1981年版。
13. B·俄林:《地区间贸易与国际贸易》,商务印书馆1986年版。
14. 加里·贝克尔:《人力资本——特别是关于教育的经济理论与经验分析》,北京大学出版社1987年版。
15. S·库兹涅茨:《现代经济增长》,北京经济学院出版社1989年版。
16. S·库兹涅茨:《各国的经济增长》,商务印书馆1985年版。
17. 维克托·R·富克斯:《服务经济学》,商务印书馆1987年版。
18. 朴圣相:《增长和发展》,上海三联书店1991年版。
19. 里昂惕夫:《里昂惕夫论文集》,商务印书馆1962年版。

20. R·J·巴罗:《衡量人力资本》,载《经济译文》1996 年第 4 期。
21. 哈尔·瓦里安:《微观经济学:现代观点》,上海三联书店 1992 年版。
22. 哈尔·瓦里安:《微观经济学》(高级教程),经济科学出版社 1997 年版。
23. F·巴斯夏:《和谐经济论》,中国社会科学出版社 1995 年版。
24. 《马克思恩格斯全集》,人民出版社 1979 版,第 23~26、46 卷。
25. 谢森展:《服务行销管理》,台湾创意力文化事业公司 1976 年版。
26. 陈宪主编:《经济学方法通览》,中国经济出版社 1995 年版。
27. 陈宪主编:《国际服务贸易——原理·政策·产业》,立信会计出版社 2001 年版。
28. 殷作恒:《服务贸易及技术贸易》,中国物价出版社 1996 年版。
29. 戴超平:《国际服务贸易概论》,中国金融出版社 1997 年版。
30. 戴建中:《国际服务贸易》,中国青年出版社 1996 年版。
31. 谢康:《国际服务贸易》,中山大学出版社 1998 年版。
32. 汪尧田、李力:《国际服务贸易总论》,上海交通大学出版社 1997 年版。
33. 陈已昕:《国际服务贸易法》,复旦大学出版社 1997 年版。
34. 吴建伟:《国际贸易比较优势的定量分析》,上海三联书店、上海人民出版社 1997 年版。
35. 胡乃武、金锫:《国外经济增长比较研究》,中国人民大学出版社 1990 年版。
36. 范家骧:《国际贸易理论》,人民出版社 1985 年版。
37. 史美麟:《对外贸易经济效益研究》,上海远东出版社 1995 年版。
38. 北京大学中国研究中心:《经济学与中国经济改革》,上海人民出版社 1995 年版。
39. 白仲尧主编:《中国服务贸易方略》,社会科学文献出版社 1998 年版。
40. 朱晓明主编:《国际服务贸易手册》,上海远东出版社 1997 年版。
41. 李江帆:《劳动价值理论的新发展——服务价值理论》,载《经济学家》1996 年第 2 期。
42. 李江帆:《第三产业发展状况的评估依据与评价指标》,载《南方经济》1994 年第 10 期。
43. 张道宏:《我国城市第三产业发展水平的综合评判》,载《当代经济科学》1998 年第 1 期。
44. 尹艳林:《对我国第三产业增长速度的几点看法》,载《经济改革与发展》1998 年第 4 期。
45. 施本值:《试论国际服务贸易的特点》,载《国际商报》1996 年 4 月 27 日。
46. 于刃刚:《配第—克拉克定理评述》,载《经济学动态》1996 年第 8 期。
47. 于刃刚:《发展中国家劳动力过度膨胀现象及其启示》,载《经济学动态》1997 年第 4 期。
48. 姚坚、关院生:《经济全球化与国际贸易统计》,载《国际贸易》1997 年第 9 期。
49. 余玉苗:《论 80 年代以来美国服务贸易出口的扩展和前景》,载《经济评论》1997 年第 6 期。
50. 曲如晓:《论服务贸易的保护》,载《世界经济》1997 年第 5 期。

教学课件索取单

敬爱的老师：

感谢您使用我们出版社的教材。为了方便您的教学，本书配有相关的教学课件。如果您需要，请您填写下面表格中的相关信息，并以电子邮件的形式发到我社，我们在核对您的信息后，会免费向您提供教学课件。

我社网站上提供电子版的课件索取单以及所有课件清单。

我们的联系方式：

地址：上海市中山西路 2230 号 1 号楼 1307 室　　邮编：200235
　　　立信会计出版社　　　　　　　　　　　　　电话：(021) 64681746
电子邮件：lixinaph@163.com　　　　　　　　　　网站：www.lixinaph.com

教材名称					作者姓名	
教师姓名		性别		身份证号		
学　校			院系		教研室	
学校地址					邮　编	
职　务			职称		办公电话	
E-mail			手机		宅　电	
通信地址					邮　编	
教材用量		册	委托订购单位			

您对本教材的意见和建议是：